Cerstin Gammelin/Raimund Löw

Europas Drahtzieher

Cerstin Gammelin/Raimund Löw

EUROPAS DRAHTZIEHER

Wer in Brüssel wirklich regiert

Econ

MIX
Papier aus verantwortungsvollen Quellen
FSC® C014889

Econ ist ein Verlag
der Ullstein Buchverlage GmbH

ISBN 978-3-430-20173-5

Das Buch erscheint in Deutschland unter dem Titel
»Europas Strippenzieher«, ISBN 978-3-430-20163-6.

Redaktionsschluss: 14. 1. 2014

Gesetzt aus der Sabon und Linotype Univers
Satz: LVD GmbH, Berlin
Druck und Bindearbeiten: Pustet, Regensburg
Printed in Germany

Inhalt

Anhang

Prolog

Warum fühlt sich eine Regierungschefin mitten in der Nacht von Kollegen in Geiselhaft genommen? Warum wird ein distinguierter Volkswirtschaftsprofessor morgens um vier zum Fußballfan? Was lässt einen erfahrenen Unterhändler der Bundesregierung nervös in den Fahrstuhl flüchten? Was passiert wirklich, wenn sich Staatspräsidenten, Premierminister und Kanzler in Brüssel hinter verschlossenen Türen treffen?

Die in den Nachrichten verbreiteten Bilder von Europagipfeln kennt jeder: zwei gute Dutzend überwiegend dunkle Anzugträger plus wenige Damen, die sich zum Familienfoto auf die vom diplomatischen Protokoll sorgfältig mit Kärtchen markierten Plätze stellen. Vorne mittig die Staatspräsidenten, weil sie laut Protokoll den höchsten Rang haben, ringsherum die Premierminister. Ganz am Ende die Kanzler, das sind die protokollarisch am wenigsten wichtigen Chefs. Da stehen sie dann, 28 nationale Persönlichkeiten, zusammen mit den Präsidenten der Kommission, des Parlaments, des Rates. Sie lächeln oder nicken einander zu, wenden sich ab, schweigen – und entscheiden über die Zukunft von 506 Millionen Bürgern auf dem Kontinent.

Aber wie gehen die Mächtigen Europas abseits des Protokolls miteinander um? Wer bestimmt, wo es langgeht? Und wie wurden in den Krisenjahren von 2009 bis Mitte 2013 die Weichen gestellt? Beinahe monatlich kamen die Staats- und Regierungschefs in dieser Zeit zusammen, statt wie zuvor einmal im Quartal. Spannende und arbeitsreiche Zeiten für uns Brüssel-Korrespondenten. Nach der dramatischen Gipfelnacht des 29. Juni 2012 wächst unser Entschluss, dieses Buch zu schreiben.

Der 29. Juni 2012 ist die Nacht, in der Deutschland zuerst in der Fußball-Europameisterschaft gegen Italien und anschließend Bundeskanzlerin Angela Merkel die Deutungshoheit über die Nachrichten aus Brüssel verliert. Die Nacht, in der sich der besonnene Mario Monti spontan zur Squadra Azzurra, der italienischen Nationalmannschaft, bekennt und die dänische Ministerpräsidentin Helle Thorning-Schmidt sich in Geiselhaft genommen fühlt, weil die Südstaaten ultimativ Hilfe für ihre Banken einfordern. Die Zusammenkunft, die Angela Merkel veranlasst, nächtliche Pressekonferenzen einzuführen, um statt anderer selbst die Morgennachrichten zu Hause zu beherrschen, und damit ihren Stab in große Nervosität versetzt.

Unsere Geschichten stützen sich auf direkte Quellen. Auf Notizen, die dafür ausgewählte Diplomaten von Gipfelgesprächen anfertigen. Sie notieren, was gesprochen wird.

Es ist uns gelungen, streng vertraulich gehaltene Gipfelprotokolle zu lesen, die Einblick geben, wie es zugeht, wenn die Mächtigen zusammen am Tisch sitzen. Wer wem zur Seite springt. Ob es sie gibt, die Allianzen Nordeuropas gegen Südeuropa. Ob Merkel tatsächlich immer gewinnt und Frankreichs Staatspräsident François Hollande so schwach ist, wie es scheint. Und was Österreichs Kanzler Werner Faymann überhaupt bewegen kann.

Wir analysieren, wie 28 nationale Egoisten ihre heimischen Interessen auf europäischer Bühne verteidigen und wie sie dabei zu den größten Lobbyisten ihrer Heimatländer werden. Und wir gehen der Frage nach, ob Achim Greser und Heribert Lenz, deren Karikaturen regelmäßig in der *Frankfurter Allgemeinen Zeitung* abgedruckt werden, den Bürgern aus der Seele sprechen, wenn sie sagen: »Brüssel, das ist für uns so etwas wie eine Bad Bank, in der alles Schlechte und Giftige aus Europa gelagert wird und die dann niemand haben will.«

Für unser Buch haben wir mit einigen der Mächtigsten gesprochen, sowie mit hohen Beamten, Diplomaten, Sherpas und den Bürokraten im Maschinenraum der Europäischen Union. Nirgendwo sind Reporter so nahe bei Angela Merkel, dem britischen Premierminister David Cameron, François Hollande, Werner Faymann und ihren Kollegen wie in dem grauen Brüsseler Ratsgebäude. Oben sitzen 28 gewählte nationale Chefs, unten warten die Reporter. Zwischen den beiden Sphären wandeln EU-Diplomaten als Überbringer geheimer Botschaften. Sie erzählen nicht nur Brisantes, sondern auch Menschliches. Wie Spitzenpolitiker schon mal hadern, weil alles so kompliziert ist in Europa. Sie »sei an den Grenzen ihres fachlichen Verständnisses angelangt«, zitieren die Protokollanten Angela Merkel in einer schwierigen Verhandlungsphase über die neuen Bankenregeln beim EU-Gipfel am 26. Oktober 2011.[1] Sie erzählen, dass der zyprische Präsident Dimitris Christofias gelobt werden will, weil er fast die Hälfte seines Kabinetts weiblich besetzt hat. Wie David Cameron die Einführung des Euro mit seiner Lebenszeit verknüpft. Wie froh einige Kollegen heimlich waren, dass Premier Silvio Berlusconi mit am Tisch saß, weil der Italiener »nicht so intellektuell daherkommt und die Anspannung gelegentlich durch einen Witz auflockert«.

Wer die Protokolle der Gipfel liest, kann die Erschöpfung nachvollziehen, die die Chefs befällt nach endlosen Diskussionen. Oder muss still lächeln, wenn nach immer neuen Plädoyers für milliardenschwere Konjunkturpakete Angela Merkel freundlich anmerkt, »dass man gerade auf Mikroebene viel für Wachstum tun könne«. Man hört sie dabei denken: Jungs, stopp jetzt, macht zuerst mal zu Hause was.

Wir waren dabei, als die Finanzkrise begann und der später sieglose Kanzlerkandidat der SPD, Peer Steinbrück, noch Bundesfinanzminister war und selbst nach der Pleite der US-

Investmentbank Lehman beinahe selbstherrlich erklärte, diese Bankenkrise sei eine rein amerikanische Angelegenheit. Wir kennen die Vorschläge für eine europäische Arbeitslosenversicherung, die europäische Rente und das europäische Kindergeld und erzählen, warum dies alles gut versteckt in den Schreibtischladen der Europäischen Kommission liegt. Wir haben recherchiert, warum die Tabakindustrie Milliarden Euro an Brüssel und die Mitgliedsstaaten zahlt und warum die Europäische Kommission ein breites Einfallstor für Interessenvertreter jeglicher Art ist. Und wir haben nachgerechnet: 35 000 Mitarbeiter hat die Europäische Kommission, Tausende sind Übersetzer für eine der 24 Sprachen, die in der Europäischen Union gesprochen werden. Alle europäischen Behörden zusammen haben 60 000 Beamte – für 506 Millionen Bürger. Im unmittelbaren Landesdienst des Landes Berlin stehen 116 000 Beamte (für 3,5 Millionen Bürger). Die Stadt Wien beschäftigt knapp 50 000 Beamte und Vertragsbedienstete (für 1,7 Millionen Bürger). Das amerikanische Heimatschutzministerium, eines von vielen Ministerien der USA, beschäftigt 240 000 Menschen.

Europas überbordende Bürokratie ist ein hartnäckiger Mythos. Ebenso wie die Vorstellung, dass die da in Brüssel, diese überbezahlten Beamten, sich krude Dinge ausdenken, die sich wie eine Plage in den 28 europäischen Ländern ausbreiten.

Wir sagen: Das stimmt so nicht.

Alles, was in Brüssel an Gesetzen, Verordnungen und anderem entschieden wird, basiert grundsätzlich auf Vorschlägen, die aus den nationalen Hauptstädten kommen. Die Europäische Kommission ist so etwas wie die Gesetzeswerkstatt der nationalen Regierungen. In der Behörde entstehen Rechtstexte, die danach abgestimmt werden unter den 28 nationalen Hauptstädten und meistens auch im Europäischen Parlament. Wer durch die teilweise futuristischen Gebäude der europäischen Institutionen läuft, fühlt sich schnell an Fritz Langs Filmklassiker *Metropolis* erinnert. An die Arbeiter im Maschinenraum. Emsig eilende, hin und her laufende, hoch und runter fahrende Beamte. Fahrstühle, Türen, Flure. Jeder verrichtet die immer gleichen Vorgänge. Redet über die immer gleichen Themen. Unwirklich für jeden, der nicht im europäischen Metropolis lebt. Es gibt die Welt hier und die Welt dort – und genau das ist eine der großen Gefahren, denen die Europäische Union ausgesetzt ist. Die Bürger fühlen sich nicht gemeint, wenn von Europa die Rede ist.

Wir erzählen, wie die Chefs im Krisenjahr 2008 ihre heimischen Banken so beschützen, wie sie in den 50er Jahren ihre Stahlwerke und in den 70er Jahren die Autohersteller protegierten. Und warum dieser Fehler die Währungsunion 2012 beinahe in den Bankrott trieb. Wir wissen, wie der Euro-Rettungsfonds zufällig mit 440 Milliarden Euro gefüllt wurde, und wir beschreiben, warum die Europäischen Verträge der Kitt der Gemeinschaft sind. Europas Verträge sind nicht dafür da, Punkt für Punkt eingehalten zu werden. Sie sind die Seele einer Gemeinschaft aus 28 sehr unterschiedlichen Ländern, von den Sonnenstränden Griechenlands bis zum Industriehafen Rotterdam oder von Lettland bis Portugal, die sich gegenseitig versprochen haben, friedlich miteinander zu leben, Handel und Wandel miteinander zu betreiben. Verträge geben den 28 Ländern einen Rahmen, in dem sich alle wiederfinden können. Die Nationen Europas müssen großzügig miteinander umgehen, um zusammenleben zu können. Die Krise hat dazu geführt, dass sie sich ihrer eigenen Verletzlichkeit bewusst geworden sind.

Brüssel ist ein Spiegelbild der Europäischen Union. Im Europa-Viertel rund um den Place Schuman schiebt sich Betonplatte für Betonplatte ein neuer Palast aus dem Boden. Touristen versuchen aus den Bussen einen Blick auf die EU zu erhaschen. Doch ein identitätsstiftendes Symbol wie das Brandenburger Tor in Berlin oder das Weiße Haus in den Vereinigten Staaten gibt es nicht.

240 Millionen Euro soll der neue Sitz für den Präsidenten des Europäischen Rates und seine Mitarbeiter am Place Schuman kosten. Seit der Erweiterung der Union um die neuen Mitglieder in Ost- und Mitteleuropa platzt das alte Gebäude aus allen Nähten. Natürlich ist die Großbaustelle inzwischen verspätet, wann genau eröffnet wird, ist offen. Also bis auf weiteres meterhohe Zäune, Betonpoller, ohrenbetäubender Baulärm, Trucks und Dreck überall.

Brüssel ist auch ein Schmelztiegel der Kulturen. Hier sind die Vorurteile fühlbar, die die Völker des alten Kontinents über einander haben, meist ganz charmant und gelegentlich lustig. Autofahrer in Belgien, die rechts überholen, niemals blinken und an roten Ampeln eine Vollbremsung hinlegen. Italiener, die noch nachts um zwei Uhr am Gepäckband des Flughafens ununterbrochen telefonieren. Ein österreichischer Weinhändler, der mit Schmäh seine heimischen Weine gegen die etablierte spanische und französische Konkurrenz durchsetzt. Franzosen, die als Mittagsgäste bei Schweden auf den ersten Gang – Fisch mit Kartoffelbrei – verzichten, um danach festzustellen, dass es der einzige war, und hungrig bleiben. Britische Reporter, die ihre Ellbogen ausfahren, um als Erste zu den neuesten Informationen vorzudrängen – und dann doch nicht als Erste senden können, weil die ausgegebenen Texte auf Deutsch geschrieben sind. Deutsche, die superpünktlich zum Treffpunkt kommen und dann fünfzehn Minuten alleine sind. Niederländer, die eine Restaurantrechnung auf den Cent genau aufteilen.

Brüssel ist gelebte Geschichte. Karl Marx wird verehrt, die Autorin fand in ihrer Straße Rue Jean D'Ardenne eine Ehrentafel an einem schönen Bürgerhaus und am berühmten großbürgerlichen Grand-Place ein überlebensgroßes Marx-Porträt in einem Sterne-Restaurant mit einem geschmiedeten Hinweisschild, dass dieser Herr hier über drei Monate verköstigt wurde und in einer der oberen Etagen arbeitete. Der deutsche Philosoph hat das *Kommunistische Manifest* in

Brüssel geschrieben – und die Brüsseler sind stolz darauf. Durch keine Stadt sind im Laufe der Geschichte so viele Heere durchgezogen wie durch Brüssel und Umgebung, zwischen dem mächtigen Deutschland und Großbritannien, Frankreich und Spanien. Ludwig XIV. hat den Grand-Place, wo Zünfte ihre prachtvollen Gebäude errichteten, einst niedergebrannt. Dass die europäischen Institutionen an einem Ort sind, wo man auf den Straßen Französisch und Flämisch, Englisch und Deutsch hört, ist kein Zufall. In Belgien wird das Zusammenleben der Nationen, der Flamen, Wallonen und Deutschen täglich erprobt. Die Schlachtfelder des Ersten Weltkrieges und Waterloo sind nur wenige Kilometer entfernt. Heute noch beherbergt jedes zweite Familienhaus an den ehemaligen Frontlinien einen kleinen Soldatenfriedhof.

Die europäische Kleinstaaterei ist mitnichten vorbei. Wir haben dieses Buch geschrieben, weil wir beobachten, wie sich eine diffuse Stimmung gegen die Europäische Union und Brüssel ausbreitet. Enttäuschte Bürger wenden sich ab von dem, was sie für eine Bad Bank halten. Die 28 nationalen Egoisten sind in der Pflicht, Europa nicht nur als Wirtschaftsunternehmung zu betrachten, sondern als Miteinander unterschiedlicher Nationen, es als Gemeinschaft fühlbar zu machen. 2014 werden die europäischen Karten neu gemischt. Europäische Wahlen. Neues Spitzenpersonal. Und eine neue Chance, einfach großzügiger miteinander umzugehen.

Cerstin Gammelin, Raimund Löw
Brüssel, im Januar 2014

PS: Dass unser Verlag das gleiche Buch unter den zwei Titeln »Europas Strippenzieher« (Deutschland) und »Europas Drahtzieher« (Österreich) veröffentlicht, zeigt die kulturelle Vielfalt selbst innerhalb der gleichen Sprache. Die Autoren haben beim Schreiben ein Gefühl dafür bekommen, wie schwierig es sein muss, unter 28 einen Kompromiss hinzubekommen. Unser Respekt vor der Ausdauer der europäischen Protagonisten ist gewachsen, als wir feststellten, wie kompliziert es ist, wenn eine Deutsche und ein Österreicher, also zwei, die noch dazu die gleiche Muttersprache sprechen, sich auf Bewertungen einigen müssen. Dass die Autoren aus verschiedenen Ländern kommen, mit ihren unterschiedlichen Zugängen, hat die Arbeit an diesem Buch spannend und das Produkt, so hoffen wir, besser gemacht. Sozusagen ein europäischer Kompromiss.

Allianzen – wie Europas Chefs miteinander umgehen

Am 28. Juni 2013 gegen zwei Uhr morgens steht der österreichische Bundeskanzler Werner Faymann müde vor der Kamera. Es war eine lange Gipfelnacht, Europas Präsidenten, Premierminister und Kanzler wollen in die Hotels. Zuvor erledigen sie die letzte Pflicht: Sie stellen sich vor Kameras, bieten Bilder für die Frühnachrichten und verkünden ihren Bürgern daheim, was sie erkämpft haben in Brüssel. Bundeskanzlerin Angela Merkel gibt eine Pressekonferenz. Faymann genügt ein Stopp am Ausgang des Ratsgebäudes. Während er konzentriert seine Botschaft formuliert, kommt Luxemburgs Premier Jean-Claude Juncker vorbei. Er will wohl auch in die Nachrichten – jedenfalls schlägt Juncker dem Österreicher unvermittelt von hinten mit einem Dokumentenstapel auf den Kopf, lächelt in die Kamera und geht weiter. Faymann zuckt, schaut überrascht – und macht weiter. Die Kamera ist ja an.

Tätliche Angriffe sind nicht üblich, wenn die Regierungschefs in Brüssel zum Europäischen Rat zusammenkommen – so heißen die Gipfeltreffen offiziell. Aber die Entscheidungen, die sie fällen, sind mitunter hart, der Ton gelegentlich rau.

Um die vierteljährlichen Gipfel der europäischen Präsidenten, Premierminister und Kanzler ranken sich viele Mythen. Niemand weiß genau, was die Herrschaften da oben in der fünften oder achten Etage des Brüsseler Ratsgebäudes in langen Nachtstunden wirklich besprechen. Offizielle Wortprotokolle oder Tonbandaufnahmen gibt es nicht.

Sicher ist, dass von den Arbeitssitzungen der Chefs vertrauliche Protokolle angefertigt werden, die anschließend unter hermetischen Verschluss kommen. In diesem Buch sind Auszüge aus diesen vertraulichen Mitschriften, den sogenannten Antici-Protokollen,* erstmals nachzulesen. Sie zeigen, wie stark nationale Interessen die Treffen dominieren, wie sich die Elite am Gipfeltisch wenig zimperlich gibt und wie langweilig es sein kann, wenn sich alle 28 melden, um ihre Meinung kundzutun. Die Protokolle zeigen, wie nahe die Währungsunion im Jahr 2012 am Abgrund stand und dass der Euro nur bestehen bleiben wird, wenn sich die Länder der Währungsunion zu einer politischen Union zusammenfinden. Sie belegen, wie Merkel um den Euro kämpft

* Antici heißen im EU-Jargon die engsten Mitarbeiter der Botschafter. Der Name geht auf den italienischen Diplomaten Paolo Massimo Antici zurück, der in den 1970ern das System der Protokolle erfand. Während die Staats- und Regierungschefs beraten, warten in einem Nebenraum die »Antici«-Protokollanten der 28 Mitgliedsstaaten (also pro Land ein Antici-Mitarbeiter) auf den Bericht des Antici-Kollegen des Europäischen Rates, der mit den Chefs im Raum sitzt und alle fünfzehn Minuten einen mündlichen Bericht von den Gesprächen drinnen gibt. In dieser Zeit wird er durch einen weiteren Antici-Kollegen im Sitzungssaal vertreten. Die protokollierten Aussagen der Chefs werden von nationalen Antici-Mitarbeitern um Zusatzinformationen angereichert, die sie selbst berichtet bekommen haben, etwa von nationalen Diplomaten oder Regierungsberatern, die kurz im Gipfelsaal waren. Alles wird an die zuständigen Spitzendiplomaten des jeweiligen Landes weitergeleitet. Botschafter, Kabinettchefs und Experten warten ein paar Stockwerke entfernt in den Delegationsbüros, auf die Nachrichten aus dem Verhandlungssaal. Die Informationen werden nach einem System der stillen Post weitergegeben. Kein Antici-Protokollant hat selbst gehört, was er niederschreibt. Die vertraulichen Antici-Protokolle kommen trotzdem einem hautnahen Bericht der Diskussionen zwischen den Chefs am nächsten. Deshalb haben wir die oft in indirekter Rede protokollierten Wortmeldungen in wörtliche Rede gestellt. Dieses Buch stützt sich auf diese für Journalisten sonst nicht zugänglichen Quellen.

und wie empört die Kollegen sind, als die deutsche Regierungschefin Verletzungen der Haushaltsdisziplin mit Menschenrechtsverletzungen gleichstellen und ebenso streng ahnden will.

Sie zeigen, dass jeder Chef eine Stimme in der Runde hat, aber dass nicht alle gleich sind – und den Chefs der kleineren Länder meist nichts bleibt, als denen der großen zu folgen.

Besonders Vertreter der großen Länder rangeln um die Macht am Sitzungstisch. Als Frankreichs Präsident Nicolas Sarkozy die ständigen Belehrungen des britischen Premiers David Cameron zur Euro-Rettung – »Wir brauchen große und kühne Taten« – zu sehr nerven, blafft der Franzose den Briten vor allen Kollegen an, er habe »eine gute Gelegenheit verpasst, den Mund zu halten. Wir haben es satt, dass Sie uns ständig kritisieren und sagen, was wir tun sollen. Sie sagen, Sie hassen den Euro, und jetzt mischen Sie sich in unsere Sitzungen ein.«[1]

Auch Bundeskanzlerin Angela Merkel ist nicht zimperlich, allerdings bringt sie Cameron auf ihre eigene, indirekte Art zum Schweigen. Sie stellt ihm kurzerhand ein Ultimatum: mitzahlen oder schweigen. Als Cameron ungeachtet des permanenten deutschen Widerstands vehement darauf drängt, den Euro-Rettungsfonds EFSF auf 2000 bis 3000 Milliarden Euro aufzufüllen, lässt Merkel Cameron keine Wahl: »Entweder wir belassen den Fonds, wie er ist, ohne auf 2000 bis 3000 Milliarden Euro zu gehen, oder wir einigen uns, dass auch die Nicht-Euro-Länder einzahlen.«[2] Cameron versteht die Botschaft – und schweigt danach.

Es ist die Zeit, in der einige Chefs auch darüber grübeln, wie der italienische Regierungschef Silvio Berlusconi loszuwerden ist, weil der sich nicht um die Krise schert und auch nicht um den Euro.

Berlusconi weiß das und wehrt sich auf seine Weise – er macht sich einen Spaß daraus, Sarkozy öffentlich zu demütigen. Anders als abgesprochen, sorgt er nicht dafür, dass der

Italiener Lorenzo Bini Smaghi einem Franzosen Platz macht im mächtigen Direktorium der Europäischen Zentralbank (EZB). Sarkozy dagegen hält sich an die Absprache, den Italiener Mario Draghi als neuen Präsidenten der Notenbank zu unterstützen. Also gibt es plötzlich zwei Italiener und keinen Franzosen in der Chefetage der mächtigen Notenbank.

Sarkozy ist außerordentlich wütend und redet dem italienischen Premier ins Gewissen, einzuhalten, was er versprochen hat. Berlusconi brüstet sich darauf vor italienischen Journalisten, wie er den französischen Präsidenten ins Leere laufen lässt. »Sarkozy begann verärgert zu werden. Da habe ich irgendwann zu ihm gesagt: Was soll ich tun? Smaghi umbringen?«

Europäische Gesprächstherapien

Wenn die Chefs sich in Brüssel in der 5. Etage des Ratsgebäudes an den großen Tisch setzen, liegt meist eine lange Nacht vor ihnen. Die Gründe sind numerisch wie menschlich schlicht: Jeder der 28 Staats- und Regierungschefs will auch mal was sagen. Ebenso der Sitzungsleiter, EU-Ratspräsident Herman Van Rompuy. Und dann sitzen da noch die Präsidenten der EZB und der EU-Kommission. Wenn einunddreißig Persönlichkeiten jeweils nur zehn Minuten reden, sind das fünf Stunden. Fünf Stunden ohne Pausen, wohlgemerkt. Das kann leicht ermüden.

Außerdem geht es am Versammlungstisch nicht immer um welt- oder europabewegende Dinge, wie aus den vertraulichen Protokollen der Arbeitssitzungen hervorgeht. Jeder der Chefs hat auch seine ganz persönlichen Bedürfnisse. Zyperns Präsident Dimitris Christofias etwa will im Oktober 2012 einfach mal gelobt werden. Er ist der erste EU-Ratspräsident in der Geschichte seines Landes und bemüht sich redlich, die Geschäfte der Gemeinschaft während des halbjährlich rotierenden Vorsitzes gut zu führen. Es klappt mehr schlecht als recht. Aber als die Chefs Frauenquoten diskutieren, da will der Präsident ganz vorn mitmischen. Frauenförderung sei selbstverständlich auf Zypern, die Insel führend in Europa, sagt er stolz. »Vierzig Prozent seines Kabinetts seien Frauen. Auch das Präsidentschaftsteam sei größtenteils weiblich.«[3] Die Kollegen nicken freundlich.

Ungarns Premier Viktor Orbán nutzt die Runde gelegentlich, um sich gegen angebliche Einmischungsversuche in innere Angelegenheiten zu verwahren. Seit Orbán mit absoluter Mehrheit regiert, machen sich die europäischen Kollegen Sorgen um dessen Umgang mit demokratischen Grundrechten. »Ungarn fühlt sich europäischen Werten und Gesetzen verpflichtet und für eine Zusammenarbeit offen«, belehrt Orbán auf dem Gipfel März 2013 die Runde. Es sei falsch, wenn EU-Parlamentspräsident Martin Schulz das Gegenteil behaupte, und erst recht ohne Grundlage, wenn vier Mitgliedsstaaten neue Sanktionen gegen Ungarn anregten. Und dann notieren die Protokollanten seinen Gegenangriff: »Ungarn hat niemals in das Verfassungssystem anderer Staaten eingegriffen. Ungarn kann daher nicht akzeptieren, dass andere Mitgliedsstaaten uns diktieren, was in die Verfassung zu schreiben ist.«[4]

Es sind so unterschiedliche Wortmeldungen wie diese aus Zypern und Ungarn, die für den Seelenfrieden einzelner Staats- und Regierungschefs wichtig sind. Von »europäischen Gesprächstherapien« sprechen langjährige Diplomaten in Brüssel. Sie seien »ein riesiger Fortschritt gegenüber früheren Zeiten, als sich die europäischen Nachbarn gegenseitig bekriegten und über den Zaun schossen.«[5] Heute sind die alten Rivalen bereit, beinahe monatlich zusammen an einem Tisch zu sitzen. Nationale Interessen werden mit anderen Mitteln durchgesetzt.

Die Gipfel der Chefs in Brüssel sind wichtig, weil 28 nationale Egoisten sich Zeit nehmen, einander zuzuhören, ohne dass alles in Beschlüsse mündet. »Den größten Teil der vielen, vielen Stunden sitzt man bei Mittagessen oder Abendessen, bei denen das Essen nicht das Entscheidende ist. Es ist nicht einmal besonders gut. Die nächtelangen Sitzungen werden immer wieder unterbrochen, weil jemand mit jemandem reden will, weil etwas neu formuliert werden muss. Dann wird im informellen Rahmen diskutiert. Bei der formellen Sitzung ist eigentlich alles vorbesprochen, jeder weiß ungefähr, was passiert. Es ist ganz selten, dass da noch ein Konflikt ausbricht«, sagt Österreichs Bundeskanzler Werner Faymann (SPÖ).[6]

So lernt man sich kennen und mögen. Oder eben nicht mögen. Sitzungsleiter Van Rompuy legt Wert darauf, nach Regierungswechseln die Neuen am Tisch ausführlich zu begrüßen. Für den neugewählten französischen Präsidenten François Hollande organisiert er Ende Mai 2012 sogar einen kleinen EU-Gipfel. Ansonsten begrüßt er Neulinge auf regulären Treffen. Allein zum Gipfel Mitte März 2013 sind es drei, sie kommen aus Malta, Zypern und Bulgarien.

Es ist nicht leicht, 28 starke Persönlichkeiten mit jeweils eigenen nationalen Interessen an einem Tisch zu haben. Um die Herrschaften überhaupt zu einem gemeinsamen Ergebnis zu bringen, muss der oberste Gipfelorganisator, der EU-Ratspräsident, viel Fingerspitzengefühl zeigen. Der Chef-Dompteur ist idealerweise selbst Regierungschef gewesen, er muss klug sein, empathisch, verhandlungsstark und zugleich willens, sich zurücknehmen zu können und die nationalen Egoisten im europäischen Glanz stehenzulassen.

Der frühere belgische Premierminister Herman Van Rompuy ist der erste Ratspräsident seit Gründung der Europäischen Union. Er hat viele Jahre in der subtil intriganten belgischen Politik in Spitzenpositionen überlebt und dabei eine stabile Regierung geführt, was ihn in besonderer Weise auch für das europäische Amt qualifiziert.

Merkel bescheinigt dem Belgier diplomatisches Gespür.

Sie schätze Van Rompuy als »einen sehr geschickten Verhandler«, lässt sie auf Nachfrage mitteilen. In seinen Dokumenten »spiegelt sich immer auch seine tiefe Kenntnis der einzelnen Mitgliedsstaaten und ihrer ganz eigenen Emotionen wider«. Er gebe »jedem, ob Vertreter eines großen oder eines kleinen Landes, das Gefühl, in diesem Kreis, in diesem Europa wichtig zu sein«.[7]

Van Rompuy zeigt sich großzügig, wenn sich gelegentlich einer der Chefs ausklinkt und sich im Delegationsbüro aufs Ohr legt. Und es ist fast schon eine Tradition, dass ab 2 Uhr morgens Gesandte durch die Flure huschen und bei den Delegationsbüros der europäischen Nachbarn auf der Suche nach Kaffeepads oder Gummibärchen anklopfen.

Nicht immer hat Van Rompuy in den Sitzungen das Sagen. Vor allem, wenn es Merkel zu lang dauert oder zu weit geht, beendet sie schon mal selbst die Debatte, ebenso wie früher Sarkozy.

Wie am 10. Juni 2009, es ist der zweite und damit letzte Tag eines Gipfeltreffens, am frühen Nachmittag soll Schluss sein. Die Chefs stimmen die Abschlusserklärung ab, sie feilschen um jedes Wort für die Botschaft an die Bürger. Bei Paragraph 20, es geht um das neugeschaffene Frühwarnsystem gegen weitere Finanzkrisen, zögert Luxemburgs Premier Jean-Claude Juncker, dienstältester Premierminister in der Runde und Mitbegründer des Euro:[8] »Was bedeutet proportionale Entscheidungsfindung?« Der britische Premier Gordon Brown fängt an, umständlich zu erklären: »Proportional bezieht sich auf das Verhältnis zwischen der Europäischen Union und den nationalen Aufsichtsbehörden und die unterschiedlichen Verantwortlichkeiten, die diese haben.« Das Gipfelprotokoll vermerkt an dieser Stelle nicht den Gesichtsausdruck Junckers, aber offenbar muss er wenig überzeugt geschaut haben. Der Macher Sarkozy fühlt sich bemüßigt einzugreifen. »Das ist ein Kompromisstext«, stoppt er ungeduldig die Diskussion. »Es ist wahr, dass der Text vielleicht nicht sehr klar ist, auch juristisch ist er vielleicht nicht ganz klar. Aber es ist eine gute Basis, die Europa erlaubt, einen qualitativen Sprung zu machen.«

Danach ist Stille. Das Protokoll vermerkt: »Annahme ohne Änderung«. Sarkozy hat sich durchgesetzt.

Ähnlich macht es Merkel auf dem Gipfel am 26. Oktober 2011. Es geht darum, wer das Geld für die Rettung geschäftsunfähiger Banken bereitstellen soll. Es ist eine Diskussion, die Merkel nicht mag, weil sie dabei stets in eine Verteidigungsposition rutscht und das deutsche Credo wiederholen muss, dass jedes Land für seine Banken zuallererst selbst verantwortlich ist. Als der Spanier José Luis Rodríguez Zapatero unermüdlich darauf dringt, den ausgehandelten Text erneut zu ändern, wird sie energisch. »Ich bin an die Grenzen meines fachlichen Verstandes gelangt.« Alle hätten Zeit genug gehabt, die Vorschläge zu prüfen. »Wir können die Effekte einer Textänderung nicht abschätzen, daher sollte der Text so bleiben, wie er ist.«[9] Ende der Diskussion.

Ein paar Tage später geht sie sehr diskret auf Zapatero zu. Merkel kennt die Lage in Spanien ganz genau. Sie weiß, dass der Sozialist Zapatero sein Amt bei den vorgezogenen Wahlen im November wahrscheinlich an den konservativen Kandidaten Mariano Rajoy verlieren wird – und dass die Zinsen und Risikoaufschläge für spanische Staatsanleihen tief in die Gefahrenzone gerutscht sind. Auf dem G20-Treffen am 3. November 2011 in Cannes bietet sie dem Sozialisten offen einen Milliardenkredit an. Zapatero beschreibt die Szene in seinen Ende 2013 veröffentlichten Erinnerungen so: »Sie begrüßte mich freundlich und machte mir fast ohne Umschweife ein Angebot, auf das wir zuvor keinerlei Hinweis bekommen hatten. Sie fragte mich, ob ich bereit wäre, beim IWF [Internationalen Währungsfonds] einen Präventivkredit von 50 Milliarden Euro zu beantragen. Weitere 85 Milliarden würden dann an Italien gehen.«[10] Der Sozialist lehnt Merkels Angebot ab wie zuvor schon die Angebote von Dominique Strauss-Kahn (damals Chef des IWF) und von Jean-Claude Trichet (damals Chef der EZB). Er will seinen Bürgern keine finanzielle Zwangsjacke verpassen. Auch sein Nachfolger Rajoy widersetzt sich vehement einer »Rettung« durch Notkredite, mit den gleichen Argumenten wie Zapatero: Souveränität, Selbstachtung, kein Diktat der Haushaltsführung durch die Troika, also die Experten des IWF, der Europäischen Kommission und der EZB. Die Kontrolleure werden in jedes kriselnde Land geschickt, um die Bedingungen für die Zahlung der Notkredite auszuhandeln.

Allianzen für und gegen die Atomkraft

Oft geht es bei den Gipfeln hart zur Sache. So hart, dass sich die Chefs an einem einzigen Satz festdiskutieren, etwa um die nationale Wirtschaft zu schützen. Wie auf dem Gipfel Ende Juni 2012. Die Euro-Krise dominiert das Treffen, Italien und Spanien stehen kurz vor der Pleite, aber unter dem Tagesordnungspunkt »Sonstiges« geht es auch um Europas Atomkraftwerke und darum, ob diese sicher sind. Ein heikles Thema. Der Streit dreht sich darum, ob die Stresstests, die nach der Katastrophe von Fukushima in den europäischen Kernkraftwerken durchgeführt wurden, jetzt für abgeschlossen erklärt werden können. Dazu muss man wissen: Für den Stresstest mussten die Betreiber vor allem Fragebögen ausfüllen, bei wenigen AKWs gab es Inspektionen vor Ort. Um es noch einmal ganz präzise zu sagen: Die Chefs streiten nicht um die konkreten Ergebnisse oder die tatsächliche Sicherheit, sondern allein um den politischen Beschluss: Sind die Stresstests abgeschlossen?

Der Streit liefert ein aufschlussreiches Beispiel dafür, wie in Europa Allianzen aus nationalen Interessenlagen heraus gebildet werden. Das ist grundsätzlich nichts Ungewöhnliches, ja sogar nötig, etwa wenn um Kompromisse für Wachstumsprogramme, Staatsbeihilfen, Agrargelder oder Ähnliches gestritten wird. Aber bei der Sicherheit von Atomkraftwerken liegt die Sache anders. Ein Unfall kann in ganz Europa dramatische Folgen haben. Die Strahlung macht nicht halt an der Grenze. Hier muss das Interesse der Gemeinschaft vorrangig sein, müssen die Bürger in ganz Europa sich auf höchste Standards verlassen können. Und dennoch teilen sich die Staats- und Regierungschefs in ihrer Debatte um die Stresstests auf jenem Gipfel in zwei von nationalen Interessen geleitete Lager: Länder mit Atomkraftwerken halten die freiwilligen Tests für ausreichend und abgeschlossen. Weil sie fürchten, dass millionenschwere Nachbesserungen auf sie zukommen könnten. Oder weil Risiken bestehender Kraftwerke den Bau geplanter Kraftwerke noch teurer machen könnten. Im anderen Lager sammeln sich die Länder, die keine Atomkraft haben oder aussteigen wollen: Sie behaupten das Gegenteil.

Strittig ist den geheimen Gipfelprotokollen zufolge zunächst der Satz: »Die Europäische Kommission und Ensreg [Gruppe der europäischen Aufsichtsbehörden für nukleare Sicherheit] sind übereingekommen, dass weitere Arbeit nötig ist.«[11] Dies impliziert, dass die Atomkraftwerke noch nicht komplett getestet wurden – oder aber dass Fehler, Unklarheiten oder Gefahren festgestellt wurden. Daraus ergibt sich die Frage: Darf man den Bürgern schon den erfolgreichen Abschluss der Stresstests vermelden – oder nicht?

Großbritanniens Premier David Cameron sitzt verärgert in der Runde. Nicht nur dieser Satz, die gesamte Passage in den Schlussfolgerungen zur Kernenergie gefällt ihm nicht. Was nicht verwunderlich ist. Cameron plant neue Kernkraftwerke für Großbritannien, konkret in Hinkley Point an der britischen Südwestküste. Das ist schwierig genug, weil die Investoren zögern – neue Meiler lohnen sich ohne staatliche Finanzspritzen nicht. Cameron will in der Gipfelrunde verhindern, dass ihm jetzt noch bürokratische Atomkraftwerk-

Stresstester aus europäischen Institutionen in die Quere kommen, und fordert, jedes Land solle selbst für sichere Kraftwerke sorgen. Er diktiert: »Sicherheit ist nationale Kompetenz.«[12]

Faymann durchschaut den Ablenkungsversuch. Für ihn sind die Stresstests nicht beendet. Der Österreicher fordert, das Wort »Abschluss« komplett aus dem Absatz rauszunehmen, in dem über die Stresstests befunden wird. Faymann holt sich Barroso als Verbündeten: »Kommissionspräsident Barroso hat schließlich persönlich einen Brief geschrieben, dass die Arbeit noch nicht abgeschlossen ist.«

Barroso unterstützt Faymann: »Es ist eine sensible Materie, die Tests sind nicht abgeschlossen. Das ist auch die Meinung der nationalen Aufseher. Die Aufseher und die Kommission sind übereingekommen, verschiedene Reaktortypen mit grenzüberschreitenden Auswirkungen zu untersuchen. Es wird zusätzliche Vor-Ort-Besuche geben, einen Aktionsplan und Empfehlungen, wo weitere Arbeiten notwendig sind.«

Der slowakische Premier Robert Fico will davon nichts hören. »Die Stresstests sind für die Slowakei und Tschechien mit exzellenten Resultaten abgeschlossen worden. Man will nicht den Eindruck erwecken, dass etwas nicht funktioniert. Nuklearsicherheit soll nicht politisiert werden.« Auch der Tscheche Petr Nečas will keine Änderung akzeptieren. Was nicht überrascht. In beiden Ländern stehen Atomreaktoren.

Der französische Präsident François Hollande merkt knapp an, »die Tests sind abgeschlossen. Im Fall Frankreich ist alles in Ordnung.« Frankreich ist Europas Nuklearnation Nummer eins, 70 Prozent der Elektrizität kommen aus Atomkraftwerken. Der Sozialist bekommt Unterstützung aus dem Nachbarland Belgien, das ebenfalls Atomkraftwerke betreibt: Premier Elio Di Rupo befindet die Tests ebenfalls für abgeschlossen. Cameron schaltet sich ein weiteres Mal ein. Er will die Diskussion endlich beenden und verweist auf den im Juni von den Aufsehern vorgelegten Bericht, wonach die Tests abgeschlossen seien.

Die Diskussion scheint festgefahren, da schlägt der Slowake Fico einen verbalen Ausweg vor: »Stresstests sind nicht gleichzusetzen mit Kontrollvisiten, die ja weitergeführt werden können.« Also: Stresstests sind beendet. Aber weitere Arbeiten erforderlich. Hollande findet die Idee gut, auch er will jetzt »zwischen Tests und weiteren Empfehlungen unterscheiden«. Der Ungar Viktor Orbán aber will keine diplomatisch verklausulierte Formulierung: »Die Tests sind in Ungarn abgeschlossen, dem soll man nicht widersprechen.«

Bulgariens Premier Bojko Borissow schließlich fordert, seine Vorredner zusammenfassend, man solle klarstellen, »dass die Tests durchgeführt worden seien und dass man keine Atomkraftwerke mit Problemen gefunden habe«. Aber man könne ja darauf hinweisen, dass weitere Vor-Ort-Besuche und Arbeiten durchgeführt werden.

Es gibt einiges Hin und Her, dann legt Van Rompuy eine höchst komplizierte Formulierung vor, in der sich alle wiederfinden. Der Absatz in der Gipfel-Abschlusserklärung über die Sicherheitstests in den Kernkraftwerken liest sich so vage wie kompliziert – aus ihm geht jedenfalls nicht hervor, ob die Kernkraftwerke Europas nun sicher sind oder nicht. Im Original heißt es: »Der Europäische Rat fordert die Mitgliedsstaaten auf, die vollständige und fristgerechte Umsetzung der Empfehlungen sicherzustellen, die in dem Bericht enthalten sind, den die Gruppe der europäischen Aufsichtsbehörden für nukleare Sicherheit im Anschluss an die Stresstests im Bereich der nuklearen Sicherheit vorgelegt hat. Die Kommission und die Ensreg haben vereinbart, dass weitere Arbeiten unternommen werden müssen. Der Europäische Rat nimmt die Absicht der Kommission zur Kenntnis, im weiteren Verlauf dieses Jahres eine umfassende Mitteilung vorzulegen.«[13]

Der Text suggeriert genau den Kompromiss, den die Chefs

vorher beschlossen haben. Dass nämlich die Tests vorbei seien, weil es »im Anschluss« daran »weitere Arbeiten« gibt. Die Stresstests in den europäischen Kernkraftwerken haben keine direkten Auswirkungen auf die bestehenden Meiler. Die Betreiber sollen die – unverbindlichen – Empfehlungen abarbeiten. Kein einziges Kraftwerk wird in der Folge geschlossen.

Im Sommer 2013 wird bekannt, dass einige Länder, allen voran Großbritannien, in der Europäischen Kommission vehement auf neue Beihilferichtlinien für Energie drängen: Sie wollen Atomkraft in die Regeln aufnehmen und als kohlenstoffarme Energie mit Energie aus Sonne, Biomasse und Wind gleichsetzen. Sie verlangen für den Bau und Betrieb von Atomkraftwerken klare Regeln, unter denen nationale Regierungen neue Meiler mit Staatsgeld bezuschussen können, ähnlich wie sie für erneuerbare Energien gelten. Die EU-Kommission muss generell staatliche Finanzspritzen genehmigen, auch im Energiebereich. Bisher ist es so, dass sie darüber erst entscheidet, wenn die Investoren ihre Planungen schon gemacht haben. Das bedeutet Unsicherheit für die Investoren und den Staat. Künftig sollen Staat und Investoren mit Hilfe der geänderten Beihilferegeln schon vorab wissen, ob die Meiler mit Steuergeld gefördert werden dürfen – so wollen es die Briten, die Tschechen und einige andere. Aber der politische Gegenwind – auch aus Berlin und Wien – wird zu groß. Am 8. Oktober 2013 entscheidet die Europäische Kommission, Atomkraft nicht in die neuen Beihilferegeln aufzunehmen.

Der Krisenmodus spiegelt sich seit jeher in Nachtsitzungen wider. Mal sind in Brüssel alle 28 Staats- und Regierungschefs beisammen, mal nur die 17 (und ab 2014 18) der Euro-Länder. In den Arbeitssitzungen hocken die Chefs alleine am Tisch, ohne Berater oder Kabinettschef. Die Sitzordnung ist fix: Angela Merkel sitzt 2013 zwischen dem finnischen Ministerpräsidenten Jyrki Katainen und Portugals Pedro Passos Coelho. Österreichs Werner Faymann hat Rumänien und Bulgarien als Nachbarn. Dass die Chefs so sitzen, liegt an der Reihenfolge der alle sechs Monate rotierenden Präsidentschaft.* Bis 2020 ist die Reihenfolge festgelegt, jedes Land weiß genau, wann es an der Reihe ist.

Das Ratsgebäude steht am Rond-Point Schuman. Das Rondell ist das Zentrum des Brüsseler Europaviertels. Von dem Kreisverkehr gehen sechs große Straßen ab, an denen alle wichtigen europäischen Institutionen ihre Gebäude haben. Direkt am Kreisel steht ein großer schmuckloser Bau, es ist der Sitz des Rates der Europäischen Union und des Europäischen Rates, benannt nach dem niederländischen Rechtsphilosophen Justus Lipsius.** Der Rat vertritt die Interessen der 28 Mitgliedsstaaten Europas und wird auf Gipfeltreffen durch die jeweiligen Präsidenten, Premierminister und Kanzler repräsentiert. Die nationalen Regierungen beschäftigen in Brüssel zusammen 3500 Beamte, darunter 630 Übersetzer und einen Ratspräsidenten*** nebst dazugehörigem Stab sowie

* Die Sitzordnung entspricht der Folge der Präsidentschaften: Deutschland, Portugal, Slowenien, Frankreich, Tschechien, Schweden, Spanien, Belgien, Ungarn, Polen, Dänemark, Zypern, Irland, Litauen, Griechenland, Italien, Lettland, Luxemburg, Niederlande, Slowakei, Malta, Großbritannien, Estland, Bulgarien, Österreich, Rumänien, Finnland.

** Lipsius (1547–1606) gilt neben Erasmus von Rotterdam als der bedeutendste Epistolograph des Humanismus.

*** Erster Präsident ist der ehemalige belgische Premier Herman Van

Verwaltung. Von hier aus beäugen die Beamten der Nationalstaaten misstrauisch, was auf der anderen Straßenseite passiert. Denn dort sitzen die Beamten, die für europäisch austarierte Gesetze zuständig sind, in einem modernen gläsernen Bau. Das Berlaymont ist das Hauptquartier der Europäischen Kommission, es beherbergt deren Chefetage und den juristischen Dienst. Aufgabe der Kommission ist es, durch Gesetze und Verordnungen dafür zu sorgen, dass alle 28 Mitgliedsstaaten die Regeln des europäischen Binnenmarktes einhalten. Die Behörde ist die einzige europäische Institution mit Legislativrecht. Sie beschäftigt europaweit 35 000 Beamte. Wo heute die Hüter der Europäischen Verträge sitzen, stand früher in einem zwei Hektar großen Park das Augustinerkloster der »Damen von Berlaymont«.

Nicht weit weg von Justus Lipsius und Berlaymont ragt ein noch futuristischer anmutender Bau von einem kleinen Hügel auf: das riesige Gebäude des Europäischen Parlaments. Es gibt 766 europäische Abgeordnete* und sieben Fraktionen im Parlament, dreißig Abgeordnete sind fraktionslos. Mit 274 Volksvertretern stellen die konservativen Volksparteien, zu denen CDU/CSU und ÖVP gehören, die stärkste Fraktion, gefolgt von den Sozialisten und Sozialdemokraten mit 195 Abgeordneten. Eine Legislaturperiode dauert fünf Jahre, die nächsten Wahlen finden zwischen dem 22. und 25. Mai 2014 statt, österreichische und deutsche Wähler stimmen am 25. Mai ab.

Im Rat versuchen die 28 Mitgliedsstaaten, ihre nationalen Interessen so abzustimmen, dass jedes Land irgendwie profitieren kann. Hier beschließen sie, welche Aufgaben die Europäische Kommission bekommt und welche Gesetzesvor-

Rompuy, seine Amtszeit geht über zwei mal 2,5 Jahre von 2009 bis 2014.

* Ab der Europawahl 2014 reduziert sich die Zahl der Abgeordneten auf 751.

schläge die Behörde vorlegen soll. In der EU-Kommission sitzen 27 Kommissare und ein Präsident. Jedes der 28 EU-Länder hat einen Vertreter in der Behörde. Grundsätzlich ist alles darauf eingerichtet, die Regeln des gemeinsamen Binnenmarkts zu optimieren, der alle 28 Länder verbindet. Das Parlament kontrolliert Rat und Kommission, hat jedoch nur beschränkte Mitentscheidungsrechte und ist von einigen Gesetzgebungen, die die Mitgliedsstaaten wegen nationaler Interessen als besonders sensibel betrachten, vollkommen ausgeschlossen, beispielsweise von der Steuergesetzgebung. Bei Entscheidungen, die ausschließlich die Euro-Zone betreffen, ist das EU-Parlament komplett außen vor. Und weil in den Jahren 2008 bis 2013 die wichtigsten Entscheidungen immer nur die Rettung des Euro betreffen, geraten die europäischen Volksvertreter beinahe in Vergessenheit.

Die Euro-Krise hat die Nationalstaaten noch stärker ins Zentrum der Gemeinschaft gestellt, sie sind wichtiger geworden zulasten des Europaparlaments und der Kommission. Nationale Staats- und Regierungschefs haben mehr denn je das Sagen. Das hat mit den Milliarden Euro zur Rettung der Währungsunion zu tun. Nur die Kassen der Mitgliedsstaaten sind groß genug, um die erforderlichen Beträge zur Verfügung zu stellen. Das EU-Budget, das von Brüssel verwaltet wird, ist mit einem Prozent der gemeinsamen Wirtschaftsleistung aller 28 Länder viel zu bescheiden, um die Finanzmärkte zu beeindrucken – und es ist ausdrücklich auch nicht dafür gedacht. Die Staats- und Regierungschefs beharren strikt darauf, allein über alle Ausgaben zu entscheiden. Wer das Geld hat, bestimmt den Weg. Die nationalen Chefs sagen, wo es langgeht in Europa.

Ein zweitägiger Gipfel kostet bis Ende 2012 rund eine Million Euro, dann schlägt die Krise auch im Europäischen Rat zu. Die Behörde muss zumindest symbolisch sparen. Die Bürokraten im Rat einigen sich darauf, das bis dahin für Chefs, Personal, Beamte und Reporter kostenlose Catering zu Restaurantpreisen anzubieten, allerdings nur für das Personal in den unteren Etagen und für die Reporter. Es ist ein Symbol. Die Gipfel-Kosten reduzieren sich dadurch auf 790 000 Euro.*

Die 28 Staats- und Regierungschefs werden von Dolmetschern, Beratern, Sicherheitsleuten und Diplomaten betreut. Dazu kommen Köche und Kellner für Dinner und Nachtsitzungen. Nicolas Sarkozy brachte gelegentlich einen eigenen Koch mit, weil ihm das belgische Essen nicht schmeckte. Auf jeden Chef kommen im Schnitt mehr als 100 weitere Personen, insgesamt sind es etwa 3000. Aus dem riesigen Pressesaal berichten 1500 Journalisten aus aller Welt. Europas Gipfeltreffen sind gigantische Veranstaltungen.

Wer in Washington D. C. die weiträumigen Absperrungen erlebt hat, wenn sich der amerikanische Präsident bewegt, sieht über die Sicherheitsvorkehrungen für die 28 europäischen Regierungschefs in Brüssel gnädig hinweg. Die belgische Polizei sperrt die U-Bahn-Stationen rund um den Tagungsort ab. Das gesamte Areal ist während der Gipfel durch spanische Reiter gesperrt.

1972 trieben wütende Bauern eine Kuh in den Sitzungssaal der Staats- und Regierungschefs. Der Schreck saß tief. Seither gibt es einen eigenen Sicherheitsdienst des Rates. Der wurde noch aufgestockt, als 1975 ein Terrorkommando in der OPEC-Zentrale in Wien ein Dutzend Minister als Geiseln nahm. Während eines Gipfels sind die EU-Security-Leute nicht alleine. Jeder Staatschef bringt sich seine eigenen Bodyguards mit. Rund um das Gebäude sind zusätzlich belgische Spezialeinheiten postiert. Eine Sicherheitspanne gab

* Am teuersten sind Übersetzungen, Sicherheitspersonal, technische Ausrüstungen und audiovisuelle Dienste. Pro Gipfel werden 4500 Zugangsberechtigungen ausgestellt, davon 2000 für Ratspersonal, 1000 für Delegationen und 1500 für Journalisten; Presseabteilung Rat vom 12. August 2013.

es zuletzt 2009, als Greenpeace-Aktivisten als Delegierte verkleidet in schwarzen Limousinen bis zu dem am Eingang ausgerollten roten Teppich vordrangen.

Das EU-Ratsgebäude ist ein Labyrinth. Vergleichbar mit einem weitläufigen Spital, aber ohne farbige Leitlinien am Boden. Dafür dienen große Videoscreens als Wegweiser zu den jeweiligen Sitzungen. Aber schon im Fahrstuhl beginnt die Verwirrung. Die Besucher dürfen auswählen zwischen Stockwerk 20, 30, 40, bis hinauf zu 80. Spätestens hier fragt sich jeder, ob er übersehen hat, dass das Gebäude ein Hochhaus ist. Tatsächlich hat irgendwann ein Bürokrat aus unerfindlichen Gründen die zweite Etage als Level 20 bezeichnet. Daraus sind die verwirrenden Etagenangaben entstanden. Auf Level 80, also in der achten Etage des Ratsgebäudes, wo die Abendessen stattfinden, gehen die Staats- und Regierungschefs durch Gänge mit historischen Fotos. Ein Händedruck zwischen Konrad Adenauer und Charles de Gaulle am Kölner Flughafen am 18. Juli 1961. Willy Brandt und Helmut Schmidt 1972. Eine Aufnahme vor dem Brandenburger Tor zeigt Angela Merkel, umringt von männlichen Kollegen, darunter der Brite Tony Blair und Österreichs Alfred Gusenbauer. Auch der frühere österreichische Bundeskanzler Wolfgang Schüssel, der durch seine Koalition mit der rechtspopulistischen FPÖ ganz Europa gegen sich aufbrachte, ist auf einer Aufnahme vom März 2006 verewigt. Wenn die Staats- und Regierungschefs sich während der regulären Sitzungen auf Ebene 50, also Etage 5, die Füße vertreten, laufen sie über eine im Boden eingelassene Replik einer altrömischen Straßenkarte namens Tabula Peutingeriana, die für Heeresführer, Kuriere und reisende Händler gedacht war. Das Original der aus dem 16. Jahrhundert stammenden Nachzeichnung befindet sich in der Wiener Nationalbibliothek. Die Türkei, Griechenland und Zypern füllen einen großen Teil der Karte aus. Brüssel liegt weit abgedrängt am nordwestlichen Rand.

Was wirklich besprochen wird auf den EU-Gipfeln, ist eines der am besten gehüteten Geheimnisse. Es gibt offiziell keine Mitschriften und Protokolle, und Tonbandaufnahmen schon gar nicht. Angeblich! Allerdings: Jeder Absatz der späteren Gipfelerklärung wird im Apparat akribisch vorbereitet und vorab tagelang diskutiert. Nicht nur von den Botschaftern der 28 Länder, sondern auch in den Kabinetten der nationalen Hauptstädte. Auf EU-Gipfeln soll Einigkeit demonstriert werden und möglichst nichts Überraschendes passieren, das negative Schlagzeilen nach sich ziehen könnte. Ratspräsident Van Rompuy beschäftigt zur Vorbereitung der Gipfel ein ganzes Kabinett, mit Aufgaben ähnlich dem Bundeskanzleramt. Das Kabinett und Van Rompuy selbst fragen bei den Europabeauftragten der Regierungen in Paris, Berlin, Wien und allen anderen Ländern vor jedem Gipfel ab, wie ihr Chef auf diese oder jene Änderung in der Gipfelerklärung reagieren würde. Wer etwas vorschlägt, was nicht schon in allen Gängen von Brüssel, Paris und Berlin beredet wurde, habe normalerweise keine Chance, spottet Österreichs Exkanzler Alfred Gusenbauer. Nur in den Augenblicken der ganz akuten Krise, wie unmittelbar nach der Pleite der amerikanischen Investmentbank Lehman Brothers, herrscht ein Gefühl so großer Dringlichkeit, dass ein Staatschef auch ohne Vorbereitung durch die Beamten aktiv werden kann.

Echte Geheimhaltung ist schwer möglich. Arbeitsversionen der Papiere landen regelmäßig in der Presse. Die Personen, die Papiere unter der Hand weitergeben, sitzen häufig ganz oben in der politischen Hierarchie. Manchmal will die Führungsetage vorab testen, wie die Öffentlichkeit auf bestimmte Vorschläge reagiert. Außerdem gibt es die aus den nationalen Hauptstädten nach Brüssel entsandten Botschafter, also die Chefs der Vertretungen der 28 Länder in Brüssel, die ihre nationalen Journalisten vorab versorgen. Für die Staats- und Regierungschefs sind solche vertraulich weitergegebenen Papiere oft ärgerlich, in der Euro-Krise werden sie sogar gefährlich. Als die Krise im Frühjahr 2011 einem neuen Höhepunkt zustrebt, verteilt Frans Van Daele, der Kabinettschef des Ratspräsidenten, nummerierte Kopien der Schlussfolgerungen an die Delegationen, um Indiskretionen zu verhindern.[14] Wäre eine Fotokopie an die Öffentlichkeit gekommen, hätte man den Schuldigen rasch identifiziert. Das ungewöhnliche Vorgehen zeigt die extreme Nervosität in einer sensiblen Verhandlungsphase über die Finanzhilfen für Portugal und Irland.

Auf dem eigentlichen Gipfel arbeiten die Chefs die vorbereiteten Schlussfolgerungen Punkt für Punkt durch. Das passiert meist am ersten Abend oder in der Nacht des meist zweitägigen Treffens. Wenn die Chefs fertig sind, gehen sie schlafen, und das Personal arbeitet alle Änderungen in den Text ein. Am zweiten Tag um 10 Uhr gehen die Chefs über den Text der vergangenen Nacht. Sind sich alle einig, treten sie danach vor ihre jeweiligen nationalen Reporter, um die Ergebnisse zu verkünden und zu interpretieren. Wer sich die Videos aller 28 Pressekonferenzen anschaut, bekommt das Gefühl, es hätten 28 Gipfel stattgefunden und nicht ein einziger.

Jeder Chef hat eine eigene Botschaft, die vor allem in seinem Heimatland die Bürger erfreuen soll. Es kann passieren, dass Angela Merkel den Gipfel zu einem großen Erfolg erklärt, weil sich die Europäer auf strikte Regeln über einen automatischen Datenaustausch zur Bekämpfung von Steuerhinterziehung geeinigt hätten – und nur ein paar Meter weiter Luxemburgs Premier Jean-Claude Juncker sich freut, weil er ebenjenen Beschluss praktisch blockiert habe. Oder der polnische Premier freut sich darüber, dass er weiterhin entgegen jeder Umweltverpflichtung Kohlekraftwerke betreiben kann – und die Kanzlerin ihrerseits darüber, dass Europa so strenge Klimaziele hat.

Die heikelsten Fragen diskutieren die Chefs beim Abendessen, nicht in der regulären Sitzung. Über den Ablauf der Arbeitsdinner, die ab 20 Uhr bis in die frühen Morgenstunden und damit locker sieben Stunden dauern können, werden nicht einmal Antici-Mitarbeiter informiert. Es gibt keine Protokolle. Immerhin sitzen bei den Abendessen drei Spitzenbeamte aus der Kommission und dem Rat am Katzentisch.* Was sie für Kommissionspräsident José Manuel Barroso und Ratspräsident Herman Van Rompuy protokollieren, ist bisher noch nie an die Öffentlichkeit gelangt.

Die Kommunikation der Chefs mit ihren Mitarbeitern läuft während der Sitzung inzwischen über SMS. Während der langen Dinners, oft unterbrochen durch Gruppengespräche und Einzelverhandlungen, kommen die Chefs immer wieder in den Vorraum, um sich mit ihren Mitarbeitern zu besprechen. Dem zyprischen Präsidenten Dimitris Christofias werden während seiner Amtszeit als Ratspräsident die Nächte oft zu lang. Er hat eh nicht viel zu melden und lässt sich im Delegationsbüro ein Bett aufstellen. Wird Christofias gebraucht, muss ihn Van Rompuy wecken lassen. Es ist überliefert, dass Silvio Berlusconi bei nächtlichen Sitzungen wiederholt am Tisch einnickt oder die Kollegen mit dem Trällern eines Liedes wach hält.

Ebenso sind die Eigenheiten anderer Chefs unvergessen. Der Franzose Jacques Chirac verschmähte Mineralwasser genauso wie Wein und verlangte amerikanisches Budweiser, eine Reminiszenz an einen Aufenthalt als Jugendlicher in den USA. Nicolas Sarkozy bestand auf Nespresso-Kaffee. Eine eigene Nespresso-Maschine in das Delegationsbüro zu bringen, war eine der wichtigsten Aufgaben der französischen EU-Diplomaten.

* Beim EU-Gipfeldinner anwesende Spitzenbeamte sind der stellvertretende Generaldirektor für politische und institutionelle Fragen (Jim Close), der Kabinettschef des Ratspräsidenten (Didier Seeuws) sowie die Generalsekretärin der Europäischen Kommission (Catherine Day). In einer Übersetzerkabine hält sich der stellvertretende Kabinettschef Van Rompuys auf, um allfällige Änderungen in den Schlussfolgerungen sofort niederzuschreiben.

Aber was passiert, wenn die Chefs am Ende einer nächtlichen Sitzung nicht mehr genau wissen, was sie beschlossen haben? Läuft nicht irgendwo ein Tonband mit, wenn Präsidenten, Premierminister und Kanzler über das Schicksal ihrer Völker befinden? Von Tonbandmitschnitten im Oval Office des Weißen Hauses in Washington weiß man, wie nahe die Welt während der Kubakrise an einem Atomkrieg stand. Hinterlassen die Staatenlenker Europas keine vergleichbaren Dokumente, auch wenn alle Verantwortlichen in Brüssel das bestreiten?

Zweifel an den hartnäckigen Dementis sind angebracht: Als Ende 2001 bei einem historischen EU-Gipfel der Vertrag von Nizza beschlossen wird, erstreitet sich Belgien die Regel, dass künftig alle Europäischen Räte in Brüssel stattfinden. Zuvor reisten die Beteiligten abwechselnd in die Länder der rotierenden Präsidentschaft. Als der Beschluss darüber in Nizza fällt, ist es wieder einmal halb vier in der Früh. Der damalige österreichische Bundeskanzler Wolfgang Schüssel und Finnlands Premier Paavo Lipponen bekommen die Entscheidung nicht mit und lassen später protestieren. Jacques Chiracs rechte Hand für die EU, Botschafter Pierre Vimont, heute Generalsekretär im Auswärtigen Dienst der EU, hört sich die Einwände höflich an und lässt erklären: Er, Vimont, habe die Bänder nachgehört, der entsprechende Beschluss sei ganz eindeutig zu hören gewesen. Die Herren Schüssel und Lipponen seien in diesem Augenblick wohl etwas unaufmerksam gewesen, verständlich bei der fortgeschrittenen Stunde. Zumindest 2001, auf französischem Territorium in Nizza, wurden demnach die Verhandlungen mitgeschnitten. Für ein Tonbandsystem bei den EU-Gipfeln im Justus-Lipsius-Gebäude in Brüssel gibt es keinen Beweis.

Würden Tonbandaufnahmen bekannt, müssten wohl viele Episoden neu geschrieben werden. Auch einige um Merkel und den griechischen Premier Giorgos Papandreou, in denen es um das hässliche Wort Erpressung geht. Eine geht so: Auf einem der ersten Krisengipfel in Brüssel gab der in die Ecke gedrängte Grieche der ihm widerborstig erscheinenden Deutschen klar zu verstehen, dass das griechische Schuldenproblem sehr wohl ein sehr europäisches sei – dass auch andere Länder wie Spanien, Italien und womöglich die gesamte Euro-Zone straucheln könnten, wenn es keine europäische Solidarität mit Griechenland gebe. Wenn Athen sich also bemühe, den Haushalt in Ordnung zu bringen, müssten die Partner dies goutieren. Merkel habe dies als Erpressungsversuch wahrgenommen, berichtet einer, der dabei war. Ein Wort habe das andere gegeben – und schließlich soll Merkel wütend gesagt haben: »Dann geh doch raus aus dem Euro!«[15] Auf den Gängen im Brüsseler Rat werden einige dieser Gesprächsfetzen erzählt.

Eine andere Variante der Geschehnisse besagt, dass Merkel Papandreou später zum Rücktritt gedrängt habe, und zwar Anfang November 2011 auf dem G20-Gipfel in Cannes, weil der Grieche sein Volk abstimmen lassen wollte über die Sparmaßnahmen und den Verbleib im Euro.

Diese Geschichte wird von EU-Diplomaten ernsthaft bestritten. Richtig ist: Papandreou stürzt nicht wegen Merkel, sondern über innerparteiliche Intrigen. Einer der Hauptbeteiligten ist Papandreous damaliger Finanzminister Evangelos Venizelos. »Papandreou was knifed by his minister of finance from Athens«, sagt ein hoher EU-Diplomat. Papandreou wurde von hinten von seinem Finanzminister erstochen.[16]

Griechische Politiker erzählen die Geschichte vom Sturz Papandreous so: Ende Oktober, wenige Tage vor dem G20-

Gipfel in Cannes, einigen sich die Euro-Länder nach einer nervenaufreibenden Nachtsitzung auf das zweite Hilfspaket für Griechenland. Alle sind bis zum Äußersten gegangen und nun völlig erschöpft. Aber es scheint Ruhe einzukehren. Bis 48 Stunden später Papandreou ein Referendum über die Beschlüsse ankündigt. Merkel und Sarkozy erfahren davon aus den Medien. »Papandreou hat nichts davon auf dem EU-Gipfel gesagt«, heißt es in beiden Hauptstädten. Andere Gipfelteilnehmer sagen, Papandreou habe in den heißen Verhandlungsstunden in Brüssel, als er drastische Auflagen akzeptieren musste, »mehrmals angedeutet, sein Volk darüber abstimmen zu lassen«*. Daran erinnert sich auch einer der Organisatoren aus dem Büro von Sitzungsleiter Van Rompuy. »Vielleicht sind diese Andeutungen in der Hitze des Gefechts untergegangen«, sagt er.

Zwei Tage vor dem G20-Gipfel steht das Referendum jedenfalls im Raum. Sarkozy tobt im Élysée und bestellt Papandreou nach Cannes ein. Frankreichs Präsident ist sauer, als Gastgeber des Treffens der Mächtigsten der Welt muss er wegen des griechischen Dramas seine persönlichen Pläne völlig umschmeißen. Cannes sollte Sarkozys außenpolitisches Meisterstück werden, Frankreichs ramponiertes Ansehen stärken, dem temperamentvollen Präsidenten Rückenwind für die anstehenden Präsidentschaftswahlen geben. Doch statt eines glanzvollen G20-Gipfels im französischen

* Worüber Papandreou abstimmen lassen wollte: Schwelle für Einkommenssteuer fällt von 12 000 Euro auf 5000 Euro; Rentenalter steigt von 61 auf 65 Jahre; Mehrwertsteuer steigt von 19 auf 23 Prozent; höhere Steuer auf Immobilien, Treibstoff, Zigaretten, Alkohol; Renten über 1000 Euro werden um ein Fünftel gekürzt, wer jünger als 55 Jahre und in Frührente ist, verliert 40 Prozent; Gehälter im öffentlichen Sektor werden um ein Fünftel gekürzt; volle Pension erst nach 40 Arbeitsjahren; 30 Prozent Lohnkürzung für Staatsbedienstete; 30 000 Beamte auf Teilzeit; zeitlich befristete Arbeitsverträge laufen automatisch aus – nur einer von zehn ausscheidenden Staatsangestellten wird ersetzt.

Luxusbadeort Cannes an der Côte d'Azur findet im Hinterzimmer wieder Euro-Rettung statt.

Papandreou kommt in einem kleinen Flugzeug. Er bringt besagten Finanzminister Venizelos mit. In dem schönen alten Hotel direkt an der Seepromenade in Cannes spielt sich in den folgenden Stunden Dramatisches ab. Zunächst müssen die mächtigen Präsidenten der G20 aus den USA, China, Brasilien, Russland und anderen Staaten warten, während die Euro-Länder um ihr Schicksal ringen. Vor Merkel, Barroso, Van Rompuy, Draghi und Sarkozy (ob Berlusconi dabei war, schließlich gehört Italien zur Runde der G20, daran kann sich später keiner mehr erinnern) verteidigt Papandreou sein Referendum.

Die Diskussion ist nicht lang, aber es geht hochemotional zu, es wird gestikuliert, geschrien, argumentiert. Es geht um Griechenlands Referendum, aber auch darum, dass Berlusconi die italienische Haushaltslage ignoriert und die Sorge, dass Frankreich in den Fokus gerät. Der Chef des Euro-Rettungsfonds hat intern signalisiert, dass er Mühe hat, Notkredite aufzutreiben. Die Investoren trauen dem Euro nicht mehr.

Papandreou erklärt seine Idee. Merkel scheint froh über Sarkozys Aktionismus, Papandreou einzufliegen. Sie hat mittlerweile auch einen Plan im Kopf. »Okay, wenn du dein Volk befragen willst, bitte schön«, erklärt sie dem griechischen Premier. »Aber wir sitzen in einem Boot. Wenn du ein Referendum ausrufst, stellen wir die Frage. Die wird lauten: Wollt ihr unter den verhandelten Bedingungen des Anpassungsprogramms im Euro bleiben?«[17] Das ist die einzige Frage, die akzeptabel erscheint und von der die Akteure glauben, dass sie vom griechischen Volk mehrheitlich mit Ja beantwortet werden kann. Zugleich wissen alle, dass sie mit dieser Frage auch eine Zeitbombe unter die Unumkehrbarkeit des Euro montieren. Was passiert, wenn die Griechen nein sagen und austreten? Der Euro-Klub wäre schwer in

Misskredit geraten, und was folgte dann? Alle in der Runde sind erschöpft, aber schließlich mit dem Referendum einverstanden. Die Volksabstimmung erscheint machbar, weil drei von vier Griechen für den Euro sind. Auch der damalige Oppositionsführer der konservativen Nea Dimocratia, Andonis Samaras, ein beharrlicher Gegner jeglicher Reformen und Sparauflagen, müsste sich dafür aussprechen. Ebenso wie die innerparteilichen Gegner von Papandreou.

Doch dann zeigt die Krise, wie unberechenbar sie alle Akteure macht. Merkel und Sarkozy eilen plötzlich im Alleingang zu einer Pressekonferenz. Unter dem Eindruck der gerade beendeten hochemotionalen Referendumsdebatte und der Sorge um den Euro begehen sie einen folgenschweren Fehler. Sie berichten von dem Treffen, den andauernden Zweifeln und eröffnen so die Debatte um den Austritt Griechenlands, die sich quälend lang hinziehen und nie mehr ganz beendet werden wird.

Premier Papandreou und Finanzminister Venizelos machen sich im Regierungsflieger noch nachts auf den Rückweg nach Athen. Da dürfte der gewichtige Finanzminister schon beschlossen haben, Papandreou zu stürzen und sich selbst an die Spitze der Regierung zu katapultieren. Bei der Ankunft verkündet Venizelos ohne Absprache mit Papandreou vor den Medien, das Referendum sei abgesagt. Verwirrung bricht aus. Papandreou kann nicht anders, als zurückzutreten. Allerdings gelingt Venizelos' Putschversuch nur zur Hälfte. Der scheidende Papandreou setzt mit Unterstützung des Konkurrenten Samaras eine Bürokratenregierung unter Führung von Lucas Papademos durch. Venizelos wird später Außenminister unter Samaras.

Es waren also nicht, wie von vielen Beobachtern angenommen, Sarkozy oder Merkel, die das Referendum verhindert und Papandreou gestürzt haben. Ein paar Monate später, im Mai 2012, hilft die Dynamik des abgesagten, aber noch immer im Raum schwebenden Euro-Referendums sogar Oppositionsführer Samaras, im zweiten Versuch die Parlamentswahlen zu gewinnen. Der permanente Reformverweigerer Samaras wandelt sich plötzlich in einen Reformen versprechenden Regierungschef. Später zeigt sich: Die Verwandlung hält genau ein Jahr an.

Die Gespräche in den Hinterzimmern von Cannes führen nicht nur ungeplant zum Rücktritt Papandreous. Sondern auch, und dies gezielt, zu dem des italienischen Premiers Silvio Berlusconi. Merkel, Sarkozy, EZB-Präsident Mario Draghi sowie die EU-Präsidenten Van Rompuy und Barroso sind sich seit Wochen einig: Ein Austritt Griechenlands ist für den Euro-Klub möglicherweise zu verkraften. Eine Pleite der drittgrößten Volkswirtschaft der Währungsgemeinschaft, Italien, ist es nicht. Frankreich wäre der nächste Kandidat. Es steht fest: Ein weiterhin politisch fragiles und nach außen hin unglaubwürdiges Land unter Berlusconi gefährdet die Währungsgemeinschaft. In Europas Hauptstädten ist die Überzeugung gewachsen, dass der Euro-Klub nur überlebt, wenn Berlusconi abgelöst wird. Er spielt mit dem Euro und der Sorge. Niemand hält es für ausgeschlossen, dass Berlusconi sein Volk über den Verbleib im Euro abstimmen lassen würde. Berlusconi muss weg. Italien braucht einen Premier, der verlässlich ist, für Politiker und Marktteilnehmer. Der Name des Nachfolgers geistert schon durch die Flure des Strandhotels in Cannes.

In Berlin, Paris, Brüssel und in Frankfurt bei der EZB wird die Ablösung Berlusconis durch den Wirtschaftsprofessor Mario Monti vorbereitet. Der Universitätspräsident Monti gilt als besonnen, klug, wirtschaftserfahren, er ist in allen Hauptstädten anerkannt. Zudem kennt er Europa und den Brüsseler Betrieb aus seiner Zeit als EU-Kommissar, zunächst zuständig für den Binnenmarkt, später für Wettbewerb. Monti erscheint als der Einzige, der Italiens Glaubwürdigkeit wiederherstellen kann.

An einem Tag Ende Oktober 2011, »in den heißesten Wochen der Republik Italien«,[18] als die über zehn Jahre laufenden Staatsanleihen Italiens wieder neue Rekorde bei den Risikoaufschlägen erreichen, klingelt bei Innenminister Roberto Maroni mitten in einem Meeting das Telefon. Es ist die Europäische Kommission in Brüssel, Behördenchef Barroso selbst ist am Apparat. Maroni verlässt den Raum und kommt einige Zeit später blass zurück. Barroso hat nicht lange herumgeredet, sondern ihn und seine Regierung aufgefordert, Berlusconi abzulösen. »Bitte nehmen Sie es nicht persönlich, und auch nicht die anderen Regierungsmitglieder. Aber Sie müssen Berlusconi entfernen.«[19] Zugleich teilt Barroso ihm die in den Hauptstädten ausgeklügelte Strategie mit, die zu Berlusconis Ablösung führen soll: Es werde einen regelrechten Sturm an Erklärungen gegen den Premier geben, aus allen Lagern und von allen Politikern, mit einer einzigen Botschaft: Berlusconi ist unangemessen.

Ein paar Tage später, auf dem G20-Gipfel in Cannes, wird Berlusconis Schicksal scheinbar zufällig besiegelt. Am Tag vor der offiziellen Eröffnung erklärt Lord Adair Turner, Präsident der britischen Finanzaufsicht, in London: »Für uns ist Italien ein viel größeres Problem als Griechenland. Eine schnelle Lösung muss gefunden werden, um das Schlimmste zu verhindern.«[20] Der unverdächtig erscheinende Brite gibt damit die Richtung für Cannes vor. Seine Aussage lässt die italienischen Finanzierungskosten weiter steigen, die EZB lässt den Markt weitgehend gewähren. Berlusconi kommt weiter unter Druck und versucht ein letztes Manöver, indem er dem IWF plötzlich erlaubt zu überwachen, wie Italien das versprochene Sparprogramm umsetzen will. Dass er es nicht ernst meint, wird postwendend deutlich. Denn zu Hause erklärt er direkt nach seiner Rückkehr aus Cannes, Italien spüre keine Krise. »Die Restaurants sind voll, die Flüge sind ausgebucht, und die Ferienhotels sind auch voll ausgebucht.«[21]

In Italien kommt es zu Massenprotesten gegen Berlusconi, am 12. November 2011 muss er seinen Rücktritt einreichen.

Am 16. November übernimmt Mario Monti eine Übergangsregierung in Rom. Am selben Tag beginnt die EZB, in großem Stil italienische Staatsanleihen aufzukaufen. Daraufhin fallen die Risikoaufschläge.[22] Der Euro-Klub schafft es, die Finanzierung Italiens bezahlbar zu halten.

In Europa sind alle gleich und manche gleicher

Die Europäischen Verträge billigen jedem Staats- und Regierungschef gleichberechtigt eine Stimme zu, unabhängig davon, ob er ein großes oder kleines Land vertritt. Entschieden wird grundsätzlich im Konsens.[23] Im Europäischen Rat, also in der Runde der Staats- und Regierungschefs, kann theoretisch Malta ebenso wie Deutschland mit seinem Veto einen Beschluss verhindern. In der Praxis läuft es allerdings meist so, dass ein Land, das mit einem Beschluss nicht einverstanden ist, diesen Beschluss zwar nicht blockiert, um nach außen hin Einigkeit zu demonstrieren, aber seinen Dissens zu Protokoll gibt.

Dass die europäische Realität nicht von Gleichberechtigung geprägt ist und der Umgangston zwischen kleinen und großen Ländern oder solchen mit viel und denen mit weniger Einfluss mitunter kaum als partnerschaftlich bezeichnet werden kann, erfährt die Republik Zypern in extremer Art und Weise. In der Zeit zwischen Sommer 2012 und Mai 2013 wandeln sich die treuen Anhänger der europäischen Idee in enttäuschte Gegner.

Wenige Wochen nach dem Wahlsieg des konservativen Andonis Samaras in Griechenland flaggen die zyprischen Nachbarn europäisch. Die Mittelmeerinsel übernimmt am 1. Juli 2012 für sechs Monate die Geschäfte der Europäischen Union. Die Zyprer sind stolz. Seit 2004 gehören sie zur Gemeinschaft. Seit 2008 haben sie den Euro. Nun sind sie so etwas wie die obersten europäischen Bürokraten, sie bereiten Treffen der nationalen Fachminister vor, sie verhandeln Gesetzesvorschläge, sollen für Kompromisse sorgen. Wer Anfang Juli 2012 auf die Insel fliegt, spürt den Stolz, auch gegenüber dem bisher übermächtig erscheinenden türkischen Nachbarn. Die Fahnen flattern, Schulkinder lernen Lieder aus europäischen Ländern, Staatschef Christofias hat Gelegenheit, ausführlich im Straßburger EU-Parlament zu reden, die Zyprer stellen Tische auf die Straßen und laden ihre Gäste ein.

Sechs Monate später ist die europäische Flagge eingeholt. Nüchtern bilanziert ein zyprischer Diplomat die Präsidentschaft. »Wir haben gelernt, dass es Gleiche und Gleiche gibt in Europa«, sagt er resigniert. »Das ist keine Gemeinschaft.«

Es ist Februar 2013 in Brüssel, der zyprische Diplomat hat darum gebeten, zum Mittagessen in ein griechisches Restaurant zu gehen. »Nachbarn müssen zusammenhalten«, sagt er. Dann erinnert er sich an die letzten Monate. Es gibt Fotos, da kann man sehen, wie es zugeht auf den Treffen der Chefs. Eines wurde aufgenommen bei Beratungen der Finanzminister im Herbst 2012. »Griechenlandrettung ist, wenn Schäuble und Lagarde die Köpfe zusammenstecken und einen Plan machen, dem die anderen zustimmen müssen«, sagt der Zyprer. Die Aufnahme zeigt Bundesfinanzminister Wolfgang Schäuble zusammen mit der Chefin des IWF, Christine Lagarde. Sie sitzen eher seitlich an einer Ecke der zu einem Rechteck aufgestellten Tische eng beieinander und gehen gemeinsam ein Papier durch. Rechts um die Ecke sitzt Olli Rehn und schaut auf sein Smartphone. Der für Wirtschaft und Währung zuständige EU-Kommissar ist an dem Dialog zwischen Schäuble und Lagarde nicht beteiligt. Überall am Tisch sind ein paar Plätze frei. Die Minister laufen umher, telefonieren, warten darauf zu erfahren, was Lagarde und Schäuble aushecken. Österreichs Finanzministerin Maria Fekter macht ihrem Ärger über diese bilateralen Deals Luft. »Es gibt 17 Mitglieder in der Euro-Zone«, sagt sie einmal. »Österreich will auch mitentscheiden, nicht nur mitzahlen.« Der Satz verhallt ohne Konsequenzen.

Die Zyprer rechnen in jenen Tagen im Herbst 2012 noch fest damit, dass sich der Euro-Klub mit ihnen solidarisch zeigen wird. Die Banken der Insel haben beim Schuldenerlass für Griechenland mitgemacht und zwischen vier und fünf Milliarden Euro verloren. Jetzt sind sie selbst praktisch pleite und hängen an der Notversorgung durch die EZB. Seit Monaten pokern der Euro-Klub und die Regierung in Nikosia um ein Hilfsprogramm. Als es Ende März endlich beschlossen wird, statuiert der Euro-Klub ein Exempel. Was bei der Rettung spanischer Banken noch undenkbar war (weil Spanien eine große Volkswirtschaft ist und auch große deutsche und französische Banken ihr Geld bei den spanischen Finanzinstituten angelegt hatten), das passiert im weit entfernt liegenden Zypern (dessen Volkswirtschaft nur einen Bruchteil der europäischen Wirtschaftskraft ausmacht und in dessen Banken vor allem Guthaben aus Russland und China liegen). Erstmals muss ein Land, das Hilfskredite bekommt, eine Großbank schließen, müssen Eigentümer, Investoren und Inhaber großer Sparguthaben die Kosten der Pleite selbst tragen. Es sei eine »sehr harsche Aktion« gewesen, räumt später der neue Chef der Euro-Gruppe, Jeroen Dijsselbloem, ein.[24] Zyperns neugewählter Präsident Nikos Anastasiadis, ein konservativer Politiker wie Merkel, sagt in einem Interview am 6. Juli 2013 in der internationalen Ausgabe der *New York Times*, »eigentlich sind wir schon raus aus der Euro-Zone«.

Was freilich erst später bekannt wird: Dass zyprische Banken so viel Geld verlieren, liegt auch daran, dass sie kurz vor dem griechischen Schuldenerlass der privaten Gläubiger selbst mit griechischen Staatsanleihen spekuliert haben. Sie sind also nicht unschuldig an dem späteren Dilemma.

Traditionell geben Berlin und Paris den Ton in Europa vor. Nicht immer zur Freude der Kollegen aus den anderen Ländern. Besonders das Duo Sarkozy-Merkel verärgert durch Alleingänge, ungeachtet der immensen Anfangsschwierigkeiten, die beide im Umgang miteinander haben: Sie ist kontrolliert und methodisch, er impulsiv und intuitiv. Während der Scheidung von Sarkozys Exfrau Cécilia mokiert sie sich im kleinen Kreis, dass sie seine Frauengeschichten ausbaden müsse, er beklagt sich über ihren Starrsinn. Sie ist nüchterne Naturwissenschaftlerin, er sprachgewaltiger Jurist. Sie führt eine komplizierte Koalition, er ist König von Frankreich. Nach zwei Jahren haben die beiden gelernt, die Eigenschaften des anderen zu schätzen und mit den eigenen gezielt zu verbinden. Sie beginnen, die europäischen Partner zu dominieren, spielen einander über Bande die Bälle zu und setzen teilweise in Alleingängen ihre Pläne durch. Sie werden so unzertrennlich, dass Spötter sie »Merkozy« rufen.

Im Mai 2012 löst der Sozialist François Hollande Sarkozy ab – fortan sind die deutsch-französischen Beziehungen auf Chefebene gestört. Hollande und Merkel gelten als schwieriges Paar – auch, weil sie in mancher Hinsicht einander sehr ähneln. In Merkels Umgebung sieht man das im Januar 2013 so: »Hatte der temperamentvolle Sarkozy ein Problem, war es unmöglich, länger als fünf Minuten mit ihm in einem Raum zu sein, ohne dass es aus ihm herausplatzte. Merkel hörte ihn an, analysierte. Dann haben beide geredet, eine Lösung gefunden. Wenn Merkel und Hollande in einem Raum sind, ist Schweigen. Beide können sich beherrschen. Sie können Small Talk machen über A oder B. Aber das Riesenproblem C sprechen sie nicht an, keiner fängt an damit – also bleibt es ungelöst.«[25] Hinzu kommen persönliche Animositäten. Merkel hat Hollandes ehemalige Lebensgefährtin Ségolène Royal einst im Wahlkampf empfangen, als Royal

Spitzenkandidatin der französischen Sozialisten war. Als Hollande 2012 Spitzenkandidat ist, empfängt sie ihn nicht. Unverzeihlich, heißt es im Élysée. Es ist eines von vielen Mosaiksteinchen in einer schwierigen Beziehung.

Hollande bemüht sich von Anfang an, Distanz zu Merkel zu wahren. Er trifft sich mit seinen Kollegen aus Italien, Spanien – und auch mit US-Präsident Barack Obama, um Gegenpositionen zu Merkels Europapolitik abzustimmen. Er macht sich zum Anwalt der südlichen Euro-Länder. Das Bundeskanzleramt registriert den neuen französischen Weg aufmerksam, Merkel versucht, es sportlich zu nehmen. Es habe eben jeder seine »Follower«, gibt sie zwischendurch etwas schnippisch zu Protokoll.

Der deutsch-französische Dissens überschattet das europäische Klima. Am 23. Mai 2013 entschließen sich Merkel und Hollande zu einem gemeinsamen Auftritt. Als Van Rompuy an diesem Tag einigermaßen pünktlich den anberaumten EU-Gipfel eröffnen will, bittet ihn sein Protokollchef, weiter Hände zu schütteln und zu plaudern. Zwei der Chefs fehlen. Merkel und Hollande haben »kurzfristig« beschlossen, sich erst einmal bilateral zu treffen. Offenbar war keine Zeit, vorab das Protokoll zu informieren. Während 25 Kollegen warten, reden Merkel und Hollande im deutschen Delegationsraum – um nach etwa 20 Minuten plaudernd und einander zugewandt gemeinsam in den Saal zu gehen. Während die Kameras laufen, gibt es hier ein Kopfnicken, da ein Lächeln. »Es war plötzlich so, als sei Sarkozy zurückgekehrt«, sagt einer der Protokollanten des Rates sichtlich überrascht.

Litauens Staatspräsidentin Dalia Grybauskaitė ist weniger überrascht. Sie beschreibt die Harmonie zwischen deutscher Kanzlerin und französischem Präsidenten später als »hochprofessionell: Sie wissen gut, wie man lächelt, wie man Küsschen verteilt, wie man einander umarmt.«[26] Das seien kleine freundliche Gesten, für die Öffentlichkeit eben. Denn die warte angesichts der nun schon ein Jahr anhaltenden Sprachlosigkeit darauf, dass die deutsch-französische Zusammenarbeit wieder funktioniert, dass sich die Konservative und der Sozialist finden, damit es in Europa wieder vorangeht.

Immerhin, sagt Grybauskaitė, hat das deutsch-französische Paar mittlerweile einen Weg gefunden, überhaupt miteinander umzugehen. Es gebe »keine großen Diskussionen mehr, keine Schlachten wie noch vor einem Jahr«. Sie spielt an auf die große Schlacht des Juni-Gipfels 2012. Damals verbündet sich Hollande mit dem spanischen Premier Mariano Rajoy und dem Italiener Monti gegen Merkel. Es ist der Gipfel, auf dem beschlossen wird, dass die Banken der Euro-Zone künftig zentral von der EZB beaufsichtigt werden und finanzschwache Banken danach notfalls direkt Kredite aus dem Euro-Rettungstopf ESM bekommen sollen, also ohne die jeweilige Regierung einzuschalten. Es ist der größte Transfer nationaler Kompetenzen an eine zentrale europäische Institution. Die nationalen Finanzaufsichten verlieren das Sagen über die Banken des Landes.

Diese Juninacht ist aus deutscher Sicht eine Nacht der Niederlage. Merkel muss sich erstmals dem sorgfältig vorbereiteten Druck der Partner beugen. Bundesfinanzminister Wolfgang Schäuble gibt wenige Wochen später bei einer Pressekonferenz in Brüssel seine philosophisch verklausulierte Deutung jenes nächtlichen Dramas zum Besten: Es sei ein »Beschluss im Morgengrauen« gewesen. Also im besten Sinne des Wortes graute der Beschluss am Morgen. Man spreche ja nicht ohne Grund vom Grauen, das morgens aufziehe. Und dass an jenem Morgen das Grauen mit einem Beschluss aufgezogen sei. Was genau Schäuble damit meint, lässt sich bald erkennen. Schritt für Schritt bemüht er sich, mittels juristischer Spitzfindigkeiten die Beschlüsse des Gipfels so umzudeuten, dass die geplante zentrale Bankenaufsicht später als vorgesehen und abgeschwächt einsatzfähig wird. Monatelang passt angeblich der Paragraph aus den EU-Verträgen nicht, auf dem die zentrale Aufsicht aufbaut.

Man brauche eine Vertragsänderung, unbedingt, fordert er. Schäuble gewinnt Zeit, um am Kleingedruckten zu feilen. Als er merkt, dass die zentrale Aufsicht nicht zu verhindern ist, stimmt er schließlich dem Paragraphen doch zu – vorläufig, wie er sagt. Er setzt immerhin durch, dass die nationalen Aufsichten einen Teil ihrer Macht behalten – und damit eben auch die nationalen Regierungen.

Unverbindliche Beschlüsse gefährden die Gemeinschaft

Das grundsätzliche Problem der 28 Chefs ist, dass sie zwar vielversprechende Beschlüsse fassen, diese aber später in ihren eigenen Ländern oft kaum umsetzen – und keinerlei Konsequenzen fürchten müssen, obwohl sie mit den Nachlässigkeiten die Gemeinschaft insgesamt gefährden.

Es gibt in der Praxis keine Möglichkeit, einen Staat zu bewegen, europäische Verpflichtungen einzuhalten. Dieser Befund treibt auch das Bundeskanzleramt in Berlin um. In der Krise ist das System der nationalen Unverbindlichkeiten in einem europäischen Rahmen an seine Grenzen gestoßen.

Eine aus der Krise gezogene Lehre, die alle beruhigen soll, ist das Recht der EU-Kommission, jedem Land detailliert spezifische Empfehlungen auszusprechen, was es tun sollte, um ordentlich zu haushalten und wettbewerbsfähiger zu werden. Die Empfehlungen der Behörde sind unverbindlich, aber öffentlichkeitswirksam. Das Prinzip ist einfach: Die Beamten lassen sich Daten aus den einzelnen Hauptstädten schicken, sie werten alles aus und erklären dann jedem einzelnen Land, in welchen Bereichen es die Regeln des Marktes verletzt, wo es zu viel Geld ausgibt, wo es reformieren sollte und warum es nicht besonders wettbewerbsfähig ist. Sie reichen von Überlegungen über ermäßigte Mehrwertsteuersätze, Ganztagskindergärten, die Öffnung des Fernbusverkehrs bis hin zum Rentenalter. Die Experten der Kommission scannen die einzelnen Länder, die Wirtschafts- und Sozialsysteme werden gläsern.

Die länderspezifischen Empfehlungen kommen jedes Jahr, die EU-Kommission schickt sie raus, dann werden sie auf dem EU-Gipfel besprochen, und schließlich ist in der Gipfelerklärung nachzulesen, dass die Chefs die Empfehlungen angenommen haben.

Erfüllt werden sie jedoch kaum. Zehn Prozent Erfüllungsquote sind unzureichend, merkt Bundeskanzlerin Angela Merkel auf dem EU-Gipfel am 22. Oktober 2013 in Brüssel an. Wobei auch Deutschland zu dieser Quote beiträgt.

Das bedeutet: Die Missstände bleiben, wie sie sind. Weil nämlich jeder Staats- und Regierungschef keine Lust hat, sich reinreden zu lassen – und das auf den Gipfeln, wenn die Türen verschlossen sind, auch deutlich zum Ausdruck bringt. Jeder der 28 Chefs hat seine ganz eigenen nationalen Zwänge, derentwegen er nicht machen kann oder auch nicht machen will, was die EU-Kommission vorschlägt.

Wie widerspenstig die Chefs gegenüber den Empfehlungen sind, zeigen eindrucksvoll die geheimen Protokolle des EU-Gipfels vom Juni 2012. Der Belgier Elio Di Rupo erinnert daran, dass sein Land 500 Tage ohne Regierung war, und lehnt alles ab, was die fragile Koalition und »die Ruhe mit den Gewerkschaften« gefährdet. Also werden die Löhne weiterhin automatisch der Inflation angepasst, bleibt das Rentensystem unangetastet, können Belgier einen gesetzlichen Feiertag, der auf einen Sonntag fällt, am nächsten Werktag nachholen. Maltas Premier Lawrence Gonzi erklärt unumwunden, er könne den Empfehlungen allgemein »nicht zustimmen«. Auch Luxemburgs Premier Juncker wehrt sich, er »will die Frühpensionierung in seinem Land trotz gegenteiliger Empfehlungen beibehalten« und das in einer separaten Erklärung verkünden. Zyperns Präsident Christofias warnt vor dogmatischen Maßnahmen und lehnt es im Übrigen »um des lieben Friedens willen mit den Sozialpartnern« ab, die Anpassung der Löhne an die Inflation abzuschaffen.

Vier Chefs reden, viermal sagen sie nein. Kommissionspräsident Barroso wird unruhig, als er wahrnimmt, dass die Chefs die Empfehlungen zerpflücken. Er warnt, »dass die Chefs die Kommission nicht unter politischen Druck setzen sollten, wenn sie objektive Analysen beauftragten«.[27] Im Übrigen könne nicht an Details herumgemäkelt werden, die Empfehlungen seien nur als Paket zu verabschieden. Wenn die Chefs jetzt nicht zustimmten, werde es ein »echtes Problem« geben.

Italiens Monti springt Barroso bei: Man solle nicht weiterverhandeln, »sonst untergrabe man die eigene Glaubwürdigkeit«. Es stehe jedem Mitgliedsstaat frei, in einer Extraerklärung klar darzulegen, dass man mit einem Element nicht übereinstimme. Aber bitte nicht den gesamten Prozess verwässern! Belgiens Di Rupo lenkt ein, aber dafür widerspricht Ungarns Orbán. Er hat Probleme, weil einige Empfehlungen »nicht mit der ungarischen Verfassung im Einklang stehen«. Jetzt platzt dem geduldigen Van Rompuy der Kragen. Er erklärt, er werde die Texte belassen, wie sie sind. Im nächsten Jahr könne mehr diskutiert werden. Er appelliert an alle, zuzustimmen, ansonsten werde »die Glaubwürdigkeit des Prozesses in Frage gestellt«.

Die Diskussion über die länderspezifischen Erklärungen macht deutlich, dass in der Sache richtige und dem Interesse der Gemeinschaft dienliche wirtschaftliche Maßnahmen wegen nationaler Interessen abgeblockt werden. Das Grundproblem der halbfertigen Währungsunion wird erneut deutlich: Jeder Staats- und Regierungschef kann in eigener Regie unbehelligt nationale Entscheidungen treffen. Er kann Empfehlungen aus Brüssel umsetzen oder nicht. Er kann nicht dazu gezwungen werden, weil die Europäische Union aus souveränen Staaten besteht.

Die Europäische Union ist ein Staatenverbund, Zwitter

zwischen einem Bundesstaat und einem losen Staatenbund. Die Bundesrepublik Deutschland und die USA sind klassische Bundesstaaten. Die NATO etwa funktioniert als Bündnis souveräner Nationen. Die Europäische Union vereinigt Eigenschaften beider Modelle. Sie basiert auf zwei Grundverträgen, dem 1992 in Maastricht geschlossenen Vertrag über die Europäische Union und dem Vertrag über die Arbeitsweise der Europäischen Union, reformiert im Jahr 2007 in dem völkerrechtlichen Vertrag von Lissabon. Der Vertrag von Lissabon bestimmt, wie die 28 gemeinsam arbeiten und wo sie gemeinsam entscheiden müssen. Die Staaten der Europäischen Union sind verbunden durch den weltweit größten gemeinsamen Binnenmarkt, auf dem Handel und Wandel ohne Schranken und zu fairen Bedingungen möglich sein und der zum Wohlstand der Bürger beitragen soll. Entsprechend sind die Belange des Binnenmarktes gemeinsam geregelt. Bei den Wettbewerbsregeln, beim Außenhandel, in der Agrarpolitik, beim Verbraucherschutz und verschiedenen Aspekten der Justizpolitik müssen alle 28 Mitglieder gemeinsam entscheiden. In vielen Bereichen sind Mehrheitsbeschlüsse möglich, bei der Steuerpolitik und der Außenpolitik ist Einstimmigkeit erforderlich. Die ab Januar 2014 insgesamt 18 Euro-Länder haben ihre Währungs- und Geldpolitik vergemeinschaftet und stimmen sich unverbindlich in wirtschaftspolitischen Belangen ab.

Aber wenn ein Land die unverbindlichen Empfehlungen der Kommission nicht umsetzt, gefährdet es irgendwann die Gemeinschaft – und dann muss diese (finanziell) einspringen, um alle vor dem Untergang zu retten. Es ist ein System, das dauerhaft so nicht funktionieren kann.

Krise – Zoff im Hause Europa

Teil 1
Das Desaster der europäischen Bankenrettung

An einigen Abenden im Frühling 2013 ziehen sich Euro-Sherpas in ein kleines Restaurant zurück, es liegt im früheren Brüsseler Arbeiterviertel Les Marolles und heißt L'idiot du village, »der Dorftrottel«. Das Lokal liegt versteckt in einer Seitenstraße und ist keines der üblichen Restaurants, in denen Europas Personal diniert. Ein Blick zu den Nachbartischen, ein kurzes konzentriertes Hineinhören in die Umgebungsgeräusche: Flämisch, Französisch, kein Deutsch, kein Englisch. Sie sind unter sich.

Die unbewältigte Krise drängt nach Deutung, und die Herren, die zu Europas Spitzenpersonal gehören, bevorzugen das kleine Lokal, um ungestört die letzten Jahre ein wenig Revue passieren zu lassen. Es lässt sich nicht leugnen, dass der Name des Restaurants Dorftrottel irgendwie ein passender Ort für eine Bilanz ist.*

2008, als die Krise begann, war der Horizont der nationalen Regierungschefs in ihren Hauptstädten ähnlich beschränkt. Statt ein Großreinemachen in Europa anzugehen, vor allem in den Ländern der Währungsunion, fegte jeder ein bisschen vor der eigenen Tür, getrieben von unterschiedli-

* Die Gespräche haben im Frühjahr 2013 mit unterschiedlichen Gesprächspartnern und zu verschiedenen Zeitpunkten stattgefunden. Wir haben uns den Kunstgriff erlaubt, sie im Sinn der Geschichte miteinander zu verknüpfen.

chen nationalen Interessen und der daraus resultierenden unterschiedlichen Sicht auf Europa. »Jeder hat seine nationalen Banken gerettet wie früher seine Stahlwerke und die Autokonzerne. Jeder wollte seine Herrlichkeit behalten. In jedem verdammten Land haben die nationalen Aufseher das geduldet«, sagt ein Euro-Sherpa an einem der Abende. »Weil die Regierungen von dem Geld leben, das die Banken ihnen leihen«, schiebt er hinterher. »Keiner hat durchschaut, was auf dem Spiel steht.«

So sieht es auch Jörg Asmussen, damals Staatssekretär im deutschen Finanzministerium, später Direktor der EZB und seit Ende 2013 Staatssekretär im Bundesministerium für Arbeit und Soziales in Berlin. »In den Schubladen der Regierungen gab es Krisenhandbücher für alles Mögliche, aber nicht für die Insolvenz einer global agierenden Großbank.«[1]

Ein verbindliches Krisenhandbuch hätten Europas Politiker 2008 dringend gebraucht. Am 15. September 2008 muss in New York die Investmentbank Lehman Brothers Insolvenz anmelden.

Der Untergang der weltweit vernetzten Großbank wird zur Fast-Todeserfahrung für das Finanzsystem der westlichen Welt. Als am frühen Morgen die Nachricht nach Europa schwappt, ist der erste Schock groß.

Aber an den europäischen Finanzmärkten bleibt alles ruhig, der Kurs des Euro steigt sogar an. Das verleitet die europäischen Finanzpolitiker dazu, die gefährliche Lage völlig falsch einzuschätzen: Sie deklarieren die *Subprime*-Krise um die faulen Hypothekenkredite zu einer amerikanischen Fehlentwicklung. Frankreichs Notenbankchef Christian Noyer versichert, Europas Banken seien nicht mit »faulen Papieren« überfrachtet wie die amerikanischen.

Dass die europäischen Banken selbst tief im internationalen Geschäft verstrickt sind und deshalb auch in ihren Büchern Risiken über Tausende Milliarden Euro stehen, wollen die Europäer nicht wahrhaben. Die Krise hat in Amerika begonnen, folglich ist es an Amerika, diese zu lösen. Nach zwei Wochen werden sie mit voller Wucht von der Realität eingeholt. Regierungen müssen die ersten Banken retten: den belgisch-französischen Finanzkonzern Dexia, die belgisch-niederländische Fortis-Bank, die in München beheimatete Hypo Real Estate (HRE), einige deutsche Landesbanken, die Commerzbank.

Der Staat muss einspringen, um die großen Finanzhäuser vor der Pleite zu bewahren – und damit Sparbücher, Geldanlagen, Pensionsfonds, Lebensversicherungen und Betriebsrentenfonds zu retten. Der Staat nimmt das Geld der Steuerzahler, um die Sparguthaben und Vorsorgeaufwendungen der Bürger zu bewahren.

In den USA geht die Regierung einen klugen Weg. Der konservative amerikanische Finanzminister Henry Paulson, der Lehman Brothers hat untergehen lassen, zwingt die maroden Banken seines Landes zur temporären Notverstaatlichung.

Die verunsicherten Banker werden von Paulson gezwungen, ihre Geldhäuser mit Staatsgeld zu sanieren. Dazu zitiert Paulson die Chefs der neun größten Finanzkonzerne Mitte Oktober 2008 nach Washington D. C., die Herren kommen in ihren Firmenflugzeugen. Im Finanzministerium, wenige Meter vom Weißen Haus entfernt, sitzen sie Paulson, Notenbankchef Ben Bernanke und der Leiterin der Einlagensicherungsbehörde Sheila Blair gegenüber. Es ist die geballte Finanzmacht des amerikanischen Staates. Die Banker haben dreieinhalb Stunden, um das Geld der Regierung zu akzeptieren und dem Staat Aktien zu überschreiben. Einige Banker sträuben sich, schließlich unterschreiben sie alle.

In Europa läuft die Sache anders. Es gibt keine Person, die den Banken mit der gleichen Macht gegenübertreten kann wie jenseits des Atlantiks der Finanzminister. Die zentrale Autorität, die alle europäischen Großbanker zu respektieren haben, könnte die EZB sein. Die Notenbank hat die Macht,

Banken am Leben zu erhalten oder sterben zu lassen – indem sie Banklizenzen erteilt oder entzieht, indem sie frisches Geld bereitstellt oder nicht.

Aber eines haben die nationalen Egoisten damals noch verhindert: dass nämlich die mächtige Notenbank kraft ihrer Kompetenzen und ihrer Unabhängigkeit die Banken auch zentral beaufsichtigt – und notfalls deren Schließung verordnet. Ein dramatischer Fehler, der erst nach langen quälenden Debatten und dem Beinahe-Zusammenbruch der Euro-Zone im Juni 2012 korrigiert wird.

Im Oktober 2008 gibt es 27 nationale Regierungen, 27 nationale Aufseher und ideologische Ressentiments. Zwangsverstaatlichung klingt in europäischen Ohren nach Kommunismus, und den will keiner.

Die Präsidenten, Premierminister und Kanzler benehmen sich wie Landesfürsten im 18. Jahrhundert. Sie reden die Risiken der eigenen Institute klein. Sie belauern sich gegenseitig und achten sehr darauf, dass die Banken nur so viel staatliches Geld nehmen, dass die Brüsseler Wettbewerbsbehörde nicht misstrauisch wird – und die Banken zwingt, Anteile oder Töchter zu verkaufen. Jeder Fürst will die größten Banken haben.

Es ist der schlimmste Fehler, den die Staats- und Regierungschefs machen. Er bewirkt, dass sich die Krise tief in den Alltag frisst.

Der kurze Traum vom EU-Bankenrettungsfonds

Deutschland ist maßgeblich das Land, das 2008 einen europäischen Bankenrettungsfonds verhindert. Obwohl es einen seriösen Vorschlag gibt, der noch dazu aus den Niederlanden kommt, einem Land, das Deutschland wirtschaftspolitisch traditionell nahesteht.

Der konservative Ministerpräsident Jan Peter Balkenende

lässt Ende September 2008 ein Papier des Finanzexperten Bernard ter Haar zirkulieren. Ter Haar vertritt die Niederlande in der Financial Service Working Group, einem von den EU-Regierungen beschickten Expertengremium der Europäischen Union. »Die Niederlande schlagen vor, dass (...) alle Mitgliedsstaaten einen fixen Betrag von 3 Prozent des Bruttonationalprodukts bereitstellen«, heißt es im Papier von ter Haar wörtlich. »Der Fonds würde aus 27 separaten Fonds bestehen, die nur dem jeweiligen Mitgliedsstaat zur Verfügung stehen, die aber alle nach den gleichen Linien operieren.«

Hintergrund des Vorschlags ist die Krise um das niederländisch-belgische Geldhaus Fortis. Die Schulden, die Fortis angehäuft hat, übersteigen das gesamte Bruttonationalprodukt Belgiens um ein Mehrfaches. Die Niederländer glauben, dass die Europäer mit einem gemeinsamen Netzwerk von Bankenfonds schlagartig das Kräfteverhältnis gegenüber den internationalen Finanzmärkten zu ihren Gunsten verändern würden.

300 Milliarden Euro hätte nach den Berechnungen des Finanzministeriums in Den Haag der Europäische Bankenrettungsfonds umfassen sollen. Die niederländische Regierung wollte 18 Milliarden Euro beisteuern. Am 2. Oktober 2008 bringt Premierminister Balkenende den Plan zu Nicolas Sarkozy in den Élysée-Palast. Frankreich führt in diesen Monaten die Geschäfte der Europäischen Union. Der in der Krise zur Hochform auflaufende Sarkozy ist begeistert – und legt nach. Frankreich plädiert für einen Fonds, der noch viel stärker auf europäische Vernetzung setzt als im niederländischen Vorschlag vorgesehen. Christine Lagarde, damals Sarkozys Finanzministerin, lässt die Idee eines europäischen Fonds nach US-Vorbild in der deutschen Presse durchsickern. »Es gibt Ideen für einen europäischen Lösungsansatz«, sagt sie dem *Handelsblatt*. »Daraus resultiert die Frage: Brauchen wir einen europäischen Auffangfonds, um Banken zu retten?

Das ist bisher nur eine Idee. Wir müssen darüber diskutieren.« Am gleichen Tag sprechen Abgesandte der niederländischen Regierung bei Merkels Experten für Finanzfragen, Jens Weidmann, im Bundeskanzleramt vor. Österreichs Bundeskanzler Alfred Gusenbauer wird von Balkenende telefonisch kontaktiert. Gusenbauer unterstützt die Idee.

Merkel unterstützt sie nicht.

Die Große Koalition in Berlin will unter keinen Umständen gemeinsame Verantwortlichkeiten, die finanzielle Konsequenzen haben könnten. Finanzprobleme sieht Berlin vor allem bei den Partnern. Die deutsche Bankenwelt hält das Kanzleramt für beherrschbar, was nicht bedeutet, dass deutsche Banken gut wirtschaften. Im Gegenteil: Die Bundesregierung steckt 2008 und in den folgenden Jahren mehr Geld als jedes andere europäische Land in die Rettung ihrer Banken – die Bürger klagen aber überraschenderweise niemals darüber.

Kein Wunder also, dass Bundesfinanzminister Wolfgang Schäuble noch Ende 2013 so weitermachen will, wie sein Vorgänger Peer Steinbrück im Jahr 2008 begonnen hat. Sollte sich herausstellen, dass deutschen Banken wider Erwarten Kapital fehlt, sei Deutschland potent genug, notfalls mit Steuergeld auszuhelfen, erklärt Schäuble am 15. November 2013 in Brüssel.

Es ist eine national-egoistische Sicht, die in den Jahren zuvor die Länder der Währungsgemeinschaft schon in die Bredouille gebracht hat. Ungleiche Partner stehen sich gegenüber: Auf der einen Seite der europäische Klassenbeste Deutschland. Auf der anderen Seite die in Schulden und Rezession abdriftenden Partner.

Erst als im Mai 2012 Sarkozy durch den Sozialisten François Hollande abgelöst wird und dieser mit den USA, Italien, Großbritannien und Spanien Allianzen gegen Deutschland zu schmieden beginnt, wird auf dem später als historisch in die Annalen eingehenden Euro-Gipfel Ende Juni 2012 erstmals die deutsche Strategie der Euro-Rettung durchbrochen. Bundeskanzlerin Merkel kommt nicht mehr daran vorbei, eine zentrale, politisch unabhängige Aufsicht der Banken und zentrale Regeln für die Abwicklung maroder Geldhäuser nebst einem zentralen Abwicklungsfonds zu akzeptieren. Auf Druck der Allianzen um Hollande wird die Bankenunion vereinbart. Sie soll die unheilvolle Verflechtung von Staat und Banken beenden.

Merkel muss unterschreiben. Es ist das erste Mal seit der Einführung des Euro, dass Regierungen wieder Kompetenzen an eine Gemeinschaftseinrichtung abgeben.

Der Weg zur Bankenunion ist lang. Und 2008 jedenfalls überhaupt noch nicht denkbar. »Großen Aufschlägen für Europa« sei Deutschland »um es vorsichtig zu sagen, höchst vorsichtig« gegenüber, diktiert Finanzminister Peer Steinbrück Anfang Oktober 2008 dem *Wall Street Journal*. Schließlich wisse man nicht, was schlussendlich mit deutschem Geld passieren werde. Die Bundeskanzlerin sieht es ähnlich und wendet sich populistisch gegen »Blankoschecks für alle Banken«.

Der Vorstoß für einen europäischen Bankenrettungsfonds 2008 verpufft. Statt gemeinsam retten alle Regierungen ihre Banken in nationaler Regie und Verantwortung. Deutschland besteht darauf, dass in Europa die Nationalstaaten der globalen Finanzkrise entgegentreten.

Es ist ein Fehler.

Der Weg des nationalen Zögerns und Zauderns, der die Gemeinschaft an den Rand des Zerfalls bringen sollte, ist vorprogrammiert.

»Jedem seine Scheiße«, so sieht Frankreich die deutsche Linie

Am 4. Oktober 2008 lädt Nicolas Sarkozy die Staats- und Regierungschefs der vier europäischen Länder der G8 (Deutschland, Italien, Großbritannien und Frankreich) zum Dinner in den Élysée-Palast in Paris. Er will das Vorgehen mit den USA, China und Russland für das nächste G8-Treffen koordinieren. Die deutsche Delegation mit Merkel kommt mit einem kleinen Flugzeug der Bundeswehr nach Paris. Den Reisenden schwant inzwischen, dass es sich um eine Systemkrise handelt. Während des Abendessens erhält Merkel eine Nachricht aus Berlin: Der deutsche Rettungsplan für die in München ansässige Immobilienbank Hypo Real Estate ist geplatzt. Eine konsternierte Bundeskanzlerin informiert die Anwesenden, dass sie die HRE nochmals retten muss.

Und dass sie trotzdem keinen gemeinsamen Fonds haben will.

Sarkozy ist enttäuscht über Merkel. Bei der Verabschiedung nach dem Abendessen an den Stufen des Élysée lässt er seiner Enttäuschung freien Lauf: »Wenn wir keine europäische Lösung zusammenbringen, dann wird das ein Debakel sein«, klagt Sarkozy außer Hörweite der Mikrofone. »Aber nicht meines, sondern Angelas Debakel. Wissen Sie, was sie zu mir gesagt hat? Chacun sa merde!« – »Jedem seine Scheiße.« Ein Vertreter der deutschen Delegation überbringt eine etwas dezentere Version der Kanzlerworte. Angela Merkel habe im Élysée-Palast schlicht Johann Wolfgang Goethe zitiert: »Ein jeder kehr' vor seiner Tür, und rein ist jedes Stadtquartier.«[2] Die deutsche Grundhaltung, wonach die Verantwortung bei den einzelnen Staaten liegt, verfestigt sich.

Nach der Rückkehr aus Paris kommen einige deutsche Delegationsmitglieder im Finanzministerium in Berlin zusammen. Unruhe macht sich breit. Innerhalb von 24 Stunden muss es eine neue Lösung für die Münchner HRE geben. Und plötzlich ist die Sorge vor einem Bankensturm in Deutschland real. Die Banken registrieren landesweit eine rasant ansteigende Nachfrage nach 500-Euro-Scheinen, ein deutliches Zeichen, dass die Bürger ihr Geld retten wollen. Immer mehr deutsche Bankkunden heben täglich 10 000 Euro ab. Die Gefahr der Anlegerflucht wächst stündlich. Ein Funke kann einen Bankensturm auslösen. Über Nacht erhöht die Bundesregierung die Rettungsgelder für die Hypo Real Estate von 35 Milliarden auf 50 Milliarden. Die Nervosität wird so groß, dass sich die schwarzrote Bundesregierung zu einem ungewöhnlichen Manöver entschließt. Am nächsten Tag, es ist Sonntag, der 5. Oktober 2008, treten Angela Merkel und Peer Steinbrück um 15 Uhr vor die Presse und garantieren die Bankguthaben der Deutschen. Merkel sagt: »Wir sagen den Sparerinnen und Sparern, dass ihre Einlagen sicher sind. Auch dafür steht die Bundesregierung ein.«

Ähnliche Garantien haben schon Irland, Großbritannien, Griechenland und Schweden in den vorangegangenen Tagen gegeben. Es sieht fast wie ein Wettlauf zwischen den Mitgliedsstaaten um die glaubwürdigsten Alleingänge aus. Wären die Versprechen dieser größten Garantieaktion der Weltgeschichte eingefordert worden, die Staaten hätten die Grenzen ihrer Handlungsmöglichkeit rasch erreicht.

Ein Gipfel der 17 Euro-Länder eine Woche später, am 12. Oktober 2008, soll die Fliehkräfte stoppen. Merkel spricht von einer Extremsituation. Später sagt sie über diese Wochen der Unsicherheit, sie sei »tagelang mit dem Gedanken zu Bett gegangen, welcher Banker denn diesmal um vier Uhr in der Früh anrufen wird, weil er Geld braucht, bevor die Schalter um 9 Uhr aufmachen«.[3]

Ähnliche Sorgen haben auch die europäischen Kollegen, die sich am 12. Oktober im Élysée treffen. Österreichs Bundeskanzler Gusenbauer hat von seinem Notenbankchef die große Sorge der österreichischen Bankenlobby mit auf den Weg bekommen. Während die meisten Banken an Dollar-

Knappheit leiden, sorgt sich die Alpenrepublik um den Zugang zu Schweizer Franken. »Dollar-Liquidität hilft mir wenig, ich brauche Schweizer Franken«, verlangt der österreichische Kanzler im Élysée von EZB-Chef Jean-Claude Trichet. »Es ist leider so, dass mehr als die Hälfte aller Franken-Fremdwährungskredite von österreichischen Banken gehalten werden.«[4] Dem erstaunten Trichet erklärt der Sozialdemokrat das beliebte Geschäftsmodell österreichischer Banken, Firmen und Häuslebauer in halb Osteuropa mit Franken-Krediten zu versorgen. Die Zinsen in der Schweizer Währung sind niedrig, aber das Risiko von Zahlungsschwierigkeiten bei den in Franken verschuldeten Ungarn, Rumänen oder Österreichern im Fall eines sich verteuernden Frankens ist groß. Trichet stellt nicht viele Fragen und überbringt dem Österreicher drei Tage später die frohe Botschaft, dass die Schweizer Nationalbank versprochen hat, zu helfen und den österreichischen Banken im Notfall Franken zu leihen.

Die Predigt für das riskante Verhalten der österreichischen Banker bleibt aus. Trichet weiß so gut wie die Staats- und Regierungschefs: Jedes Land hat Leichen im Keller, von denen die Partner nur im Ernstfall etwas erfahren.

Im Élysée gibt es in den Krisenzeiten kein Rauchverbot. »Zu später Stunde haben Gusenbauer und Sarkozy den ganzen Saal mit Zigarren verstunken«, erinnert sich ein Teilnehmer. Jean-Claude Juncker zündet sich sowieso alle zehn Minuten eine neue Zigarette an. Es scheint, als ob sich die Raucher unter den Chefs für das Nein aus Berlin revanchieren wollen. Nichtraucherin Angela Merkel verschwindet in Rauchwolken.

Alle Regierungen stellen nach diesem Abend eigene nationale Bankenpakete vor. Danach tünchen die Chefs alles europäisch an. Sie stellen die Pakete aufeinander und geben das Ergebnis als europäische Brandmauer aus. Und sie geben der Europäischen Kommission die Aufgabe, die nationalen Maßnahmen zu koordinieren.

Euro-Sherpa Thomas Wieser, einer der Chefplaner der späteren Aktionen zur Rettung der Gemeinschaftswährung, erinnert sich: »Die Koordination bestand darin, dass man die Regeln der Kommission für Staatsbeihilfen einhielt. Was natürlich null Koordination ist. Das Einzige, was an wirklicher Koordination möglich gewesen wäre, wäre ein gemeinsamer Fonds gewesen.«[5] Nationaler Egoismus wird sprachlich mit Gemeinschaftstünche überkleistert. Die 27 Alleingänge werden für die Steuerzahler Europas insgesamt teurer als gemeinsames Handeln. Rund 1600 Milliarden Euro kostet es allein, die Banken zu retten. Die Milliarden lassen riesige Schuldenberge entstehen, die in der Folge eine Wirtschaftskrise, ein Krise der Währungsunion und schließlich eine politische Krise auslösen.

Österreichs Exkanzler Gusenbauer bringt den Konflikt der Egoisten, die Europa nach nationalem Gutdünken regieren, auf den Punkt: »Erstens sagen sich die EU-Staatschefs nicht die Wahrheit. Zweitens gab es zu diesem Zeitpunkt das Prinzip, du mischst dich bei mir nicht ein und ich nicht bei dir. Das ist die Grundkrux unserer Konstruktion. Wir haben die gemeinsame Währung, die gemeinsame Zinspolitik, aber in den Ländern wurde gemacht, was sie wollten. Es gab null Verbindlichkeit.«[6]

Euro-Sherpa Thomas Wieser sagt heute: »Hätten wir damals schon die Banken zentral beaufsichtigt, hätten wir das Problem gleich gelöst.« Die Banken hätten ihre miserablen Bilanzen nicht hinter nationalen Aufsehern verstecken können, sie wären verstaatlicht oder direkt aus einem europäischen Bankenfonds gerettet worden. Die Staaten hätten keine unvorstellbar hohen Schuldenberge abzutragen, die Investoren wären nicht geflohen aus Europa, die Bürger litten nicht unter Sparzwängen, die Unternehmen wären womöglich wettbewerbsfähiger. Aber der weite Horizont ist von nationalen Interessen verstellt. Gerade in Deutschland. »Weltmeister in riskanten Bankgeschäften«[7] seien die Deutschen, warnt der damalige EU-Industriekommissar Günter Verheugen schon 2010.

Die Europa-Experten im Brüsseler L'idiot du village teilen Verheugens Befund von damals, die nationale Aufsicht lasse »die Dinge laufen«. Und sie gestehen einen Fehler ein: »Es war falsch, dass wir die Banken nicht gezwungen haben, staatliche Gelder anzunehmen, um das Eigenkapital aufzufüllen und alle faulen Papiere abzuschreiben.« Bald sprechen sie das erste Mal vom Todesstoß und von der Zersplitterung der Währungsgemeinschaft. »17 Finanzminister, 17 nationale Aufsichten, das ist die Fehlkonstruktion in der Währungsunion. Jeder Finanzminister betreibt mit seinem Notenbankchef perfekte Standortsicherung«, sagt ein Wortführer in die Runde. Nicken. »Die Zersplitterung ist der Todesstoß.«

Ein schräges Bild. Aber alle nicken.

Teil 2
Madame Non
diktiert die Euro-Krisenpolitik

Die Währungsunion ist im Sommer 2013 in einem fragilen Zustand. Eigentlich sollte die gemeinsame Währung über die Verflechtung nationaler ökonomischer Interessen dafür sorgen, dass in Europa unumkehrbar Frieden, Wohlstand, Demokratie und Sicherheit einziehen und dass egoistisch denkende nationale Regierungen ihre Interessen zugunsten der europäischen Gemeinschaft hintanstellen. Doch zwölf Jahre nach ihrer Einführung sind die nationalen Interessen auf dem Vormarsch, verlieren die europäischen Argumente deutlich an Kraft.

Gegründet mit dem Abschluss der Maastrichter Verträge 1992 und verwirklicht mit der Einführung des Euro 2002, legt der Euro-Klub einen triumphalen Start hin. In der Euphorie rutschen die Zinsen für die südlichen Euro-Länder, die sie für ihre Haushaltsfinanzierung zahlen müssen, auf historische Tiefstände. Großbanken geben Kredite zu enorm günstigen Bedingungen. Bürger und Staaten leisten sich bis dahin unbekannten Wohlstand. Die reicheren Euro-Länder, allen voran Deutschland, profitieren vom Boom im Süden, die Region ist ein riesiger neuer Absatzmarkt, den die auf Export orientierten Unternehmen erschließen können. Und weil die Bundesbürger traditionell viel Geld zurücklegen, sind die deutschen Banken beim Boom im Süden ganz vorne mit dabei. Die Geldhäuser transferieren die Vermögen von Norden nach Süden und bieten günstige Kredite für jedermann an. Das weckt die Konsumlust der Spanier und treibt die Exporte nach Spanien in neue Rekordhöhen. Bezahlt wird mit Krediten, von denen unsicher ist, ob sie jemals zurückgezahlt werden können. An dem auf Pump finanzierten Wohlstand verdienen Exporteure und Banken.

Zugleich regieren hinter der strahlenden Kulisse des historischen Gemeinschaftsprojekts weiterhin nationale Interessen. Die Euro-Regierungen erlauben dem Europäischen Statistikamt Eurostat nur in Ausnahmen, aus den Hauptstädten gemeldete Wirtschaftsdaten vor Ort zu prüfen.* Die Statistiker müssen glauben, was die Hauptstädte sagen. Trotz der gemeinsamen Währung ist jedes Mitglied im Euro-Klub unantastbar. Nationale Souveränität geht vor gemeinschaftlichem Interesse. Keiner darf dem anderen in die Bücher schauen, selbst wenn es ernsthafte Zweifel an der Buchführung gibt. Es ist dieses Festhalten an nationalen Interessen und Sichtweisen trotz gemeinsamer Währung, das den Euro-Klub tief in die Krise führt.

Das Vertrauen, das Regierungen sich von den anderen wünschen, haben sie selbst untereinander nicht. Mit dem

* Die Kommission scheitert mit ihrem Vorstoß, dass Eurostat selbständig nachhaken darf.

Verschleiern der Daten, der kleinstmöglichen Bankensanierung nebst andauernder nationaler Interessenverteidigung legen sie den Grundstein für eine Krise der Währungsgemeinschaft.

Die Staats- und Regierungschefs wissen aus zahlreichen Nachtsitzungen und Krisengipfeln, dass die Währungsunion so halbfertig, wie sie ist, keine weitere große Krise überstehen wird. Sie wird scheitern am Widerstand der Bürger gegen die nötigen Milliardentransfers, an demokratischer Legitimation oder an der Kompetenzverlagerung nach Brüssel, die nötig ist, um Regierungen daran zu hindern, mit national motivierten Entscheidungen die Gemeinschaft zu gefährden.

Ende 2013 ist in Brüssel eine lähmende Ruhe zu spüren. Die akuten Krisenherde sind so weit unter Kontrolle. Beim Wahlkampf in Deutschland spielt Europa keine Rolle, es geht um Wohlfühlthemen. Merkel erreicht mit diesem Kurs beinahe die absolute Mehrheit im Bundestag. In Europa macht sich das Gefühl breit, mit Merkel sei eine Kanzlerin für die Europäische Union gewählt worden – dabei sind nur die Deutschen zur Wahlurne gegangen. Der nächste große Wahltermin liegt Ende Mai 2014, dann wählt Europa ein neues Parlament. Es werden die ersten europäischen Wahlen sein, seit die Krise die Machtverhältnisse in Europa verschoben, Nationalisten befördert, Euro-Politikern das Gefühl des »wir gehen alle unter« beschert und den Ruf nach Rückkehr zu nationalen Währungen hat lauter werden lassen.

Das Zittern um die Zukunft des Euro beginnt im Urlaubsparadies der Europäer, in Griechenland.

Das große Zögern – Oktober 2009 bis April 2010

Als ein paar Monate nach den Europawahlen 2009 die griechische Regierung erläutert, dass sie kein Geld mehr in der Kasse hat, schalten die Staats- und Regierungschefs auf

Durchzug. Es kann nicht sein, was nicht sein darf. Die Möglichkeit, dass da ein Land aus der Euro-Zone vor der Pleite steht, wird verdrängt.

Keiner der Chefs überblickt die Dramatik der griechischen Offenbarung.

Die sozialistische Pasok-Partei hat nach ihrem Wahlsieg im Herbst 2009 und der anschließenden Regierungsübernahme herausgefunden, dass die nationalen Wirtschaftsdaten geschönt sind. Die Neuverschuldung beträgt nicht sechs Prozent, sondern 16 Prozent, bezogen auf das Bruttosozialprodukt. Erlaubt sind drei Prozent. Ministerpräsident Giorgos Papandreou schlägt auf dem EU-Gipfel im Dezember Alarm: »Die Lage ist düster. Ich habe ein riesiges Defizit und eine große Verschuldung geerbt. Ich brauche eure Unterstützung.«[8]

Mehr als nette Worte bekommt Papandreou nicht. Wie aus den vertraulichen Protokollen jenes Gipfels hervorgeht, wollen die europäischen Staats- und Regierungschefs die gefährlichen Folgen* dieser Entdeckung nicht wahrhaben.[9] Merkel dankt Papandreou für seine Offenheit und erklärt, »die Lage kann verbessert werden, wenn das Vertrauen wiederhergestellt ist«.[10] Luxemburgs Premier Juncker müht sich, die Lage schönzureden. Er sagt, wohl wider besseres Wissen: »Griechenland ist kein Staat in Vor-Konkurs.« Juncker muss es besser wissen, weil er zugleich die Euro-Gruppe führt, das mächtige Gremium der Finanzminister aus den Euro-Län-

* Ein Sherpa erinnert sich: »Niemand wollte wahrhaben, dass die Krise alle betrifft. Es herrschte eine etwas einfache Sicht auf die wirtschaftlichen Gegebenheiten nach dem Motto: Wenn jeder ordentlich haushält, dann ist die Welt in Ordnung. Wir haben in zehn Jahren viel zu wenig auf die internen und externen Ungleichgewichte der einzelnen Mitgliedsstaaten geschaut. Weil wir alle davon ausgegangen waren, dass es einen einheitlichen Kapitalmarkt in der Euro-Zone gibt und daher eine deutsche Bundesanleihe oder griechische Staatsanleihe Substitute, Produkte sind. Wie wir später gesehen haben, ist das nicht so.«

dern, das sich mit nichts anderem beschäftigt als dem Zustand der Währungsunion und seiner Mitglieder.[11] Außerdem sind Warnungen aus Washington D. C. angekommen. Der amerikanische Finanzminister Timothy Geithner und Washingtons Europastaatssekretärin Lael Brainard sind überzeugt, dass Griechenland die gesamte Euro-Zone gefährdet. Sie teilen ihre Sorgen europäischen Finanzministern und engsten Mitarbeiter mit – die nichts davon hören wollen. Griechenland sei ein »isoliertes Problem«, antworten sie dem Treasury in Washington.[12] Juncker fürchtet auf dem Gipfel offensichtlich das mediale Echo auf die Entdeckung der griechischen Pleite mehr als die Pleite selbst und mahnt die Chefs, mit einer Stimme zu sprechen. Sie hätten gemeinsam »eine steigende Verantwortung. Wenn wir dieses Treffen verlassen, müssen wir alle dasselbe sagen.«[13]

Dass Juncker selbst an seinen Worten gezweifelt haben dürfte, zeigt auch, dass er damals schon im Stillen eine »Arbeitsgruppe Griechenland« einrichten ließ. »Die sollte mal alle Fakten zusammentragen.«[14]

Der Euro-Klub folgt Junckers Rat und gibt sich ruhig, als die erste amerikanische Ratingagentur Griechenlands Kreditwürdigkeit herunterstuft. Sie loben Papandreou, der im Januar 2010 auf dem Weltwirtschaftsforum in Davos verkündet, seine Neuverschuldung über drei Jahre um zehn Prozentpunkte zurückzufahren.

Auf den Märkten bricht Nervosität durch. Anleger und Investoren beginnen argwöhnisch zu werden. Die Risikoaufschläge auf griechische Staatsanleihen erreichen Ende Januar sieben Prozent. Das gab es in früheren Jahren zwar schon öfters, aber jetzt ist Athen Mitglied im Währungsklub und an gemeinschaftliche Regeln gebunden. Praktisch heißt das, Athen kann seinen Haushalt über kurz oder lang nicht mehr allein finanzieren.

Zu diesem Zeitpunkt frisst sich die Krise schon in andere Länder des Euro-Klubs. Die Regierungen können ihre Währung nicht mehr abwerten, damit Unternehmen wieder wettbewerbsfähig werden. Vielen fehlt die Bereitschaft, die Wirtschaft durch drastische Reformen flexibler zu machen – auch weil sie an die Wähler denken. Regierungen, die Löhne und Subventionen streichen, werden abgewählt. Nur dort, wo es keine Krise gibt, wie in Österreich und Deutschland, bleiben die Chefs im Amt. Die unvollendete Währungsunion lässt sich viele Bürger quer durch Europa als Verlierer fühlen und entwickelt sich zu einem Nährboden für extremistische Parteien und Gruppen.

Die Chefs wollen die Gefahr lange nicht wahrhaben, dass die griechische Finanzkrise die gesamte Gemeinschaft anstecken kann. Das nutzen Finanzspekulanten aus. Sie sehen, dass einige Volkswirtschaften der Euro-Zone an Kraft verlieren. Sie wissen, dass es den Regierungen unmöglich ist, wie vor den Euro-Zeiten ihre nationalen Währungen abzuwerten, um die Unternehmen wieder konkurrenzfähig zu machen. Sie zweifeln am Reformeifer der Regierungen. Anleger, Investoren und Zocker beginnen die Lage zu testen. Nach Griechenland nehmen sie sich auch die großen Volkswirtschaften Spaniens und Italiens vor. Sie wetten auf deren Pleite und darauf, dass die Euro-Länder sich nicht gegenseitig retten.

Der 11. Februar 2010 ist der Tag, an dem die Chefs die Augen nicht länger verschließen können. An diesem Tag plant der EU-Ratsvorsitzende Herman Van Rompuy den ersten EU-Gipfel unter seinem Vorsitz. Der Belgier ist frisch im Amt. Er will sich und sein Programm vorstellen und hat dafür die mondäne Bibliothek Solvay im Herzen Brüssels ausgesucht. Doch Griechenland ist zu diesem Zeitpunkt praktisch pleite. Van Rompuy muss umdisponieren. Statt sich nett kennenzulernen, geht es um die Zukunft des Euro-Klubs: Werden die anderen Euro-Länder für ihre schwachen Mitglieder garantieren? Und dafür vertragliche Grundsätze über Bord werfen, die es den Euro-Ländern untersagen, einander zu finanzieren?

Der Februar-Gipfel des Jahres 2010 ist der Tag, an dem sich die Macht innerhalb des Euro-Klubs zu verschieben beginnt – und damit die sorgsam austarierte Machtbalance in ganz Europa. Deutschland wird zu dem Partner, nach dem sich alle anderen richten müssen. Einmal wegen seiner wirtschaftlichen Stärke. Aber auch wegen der Grenzen seiner Handlungsfähigkeit, die das Bundesverfassungsgericht aufzeigt. Merkel sind zunehmend die Hände gebunden, weil ihr stets Karlsruhe im Nacken sitzt. Das Bundesverfassungsgericht entwickelt sich zum heimlichen Mitglied der Währungsgemeinschaft, weil es den Handlungsspielraum der Bundesregierung einengt. Frankreich, in normalen Zeiten ebenbürtiger Partner, läuft im deutschen Schatten mit. Großbritannien fühlt sich als Nicht-Euro-Land ausgegrenzt. Polen verschiebt die Einführung des Euro in die ferne Zukunft. Bundeskanzlerin Merkel braucht einige Zeit, um sich zu orientieren. Sie erfasst spät, dass sie nur aus dem Dilemma herauskommt, wenn sie die Bundesbürger davon überzeugt, dass es in deutschem Interesse ist, Griechenland zu retten. Sie versichert ihnen schließlich, dass der schwache Süden alles andere bekommt als eine gemeinschaftlich finanzierte Party – und setzt eisern strenge Auflagen durch: Strafzinsen sowie Kürzungen in den Haushalten, Gehältern und anderen Zahlungen.

Am Vorabend des Gipfels streitet Merkel mit Frankreichs Präsident Nicolas Sarkozy. So wie Sarkozy im Oktober 2008 auf einen EU-Fonds zur Bankenrettung drängt, will er Griechenland 2010 mit einer gemeinschaftlich europäischen Rettungsoperation finanziell helfen. »Die hätte wohl die Krise gestoppt«, sagt später einer der Gipfelorganisatoren im Umfeld von Van Rompuy.

Aber Merkel verweigert sich erneut. Sie will keine gemeinschaftliche Haftung. Das Mantra der deutschen Bundeskanzlerin: »Athen muss seine Probleme selbst lösen.« Sie verweist auf die No-Bail-out-Klausel des Maastrichter Vertrags.* Die Klausel verbietet den Euro-Ländern, sich gegenseitig zu finanzieren. Juncker versucht, zwischen Merkel und Sarkozy zu vermitteln. Er kommt nicht durch, wohl auch wegen der angespannten Atmosphäre zwischen ihm und Sarkozy. »Es war klar, dass die zwei großen Chefs handeln mussten«, sagt einer der Beteiligten später.[15]

Van Rompuy bemüht sich, Zeit zu gewinnen. »Eis und Schnee verhindern die Ankunft der Staats- und Regierungschefs«, lässt er den Reportern ausrichten. Statt wie geplant um 10 Uhr, soll der EU-Gipfel erst zwei Stunden später beginnen. Auch der Mittag verstreicht. »Das war natürlich ein Trick«, sagt ein Cheforganisator Jahre später. »Wir mussten eine Lösung finden mit Merkel und Sarkozy, und mit den anderen.«

Irgendwann an diesem desaströsen Gipfeltag hat Van Rompuy eine Erklärung vorbereitet, die kryptisch genug ist, alle zufriedenzustellen. Einerseits hebt er hervor, dass ein gemeinschaftlicher Ansatz nötig ist, um Griechenland zu helfen. Und dass die Länder helfen werden, falls ein Land vor der Pleite steht, und dass sich der IWF an solchen Rettungsaktionen beteiligen kann. Der nächste Satz schränkt zugleich alles wieder ein. Der gemeinschaftliche Ansatz ist aber nicht nötig, weil Griechenland nicht um Hilfe gefragt hat. Der erste Teil der Erklärung ist für Sarkozy und dessen Gemeinschaftsansatz. Der zweite Teil ist für Merkel und deren »Athen muss sich selbst helfen«. Der Gipfel nimmt die Erklärung an.

Und die Krise nimmt ihren Lauf.

In den dürren, in deutschen Steuerzahler-Ohren sogar be-

* Paragraph 125 des Vertrages über die Arbeitsweise der Europäischen Union. »Ein Mitgliedsstaat haftet nicht für die Verbindlichkeiten der Zentralregierungen, der regionalen oder lokalen Gebietskörperschaften oder anderen öffentlich-rechtlichen Körperschaften, sonstiger Einrichtungen des öffentlichen Rechts oder öffentlicher Unternehmen eines anderen Mitgliedsstaats und tritt nicht für derartige Verbindlichkeiten ein.«

ruhigend klingenden Worten »Griechenland hat nicht nach finanzieller Hilfe gefragt« manifestiert sich das grundsätzliche Problem des Euro-Klubs: Einerseits sind Regierungen vollkommen frei, risikoreiche Entscheidungen zu treffen. Andererseits muss der gesamte Euro-Klub mit den Folgen dieser nationalen Entscheidungen leben, ohne dass er das Recht hat, eingreifen zu können. Die Griechen haben die Bücher gefälscht. Die Spanier eine Immobilienblase geschaffen. Irland hat unbegrenzt für seine unterfinanzierten und aufgeblähten Banken garantiert. Zypern hat Geldwäsche zugelassen und gefährlich hohe Zinsen, um die Insel zu einem Finanzplatz aufzubauen. Österreich lässt seine Banken riskante Frankenkredite in halb Osteuropa verkaufen. Deutschland setzt alles auf Export und vernachlässigt die Investitionen im eigenen Land. Alles das sind risikoreiche Entscheidungen, getroffen in ausschließlich nationaler Zuständigkeit und in nationalem Interesse. Doch sobald sich die riskante Seite dieser Entscheidung zeigt, wie 2010 in Griechenland, gefährden die national getroffenen Entscheidungen plötzlich den gesamten Euro-Klub. »Die Gemeinschaft bekommt die Rechnung des Einzelnen präsentiert. Das ist das wirkliche Risiko«, sagt Europaexpertin Brainard im Treasury in Washington.

Und weil eine Regierung erst dann um Hilfe bittet, wenn es gar nicht mehr anders geht, und in der Zwischenzeit an den Märkten weiter spekuliert wird, steigen die politischen und finanziellen Kosten für die Gemeinschaft mit jedem Tag des Zauderns an. Griechenland zögert bis zur letzten Sekunde. Ebenso zögern später Irland, Portugal, Zypern und Spanien. Die Gemeinschaft kann die betreffende Regierung nur hinter den Kulissen überreden, Nothilfen anzunehmen. Irland wird so überzeugt, um Hilfe zu fragen. Portugal ebenso. Offiziell wird das nie jemand zugeben, es wäre eine Einmischung in die inneren Angelegenheiten eines souveränen Staates und damit diplomatisch vermintes Gebiet.

Und noch etwas wird an jenem 11. Februar 2010 hinter

den Kulissen der Bibliothek Solvay klar: Es geht nicht nur darum, einem Partner in finanzieller Klemme zu helfen und Kredite gegen eiserne Auflagen durchzusetzen. Die Erpressung funktioniert auch andersherum – der Euro-Klub selbst ist erpressbar: Denn in der Währungsgemeinschaft kann ein in Schwierigkeiten geratenes Land die anderen Partner unter Verweis auf die Ansteckungsgefahr dazu zwingen, ihm zu besseren Konditionen zu verhelfen.

Euro-Rettung nach dem Pelé-Prinzip: März bis Mai 2010

Die verschwurbelte Erklärung des Februar-Gipfels beeindruckt die nervösen Anleger nicht. Sie entwickelt vielmehr eine Dynamik, die binnen Wochen zum ersten griechischen Rettungsprogramm führt. Und sie macht aus Merkel endgültig *Madame Non*, die Neinsagerin. Auf dem folgenden EU-Gipfel Ende März 2010 verweigert sich Merkel zwar noch, bilateralen Krediten für Griechenland* offiziell zuzustimmen, aber verhindern kann sie die zwischenstaatlichen Kredite nicht mehr. Sie gewinnt Zeit, indem sie darauf besteht, dass die Beteiligung des IWF eine Voraussetzung für die Kredite ist. Und sie sichert Deutschland ein Vetorecht: ob ein Notfall für Hilfskredite vorliegt, müssen die Euro-Länder *einstimmig* beschließen.

In Brüssel wissen die Euro-Verantwortlichen nicht so richtig, wer in der Euro-Rettung in Berlin das Sagen hat. Bundesfinanzminister Wolfgang Schäuble erscheint visionär, er will nach dem Vorbild des Internationalen Währungsfonds einen Europäischen Währungsfonds aufbauen. Merkel denkt klein-

* Die Finanzminister der Euro-Länder und EZB-Präsident Jean-Claude Trichet hatten bereits am 16. März informell bilaterale Kredite der Euro-Länder für Griechenland vereinbart, zahlbar im äußersten Notfall.

teilig. Sie schaut auf die kommenden Landtagswahlen im größten Bundesland Nordrhein-Westfalen am 9. Mai, die sie gewinnen will. Einer der Herren im Restaurant L'idiot du village erinnert sich: »Der deutsche Kollege hat gesagt, jetzt müssen wir ganz einfach die Wahlen in Nordrhein-Westfalen abwarten, und dann kommen wir vielleicht etwas weiter.« Damals haben die Kollegen noch Verständnis für Merkels Zögern:[16] »Schäuble ist ein alter Rivale und Karlsruhe besteht auf größerem Mitspracherecht für den Bundestag.«

Während deutsche CDU-Politiker der NRW-Wahl entgegenbangen, einigen sich die Euro-Finanzminister am 11. April formal auf griechische Notkredite.* Im Dorftrottel ist dem Euro-Personal die damalige Naivität beinahe peinlich. Drei Wochen nachdem sie 45 Milliarden Euro für Griechenland kalkuliert hatten, ist klar, dass es nicht reicht. Die Finanzminister beschließen, auf 110 Milliarden Euro aufzustocken, der IWF soll mit 30 Milliarden Euro dabei sein. Es sind für normale Bürger unvorstellbare Zahlen.

Investoren und Anleger beeindrucken sie damit nicht. Diese halten die Krise für systemisch, also nicht auf Griechenland begrenzt, und deshalb sind einzelne, kleine Rettungspakete für sie nur ein Bluff.

Am 6. Mai 2010 bricht Panik an den Börsen aus. Innerhalb von 15 Minuten verliert in New York der Dow Jones, der wichtigste Aktienindex der Welt, 1000 Punkte. Der Handel mit Staatsanleihen dorrt aus, die Banken verleihen kein Geld mehr, Unternehmen stehen vor der Pleite. Die EZB sieht sich gezwungen, lautlos und schnell einzugreifen. Die monatliche Sitzung ihrer Mitglieder findet ausgerechnet an jenem 6. Mai

* Es sollen 45 Milliarden Euro werden, ein Drittel soll der IWF liefern. Griechenland hat zu dieser Zeit immer noch nicht offiziell um Hilfe gebeten, aber alles ist nun vorbereitet. Das treibende Motiv ist nicht Griechenland, sondern die Gefahr, dass Griechenland die anderen Länder ansteckt.

statt. Während des Dinners der nationalen Notenbankchefs und der Direktoren der EZB mit ihren Ehefrauen im Palacio de Bacalao, gelegen auf einem Weingut südlich von Lissabon, beginnen die Blackberrys gleichzeitig zu summen. EZB-Präsident Jean-Claude Trichet versammelt die Mitglieder des EZB-Rates zu einer Notsitzung im Weinkeller.

In dem portugiesischen Weinkeller fällt ein Beschluss, der kurze Zeit später als historisch in die Euro-Annalen eingeht. Er rettet die Währungsunion das erste Mal vor dem Untergang.

Teilnehmer erinnern sich, dass Axel Weber, der Präsident der deutschen Bundesbank, den entscheidenden Satz ausspricht: »Die EZB muss Staatsanleihen kaufen.«[17] Es ist eine Wende um 180 Grad für den als Verfechter der Nichtbeistandsklausel bekannten Banker. Sie macht den Weg frei zur ersten massiven Intervention der EZB, zum massenhaften Aufkauf von Staatsanleihen, um den Euro zu verteidigen. Einen Tag später schaltet Axel Weber zurück. In einer E-Mail zieht er seine Zustimmung zurück, erzählen Kollegen. Er beginnt, den neuen Kurs der EZB öffentlich zu kritisieren. Ein knappes Jahr später tritt Weber zurück. Mittlerweile ist er Verwaltungsratschef der Schweizer UBS, zu dem unkonventionellen Beschluss von damals mag er sich persönlich nicht äußern, er lässt seinen Sprecher auf die Bundesbank verweisen. Die Bundesbank erklärt, aus den Unterlagen gehe hervor, dass Weber zu keinem Zeitpunkt den Ankauf von Staatsanleihen vorgeschlagen habe.[18]

Am Tag nach dem historischen Beschluss des EZB-Rates im Weinkeller kommen die Chefs der Euro-Länder und der EZB-Chef nach Brüssel. Eigentlich wollen sie nur das erste griechische Rettungspaket verabschieden, es sind die besagten bilateralen Kredite. Die allgemeine Panik macht das Euro-Treffen des 7. Mai 2010 zum Krisengipfel. In Washington D. C. greift Obama zum Telefon, um Merkel und Sarkozy zu radikalen Schritten zu drängen. Washington fordert einen gemeinsamen, viele Milliarden Euro umfassenden Schutzwall um die Euro-Zone. Merkel will das nicht. Dann wirft EZB-Chef Trichet Folien an die Wand. Die nationalen Egoisten erhalten eine Lehrstunde in Grundlagen der Finanzpolitik, die sie nicht vergessen. Sie müssen sich Kurven über Zinsentwicklungen und Risikoaufschläge anschauen, sie lernen, dass es *spreads* gibt, also Differenzen im Wert der Staatsanleihen zwischen Deutschland und Griechenland, Spanien, Italien und anderen Ländern. Sie lernen, dass ihr eigenes Land an den Bankrott rutscht, wenn die *spreads* zu den gut bewerteten deutschen Anleihen zu groß werden. Nach Trichets Vortrag haben sie verstanden, dass nicht nur Griechenland zu retten ist, sondern die Währungsunion.

Sarkozy spricht von einem »schicksalhaften Wochenende«, er weiß nichts von dem Beschluss, der 24 Stunden zuvor auf dem Weingut nahe Lissabon gefallen ist, und fordert Trichet auf, Staatsanleihen aufzukaufen, damit die *spreads* sinken. Er bringt den Landsmann damit unbeabsichtigt in die Bredouille, denn Trichet muss den am Vortag gefassten vertraulichen Beschluss weiter geheim halten. Er muss dem Eindruck vorbeugen, dass die angeblich politisch unabhängige EZB unter politischem Druck einknickt. Die deutsche Regierung, die den Beschluss kennt, verhält sich ruhig.[19] »Nein, lasst die EZB in Ruhe«, erklärt Merkel ihren Kollegen. »Wir vertrauen ihnen, sie machen ihre Sache gut.«[20] Das deutsche Kalkül dahinter: Wenn die EZB viele Staatsanleihen aus kriselnden Ländern aufkauft, bedeute das zugleich weniger Belastung für den deutschen Steuerzahler und weniger Auseinandersetzungen im Bundestag. In Washington und Brüssel deuten sie das deutsche Verhalten so: »Solange die Bundesregierung nicht direkt gegen das Aufkaufprogramm der Notenbank auftritt, stehen der Schutz der deutschen Steuerzahler und das Gewinnen nationaler Wahlen ganz vorne.«[21]

Wieder will Sarkozy einen milliardenschweren EU-Fonds mit gemeinschaftlicher Haftung durchsetzen, groß genug, um jedes Euro-Land vor der Pleite zu bewahren. Er holt sich Kommissionschef Barroso zur Unterstützung. Aber sie unterliegen erneut. Merkel will nicht.

Bei Trichet beginnen die Alarmglocken zu läuten. Er fürchtet, dass die EZB politisch missbraucht wird, um den Euro alleine zu retten. Er ändert seine Strategie: Die Notenbank achtet ab sofort penibel darauf, nicht allein die Verantwortung zu tragen. Sie besteht fotan darauf, dass die Mitgliedsstaaten jegliche Rettungsaktion der EZB mit eigenen Maßnahmen flankieren. Die Länder müssen sich verpflichten, nationale Schuldenbremsen einzuführen. Zwei Jahre später entsteht der permanente Euro-Rettungsfonds ESM (Europäischer Stabilitätsmechanismus) als Voraussetzung dafür, dass die Notenbank in die Märkte eingreift und Staatsanleihen aufkauft, um Länder vor der Pleite und damit den Euro zu retten.

In jener Mainacht 2010 sind die Chefs noch weit vom ESM entfernt. Aber Merkel macht sichtbar einen Schritt auf die Gemeinschaft zu. Sie stimmt zu, »alles, was nötig« ist, zu tun, die Notenbank »zu unterstützen«. Sie stimmt zu, die No-Bailout-Klausel zu umgehen und vorübergehend einen gemeinsamen Finanztopf einzurichten, besteht aber auf begrenzten Haftungsanteilen.

Details bleiben den Finanzministern überlassen, die sich zwei Tage später in Brüssel treffen müssen. Es ist der 9. Mai, der Sonntag, an dem Merkels CDU die Wahl in Nordrhein-Westfalen verlieren wird. Es ist der Tag, an dem Barroso seine Ambition begraben muss, als Euro-Retter eine wichtige Rolle zu spielen. Die Europäische Kommission darf zwar Beamte abstellen, die Zahlen prüfen, die Behörde bleibt allerdings zu Barrosos Leidwesen bei allen wichtigen Entscheidungen außen vor. Dafür sorgen auch deutsche Unterhändler, die sich vorab am Samstag um 10 Uhr im Berliner Finanzministerium getroffen haben, um die entscheidende Sitzung akribisch vorzubereiten.[22]

Am Sonntag fliegt der damalige Finanzstaatssekretär und einflussreiche Unterhändler Jörg Asmussen früh Linie von Berlin nach Brüssel, mit Umsteigen in München. Unterwegs telefoniert er mit dem gesundheitlich angeschlagenen Wolfgang Schäuble, der direkt aus seinem Wahlkreis nach Brüssel reist, dort aber sofort in eine Klinik gebracht werden muss. Asmussen informiert Merkel über den Ausfall Schäubles. Er wird instruiert, keinesfalls einem Gemeinschaftsinstrument zuzustimmen. In Berlin sucht das Kanzleramt einen Ersatzminister für die Brüsseler Nacht. Bundeswirtschaftsminister Rainer Brüderle (FDP) wäre von der Rangfolge her der Nächste, aber Berlin entscheidet, dass er nicht gefunden werden kann. Statt seiner wird Innenminister Thomas de Maizière (CDU), ein Vertrauter der Kanzlerin, in Dresden ausfindig gemacht, ein Flugzeug hingeschickt, um ihn abzuholen und nach Brüssel zu bringen. Er kommt gegen halb acht abends an.

Bis dahin spielt Asmussen auf Zeit, er stellt Fragen, lässt technische Details klären. Noch während de Maizière anreist, haben die deutschen Unterhändler den von Sarkozy und Barroso verfolgten Plan eines gemeinsam garantierten Fonds verbal getötet. Ein historischer Wortwechsel dringt nach draußen: Der finnische EU-Kommissar Olli Rehn fragt Asmussen, warum Deutschland kein europäisches Gemeinschaftsinstrument will. Asmussen sagt: »Weil wir der Kommission nicht trauen.«[23]

Später wird hektisch telefoniert. Merkel und Obama. Der damalige IWF-Chef Dominique Strauss-Kahn und die damalige französische Finanzministerin Christine Lagarde. Merkel und Asmussen, Asmussen und Weber. Im Élysée hat Sarkozy parallel seinen engsten Kreis versammelt. Irgendwann nachts einigen sich Frankreich und Deutschland auf die Struktur eines Rettungsfonds mit begrenzter nationaler Haftung. Und zwar telefonisch. Der Rettungsfonds EFSF (Europäische Finanzstabilisierungsfazilität) wird als Zweckgesellschaft privatwirtschaftlicher Natur mit Sitz in Luxemburg und nach Luxemburger Recht gegründet. Er ist der Vorläufer des ESM und ist eine Art GmbH-Hülle, deren Vorteil aus deutscher Sicht ist, dass jeder Gesellschafter »stets und ausschließlich für seinen Kapitalanteil haftet«.[24]

Der Fonds wird mit 440 Milliarden Euro ausgestattet. Es ist eine Zahl, die plötzlich aus der Arbeitsabteilung der Euro-Finanzminister auftaucht und deren Entstehung an Edson Arantes do Nascimento erinnert, besser bekannt als brasilianische Fußballerlegende Pelé. Als Pelé eigentlich keine Lust mehr hatte, noch Fußball zu spielen, erreicht ihn der Ruf von Kosmos New York. Auf dem Weg zur Vertragsverhandlung beschließt Pelé, so unverschämt hohe Forderungen zu stellen, dass der Fußballverein nur noch ablehnen könnte – und er keinen Fußball mehr spielen muss. Aber Kosmos New York schlägt unerwartet ein.

Eine ähnlich unerwartete Zustimmung zu scheinbar völlig überzogenen Bedingungen bekommen die Mitglieder aus der Arbeitsabteilung der Euro-Gruppe an jenem Abend aus Deutschland, als sie die Milliardensumme kalkulieren, mit denen der EFSF gefüllt werden soll, um als wirksame Schutzmauer für die Gemeinschaft akzeptiert zu werden. Ein Sherpa erinnert sich an jene historische Nacht: »Wir haben uns gedacht, 200 Milliarden Euro werden wir brauchen. Und haben kalkuliert, dass die Deutschen von der vorgeschlagenen Summe sicher die Hälfte herunterräumen werden. Dies befürchtend und zugleich wissend, dass nur 100 Milliarden Euro niemals genug sein werden, haben wir die Summe auf 400 Milliarden Euro verdoppelt. Dann haben wir aus irgendeinem Grund noch 10 Prozent draufgeschlagen, um zusammen mit den 60 Milliarden Euro aus dem Fonds der EU-Kommission auf insgesamt 500 Milliarden Euro zu kommen. Und dann waren wir verblüfft, dass die Deutschen nichts abgeräumt haben. So kamen die 440 Milliarden für den EFSF zusammen«.[25]

Auch Sarkozy ist verblüfft, als er sich zu Merkel verbinden lässt, die auf dem Weg nach Moskau ist, um dort das Ende des Zweiten Weltkriegs zu feiern. Merkel sagt ja, ohne jeden Abstrich. Erleichtert informiert der französische Präsident Obama in Washington D. C.

Erst als die Aufregung vorbei ist, gibt Trichet das nächste Aufkaufprogramm der EZB bekannt. Die nervösen Anleger beruhigen sich. Die EZB rettet den Euro über Geldpolitik – politisch flankiert durch den Euro-Rettungsfonds. Es ist genau die Kombination, die in den folgenden Monaten und Jahren immer wieder genutzt wird, um die Lage zu beruhigen und die Währung zu retten.

Das nächste Mal lässt nicht lange auch sich warten: »Bis Merkel und Sarkozy in Deauville spazieren gehen«, sagt einer der Herren an einem Abend im Brüsseler Restaurant L'idiot du village. Die Verschnaufpause bringt ein wenig Normalität zurück. Sie dauert bis November 2010.

Im Frühsommer 2010 sinkt die hohe Frequenz der akuten Krisensitzungen, die Chefs denken über grundsätzliche Korrekturen am Regelwerk der Währungsunion nach. Auf dem EU-Gipfel Ende März hatten die Staats- und Regierungschefs Van Rompuy zum Chef einer Sonderarbeitsgruppe gemacht. Die Task-Force soll Maßnahmen austüfteln, um das Grundübel der Währungsunion zu reparieren: dass nationale Regierungen autonom entscheiden können, riskante Beschlüsse zu fassen – und dann die Gemeinschaft einspringen muss, um das Land vor der Pleite zu retten. In der Arbeitsgruppe sitzen die mächtigen Finanzminister aus den 17 Euro-Ländern, die zurückhaltend darauf reagieren, dass ihnen EU-Ratspräsident Van Rompuy als Oberchef vorgesetzt wird.

Sechs Monate später liefert die Task-Force. Mit einigen komplizierten juristischen Kniffen ergänzen sie den Stabilitäts- und Wachstumspakt, also den Grundlagenvertrag für die Währungsunion. Die Gemeinschaft soll schon früh nationale Haushaltspläne begutachten, lange bevor sie im Deutschen Bundestag und im österreichischen Nationalrat verabschiedet werden. Strafen bei Verstößen sollen praktisch automatisch ausgelöst und politische Vetos einzelner Länder deutlich schwerer werden. Frühzeitig soll künftig festgestellt werden, ob sich Volkswirtschaften auf ökonomische Abwege begeben und womöglich abgemahnt und bestraft werden müssen, etwa indem sie kein Geld aus den EU-Fördertöpfen mehr bekommen. Es klingt vielversprechend.

Aber die Zuversicht währt nur kurz. Am 18. Oktober 2010 beginnt das Krisenchaos erneut.

Merkel und Sarkozy werden im Alleingang einen historischen Beschluss fällen, der dramatische Folgen für einige Länder bringen wird.

Zunächst sieht der 18. Oktober wie ein normaler Bürokratentag aus. Van Rompuy und die Finanzminister stimmen ihre neuen Regeln in Luxemburg ab. Merkel und Sarkozy gehen zur selben Zeit am Rande des G3-Gipfels im mondänen französischen Seebad Deauville spazieren. Getrieben von nationalen Interessen vereinbaren sie ungeachtet des Luxemburger Treffens einen eigenen Deal: Merkel akzeptiert den Wunsch Sarkozys, der Kommission nicht die Macht einzuräumen, automatisch Sanktionen gegen Haushaltssünder auslösen zu können – obwohl sie das gefordert und öffentlich dafür eingestanden hatte. Sarkozy will verhindern, dass sein Land selbst in die Bredouille geraten könnte. Als Gegenleistung für das Zugeständnis Merkels akzeptiert Sarkozy, dass er eine nationale Schuldenbremse einführen soll und dass private Gläubiger zur Kasse gebeten werden dürfen, um die Kosten der Krise mitzubezahlen. Merkel und Sarkozy vereinbaren das *private sector involvement* (PSI).[26] Künftig sollen private Gläubiger mitzahlen, wenn die Euro-Länder ein Mitglied aus ihren Reihen vor der Pleite retten müssen.

Es ist der Beschluss, vor dem EZB-Chef Trichet unablässig warnt – aus Sorge, dass Anleger und Investoren verunsichert werden, diese ihr Geld aus Europa abziehen und dass Banken der klammen Länder zusammenbrechen könnten. Keiner kennt die Bilanzen der Banken besser als Trichet. Allein in den vergangenen drei Monaten hat die EZB mit 40 Milliarden Euro die irischen Banken am Leben erhalten. Die Bundesregierung ficht das nicht an. Die Notenbank ist nicht ihr Problem, sondern der Bundesbürger, oder besser: der deutsche Wähler. Merkel und Schäuble wollen verhindern, dass »die Kosten weiterer Kreditpakete nicht disproportional zu Lasten deutscher Steuerzahler gehen«, heißt es in Berlin. Trichet wird eiskalt abgewiesen. »Das ist hier kein Universitätsseminar. Wir brauchen einen politischen Beschluss«, lässt ein deutscher Diplomat wissen.

Rückblickend erzählen Teilnehmer, dass an jenem historischen 18. Oktober bei den in Luxemburg versammelten Finanzministern von Mittag an alles anders als geplant läuft.[27] Bundesfinanzminister Wolfgang Schäuble liegt im Krankenhaus. Frankreichs Finanzministerin Christine Lagarde reist ab. Anstelle der Minister bleiben die beiden Finanz-Staatssekretäre zurück. Es sind die Männer hinter Merkel und Sarkozy. Jörg Asmussen und Ramon Fernandez wissen, »dass etwas passieren wird in Deauville«.[28]

Am Nachmittag kommt im Luxemburger Ratssekretariat tatsächlich ein Telefax aus Deauville an. Es ist der deutsch-französische Kompromiss, auf den sich Merkel und Sarkozy gerade geeinigt haben. Die Staatssekretäre Asmussen und Fernandez tragen den gestandenen Ministern den Text ihrer Vorgesetzten vor. Ein Teilnehmer erinnert sich: Plötzlich sei es ganz still gewesen. »Alle haben nach Luft gejapst.« Juncker, der als Chef der Euro-Gruppe dabei ist, fasst sich als Erster: Erst sitzen wir hier stundenlang und dann das!

Trichet nimmt empört Asmussen und Fernandez beiseite, zieht sie in eine Ecke, knöpft sie sich vor. »Wisst ihr, was ihr da macht?« Beide verweisen lapidar auf ihre Chefs. »Die Bundeskanzlerin und der Staatspräsident wissen sehr gut, was sie machen.« – »Ihr versteht den Ernst der Lage nicht!« –

»Wenn die Bundeskanzlerin und der Staatspräsident das so entscheiden, dann ist das so.« EU-Wirtschafts- und Währungskommissar Olli Rehn, ein großer Anhänger des FC Bayern München, sagt resigniert: »Die spielen jetzt Viererkette Verteidigung. Die ziehen das durch.« Van Rompuy sagt nichts. Er reist ab. Das EU-Personal fühlt sich zu Statisten degradiert.

Merkel und Sarkozy setzen ihren Kompromiss, ein wenig verändert, auf dem EU-Gipfel am 28./29. Oktober 2010 durch. Kurz vorher fordert Schwedens Premierminister Fredrik Reinfeldt zwar noch, deutsche Interessen nicht über europäische Interessen zu stellen: »Um das deutsche Problem zu lösen, sollten wir keine Probleme für andere schaffen.«[29] Aber auf dem Gipfel selbst widerspricht kein Staats- und Regierungschef. Einzig Trichet redet Merkel und Sarkozy noch einmal ins Gewissen.

Wenig später passiert, was Trichet vorausgesagt hat: Deauville fordert seine Opfer.

Das erste ist Irland. Gläubiger und Sparer der kriselnden irischen Banken ziehen viel Geld ab, weil sie fürchten, ihre Einlagen zu verlieren. Die irischen Banken sind dramatisch unterfinanziert. Die EZB empfiehlt der Regierung in Dublin, Hilfskredite aus dem EFSF zu beantragen, um damit die maroden Banken zu sanieren. Interessant ist, dass im Falle der irischen Banken die Euro-Länder nicht darauf bestehen, dass Anteilseigner, Gläubiger und große Sparer verpflichtet werden, die Kosten der Sanierung zu tragen. Statt ihrer nimmt die irische Regierung einen Kredit in Höhe von etwa 35 Milliarden Euro auf, den nun zwei Generationen an Steuerzahlern zurückzuzahlen haben. Es sind Deutschland und Frankreich, die die Beteiligung der Anteilseigner, Gläubiger und Investoren der Banken verhindern. »Weil es vor allem deutsche und französische Banken Milliarden gekostet hätte, allein die HRE in München hätte noch einen zweistelligen Milliardenbetrag verloren«, sagt ein Insider. Statt deutscher und französischer Steuerzahler müssen die irischen zahlen. Am 24. Oktober 2013 fordert der irische Premier Enda Kenny die Staats- und Regierungschefs in einem Brief auf, die irischen Bürger mit dieser Last nicht alleinzulassen. Schließlich habe sich der »Blick auf die Beteiligung privater Gläubiger« seit 2010 ins Gegenteil verkehrt. Die Bundesregierung schweigt zu diesem Brief.

Zu Beginn des Jahres 2013, als Zyperns Banken endgültig pleite sind, entscheiden die Euro-Retter anders als damals für Irland. Im Jahr 2013 insistiert Bundesfinanzminister Wolfgang Schäuble, dass Bankeigentümer und Anleger die Kosten von Sanierung und Abwicklung der klammen Bank übernehmen müssen. Der Grund: Im Falle Zypern ist kaum deutsches oder französisches Geld betroffen. Sondern es sind vor allem Russen und Zyprer, die Einlagen und Investments verlieren. »In Europa sind alle Mitgliedsländer gleich, und manche sind gleicher«, sagt ein zyprischer Diplomat resigniert.

Im Jahr 2011, nach Irland, wetten die Spekulanten auf die Pleite von Portugal und Spanien. Um die Lage zu beruhigen, drängen die Euro-Finanzminister Portugal, Kredite aus dem Euro-Rettungsfonds nachzufragen. Lissabon bleibt lange unnachgiebig wegen des damit verbundenen politischen und wirtschaftlichen Stigmas. Das Zögern schadet Spanien und Italien, die fürchten, in den Strudel zu geraten. Erst nach den Wahlen im April 2011 und dem Regierungswechsel kommt der Hilfsantrag aus Lissabon. Portugal gelangt aus der Schusslinie der Spekulanten.

Der Londoner City beschert die anhaltende Krise ungeahnte Umsätze. In den *trading floors* setzt innerhalb weniger Wochen der Höhenflug der Wettpapiere auf den Staatsbankrott ein – befeuert durch den Herdentrieb der Händler, die beim Feierabendbier im Pub von den Kollegen erfahren, was diese kaufen oder verkaufen. Die größten Gewinne fahren Händler ein, die ungedeckte Wetten auf die Staatspleite abschließen und durch Versicherungsgeschäfte absichern. Credit Default Swaps, CDS, heißen die Papiere in der Sprache der Trader. Wetten auf Staatspleiten werden später in der EU verboten.

Teil 3
Die Wende: Hollande als Anwalt der Südländer

»Wir dachten, wir krepieren alle«: Dezember 2010 bis September 2012

Unter den Partnern schwillt der Ärger über Merkel und Sarkozy seit dem Spaziergang von Deauville und dem irischen Bankendrama unübersehbar an. Weitere deutsche Vorschläge sind definitiv nicht willkommen. Van Rompuy muss in die Bresche springen, um deutsche Vorschläge zu ventilieren.

Merkel will durchsetzen, dass in der Währungsunion mehr Verbindlichkeit einzieht, dass die Regierungen gezwungen werden, ordentlich zu haushalten. Sie will, dass sich alle Euro-Länder über zwischenstaatliche Verträge zu Reformen verpflichten, und sie weiht EU-Ratspräsident Van Rompuy ein. Der Belgier lässt die Idee bewusst in anderen Ländern durchsickern. Er schlägt vor, die Länder sollen sich freiwillig verpflichten zu Lohnkürzungen, Reformen im Gesundheitswesen, zur Öffnung diverser Gewerbe im Dienstleistungssektor, etwa auf dem Bau und im Handwerk, sowie zu strikteren Haushaltsregeln. Van Rompuy ist der neue Botschafter aus Berlin.

Schnell steht fest: Die Deutsche findet wenige Verbündete. Kaum einer der Chefs begeistert sich für die Idee, seine eigene Macht vertraglich einzuschränken. Die Diskussionen um die Verträge werden Ausdruck des Ringens zwischen Merkel und den anderen Euro-Ländern um das Sagen in der Euro-Zone.

Merkel kann die Verträge zunächst nicht durchsetzen. Die Atmosphäre des dafür entscheidenden Gipfels am 4. Februar 2011 in Brüssel ist zu sehr belastet durch die aus Berlin kurz zuvor der Presse zugeschobene »Blaupause für einen Wettbewerbspakt«. Der im Kanzleramt entwickelte Plan enthält besagte Selbstverpflichtungen: Die Regierungen sollen wettbewerbsfähiger werden, was schön klingt, aber weder realistisch noch den Bürgern vermittelbar ist. Es liefe darauf hinaus, Tarifverträge zu kündigen, Mindestlöhne einzufrieren, den Kündigungsschutz zu lockern, Renten zu strecken. Regierungen, die das ankündigen, laufen Gefahr, aus dem Amt gejagt zu werden. Die meisten Mitgliedsstaaten werten die Vorschläge als Attacke auf die Unabhängigkeit des Staates, sie sind verärgert. Luxemburgs Premier Juncker spricht für alle, als er sagt: »Ich weiß selbst, was ich zu tun habe.«

Auf Druck der anderen Euro-Länder muss Van Rompuy die deutsche »Blaupause für einen Wettbewerbspakt« inhaltlich entschärfen und sogar den Namen ändern. Niemand außer Merkel will das Wörtchen Wettbewerb im Titel haben. Am 11. März beschließen die Chefs den in Berlin geplanten »Wettbewerbspakt« als völlig wirkungslosen »Euro-Plus-Pakt«. Er ist kaum das Papier wert, auf dem er steht.*

Es ist eine Niederlage für die Bundeskanzlerin. Und das Ringen um die Vorherrschaft im Euro-Klub geht weiter. So wie die europäischen Partner Merkel den strengen »Wettbewerbspakt« blockieren, verweigert sich Berlin, die Kreditkosten sinken zu lassen und den Rettungsfonds mit weiteren Milliarden aufzufüllen.

Mitten in der gereizten Stimmung im Euro-Klub weitet

* Ende November 2012 unternimmt Merkel einen neuen Anlauf, Kriterien für mehr Wettbewerbsfähigkeit zu erarbeiten, die sich jedes Land vertraglich verpflichtet zu erfüllen. Sie setzt sich wieder nicht durch und verschiebt Weiteres auf die Zeit nach den Bundestagswahlen 2013. Auf dem EU-Gipfel am 19. Dezember 2013 stehen sie wieder auf der Tagesordnung. Und werden neuerlich verschoben: auf Herbst 2014.

sich das Drama um Griechenland aus. Die Rettungsmilliarden scheinen zu versickern. Die Reformen greifen nicht, die Wirtschaft bricht so massiv zusammen, wie es sonst nur in Kriegen passiert, es gibt Massenproteste, soziale Unruhen. Es sind die Tage, in denen Europas Politiker, vor allem die in Berlin, langsam beginnen, das Undenkbare zu denken: Muss Griechenland wieder eine nationale Währung einführen?

Vorerst bleiben diese Pläne in der Schublade. Die Euro-Finanzminister tragen den privaten Gläubigern Griechenlands einen Schuldenerlass an. Sie beginnen, mit dem Internationalen Bankenverband zu verhandeln. Am 20. Juli treffen sich Merkel, Sarkozy und Trichet in Berlin. Sie verabreden, Hellas erneut Geld zu geben unter der expliziten Bedingung, dass die privaten Banken und andere Investoren mitzahlen. Der nächste EU-Gipfel am 21. Juli 2011 beschließt das zweite Hilfspaket für Griechenland.*

Dass private Anleger plötzlich Staatsanleihen von Euro-Ländern abschreiben sollen, ängstigt Investoren. Bis dato galten diese Staatsanleihen als risikofreie Anlagen. Die Investoren verlassen Europa Richtung Asien. Italien und Spanien müssen Risikoaufschläge von mehr als sieben Prozent zahlen, um ihre Staatspapiere loszuwerden, was die Finanzierungskosten der Staaten drastisch erhöht. Als Konsequenz beschließt die EZB am 4. August 2011, wieder italienische und spanische Staatspapiere aufzukaufen. Die Regierung von Silvio Berlusconi in Rom ist hochzufrieden und misswirtschaftet ungerührt weiter.

Die italienische Ignoranz treibt den Präsidenten der unabhängigen EZB zu einem ungewöhnlichen Schritt: Trichet

* 109 Milliarden Euro kommen aus dem Euro-Rettungsfonds EFSF. Die Banken sind bereit, griechische Staatspapiere im Wert von 135 Milliarden Euro in neue Anleihen mit geringeren Zinsen und längeren Laufzeiten umzutauschen. Trichet setzt durch, dass die Notenbank vom Schuldenschnitt ausgenommen wird. Das zweite Paket lässt den Schuldenberg Griechenlands um etwa 16 Milliarden Euro steigen.

schreibt Berlusconi einen Brief und fordert ihn auf, die Staatsfinanzen zu sanieren und zu reformieren. Ansonsten werde die EZB nicht mehr eingreifen, keine Anleihen mehr kaufen, was Italien über kurz oder lang bankrottgehen ließe. Trichet will verhindern, dass auch Berlusconi die Notenbank politisch missbraucht, indem er sie Anleihen aufkaufen und damit sein Land vor der Pleite retten lässt. Berlusconi verspricht die Reformen, und Trichet lässt Staatsanleihen für 80 Milliarden Euro kaufen.*

Der Sommer 2011 ist geprägt von der Sorge, dass die Währungsunion scheitert.

Im August finden die Abgesandten von EU-Kommission, EZB und IWF, die sogenannte Troika, in Griechenland heraus, dass das zweite Rettungspaket von Ende Juli schon wieder überholt ist. Die Märkte spielen verrückt. Anfang Oktober beginnen die Chefs erneut mit dem Internationalen Bankenverband zu verhandeln, weil der Schuldenberg Athens ins Unermessliche wächst und ein Teil davon dringend gestrichen werden muss.

In Washington kommt es zur selben Zeit zu einem sehr vertraulichen Treffen. Die Sherpas einiger Euro-Länder, darunter Deutschland, Österreich, Luxemburg, Finnland und die Niederlande, treffen sich spätabends in der Luxemburger Botschaft. Sie diskutieren erstmals die Konsequenzen eines möglichen Austritts Griechenlands aus der Euro-Zone und vereinbaren, entsprechende Berechnungen anzustellen.[30]

Merkel und Sarkozy wollen auf dem Gipfel am 23. Oktober einen neuen Plan für Griechenland beschließen. Um alles vorzubereiten, treffen sich einige Chefs am 19. Oktober in Frankfurt, offizieller Anlass ist Trichets Abschiedsparty. Die Atmosphäre ist aufgeheizt. Trichet und Sarkozy streiten wieder, dieses Mal geht es um eine Banklizenz für den Euro-Ret-

* Insgesamt kauft die EZB bis März 2012 Staatsanleihen aus Krisenländern für 212 Milliarden Euro auf.

tungsfonds ESM. Der ESM soll sich wie eine Bank Geld am Markt leihen und es an Krisenländer weiterreichen können. Trichet will keine Banklizenz. Merkel auch nicht. Sie bittet Van Rompuy, den für den 23. Oktober geplanten Gipfel zu verschieben, um eine Lösung zu finden. Van Rompuy weigert sich mit dem Hinweis, dass es 27 EU-Länder gebe und nicht nur zwei, schließlich vereinbaren sie einen zweiten Gipfel für den 26. Oktober. In der allgemeinen Nervosität vergessen Merkel und Sarkozy, dass sie einen für Gipfel zuständigen Ratspräsidenten haben, der diese auch einberuft. Sie kündigen die Gipfel selbst an. Die Kleinigkeit zeigt, wie fahrig alle sind und wie sich die Macht in Europa verschoben hat: Merkel, Sarkozy und Trichet regieren die Euro-Zone und damit die Gemeinschaft. Die meisten anderen Staats- und Regierungschefs, vor allem aber die europäischen Institutionen einschließlich Rat, Parlament und Kommission, sind zu Empfängern, Mitläufern und Helfern geworden.

In der Nacht des 26. Oktober handeln Merkel und Sarkozy am Rande eines dramatischen EU-Gipfels in Brüssel einen Deal mit den Banken über einen griechischen Schuldenschnitt aus. Im Morgengrauen steht auf einem Blatt Papier, das der Internationale Bankenverband unterschreibt und das ausschließlich an Merkel und Sarkozy (und nicht an die Euro-Länder) adressiert ist, ein Schuldenschnitt von ungefähr 50 Prozent. Die anderen Chefs sind sauer. Sie fühlen sich zu Statisten degradiert in einer Währungsunion, in der zwei die Bedingungen diktieren. Alle zahlen für die Euro-Zone mit, aber nur zwei bestimmen.

Und dann findet der Schuldenschnitt doch nicht statt, weil Griechenland komplett im Chaos versinkt.

Papandreou kündigt an, über die neuen Spar- und Reformmaßnahmen nebst Schuldenschnitt abstimmen zu lassen, und widmet damit den ein paar Tage später stattfindenden G20-Gipfel in Cannes zum Euro-Krisengipfel um. Sarkozy tobt. Papandreou wird eingeflogen und muss sich erklären.

Sie einigen sich schließlich, welche Frage der griechische Premier seinem Volk vorlegen soll. Doch bevor es so weit kommt, wird Papandreou von der eigenen Partei zum Rücktritt gezwungen.

Die Euro-Länder finden keine Ruhe.

Und *Madame Non* verweigert sich erneut. Merkel trotzt dem persönlichen Drängen Obamas, den permanenten Euro-Rettungsfonds ESM mit mindestens 1000 Milliarden Euro auszustatten. Obama, der in Cannes charmant und emotional wie nie zuvor auf sie einredet, kann sie nicht umstimmen.[31] Die Kanzlerin verlässt sich weiter auf die EZB, die notfalls Staatsanleihen aufkauft, um die Zinsen auf italienische und spanische Staatsanleihen zu senken. Doch die Notenbank will sich nicht mehr zum Spielball Berlins machen lassen und veröffentlicht ihrerseits zwei Bedingungen für weitere Aufkäufe: Der ESM soll auf 1000 Milliarden Euro aufgestockt werden. Und die Länder sollen sich verbindlich verpflichten, endlich die Haushaltsdisziplin zu stärken.

Auf dem EU-Gipfel am 9. Dezember 2011 dreht sich alles um diese Bedingungen.

Die erste Bedingung der EZB wird erfüllt. Sarkozy und Merkel setzen einen Fiskalvertrag mit Schuldenbremse durch, der die Haushaltsdisziplin verbessern soll.* Bedingung zwei bleibt unerfüllt. Van Rompuy versucht, das Kreditvolumen des Rettungsfonds mittels kreativen Rechnens auf 1000 Milliarden zu bringen, indem er von Euro auf US-Dollar umrechnet. Merkel lehnt das ab, akzeptiert aber, auf dem kommenden März-Gipfel zu prüfen, ob noch genug

* Streit gibt es um die Form des Vertrages. Van Rompuy versucht einen Mittelweg, was aber Berlin strikt ablehnt. Merkel will einen vollen EU-Vertrag. London beginnt, eine Änderung des EU-Vertrages abzulehnen. Cameron versucht, einen Preis für sein Ja herauszuschlagen. Aber der Gipfel schert sich nicht um den britischen Widerstand, 26 Länder einigen sich auf den zwischenstaatlichen Vertrag. Er wird am 30. Januar 2012 angenommen.

Geld da ist. Nun verweigert sich die Zentralbank: Weil sie ihre Bedingungen nicht erfüllt sieht, kauft sie keine Anleihen mehr auf.

Aber sie rettet die Währungsunion dennoch erneut – auf andere Art und Weise.

Die EZB startet das erste von zwei Programmen, um die Banken mit Liquidität zu versorgen. Große Banken können auf billige Kredite im Gesamtvolumen von 500 Milliarden Euro zugreifen. Im Februar 2012 wiederholt die EZB die Kapitalspritze noch einmal, insgesamt werden es rund 1000 Milliarden Euro.

Es ist eine Lizenz zum Gelddrucken für die Banken.

Niemand kritisiert den aus der Not geborenen Mechanismus, dass Länder nicht untereinander für ihre Schulden einstehen dürfen. Diese No-Bailout-Klausel umgeht die EZB, indem sie Banken Geld leiht, die damit auch Staatsanleihen ihrer klammen Heimatländer aufkaufen. Die Regierungen finanzieren sich also indirekt durch EZB-Geld, ohne dass sie dafür die von Merkel so oft geforderten Spar- und Reformauflagen erfüllen müssen. Die Banken bekommen Kredite ohne Auflagen.

Im Prinzip fördert die EZB über die Geldschwemme, dass die Schuldenberge klammer Euro-Länder zugunsten der Gewinne von privaten Finanzinstituten wachsen. Stark vereinfacht ist es so: Die großen Banken Europas bekommen zu sehr günstigen Bedingungen Geld von der EZB geliehen.* Diese Milliarden verwenden sie auch dafür, Staatsanleihen ihrer nationalen Regierungen aufzukaufen – die dafür bis zu sechs Prozent Zinsen zahlen müssen. Den Banken winken Gewinnmargen von 600 Prozent. Die Regierungen geraten tiefer in die Verschuldung, was natürlich den Wert der Staatsanleihen in den Büchern der Banken deutlich reduziert,

* Zinssatz: ein Prozent. Laufzeit: drei Jahre. Bedingung: Es müssen Wertpapiere als Sicherheit hinterlegt werden.

weshalb diese zu wenig Eigenkapital vorweisen können und ebenfalls in die Bredouille geraten. Um die Banken zu retten, muss wiederum der Staat einspringen. Es ist eine Spirale zwischen Staatsanleihen und Banken, die ins Verderben führt.

Die Gewissheit wächst, dass der Euro-Klub nur noch durch eine drastische Kurskorrektur in der Euro-Politik zu retten ist.

Der im Mai 2012 neugewählte französische Präsident François Hollande wird zur entscheidenden Figur einer Allianz gegen *Madame Non*. Als Hollande in den Élysée einzieht, bricht er komplett mit Sarkozys Deutschlandpolitik. Der Sozialist sucht sich andere Verbündete. Er trifft sich mit dem Spanier Rajoy. Und mit dem Italiener Monti. Alle drei zusammen treffen sich dann mit Merkel. Es ist die Zeit, in der Hollande versucht, neue Mehrheiten in Europa zu finden und die aus Berlin dominierte Euro-Rettungspolitik zu verändern.

Im Frühling 2012 erreicht die schlechte Stimmung neue Höhepunkte. Die südlichen Länder des Euro-Klubs brennen. Spaniens Ministerpräsident Mariano Rajoy erklärt, die Haushaltsziele zu verfehlen – statt der geplanten sechs beträgt sein Defizit acht Prozent. Die spanischen Banken, die die Staatsanleihen aus Madrid in ihren Büchern haben, kommen in akute Schwierigkeiten. Die Risikoaufschläge auf spanische Anleihen steigen. Um die spanische Erosion zu stoppen, bekommt die Regierung in Madrid zwei Jahre mehr Zeit, weniger Schulden zu machen, den Haushalt zu sanieren.* Aber die Krise frisst sich weiter, nach Italien: Trotz Mario Montis**

* Im Mai gibt die EU-Kommission ein weiteres Jahr Zeit, erst 2013 soll die Grenze von drei Prozent Neuverschuldung erreicht sein. Im Juni erklärt Spanien, dass das Minus im Haushalt 2012 bei 6,3 liegen werde und nicht bei 5,3. Damit sind 3 Prozent 2013 unerreichbar.

** Monti löst Berlusconi als Premier ab und führt eine Übergangsregierung.

Ruf als solider Wirtschaftspolitiker steigen die Risikoaufschläge für italienische Anleihen. Monti schlägt Alarm.

Und dann Athen: Schon im Februar 2012 haben die Finanzminister das zweite Rettungsprogramm Griechenlands nachgebessert.* Im März wird endlich im dritten Anlauf der Schuldenschnitt der privaten Gläubiger durchgeführt. Über den Tausch von alten Anleihen in neue verzichten sie auf mehr als 70 Prozent des ursprünglichen Nettobarwertes. Kurz danach kommen wieder schlechte Nachrichten aus Griechenland. Das Zentrum der Krise lässt sich nicht beruhigen. Im Frühjahr 2012 wird Griechenland unregierbar. Die erste Wahl für ein neues Parlament endet am 6. Mai in einem Patt. Sechs Wochen später wählen die griechischen Bürger erneut, der konservative Andonis Samaras, bis dahin erbitterter Gegner der Reform- und Sparprogramme, wird Premier einer Koalition mit der sozialistischen Pasok und der demokratischen Linken. Die beiden großen Parteien, die Zahlen gefälscht und das Land so tief in die Krise gewirtschaftet haben, sind weiter an der Macht. Sogar die Politiker sind dieselben.

Zur selben Zeit kommt das Wachstum in der gesamten Euro-Zone zum Erliegen. Fast alle Euro-Länder melden Rekord-Arbeitslosigkeit und unerwartet schlechte Haushaltszahlen. Die Währungs- und Schuldenkrise wird zur wirtschaftlichen und politischen Krise, sie gefährdet den sozialen Zusammenhalt. Die großen Volkswirtschaften Italien und Spanien können sich kaum noch finanzieren. »Wir haben gedacht, wir krepieren alle«, erinnert sich einer vom Euro-Personal ein knappes Jahr später im Restaurant Dorftrottel.

* Athen muss zusätzlich 3,3 Milliarden Euro einsparen, private Gläubiger müssen niedrigere Zinsen der umgetauschten Staatspapiere akzeptieren, was den Schuldenschnitt auf 53,2 Prozent erhöht. Die Euro-Länder reduzieren ihre Kreditzinsen, was ausgeglichen wird durch Überlassung der Gewinne der EZB mit griechischen Staatsanleihen.

In höchster Not richten sich alle Anstrengungen auf das Epizentrum Griechenland. Die ganz große Lösung muss her. Streng verborgen laufen konkrete Vorbereitungen für den Plan B im Falle Griechenlands: *Grexit* (*greece – exit*). Der Austritt Griechenlands aus dem Euro wird durchgerechnet und durchgespielt. Euro-Gruppen-Chef Juncker setzt die Arbeitsgruppe »Griechenland II« ein. Sie soll »alle Eventualitäten prüfen«.[32]

Bundeskanzlerin Merkel legt engsten Vertrauten und Beratern über mehrere Wochen immer die gleichen Fragen vor. Es finden grundsätzliche Gespräche ähnlich dem folgenden statt:[33]

Merkel: Also, was passiert, wenn Griechenland den Euro abgibt?

Berater: Dann ist Zypern 24 Stunden später auch weg.

Merkel: Und dann?

Berater: Das wissen wir nicht mit Sicherheit.

Merkel: Portugal?

Berater: Das wissen wir nicht. Es ist möglich, dass Portugal eine Woche später auch austritt.

Merkel: Und dann?

Berater: Es ist möglich, dass Italien folgt. Es kann aber auch sein, dass das nicht passiert. Es ist nicht mit Sicherheit vorauszusagen. Wir können uns vorbereiten, aber nichts ist sicher zu planen.

Merkel: Wenn ich nicht weiß, was passiert, wenn ich etwas mache, mache ich es nicht.

Nach einem Besuch in China Ende August* entscheidet sich Merkel endgültig, dass alle Länder im Euro-Klub bleiben. »Wir machen nichts. Griechenland bleibt.«[34] Die Bundeskanzlerin sagt offiziell: »Ich möchte, dass Griechenland Teil der Eurozone bleibt.«[35] Zuvor hat sich der damalige Mi-

* China fordert eine stabile Euro-Zone und lässt andernfalls offen, seine Euro-Geldmarktfonds abzustoßen.

nisterpräsident Wen Jiabao persönlich sehr besorgt über die Krise in der Euro-Zone geäußert – und wirtschaftliche Konsequenzen angedeutet. China müsse wegen der Euro-Schuldenkrise massive Rückgänge im Export verkraften und fürchte, nach dem Austritt Griechenlands aus der Eurozone könnten weitere Länder wie Dominosteine fallen. Daraufhin versichert Merkel Wen Jiabao, alles zu tun, um das Vertrauen zurückzugewinnen. Und dass sie sich dafür einsetzt, dass Athen in der Eurozone bleibe. Außenminister Guido Westerwelle freut sich anschließend über ein »großes Bekenntnis des Vertrauens« des chinesischen Premiers »in die deutsche Kraft, die europäische Währung zu stabilisieren«. Die Erwartung sei weltweit riesengroß, dass Deutschland die Euro-Zone zusammenhalten und retten müsse.[36]

Schäuble ist zu diesem Zeitpunkt noch nicht überzeugt. In Brüssel und anderen Hauptstädten glaubt das Personal einen Machtkampf in Berlin um den Austritt Griechenlands zu erkennen, in dem Merkel nein und Schäuble ja sagt.[37] Merkel und Schäuble halten sich beide für im Grunde überzeugte Europäer. Aber sie verfolgen einen unterschiedlichen Ansatz. Schäubles Ansatz ist der eines Juristen: Es gibt klare Regeln. Wer sich daran hält, ist dabei. Wer sie bricht, ist draußen, der gehört nicht dazu. Schäuble will Europa tiefer integrieren, aber mit klaren Regeln. Das ist sein europäischer Ansatz seit 1994. Und weil er sich sein Europa nicht zerstören lassen will, ist er bereit, sich von denen zu trennen, die sich nicht an die Regeln halten. Von Griechenland etwa oder von Zypern. »Wir haben in den letzten zwei Jahren viel gelernt und Schutzmechanismen eingebaut«, sagt Schäuble im Mai der *Rheinischen Post.*[38] »Die Ansteckungsgefahren für andere Länder der Euro-Zone sind geringer geworden.« Die Naturwissenschaftlerin Merkel ist deutlich pragmatischer. Sie geht davon aus, dass die Welt ist, wie sie ist. Als Kanzlerin hat sie 17 Euro-Länder vorgefunden. »Mit denen muss ich umgehen.«[39]

Während Deutschland mit *Grexit*-Diskussionen beschäftigt ist, bereitet der Süden den Aufstand gegen Merkels Jeder-ist-für-sich-verantwortlich vor.

Am Rande des EU-Gipfels am 23. Mai 2012 wagen sich die krisengeplagten Euro-Länder vor. Monti und Rajoy fordern gemeinsame Eurobonds und direkte Finanzhilfen für Krisenländer. Die Krisenländer müssen die Spirale zwischen staatlichen Schulden und Banken stoppen. Das entscheidende Wort lautet *direkt*. Sie wollen, dass die Kredite, die aus dem Euro-Rettungsfonds ESM vergeben werden, *direkt* an Banken fließen. Bisher muss die Regierung die Kredite beantragen und diese an die Banken weiterleiten. Da die Regierung haftet, schlagen sich so Bankkredite auf dem Schuldenberg nieder. Würden die Kredite direkt an Banken gezahlt, ohne Umweg über die Regierung, würde der nationale Schuldenberg nicht wachsen.

Die Südländer fordern auch, dass die EZB wieder *direkt* Anleihen aufkauft – der Mechanismus, dass private Banken mit billigem EZB-Geld Riesengewinne zulasten nationaler Regierungen und eben der Bürger machen, soll beendet werden. Hollande unterstützt Rajoys und Montis *Direkt*-Forderungen.[40]

Merkel verweigert den drei Partnern ihr Okay.

Sie ist nur bereit, Spanien bis zu 100 Milliarden Euro an Krediten zur Rekapitalisierung der heimischen Banken zu bewilligen, mit einem kleinen Zugeständnis. Die Kredite fließen wie bisher über die Regierung, werden aber nicht an zusätzliche Bedingungen für weitere Spar- und Reformprogramme geknüpft. Die Schuldenspirale stoppt das nicht.

Den anderen reicht es jetzt. Sie organisieren einen Aufstand gegen *Madame Non*. Der neugewählte französische Staatspräsident François Hollande macht sich zum Anwalt südeuropäischer Interessen. Sein Ziel: Nicht nur Deutschland, sondern alle Euro-Länder sollen sich zu günstigen Konditionen Geld am Markt besorgen können.

Am 14. Juni reist Hollande zum Staatsbesuch nach Rom. Er spricht mit Monti eine Strategie ab.

Am 18./19. Juni auf dem G20-Gipfel im mexikanischen Los Cabos schaltet sich US-Präsident Barack Obama ein. Er drängt Merkel wie schon ein knappes Jahr zuvor in Cannes zu einer klaren Rettungsaktion, die die Märkte überzeugt. Statt um die große Weltpolitik dreht sich alles um die Krise in der Euro-Zone. Monti hält eine dramatische Rede. »Uns bleibt eine Woche Zeit«, sagt er. Dann brechen die Dämme der Euro-Zone – wenn nichts passiert. Monti schlägt vor, die 400 Milliarden Euro im Euro-Rettungsfonds zu verwenden, um spanische und italienische Bonds aufzukaufen und damit die rasant steigenden Finanzierungskosten zu decken. »Italien hat eine Idee ins Leben gerufen, die es verdient, in Betracht gezogen zu werden«, sagt der französische Präsident. Der Vorschlag gelte für »tugendhafte Länder wie Italien, die ihre öffentlichen Finanzen verbessert haben«, damit diese wieder in die Lage versetzt würden, »ihre Schulden refinanzieren zu können«.

Die deutsche Delegation versucht, die harte Diskussion kleinzureden. Es sei nichts beschlossen worden, lässt Merkel verbreiten. Das stimmt. Es ist aber nur die halbe Wahrheit. Denn über die Diskussion in Los Cabos haben Obama, Hollande, Monti und Rajoy die Wende in der Euro-Rettungspolitik eingeleitet.

»Germany surrenders over eurozone bailout fund«, Deutschland kapituliert beim Euro-Rettungsfonds, schreibt der britische *Guardian* am 19. Juni 2012.

Hollande bringt die neue Stimmung auf den Punkt: »Wir suchen nach Mitteln und Wegen«, um den Euro-Rettungsfonds zu »diesen Bedingungen« nutzen zu können. Hollande kündigt an, dass Merkel, Monti, Rajoy und er am 22. Juni in Rom erneut darüber beraten werden. Er habe »Vertrauen in diesen Prozess, weil wir auf Basis von Wachstum, einer Bankenunion und einer Verknüpfung von Solidarität und Budgetverantwortung die Möglichkeit haben, eine Einigung zu erzielen«.

Am 22. Juni treffen sich die vier in Rom. Es gibt wieder keinen offiziellen Beschluss, aber Merkel kann Fortschritte nicht mehr verhindern. Die Chefs der vier großen Euro-Länder vereinbaren, die ganze Angelegenheit den Finanzministern zu übergeben, die sich vier Tage später in Paris treffen, um Details auszuarbeiten. Parallel schaltet sich EU-Ratspräsident Van Rompuy ein. Zwei Tage vor dem entscheidenden EU-Gipfel appelliert er in einem Brief an die Staats- und Regierungschefs, endlich eine große Lösung zu finden.

Der Gipfel des 28./29. Juni 2012 wird zu einer Schlacht Nord gegen Süd, zu einer Schlacht um das Überleben des Euro-Klubs. Das Personal im Brüsseler Restaurant Dorftrottel ist sich im April 2013 einig: »Es war der absolute Krisengipfel. Niemand kaufte mehr Anleihen aus Spanien und Italien oder nur zu unbezahlbaren Preisen. Wir mussten springen.«[41]

Springen, das bedeutet: Merkel gibt nach.

Die Staats- und Regierungschefs beschließen erstmals in der Euro-Krise, nationale Kompetenzen an eine zentrale europäische Institution abzugeben. Sie wollen eine zentrale Aufsicht für die 6000 Banken der Euro-Zone einrichten. Die einzige schlagkräftige vergemeinschaftete europäische Institution, die EZB, selbständig, unabhängig, ausgestattet mit allen Eingriffsrechten, soll die Geldhäuser kontrollieren und auf Verlangen Einblick in alle Details bekommen. Die nationalen Aufseher sollen entmachtet und zu Statisten werden.

Die Aufsichtskompetenz an die EZB abzugeben, ist der größte Schritt hin zu mehr Europa seit der Einführung des Euro. Damit verlieren Regierungen und nationale Aufseher Macht über die Geldhäuser. Der Plan hört sich geradezu revolutionär an: Der zentrale Aufseher übernimmt die Verantwortung. Müssen Banken abgewickelt werden, werden zuerst die Eigentümer und Investoren zur Kasse gebeten. Parallel soll ein

Abwicklungsfonds gegründet und von den Banken gefüllt werden. Der Fonds zahlt, wenn die Gläubiger die Abwicklung eines Geldhauses nicht (mehr) zahlen können. Geldhäuser müssen nur noch im Ausnahmefall mit Steuergeld gerettet werden. In der Theorie bedeutet das: Die Abhängigkeit der Banken von den Regierungen und umgekehrt wird kleiner. Nationale Banken können nicht mehr gezwungen werden, Staatsanleihen der eigenen Regierung zu kaufen, um deren Finanzierung zu sichern. Ein Wechselspiel, an dem Banken verdienen, das für sie aber auch nicht ohne Risiko ist: Verlieren nämlich die Staatsanleihen am Markt an Wert, sinkt auch ihr Wert in den Büchern der Banken. Die Banken brauchen dann neues Geld, um ihr Eigenkapital aufzufüllen und müssen womöglich wieder von den Regierungen gerettet werden.

Auf dem Gipfel am 28./29. Juni entlädt sich die Spannung, die sich gegen *Madame Non* und die Deutschen in den vergangenen Monaten aufgebaut hat. In die hitzige politische Gipfelnacht fällt das Halbfinale der Fußball-Europameisterschaft. Die Nationalmannschaften Deutschlands und Italiens spielen gegen einander, Van Rompuy hat Bildschirme für die Chefs aufstellen lassen.

Dann steht das Duell Italien gegen Deutschland plötzlich symbolisch für den Verlauf der Nacht in Brüssel. In der 5. Etage des Ratsgebäudes streiten die Chefs, die beiden Lager werden angeführt von Monti und Merkel. Unten in der Pressebar vertreiben sich die Reporter die elende Warterei vor den Bildschirmen. Eine überwältigende Mehrheit fiebert mit den Italienern – frenetischer Jubel brandet bei jedem Tor der Squadra Azzurra auf. Kaum jemand klatscht bei den Deutschen. Und so wie Nationalspieler Mario Balotelli die deutsche Verteidigung aufbricht, überwindet Regierungschef Monti den Widerstand der Bundeskanzlerin.*

* Wie tief diese doppelte Niederlage die Bundesregierung mental getroffen hat, lässt Schäuble auf einer Pressekonferenz am 15. November

Merkel steht auf diesem EU-Gipfel mit dem Rücken zur Wand. Am Freitagnachmittag, nach ihrer geplanten Rückkehr aus Brüssel, sollen Bundestag und Bundesrat über ein Konjunkturpaket abstimmen, das sie aus Brüssel mitbringen soll. Darin vereinbaren die 27 Chefs Maßnahmen und Mittel, um das Wachstum anzukurbeln. Doch das Paket muss von den 27 Chefs erst einmal beschlossen werden. Und mindestens zwei Länder fordern für ihre Unterschrift unüberhörbar klare Zugeständnisse. Merkel ist plötzlich erpressbar – sie kann nicht nach Deutschland zurückkehren ohne Konjunkturpaket. Sie hat es Regierung und Opposition versprochen.

Die Rebellion des ansonsten bedächtigen und zurückhaltenden Italieners Mario Monti beginnt am ersten Gipfeltag, am Donnerstag, den 28. Juni, gegen 19 Uhr. Gipfelchef Van Rompuy will die erste Arbeitssitzung des Gipfels beenden und das Wachstumspaket der Presse als schönen Erfolg verkünden. Monti glaubt sich verhört zu haben. »Ob er ihn vielleicht nicht richtig verstanden habe?«, fragt er Van Rompuy.[42] Er könne diesen Gipfel nicht verlassen, ohne konkrete Maßnahmen gegen die hohen Zinsen auf italienische Staatsanleihen nach Rom mitzubringen. Er werde dem Wachstumspaket nicht zustimmen, solange das nicht geklärt sei. Rajoy stellt sich hinter Monti, seine Situation sei ähnlich, auch er könne dem Paket noch nicht zustimmen.

Die Drohungen verfehlen ihre Wirkung nicht.

Van Rompuy bleibt sitzen und verschiebt die Pressekonferenz. Deutschland, die Niederlande und Finnland verweigern jegliche Zugeständnisse.

2013 in Brüssel durchblicken. Der Bundesfinanzminister versucht, einen gemeinsamen Fonds für klamme Banken zu verhindern, am Abend spielt Deutschland gegen Italien. »Es wäre ein schönes Zeichen, wenn wir heute Abend gewinnen«, spielt Schäuble auf die damalige Niederlage an.

Die dänische Ministerpräsidentin Helle Thorning-Schmidt fragt nach, ob am Tisch »nun alle Geiseln« seien.

Es ist nach 22 Uhr, als Van Rompuy erneut vor die Presse treten will. Merkel drängt ihn, doch zu verkünden, das Wachstumspaket sei beschlossen. Damit wäre sie wieder im Vorteil.

Hollande stellt sich quer. Er fordert, Van Rompuy solle »die Wahrheit« sagen. Van Rompuy verkündet schließlich einen »Zwischenstand«. Gegen Mitternacht schickt er die Nicht-Euro-Länder-Chefs in die Hotels und beruft kurzfristig einen Euro-Gipfel ein. Dort sollen die von Rajoy und Monti gestellten Forderungen geklärt werden. Irgendwann tauchen die Ideen auf, die Merkel, Hollande, Monti und Rajoy bei dem kleinen Gipfel eine Woche zuvor in Rom besprochen haben, also die Bankenunion und die Idee, *direkt* in den Anleihemarkt einzugreifen, *direkt* Banken zu rekapitalisieren (also nicht über den Umweg der nationalen Regierungen), und *gemeinsame* Euro-Anleihen.

Merkel hatte auf den Treffen in Los Cabos und Rom noch alles abgelehnt, aber die Diskussion nicht mehr unter Kontrolle bringen können. Trotz des deutschen Neins hatten sich die Finanzminister mit Vertretern der Europäischen Kommission und des Kabinetts von Van Rompuy in Paris getroffen,* um Kompromisse zu planen. Diese Kompromisse liegen in der hitzigen Juninacht auf dem Tisch. Unerquicklich für Merkel. Geplant von Monti, Hollande und Rajoy.

Merkel muss schließlich zustimmen. Wäre sie *Madame*

* Auf dem Treffen in Roissy am 26. Juni werden Elemente der Bankenunion besprochen. Direkte Bankenrekapitalisierung könnte akzeptiert werden, wenn eine zentrale Aufsicht die Banken kontrolliere. Direkte Eingriffe in den Anleihenmarkt könnten vorgesehen werden, wenn entsprechende politische Voraussetzungen vorlägen.

Non geblieben und dies öffentlich geworden, wäre ein Zusammenbruch der Euro-Zone kaum vermeidbar gewesen.

Es ist ein historischer Beschluss,* auch wenn er sich technisch-bürokratisch liest. »Wir bekräftigen, dass es von ausschlaggebender Bedeutung ist, den Teufelskreis zwischen Banken und Staatsanleihen zu durchbrechen.«[43]

Rajoy und Monti fahren erleichtert mit dem Versprechen nach Hause, dass sie *direkte* Finanzhilfen abrufen können.

Merkel und ihre Entourage verlassen nervös das Brüsseler Ratsgebäude. Der Beschluss ist eine Zäsur für die deutsche Rettungspolitik. Und ein Kommunikationsdesaster. Europas Presse berichtet ausführlich vom Sieg der Südstaaten und wie Merkel eingeknickt sei. Merkel reagiert knallhart. Sie bricht ab sofort mit der langjährigen Tradition deutscher Bundeskanzler, deutsche Journalisten in der Nacht des ersten Gipfeltages bei einem Kamingespräch ein bisschen tiefgehender als üblich über die Gipfelgespräche zu informieren. Aus diesen Kamingesprächen darf nicht berichtet werden, aber sie helfen, die großen politischen Linien zu verstehen. Merkel führt statt der Kamingespräche nächtliche Pressekonferenzen ein, aus denen Wort für Wort berichtet wird. Merkel legt sich dafür ihre Botschaften zurecht und stellt damit sicher, dass die deutsche Sicht der Dinge schon wenige Stunden später im Frühstücksfernsehen und den Nachrichten läuft.

Die Märkte beruhigen sich. Bis Bundesfinanzminister Wolfgang Schäuble beginnt, die Gipfelbeschlüsse zurückzudrehen. Die zentrale Aufsicht über alle Banken soll weg (weil er deutsche Sparkassen und Raiffeisenbanken in nationaler Regie behalten will), ebenso die direkte Rekapitalisierung

* Direkte Rekapitalisierung der Banken wird möglich unter der Voraussetzung, dass die zentrale Aufsicht vollständig arbeitet; direkte Eingriffe des ESM in den Anleihenmarkt bleiben möglich, wenn die im ESM-Vertrag gestellten Bedingungen erfüllt sind. Diese Formulierung führte zu einem Zerwürfnis von Monti und Merkel, weil Monti davon sprach, die Bedingungen seien aufgeweicht worden.

der Banken (zum Schutz der deutschen Steuerzahler) und der gemeinsame Banken-Abwicklungsfonds (weil jeder Staat vor seiner eigenen Tür kehren soll). Der Jurist Schäuble beginnt ein Spiel auf Zeit, das er unbedingt gewinnen will. Und der Politiker Schäuble weiß, wie so ein Spiel geplant werden muss. Er fordert für die Bankenunion eine Änderung des EU-Vertrags – wohl wissend, dass genau das vermieden werden soll. Weil dafür Referenden in einigen Ländern nötig sind, was Jahre dauert. Und wohl auch, um Großbritannien keine Gelegenheit zu geben, eigene Bedingungen für die Zustimmung Londons stellen zu können und damit ein Veto zu riskieren.

Eine Woche nach dem Gipfel lässt die Bundesregierung durchsickern, dass es ein Jahr und länger brauchen wird, um die zentrale Aufsicht einzurichten, und dass auch bei der direkten Rekapitalisierung der Banken der Staat als letzter Garant bleibe. Wegen juristischer Probleme. Der IWF beginnt, die Geduld zu verlieren. Er drängt auf ein klares Bekenntnis, dass die Länder des Euro-Klubs gewillt sind, ihre Währung zu verteidigen. Wie schon im Mai 2010 muss die EZB in die Bresche springen.

Am 26. Juli 2012 kündigt Draghi vor Finanzexperten der Londoner City die Wende an. Auf dem Pult, von dem er spricht, steht riesengroß das Wort *GREAT*, ganz klein dann *Britain*. Ganz bewusst leitet Draghi die Beruhigung der Euro-Krise in der Finanzmetropole London ein. Sein Vortrag trägt den Titel »How to manage the current global challenges«, »Wie mit den gegenwärtigen globalen Herausforderungen umzugehen ist«. Er versichert den Spitzenbankern: »Innerhalb unseres Mandats sind wir bereit, alles zu tun, um den Euro zu schützen.« Es folgen die sechs Worte, die die Währungsgemeinschaft bis heute am Leben erhalten: »Believe me, it will be enough« – »Glauben Sie mir, es wird genug sein«. Draghi hebt damit in Notfällen jede Beschränkung an Hilfsleistungen auf. Die EZB wird zur Verteidigung des Euro alle Möglichkeiten nutzen, die sie hat. Die City glaubt dem EZB-Chef. Die Euro-Krise ebbt ab.

Anfang September gibt die Notenbank dann das genaue Programm bekannt. Die Märkte beruhigen sich endgültig.

Bis die Spekulationen über den Austritt Griechenlands aus der Währungsunion zunehmen. »*Grexit* war plötzlich eine Option«, erinnert sich das Euro-Personal im Restaurant Dorftrottel. Auch weil die neue griechische Regierung dafür plädiert, die Konditionen für die Hilfskredite weiter aufzuweichen. Der IWF sperrt sich gegen die griechischen Hoffnungen. In Deutschland ist nichts mehr tabu, werden alle Szenarien durchgespielt. Den Austritt Griechenlands verhindern am Ende nur mit Mühe einige Euro-Politiker, die das Austrittsszenario durchrechnen. Nachzulesen ist das Ergebnis in einigen Metern Akten.

Wie der Plan zum Austritt Griechenlands aus der Euro-Zone entsteht – und warum er verworfen wird[44]

Es gilt lange als undenkbar, dass Griechenland aus dem Euro ausscheidet. Aus ökonomischen, politischen und praktischen Gründen. Erst im Oktober 2011 beginnen die Gedankenspiele, was wäre wenn. Im Februar 2012, als Griechenland nicht nur pleite, sondern auch unregierbar ist, fangen Euro-Länder und Notenbanker an, einen Plan B zu entwickeln und durchzurechnen. Drei Kollegen in Brüssel und Berlin, ein paar Kollegen in Washington und ein paar in Frankfurt. Bis Frühsommer 2012 entsteht ein Laufmeter an Unterlagen, er schließt alle makroökonomischen Simulationen ein und birgt den Sprengstoff einer Granate. Die Sherpas fürchten unkontrollierbare Auswirkungen. Sie zögern, die Ergebnisse allgemein vorzutragen. »Das konnten wir nicht, wären die Ergebnisse bekannt geworden, wäre Griechenland tot gewesen«, erinnert sich einer der Sherpas. Das Team trägt Juncker die Berechnungen vor, dann Van Rompuy. Auf dem G20-Gipfel in Tokio informieren sie Schäuble und Finanzstaatssekretär Thomas Steffen (den Nachfolger von Jörg Asmussen), mehr als eine Stunde lang. Sie erläutern die Konsequenzen für die Euro-Länder insgesamt. Schäuble reist anschließend von Tokio nach Singapur und hält dort einen Vortrag. Schäuble sagt in Singapur: »Es hat keinen Sinn, über den Austritt Griechenlands aus der Euro-Zone zu spekulieren.« Er hat seine Meinung geändert. »Bankrott will not happen.«

Damit ist klar, dass Griechenland bleibt. Schäubles überraschende Wende hat mindestens zwei Ursachen. Chinesische Investoren haben dem Finanzminister wie schon der Bundeskanzlerin zuvor klargemacht, dass sie nicht mehr in Euro-Anleihen und Geldmarktfonds investieren werden, wenn es so starken Ländern wie Deutschland nicht gelingt, die Euro-Mitglieder beieinanderzuhalten und die Probleme eines so kleinen Landes wie Griechenland zu lösen. Beginnt die Euro-Zone ihre Mitglieder zu verlieren, wird es vorbei sein mit dem Vertrauen der asiatischen Anleger. Und: Kurz zuvor hat sich Schäuble vorrechnen lassen, was es kostet, wenn Griechenland eine eigene Währung einführt.

Die Berechnungen der Troika sind eindeutig. Sie zeigen, dass es Griechenland nicht besser geht, wenn es eine eigene Währung hat. Genau diese Annahme war lange vorherrschende Meinung: Die Griechen sollen aus dem Euro aussteigen und ihre eigene Währung abwerten, dann geht es ihnen viel besser. Die Berechnungen führen zu gegenteiligen Schlüssen: Schon in der Stunde des Austritts würde durch das massive Absacken des Wechselkurses und durch die Anrechnung aller Schulden in Euro der Schuldenberg auf ein Vielfaches des Bruttosozialprodukts steigen, auf rund 400 Prozent. Athen wäre sofort vollkommen zahlungsunfähig. Die Gläubiger, vor allem also die anderen Euro-Länder, müssten eine Schuldenkonferenz einberufen, um den Griechen den größten Teil ihrer Schulden zu erlassen. Das hätte auch zu einem erheblichen Zahlungsausfall für die anderen Euro-Länder geführt. Die nötigen Kapitalverkehrskontrollen und administrativen Maßnahmen hätten den Binnenmarkt teilweise aufgehoben und wohl über zehn Jahre oder länger massive wirtschaftliche Auswirkungen auf den Rest der Eurozone gehabt. Alle wären mit einem *Grexit* sehr viel schlechter gefahren, nicht nur Griechenland.

Als der Plan *Grexit* vom Tisch ist, zieht spürbar Professionalität bei den Euro-Politikern ein. Es scheint Ruhe einzukehren.

Teil 4
Deutschland will keine gemeinsamen EU-Töpfe

Die Währungsunion fängt sich wieder: Oktober 2012 bis Juli 2013

Nach dem Beschluss, dass Griechenland in der Währungsunion bleibt, entschließt sich die Bundesregierung – auch angesichts der bevorstehenden Bundestagswahl im September 2013 –, dem Land ein ausreichend umfangreiches und ausreichend lang laufendes Hilfsprogramm zu genehmigen. Entsprechend der politischen Leitlinie aus Berlin: »Ich wünsche mir, dass Griechenland in der Euro-Zone bleibt«, kommt es nach Monaten des Geschachers schlussendlich zu einem Deal, der die Finanzierung Griechenlands bis über den Herbst 2013 hinaus sichert.*

* Angepasstes, zweites Programm 2012–2014: EFSF und IWF sagen 164,4 Milliarden Euro zu, einschließlich 24,4 Milliarden Euro noch nicht ausgezahlter Kreditzusagen aus dem ersten Programm. 48 Milliarden Euro davon als Kapitalhilfen für Banken, 61,1 Milliarden Euro allgemeine Kredithilfen, 35,5 Milliarden Euro, um den Schuldenschnitt zu ermöglichen, private Gläubiger verzichten auf rund 53 Prozent ihrer Forderungen.

Athen erhält Finanzzusagen und Reformauflagen, die erst Mitte 2014 in einem ganz großen Kassensturz wieder geprüft werden müssen. Dass ein zweistelliger Milliarden-Euro-Betrag fehlen wird, ist schon 2013 kein Geheimnis mehr, wird aber von der Bundesregierung als bekannter Fakt heruntergespielt.

Es gelingt Merkel, für die nötige Ruhe zu sorgen, die sie für ihren Wohlfühl-Wahlkampf braucht. Das politische Europa schließt für sieben Monate seine Pforten.

Auch jenseits von Griechenland wird alles ruhig. »Die Deutschen sagen uns in den Gremien: Packt jetzt alles auf den Tisch, was zu entscheiden ist, ab März wird es nicht mehr möglich sein, große Entscheidungen zu treffen«, erinnert sich ein hoher EU-Diplomat aus Ungarn.

Merkel verschiebt auch die dringend nötige grundsätzliche Reparatur und die Vollendung der Währungsunion in der Bankenunion. Ein entsprechender Plan, den vier europäische Präsidenten – Draghi (EZB), Juncker (Euro-Gruppe), Barroso (EU-Kommission) und Van Rompuy (Europäischer Rat) – im Auftrag der Staats- und Regierungschefs über sechs Monate hinweg ausgearbeitet haben, verschwindet in den Schubladen. Merkel will vor den Bundestagswahlen nichts Heikles mehr anpacken. Und der Plan ist heikel, weil Merkel zu wenige Gefolgsleute/Unterstützer für die Ideen findet, die sie durchsetzen will – aber auch, weil sie die Ideen der anderen nicht mittragen will.

Statt ihre Macht und Anerkennung in Europa zu nutzen, um die deutschen Wähler vor der Wahl über die anstehenden Aufgaben in Europa aufzuklären und sie darüber abstimmen zu lassen, entscheidet sich Merkel, weiter auf Sicht zu tun, was zu tun ist, weiter nur das zu erklären, was unumgänglich ist. Ein großes europäisches Ziel lässt sie nicht erkennen. Sie will, dass die Krise um Deutschland weiter einen Bogen macht und die Währungsunion überlebt. Über Europa will sie nicht reden.

Umso überraschender sind die ersten Sätze ihrer Regierungserklärung als wiedergewählte Bundeskanzlerin am 18. Dezember 2013: »Dass ich meine dritte Amtszeit als Bundeskanzlerin der Bundesrepublik Deutschland mit einer Regierungserklärung zu Europa eröffne, das ist nicht allein Folge der Terminlage, sondern das ist vor allem Ausdruck einer neuen Realität.« Die neue Realität Europa, im Wahlkampf verschwiegen, plötzlich ist sie wieder da.

Hollande hat nicht nur die Bankenunion mit durchgesetzt, er hat auch verhindert, dass ein Deutscher Vorsitzender der Euro-Gruppe wird. Der neue Franzose im Élysée lässt eine vertrauliche Absprache zwischen Merkel und Sarkozy platzen, wonach sich Berlin und Paris für die nächsten fünf Jahre den Vorsitz teilen sollen. Auf ausdrücklichen Wunsch der Bundesregierung wird schließlich ein Niederländer neuer Vorsitzender der Euro-Gruppe, also des Gremiums der Finanzminister aus den Euro-Ländern. Ende Januar 2013 geht der langjährige Vorsitzende des Gremiums, Luxemburgs Premier Juncker, in den (vorläufigen) europapolitischen Ruhestand. Er ist zunehmend umstritten in der Runde der Finanzminister und hat im Großherzogtum eine Geheimdienstaffäre zu klären, wegen der er später tatsächlich sein Amt als Premierminister verliert.

Jeroen Dijsselbloem wird sein Nachfolger. Der Niederländer ist jung, ehrgeizig – aber auch unerfahren und damit auf erfahrene Kollegen wie Schäuble angewiesen. Die Niederlande sind zudem bekannt dafür, dass sie eine ähnliche Politik wie Deutschland betreiben. Dem früheren Finanzminister Wim Duisenberg verpassten die französischen Kollegen einst den Spitznamen »*Monsieur de cinq minutes*«, der Fünf-Minuten-Minister, weil er gefühlt jede Entscheidung der Deutschen Bundesbank mit fünfminütiger Verspätung für die Niederlande nachvollzog. Aus deutscher Sicht ist es also durchaus logisch, den unbekannten Dijsselbloem in den wichtigen Posten zu hieven.

Allerdings wachsen in Berlin bald schon Zweifel an dieser Entscheidung. Der Niederländer ist den Deutschen zu selbständig, er ist definitiv kein Fünf-Minuten-Minister. Dass er das niederländische Parlament vor und nach jeder Euro-Gruppen-Sitzung über Details und Beschlüsse informiert, ärgert die Bundesregierung besonders. Sie gesteht dem Bundestag ähnliche Informationen nicht zu. Dijsselbloem lässt sich von der subtilen Missstimmung nicht beeindrucken. »Ich bin als niederländischer Finanzminister vor und nach jedem Treffen der Euro-Gruppe ins Parlament gegangen. Und ich mache das auch jetzt, wo ich zusätzlich Chef der Euro-Gruppe bin. Wenn ich das nicht mehr dürfte, würde ich zurücktreten. Und ich würde jeden in die Schranken weisen, der mir etwas anderes vorschreiben will. Ich jedenfalls würde niemals eine Meinung dazu äußern, was der Bundestag darf und was nicht.«[45]

Das Kreditprogramm für Zypern ist Dijsselbloems erste Bewährungsprobe. Im ersten Anlauf misslingt sie gründlich.

Die Situation ist von Anfang an verfahren. Die Euro-Politiker unterschätzen das Problem an ihren äußersten südöstlichen Grenzen. Die zyprische Regierung hofft auf Solidarität, schließlich haben die Banken des Landes wegen des griechischen freiwilligen Schuldenschnitts knapp fünf Milliarden Euro verloren. Allerdings auch, weil die zweitgrößte zyprische Bank Laiki noch zu Beginn 2012 mit griechischen Staatsanleihen spekuliert und dadurch zwei bis drei Milliarden Euro verloren hat.

Bundesfinanzminister Schäuble ist bereit, an Zypern ein Exempel zu statuieren. Er zweifelt offen an der »Systemrelevanz« der Insel für den Euro-Klub. Das klingt technisch-bürokratisch, heißt aber nichts anderes, als dass Zyperns Pleite die Währungsunion nicht erschüttern würde und die Euro-Partner dem Land keine Kredite geben müssten. Wie soll ein Staat mit weniger als einer Million Einwohnern, der gerade mal 0,2 Prozent der Wirtschaftsleistung des Währungsraums ausmacht, zur Gefahr für den Euro werden? Und sind dort nicht russische Anleger aktiv, die in großem Stil Schwarzgeld waschen?

Mit den Banken der kleinen Insel im Mittelmeer testen die Euro-Politiker schließlich, was passiert, wenn sie auch Anleger, Gläubiger und Sparer für die Abwicklung maroder Banken zahlen lassen. Zypern wird zur Blaupause dafür, wie es weitergeht mit der Krisenbewältigung im Euro-Klub.

Der erste Anlauf, ein Kreditpaket für Zypern zu schnüren, ist so dilettantisch und schlecht gemacht, dass er eine Schockreaktion an den Finanzmärkten auslöst. In Europa brechen Kurse von Bankaktien ein. Zu den größten Verlierern gehören Institute von Krisenländern wie die spanische Bankia. Die Aktie der Deutschen Bank verliert zwischenzeitlich fast vier Prozent. Investoren flüchten in vermeintlich sicherere Anlagen wie deutsche Staatsanleihen oder Gold. Das alles wird ausgelöst durch den Tabubruch der Minister: Sie wollen Sparer mit Guthaben unter 100 000 Euro für die Abwicklung und Sanierung der Banken auf Zypern über eine Zwangsabgabe mitzahlen lassen. Es scheint, als ob sie damit das gesetzlich garantierte Versprechen[46] brechen, dass Guthaben bis 100 000 Euro für jeden Sparer sicher sind. Tatsächlich ist die Lage komplizierter. Die 100 000 Euro für jeden Sparer werden über die nationalen Einlagensicherungssysteme garantiert. Hätten die kleinen Sparer auf Zypern mitzahlen müssen, wäre das zyprische Einlagensicherungssystem verpflichtet gewesen, diese Verluste bis zur Garantie von 100 000 Euro aufzufüllen. Theoretisch. Ob das auch praktisch geklappt hätte, ob also die Zyprer genug Geld dafür gehabt hätten, wird nicht beantwortet. Es bleibt die Sorge, dass im Ernstfall auch die garantierten 100 000 Euro nicht sicher sind.

Experten schlagen Alarm. Für den amerikanischen Nobelpreisträger Paul Krugman gehen von der »gefährlichen Lösung« womöglich »Ansteckungsgefahren« aus. Sparer in Ländern wie Griechenland und Italien würden geradezu aufgefordert, ihr Geld von den Banken abzuziehen, damit ihr Geld im Fall einer Pleite sicher ist. Der deutsche Wirtschaftsweise Peter Bofinger warnt, »Europas Bürger müssen nun um ihr Geld fürchten«[47]. Aufgrund massiver Proteste und weil das zyprische Parlament den Deal ablehnt, gibt es ein zweites Krisentreffen zu Zypern.

In einer hitzigen Nacht Ende März 2013 kommt es zu einem Showdown in Brüssel, der am Ende nur Verlierer produziert. Zypern wird zwar vor der Pleite gerettet und kann den Euro behalten,* aber der Preis dafür ist hoch. Der Finanzsektor des Landes, größter Arbeitgeber, ist halbiert. Die angeschlossenen Dienstleister entlassen ihre Leute. Zypern ist durch strikte Kontrollen der Geldströme praktisch vom Euro-Klub abgeschnitten. Das Vertrauen in die Versprechen der Euro-Länder ist wieder ein bisschen mehr erodiert.

Dijsselbloem verteidigt später die »sehr harsche Operation«, private Gläubiger für Verluste haften zu lassen. Die Euro-Gruppe habe »einen fundamentalen Wechsel« im Umgang mit den Banken eingeleitet. »Aber wenn wir Zypern nur Geld gegeben hätten, wäre deren Schuldenberg untragbar geworden. Die private Haftung war unvermeidlich und politisch auch gewollt.«

Nach Zypern ist plötzlich Ruhe.

Die Krise kommt in den großen Volkswirtschaften an

Ab August 2013 bestimmen nicht mehr Schlagzeilen über ewig aufflammende Krisenherde im Euro-Klub die Nachrichten. Die Euro-Retter sind inzwischen erfahren genug, die

* Zypern bekommt aus dem ESM bis zu zehn Milliarden Euro. Bedingung: Die zweitgrößte Bank des Landes, Laiki, wird abgewickelt. Die Reste werden mit der Bank of Cyprus fusioniert. Anleger und Sparer mit Guthaben über 100 000 Euro verlieren große Teile ihres Geldes.

Probleme stillschweigend zu übergehen. Stattdessen sollen erste Anzeichen einer Trendwende zu sehen sein: Unternehmen produzieren wieder mehr. Die Zahl der Arbeitslosen wächst nicht mehr so stark. Die Euro-Politiker hungern geradezu nach guten Nachrichten. Als die Euro-Zone Mitte August ein Wachstum von 0,3 Prozentpunkten im zurückliegenden Quartal bescheinigt bekommt, ist vom Ende der Rezession die Rede. Nur am Rande wird vermeldet, dass Griechenland keine Zahlen für diese Statistik gemeldet hat. Keiner misst dieser scheinbaren Bagatelle eine große Bedeutung zu.

Anfang November legt die EU-Kommission die Prognosen für die kommenden zwei Jahre vor. Eigentlich müsste sie Alarm schlagen, weil Frankreich und Italien weder reformieren noch regelkonform haushalten – und immer mehr Arbeitslose verzeichnen. Das besorgniserregende Fazit müsste lauten: Die Krise ist nicht mehr in den kleinen Ländern, sondern in den tragenden Volkswirtschaften angekommen. Doch statt laut Alarm zu schlagen, entschließt sich die Kommission für ein Ablenkungsmanöver. Sie nimmt die deutschen Exportüberschüsse ins Visier und prangert an, dass zu wenig in neue produktive Geschäfte investiert wird – weshalb die wirtschaftlichen Ungleichgewichte in der Euro-Zone immer größer werden. Das ist einerseits richtig. Andererseits kommt die Kritik zu spät. Die deutschen Unternehmen sind längst weg aus Südeuropa. Sie haben dort die ersten Jahre nach der Einführung des Euro so viel verkauft wie nie zuvor, und zwar sowohl Waren als auch Finanzprodukte wie etwa Verbraucherkredite. Der Markt ist aus ihrer Sicht gesättigt. Ab 2008, als die Krise kam und mit ihr die Schulden und die Arbeitslosigkeit, haben sie sich neue Märkte mit kaufwilligen und zahlungsfähigen Kunden gesucht, vor allem in Asien. Die Kritik der EU-Kommission am Primus Deutschland, für die sich Kommissionschef José Manuel Barroso beinahe entschuldigt, hat einen ganz anderen Zweck. Sie lenkt den Blick von den riesigen Problemen in Frankreich, Italien und Spanien. Sie schützt ein wenig vor der Entdeckung, dass der Graben zwischen Norden und Süden immer tiefer wird. Und sie gibt den Ländern Zeit, wieder auf die Beine zu kommen.

Die Euro-Länder flüchten sich in Zweckoptimismus. Sie loben den griechischen Vize-Finanzminister Christos Staikouras, der den Haushalt 2014 mit einem Wirtschaftswachstum von 0,6 Prozentpunkten plant. Die Quote der Arbeitslosen soll von durchschnittlich 27 Prozent 2013 auf 26 Prozent 2014 fallen, der Schuldenberg im selben Zeitraum von 321 auf 319,4 Milliarden Euro. Die griechischen Bürger »beginnen die Früchte ihrer Anstrengungen zu ernten«, kommentiert Staikouras seine Daten.

Wer die Zahlen nüchtern liest, sieht die Sprengkraft. Ein Schuldenberg, der über mehrere Generationen abzuzahlen und damit praktisch nicht tragbar ist. Dazu jeder vierte Erwerbsfähige ohne Job. Das Wie-weiter-mit-Griechenland wird im Frühling 2014 die Chefs der Euro-Länder beschäftigen. Auch hier beweisen die Euro-Retter, dass sie zu routinierten Krisenmanagern geworden sind. Weil der IWF eigentlich aus dem Hilfsprogramm aussteigen muss, wenn die Staatsfinanzen nicht ein volles Jahr im Voraus eine schwarze Null zeigen, halten die Chefs einfach die Zeit an – mit einem Trick. Die Mission der griechischen Troika wird ein ums andere Mal als ergebnislos vertagt. Hätte die Troika im September 2013 verkünden müssen, dass es ein neues Haushaltsloch gibt in Griechenland, hätten der IWF aussteigen oder die Euro-Länder neue Kredite geben müssen, um das Loch zu füllen. Da aber die Troika nicht fertig wird, kann sie nichts verkünden. Das Spiel, so ist Ende 2013 zu hören, könnte bis zu den Europawahlen im Mai 2014 gespielt werden. Solange also gibt es offiziell kein neues Haushaltsloch, es zählen die alten Vereinbarungen, und der IWF bleibt an Bord der Euro-Retter. Die europäische IWF-Chefin Christine Lagarde macht vorerst mit, abgestimmt mit Merkel und Draghi. Ende 2013 bestätigen Vertraute aus dem Umfeld der beiden, dass Lagarde im nächsten Jahr vorzeitig die Koffer packen könnte in Washington. Sie ist als eine Kandidatin für den Chefsessel der Europäischen Kommission im Gespräch.

In den letzten Wochen des auslaufenden Jahres 2013 sind es die großen Euro-Länder, die große Sorgen machen. Frankreich findet wirtschaftlich nicht den Anschluss an Deutschland, was sich nicht nur negativ auf die Stimmung im Euro-Klub, sondern auch auf die Machtbalance in Europa auswirkt.

In Italien geht die Zitterpartie um das Überleben der Regierung von Enrico Letta und den endgültigen Abschied von Silvio Berlusconi aus der aktiven Politik womöglich zu Ende. Berlusconi wird zu einem isolierten alten Mann. Aber um dessen Partei in seiner Koalitionsregierung zu halten, muss Premier Letta große Kompromisse machen. Verdrängt von den politischen Sorgen, schlummert im Hintergrund das Wissen um die wirtschaftlichen Probleme Italiens. Das drittgrößte Euro-Land wagt sich nur langsam an die Modernisierung der Gesellschaft. Unterschwellig schwingt überall die Sorge mit, was passiert, wenn die Italiener den Euro demnächst nicht mehr haben wollen.

Gemessen an der riesigen Herausforderung, die großen Volkswirtschaften der Euro-Zone aus dem wirtschaftlichen Tal zu führen, weil sie die Basis der Währungsgemeinschaft bilden, wirken andere Probleme fast einfach. Die in Irland etwa. Das Land wirtschaftet ab Dezember 2013 wieder allein, ohne finanzielles Sicherheitsnetz. Oder Portugal: Je nachdem wie es läuft, wird Lissabon im Frühling 2014 ein zweites großes oder nur ein zweites kleines Hilfspaket bekommen. Und wenn es sein muss, erhalten auch die slowenischen Banken eine Finanzspritze aus dem Euro-Topf.

Die Steuerzahler der Euro-Zone müssen damit rechnen, dass sie 2014 noch einmal kräftig zur Kasse gebeten werden, um Banken zu retten. Bevor die EZB die zentrale Aufsicht über die Banken der Euro-Länder übernehmen darf, muss sie deren Bilanzen bis ins Detail prüfen lassen. Das kann es erforderlich machen, neues Kapital in die Banken zuzuschießen – seriösen Schätzungen zufolge bis zu 700 Milliarden Euro. In Deutschland ist die Sorge groß, dass die Bankenprüfungen einen Run auf den Euro-Rettungsfonds ESM auslösen und diesen praktisch leerfegen. Wenn die Anteilseigner nicht mehr zahlen können und der Staat auch kein Geld mehr hat, wird der ESM als letzte Geldquelle angezapft.

Angesichts der wirtschaftlichen Not im Süden und erfolgreicher Länder im Norden wächst die Sorge vor einer Teilung Europas, die durchaus angesehene Experten zu düsteren Prognosen veranlassen. Finanzwissenschaftler Kai Konrad[48], Direktor am Max-Planck-Institut für Steuerrecht und Öffentliche Finanzen in München sowie Chef des Wissenschaftlichen Beirats beim Bundesfinanzministerium, sagt: »Deutschland wird weiter von der Krise profitieren und einen Zuzug von Fachkräften erleben. So entstehen auf der einen Seite leistungsfähige Zentren in Europa und auf der anderen Seite ganze Gebiete voller Rentner und Transferempfänger. Europa gerät so in eine Mezzogiorno-Situation. Was das bedeutet, kann man seit Jahrzehnten in Italien beobachten. Dort muss der reiche Norden den armen Süden mit großen Sozialtransfers unterstützen. Gern tut man das nicht einmal innerhalb Italiens. Angesichts dieser Spannungen droht dem Euro das Aus.«

Der frühere EZB-Direktor Asmussen sieht es nicht so düster. Er wirbt um Geduld: »Das Gefälle wird sich ausgleichen. Wir müssen durchhalten, überall. Spanien kann das neue Deutschland werden.«

Der Chef im Maschinenraum der Euro-Gruppe, Thomas Wieser, hofft auf den psychologischen Effekt, der eintreten wird, wenn die Bürger wieder mehr Jobs finden und die Sparzwänge aufhören. Aber er sagt auch: »Wenn es schiefgeht mit der wirtschaftlichen Erholung, sind wir wieder im Krisenmodus.«

Die Euro-Sherpas im Brüsseler L'idiot du village planen im Frühling 2013 schon für die Zeit nach der deutschen Bundestagswahl.

Weil die gemeinsame Währung alle auf Gedeih und Verderb aneinanderbindet und die bisherigen Versprechen, sich an die gemeinsamen Regeln zu halten, nichts gebracht haben, plädieren sie dafür, dass der Euro-Klub seine Regeln ändert. Statt unverbindlicher Versprechen soll es künftig gemeinsame verbindliche Absprachen geben. »Wir brauchen in nicht allzu ferner Zukunft einen Paragraphen im Vertrag, in dem festgelegt wird, dass das Defizit jedes Jahres nur noch gemeinsam beschlossen wird«, sind sich die Herren ungewöhnlich einig. Sie stellen sich vor, dass die Staats- und Regierungschefs jedes Jahr zusammensitzen und für jedes Land eine Obergrenze für neue Schulden festlegen. Der Vorteil für die Euro-Länder: Sie müssen nicht mehr hoffen und bangen, dass andere Partner Entscheidungen treffen, die dann alle gefährden.

Das Euro-Personal weiß um die Brisanz dieser Vertragsänderung. Sie wäre ein »tieferer Eingriff in nationale Rechte, als es die Einführung der Währung war«. Aber sie entscheidet über den Fortbestand der Währungsgemeinschaft mit allen Mitgliedern. Ebenso wie das Funktionieren der Bankenunion ...

Reparaturbedarf – Wie ein soziales Europa aussehen könnte

Breslau, im Herbst 2011: Aus allen Regionen Polens hat Solidarność die Demonstranten vor das schmucklose Konferenzzentrum in der südpolnischen Stadt gebracht. Doch es geht nicht allein um Polen, sondern um Europa. Der Europäische Gewerkschaftsbund ruft zum Protest gegen die Wirtschaftspolitik in der EU. In der als Weltkulturerbe geadelten Jahrhunderthalle aus Stahlbeton tagen die EU-Finanzminister. Die österreichische Ressortchefin Maria Fekter sorgt für Aufregung, weil sie die sich aufbauende öffentliche Stimmung gegen Banker und Reiche mit der Judenverfolgung vergleicht.* In ganz Europa ist der Hass auf die Finanzmanager riesig.

Auf der anderen Seite des Polizeikordons sammeln sich die Demonstranten. »Drożyzna! Ubóstwo! Bezrobocie!«, »Teuerung! Armut! Arbeitslosigkeit!« ist auf dem handgeschriebenen Plakat eines Aktivisten zu lesen. »Nein zum Diktat von Finanzmärkten und Ratingagenturen« auf einem anderen. Der rote Schriftzug der polnischen Solidaritätsgewerkschaft stand am Anfang der demokratischen Revolutionen Ost-

* Wörtlich hatte Maria Fekter in einem ORF-Interview am 16. September 2011 gesagt: »Außerdem bauen wir gerade enorme Feindbilder in Europa gegen die Banken und die Reichen, die Vermögenden auf. So was hatten wir schon einmal, damals verbrämt gegen die Juden, aber damals waren ähnliche Gruppierungen gemeint. Es hat das zwei Mal in einem Krieg geendet.« Fekter hat sich später für diese Äußerung entschuldigt.

europas. Beim Kampf gegen die politische Teilung Europas hatte die polnische Solidarność vom westlichen Wohlfahrtsstaat geträumt. Angekommen sind die polnischen Gewerkschafter in einer Union, in der die Politiker um neoliberale Bestnoten wetteifern.

Polen selbst geht es auf dem Höhepunkt der Euro-Krise wirtschaftlich besser als anderen EU-Staaten. Kein anderes Land erhielt so viel Fördermittel aus den EU-Töpfen: 81 Milliarden Euro. Seit dem Übergang von der Planwirtschaft zur Marktwirtschaft haben die Konsumenten viel nachzuholen. Eine große Zahl kleiner und mittlerer Unternehmen ist an die Stelle der früheren Staatsbetriebe getreten. Die positive Grundstimmung lockt ausländische Investoren an. Aber schließlich wird auch das Boomland im Osten von der Krise erfasst. Das Wirtschaftswachstum geht zurück und die Arbeitslosigkeit steigt, trotz der Milliarden aus Brüssel. Die polnischen Gewerkschafter schließen sich der Protestwelle an, mit der die Kollegen auf dem ganzen Kontinent gegen die Wirtschaftspolitik protestieren. Den Finanzministern werfen die Demonstranten vor, dass ihre Strategie gegen die Krise europaweit aus Finanzspritzen für die Banken und sozialen Einschnitten für die kleinen Leute besteht. »Europe: governed by wolves, owned by pigs«, heißt es auf einer selbstgefertigten Solidarność-Fahne. »Europa: regiert von Wölfen, im Besitz von Schweinen.«

Die polnische Exekutive ist in Mannschaftsstärke aufgefahren. Auf der anderen Seite der Polizeikette, bei den Finanzministern, herrscht ebenfalls Anspannung: Die Rettung Griechenlands steht wieder einmal auf der Kippe. Der Schuldenschnitt für die privaten Gläubiger erweist sich als schwieriger als erwartet. Die USA verlangen eine Vergrößerung des Euro-Rettungsfonds ESM, um die weltweite Ansteckungsgefahr zu verringern. Sie haben ihren Finanzminister Timothy Geithner nach Breslau geschickt, damit er die amerikanischen Sorgen direkt vortragen kann. Der polnische Gastgeber

Jacek Rostowski warnt dramatisch, in Europa könnte Krieg wieder möglich sein, wenn die Auseinanderentwicklung in der EU nicht gestoppt werde.[1] Die soziale Krise und die Finanzkrise schaukeln einander gegenseitig auf.

»Wir erleben eine Europäische Kommission, die die Finanzakrobaten schützt und uns einreden will, dass die Schuldenkrise auf zu hohe Löhne und Pensionen zurückzuführen ist«, wettert Erich Foglar vom Österreichischen Gewerkschaftsbund. Solche Vorwürfe gegen die Antikrisenpolitik sind in allen Ländern des Kontinents zu hören. Die Enttäuschung, dass soziale Gerechtigkeit in der EU einen geringeren Stellenwert hat als finanzielle Stabilität, desillusioniert viele Bürger.

Es hätte nicht so weit kommen müssen. Bereits 2009 versuchten einige Staats- und Regierungschefs, einen sozialen Ausgleich zu schaffen und Banken an den Kosten der Krise zu beteiligen. Wenige Monate nach dem Zusammenbruch von Lehman Brothers unternimmt Österreichs Kanzler Werner Faymann einen ersten Anlauf für eine Finanztransaktionssteuer, also eine Mehrwertsteuer auf Finanzgeschäfte, wie sie der amerikanische Finanzwissenschaftler James Tobin entwickelt, um ungehemmte Spekulation durch eine weltweite Besteuerung von Devisengeschäften einzudämmen. Faymann begründet seinen Vorstoß mit der angespannten Budgetsituation in den EU-Staaten, die ohne eine Umsatzsteuer auf Finanzprodukte zu einer sozialen Schieflage zu führen droht. »Wir brauchen ein soziales Gleichgewicht. Daher stellt sich die Frage, wo die erforderlichen Mittel herkommen. Die Einkünfte werden knapp.«[2] Es wird die Standardwortmeldung des österreichischen Kanzlers bei EU-Gipfeln.

Beim Juni-Gipfel 2010 kommt das Thema wieder auf die Tagesordnung. Die Positionen zur Finanztransaktionssteuer klaffen weit auseinander, wie die vertraulichen Mitschriften zeigen. Die Debatte entspinnt sich um folgenden Formulierungsvorschlag in Paragraph 16 der Schlusserklärung des

Gipfels: »Der Europäische Rat ist sich darin einig, dass die Mitgliedsstaaten eine Abgabe für Finanzinstitutionen einführen sollten, damit sie zu den Kosten der Krise beitragen.«[3] Österreichs Werner Faymann eröffnet nach vorheriger vertraulicher Absprache mit einigen Staats- und Regierungschefs, auch der Bundeskanzlerin, die Debatte: »Bevölkerung sagt, wir würden nur über Kürzungen sprechen. Brauchen einen Beitrag von den Finanzmärkten.«

Jean-Claude Juncker warnt, »wir sollten das Risiko einer sozialen Krise nicht unterschätzen«. Er ist aber keinesfalls bereit, die Finanztransaktionssteuer in seinem Land selbst einzuführen. Der große Europäer Juncker hat nationale Interessen im Blick: den Bankenplatz Luxemburg, nach Nordamerika zweitgrößter Sitz von Hedgefonds. Ähnlich wie Juncker denkt Großbritanniens David Cameron. Ihm ist es wichtiger, den Finanzplatz London zu schützen, als neue Einnahmen für die öffentliche Hand zu generieren – wobei es in Großbritannien eine Abgabe auf reine Aktiengeschäfte längst gibt, nicht jedoch auf Finanztransaktionen. Cameron fordert, statt von einer »Abgabe« von einem »System von Abgaben und Steuern« zu sprechen. Das ist unverbindlicher. Die Niederlande und Tschechien schlagen sich auf die Seite des Briten, ebenso Schweden. Dessen konservativer Ministerpräsident Fredrik Reinfeldt erinnert »an die schlechten Erfahrungen der Schweden mit der Finanztransaktionssteuer«. Die dort bis 1992 erhobene Börsensteuer hatte dazu geführt, dass Transaktionen nach England verlagert wurden. Statt der erhofften Einnahmen von jährlich 165 Millionen Euro blieben bloß neun Millionen übrig. Den logischen Schluss, dass eben eine europaweite Steuer erforderlich ist, um ein derartiges Ausweichen unmöglich zu machen, zieht Reinfeldt nicht.

Mit Verve wirft sich Nicolas Sarkozy gegen die Einwände in die Schlacht. Dem französischen Präsidenten geht es vor allem darum, beim nächsten Gipfel mit den USA und China zu punkten und durch europäische Geschlossenheit eine internationale Steuer voranzubringen: »Bin völlig anderer Meinung. Wenn wir die Transaktionssteuer nicht einführen, wird sie von niemandem vertreten werden. Hier müssen wir führen und nicht folgen. Schwächt diesen Text nicht. Sonst wird das Resultat sein, dass wir von den Leuten mehr Arbeit und spätere Pensionsgänge abverlangen, den Banken aber weniger Steuern auferlegen.«

Angela Merkel hat ihre ursprünglichen Bedenken gegen das Projekt erst kurz zuvor abgelegt. »Deutschland hat eine Bankenabgabe, und wir wissen auch, wofür. Wir verwenden es, um einen Fonds zu schaffen, um zukünftige Krisen zu verhindern. Steuern sind etwas anderes. Die werden ins Budget eingezahlt. Aber wenn wir eine Finanzmarktsteuer wollen, sollten wir es machen und nicht auf die USA warten.«[4]

Der heißdiskutierte Paragraph16 in den Gipfelschlussfolgerungen lautet schließlich: »Der Europäische Rat ist sich darin einig, dass die Mitgliedsstaaten Systeme für Abgaben und Steuern für Finanzinstitute einführen sollten, damit für eine gerechte Lastenverteilung gesorgt wird und damit Anreize für eine Eindämmung der Systemrisiken geschaffen werden.« Nur Tschechien gibt seinen Vorbehalt zu Protokoll.

Die Europäische Kommission legt im September 2011 einen Vorschlag für eine EU-weite Umsatzsteuer auf Finanzdienstleistungen vor. »Der Finanzsektor soll seinen gebührenden Anteil tragen«, steht dort. Geschäfte mit Aktien und Anleihen will man mit 0,1 Prozent besteuern, Derivate mit 0,01 Prozent. Wenn alle EU-Staaten mitmachen, könnten so 57 Milliarden Euro jährlich eingenommen werden, berechnet die Kommission. Die Steuer würde innerhalb von zehn Jahren 0,2 Prozent des BIP ausmachen. »Es würde 40 Jahre dauern, bis diese Steuer den aus der Finanzkrise erwachsenen Schaden gutmachen würde«, rechnet Heinz Zourek vor, der für Steuerfragen zuständige Generaldirektor der Europäischen Kommission.[5] Nach den Brüsseler Plänen sollte die neue Steuer ab 1. Januar 2014 in Kraft sein. Alle wissen, dass es dazu nicht kommen wird, weil Steuergesetze in der EU einstimmig beschlossen werden müssen – und die Gegner ihren Widerstand nicht aufgeben.

Immerhin elf Euro-Staaten wollen dennoch eine Umsatzsteuer auf Finanzgeschäfte einführen. Grundlage ist eine Bestimmung des Vertrags von Lissabon, die es einer Gruppe von mindestens neun Staaten über das Modell »verstärkte Zusammenarbeit« erlaubt, gemeinsame Regeln in einem ihnen wichtigen Bereich einzuführen. Frankreich, Deutschland, Italien, Österreich, Portugal, Griechenland, Finnland, Belgien, Estland, Slowenien und die Slowakei überlegen noch, wie ein Alleingang dieser elf Staaten aussehen könnte. Aber Mitte 2013 schlafen alle gemeinsamen Aktivitäten ein. Frankreich und Italien führen national begrenzte Börsensteuern ein.

Die Europäische Kommission geht nicht mehr davon aus, dass ihr ursprünglicher Vorschlag für alle elf beteiligten Staaten in einem Schub umgesetzt wird. Sie setzt auf ein stufenweises Verfahren, bei dem die elf beteiligten Staaten umstrittene Teile der gemeinsamen Finanztransaktionssteuer auf später verschieben – mit ungewissem Ausgang.

Warum dem reichen Europa der Kampf gegen die Armut so schwerfällt

Für viele Bürger gehört der Sozialstaat mit gesicherten Renten, einer Gesundheitsversorgung, die man sich leisten kann und die vor den Folgen schwerer Krankheit schützt, zu ihrem Verständnis vom Leben in einem europäischen Land. Die sozialen Rechte wurden in den Nationalstaaten erkämpft, und Sozialpolitik liegt auch heute noch in nationaler Verantwortung. Geregelt ist das in den EU-Verträgen.

Die Europäische Union stützt sich dagegen vor allem auf den Binnenmarkt, der die 28 Mitgliedsstaaten verbindet.

Folglich regelt die Europäische Union die Grundzüge des Arbeitsschutzes und die maximalen Arbeitszeiten, damit es zu keinen Konkurrenzvorteilen kommt: Die durchschnittliche wöchentliche Arbeitszeit darf 48 Stunden nicht überschreiten. Es gelten Richtlinien für die Gleichstellung von Männern und Frauen am Arbeitsplatz, Diskriminierung ist verboten. In grenzüberschreitenden Großbetrieben müssen europäische Betriebsräte eingerichtet werden.[6] Aber die Sozialpolitik ist zum allergrößten Teil in der Kompetenz der Mitgliedsstaaten geblieben.

3140 Milliarden Euro jährlich betragen die Sozialausgaben aller EU-Mitgliedsstaaten. Dagegen stehen dem Europäischen Sozialfonds für Sozialprojekte nur zehn Milliarden Euro aus dem EU-Budget zur Verfügung. Dessen Mittel fließen in Fortbildungsmaßnahmen und andere Unterstützung für benachteiligte Arbeitnehmer, ähnlich wie nationale Sozialprojekte auch. Insgesamt wird somit über das EU-Budget nur knapp 0,3 Prozent der gesamten europäischen Sozialausgaben verteilt.[7] Die Zahl zeigt, wie wenige Möglichkeiten die EU hat, die soziale Lage auf dem Kontinent zu beeinflussen, solange sich an der Kompetenzaufteilung nichts ändert.

Dabei ist den Bürgern ein soziales Europa wichtig. 50 Prozent der Befragten einer europaweiten Eurobarometer-Umfrage sagen, die wichtigste Aufgabe des Europaparlaments sei es, Armut abzubauen. Auf Platz zwei folgt mit 37 Prozent die Budget- und Steuerpolitik.[8]

Offensichtlich kommt das bei den Chefs nicht an. Sogar die Frage, ob sich die Mitgliedsstaaten verpflichten sollen, verstärkt die Armut zu bekämpfen, führt zu einem heftigen Schlagabtausch zwischen den Regierungschefs. Dabei gibt es in Artikel 3 des EU-Vertrags konkrete Aussagen über die Grundwerte der Union: »Sie bekämpft soziale Ausgrenzung und Diskriminierungen und fördert soziale Gerechtigkeit und sozialen Schutz, die Gleichstellung von Frauen und

Männern, die Solidarität zwischen den Generationen und den Schutz der Rechte des Kindes.«

Die Europäische Kommission will den Mitgliedsstaaten für die aktuelle Dekade ein Ziel setzen, das eigentlich selbstverständlich klingt: die Bekämpfung der Armut auf dem Kontinent. Kommissionspräsident Barroso erklärt die Armutsbekämpfung zu einem der fünf Entwicklungsziele der sogenannten Strategie »Europa 2020«. Die fünf Kernziele sind höhere Beschäftigung, bessere Bildung, mehr Forschung, besserer Klimaschutz und weniger Armut. Jedes Mitgliedsland soll innerhalb des Rahmens der »Europa 2020«-Ziele ein eigenes Arbeitsprogramm erstellen.[9]

Armut europäisch konzertiert zu reduzieren stößt auf massiven Widerstand der Mitgliedsstaaten. Viele Staats- und Regierungschefs wollen nicht daran rütteln, dass Sozialpolitik grundsätzlich nationale Angelegenheit ist. Auch Bundeskanzlerin Angela Merkel lehnt den Vorschlag ab.

Die Chefs führen beim März-Gipfel 2010, mitten in der sich verschärfenden Krise, eine Grundsatzdiskussion: Soll es so etwas wie übernationale soziale Verantwortung in der EU überhaupt geben? Ist die Union ausschließlich dazu da, Budgetkürzungen durchzusetzen und wirtschaftliche Effizienz zu fordern? Oder muss sie nicht auch gemeinsam soziale Ziele verfolgen, die den Bürgern so wichtig sind?

Die vertraulichen Protokolle des EU-Gipfels vom 25. und 26. März 2010 dokumentieren eine heftige Diskussion, die in einem folgenlosen Kompromiss endet. Barroso verlangt, 2020 solle es in Europa 20 Millionen weniger von Armut und sozialer Ausgrenzung betroffene Menschen geben. Dieses Ziel soll »auch mit Hilfe einer erneuerten Zusammenarbeit zwischen der EU und ihren Mitgliedsstaaten« erreicht werden.

Angela Merkel verwirft Barrosos Vorschlag: »Zur Armutsbekämpfung wird es keine Zustimmung Deutschlands geben. Das klingt hart, dabei handelt es sich nicht um eine Aufgabe der EU, das ist nationale Kompetenz.« Der Deutsche Bundestag werde ein solches EU-Ziel sicher nicht akzeptieren, sagt Merkel. Um die Armut in Europa zu bekämpfen, müsste die EU-Kommission über die nötigen finanziellen Mittel verfügen. Die werde es nicht geben. Damit es auch alle mitbekommen, wiederholt die Kanzlerin: »Wichtig: keine Zustimmung zum Ziel der Armutsbekämpfung.«[10]

Mit ihrer Haltung ist Angela Merkel nicht alleine. Hinter dem deutschen Nein sammelt sich eine stattliche Zahl von Kollegen. Wohlgemerkt: Es geht keinesfalls darum, Finanzmittel aus wohlhabenden Staaten in Sozialprojekte armer Länder zu transferieren. Die »Europa 2020«-Strategie dient lediglich als Orientierungshilfe für die nationalen Regierungen. Die EU-Kommission ermuntert und mahnt. Es wird Zwischenberichte geben, wie die Regierungen ihre Vorhaben verwirklicht haben. Aber umsetzen müssen die gemeinsam beschlossenen Schwerpunkte die Mitgliedsstaaten – sie haben also nach wie vor die Fäden in der Hand. Auch beim Kampf gegen die Armut.

Der niederländische Ministerpräsident Jan Peter Balkenende, ein Christdemokrat wie Merkel, betont »Vorbehalte gegenüber dem Armutsbekämpfungsziel«. Die Sache sei doch ganz einfach, wozu brauche man da ein Zehnjahresziel: »Mehr Jobs werden zu weniger Armut führen.«

Andere Regierungschefs verteidigen den Kommissionsvorschlag. Das »Armutsbekämpfungsziel muss bestehen bleiben«, erklärt Merkels unmittelbarer Sitznachbar, Portugals sozialistischer Regierungschef José Sócrates. Auch Österreichs Werner Faymann, ein Sozialdemokrat, der sonst meist an Merkels Seite steht, springt für Barrosos »Europa 2020«-Ziele in die Bresche. Armutsbekämpfung, so der Sozialdemokrat, sei ganz entscheidend für »ein besseres Gleichgewicht zwischen Wirtschaft und sozialen Aspekten«. Auch Griechenlands sozialistischer Giorgos Papandreou sieht das so – in seinem Land geht der soziale Zusammenhalt gerade verloren.

Auffällig schweigsam bleibt Nicolas Sarkozy: Der sonst wortgewaltige Franzose kann sich schwer einem Ziel widersetzen, für das es im eigenen Land viel Sympathie gibt. Gleichzeitig will er sein gutes Verhältnis zu Angela Merkel nicht belasten.

Den Ausweg weist schließlich Jean-Claude Juncker: »Das Armutsbekämpfungsziel ist ein notwendiges Signal.« Der Christdemokrat aus Luxemburg schlägt einen typischen europäischen Deal vor: nämlich die Kriterien zu überarbeiten, nach denen Armut definiert wird. Sie liegt bei 60 Prozent des mittleren Einkommens eines Landes, Sozialleistungen sind einberechnet. Genau das passiert. Die Statistiker legen nach einem komplizierten System zusätzliche Kriterien fest, die über die Bedürftigkeit einer Person entscheiden. Unter die Armutsgrenze fällt demnach auch, wer materielle Grundbedürfnisse wie heizen oder Urlaub nicht erfüllen kann, also »erhebliche materielle Entbehrungen« kennt, oder wenn die Person in einem Haushalt mit sehr niedriger Erwerbstätigkeit lebt.

Durch die zusätzlichen Kriterien wird die Gruppe der von Armut und sozialer Ausgrenzung bedrohten Menschen größer. Der Trick für die Politiker: Wenn man von einer größeren Zahl ausgeht, ist die Senkung um mindestens 20 Millionen bis ins Jahr 2020 leichter zu erreichen. Der Kompromiss bei der Definition, wer nun wirklich arm ist, macht es den Staats- und Regierungschefs möglich zuzustimmen. Den Skandal, dass Europa in Zeiten der Milliardenaufwände für die Banken ausgerechnet die Armutsbekämpfung aus seinen fünf Kernzielen für das Jahrzehnt streicht, wollen die Regierungschefs nicht riskieren. Aber de facto ändert sich nichts.

Angela Merkel gibt nach. Ihr Vorstoß, ein wichtiges soziales Anliegen aus den Schwerpunkten der EU-Politik zu entfernen, ist gescheitert. Das fünfte Kernziel der Europäischen Union für 2020 lautet: »Die soziale Eingliederung soll insbesondere durch die Verminderung der Armut gefördert werden, wobei angestrebt wird, mindestens 20 Millionen Menschen vor dem Risiko der Armut oder der Ausgrenzung zu bewahren.«*[11]

Es ist eine riesige Aufgabe für die EU-Regierungen. 2012 war ein Viertel der Europäer von Armut oder sozialer Ausgrenzung bedroht, insgesamt 125 Millionen der rund 506 Millionen EU-Bürger. Die Sozialstatistik weist drastische Unterschiede zwischen den Ländern auf: »Die höchsten Armutsgefährdungsquoten verzeichneten Griechenland und Rumänien (je 23 Prozent), Spanien (22 Prozent), Bulgarien und Kroatien (je 21 Prozent) und die niedrigsten die Tschechische Republik und die Niederlande (je 10 Prozent) sowie Dänemark, die Slowakei und Finnland (je 13 Prozent).«[12] In Deutschland sind nach der EU-Definition 16 Prozent von Armut betroffen bzw. gefährdet, in Österreich 17 Prozent. Europaweit wächst die Zahl der Bedürftigen.[13]

Die liberal-sozialdemokratische Regierungskoalition in den Niederlanden verlangt in einem Positionspapier, die Mitgliedsstaaten sollten separat »ihre eigene Politik gegenüber Armut« verfolgen.[14] Wichtiger als europäische Armutsbekämpfung sei es, Sozialmissbrauch durch Migranten vor allem aus anderen EU-Staaten zu verhindern. Die Innenminister Deutschlands, Großbritanniens und Österreichs argumentieren ähnlich und verlangen in einem Schreiben vom Mai 2013 Maßnahmen gegen angeblichen »Sozialhilfetourismus«. Konkreter Anlass sind Probleme einiger Städte, unter anderem auch im Ruhrgebiet, die die Zuwanderung von Roma nicht mehr bewältigen können, die vor Armut und Diskriminierung fliehen. Genau das zeigt: Europaweite Armutsbekämpfung liegt auch im Interesse der wohlhabenden

* Ergänzend heißt es: »wobei es den Mitgliedsstaaten freigestellt ist, ihre nationalen Ziele auf der Grundlage der am besten geeigneten Indikatoren und unter Berücksichtigung ihrer nationalen Gegebenheiten und Prioritäten festzulegen«.

Gesellschaften. Denn wenn die Nationalstaaten in den armen Teilen des Kontinents überfordert sind, dann bringen Einwanderer aus den unterentwickelten Teilen des Kontinents die europäische Armut bis in die Bezirke Berlins, nach Frankreich, die Niederlande und Italien.

Die Europäische Kommission prüft die Vorwürfe der Innenminister. Von ihr ausgewertete Statistiken zeigen, dass Sozialbetrug durch EU-Einwanderer kein statistisch relevantes Phänomen ist. Migranten aus EU-Staaten sind häufiger erwerbstätig als die ansässige Bevölkerung und beziehen seltener Sozialleistungen. »Wenn Sie durch Ihre Hauptstraßen gehen und Menschen mit ausländischem Akzent sprechen hören«, liest Justizkommissarin Viviane Reding den versammelten Innenministern die Leviten, »dann ist es sehr wahrscheinlich, dass diese Menschen in das Sozialsystem einzahlen und keine Sozialtouristen sind. Der Anteil der Migranten, die wirtschaftlich inaktiv sind, ist gering.«[15]

Statistiken erzählen nie die ganze Geschichte. Gemeinden in Deutschland und Frankreich sind überfordert, wenn ganze Gruppen verarmter Roma-Familien aus Südosteuropa vor der Türe stehen. Umso wichtiger sind der europaweite Kampf gegen Armut und der Aufbau neuer sozialer Netze.

Mit einem von Sozialexperten im Auftrag der Kommission angedachten, aber weit von der Einführung entfernten europaweiten Kindergeld von 50 Euro pro Monat für alle Kinder bis zum Alter von fünf Jahren würden kinderreiche Familien in allen EU-Staaten profitieren, aber die stärksten Auswirkungen gäbe es in Bulgarien und Rumänien. Fixe Beträge verfolgen gezielt einen Umverteilungseffekt: Die Umverteilung würde von reicheren Mitgliedsstaaten und jenen mit weniger Kindern in Richtung der ärmeren mit mehr Kindern ablaufen. Die Armutseinwanderung aus den Armenhäusern Europas in die reichen Staaten würde gebremst.[16] Der politische Vorteil für die Europäische Union bestünde zusätzlich darin, dass Kinder die direkten Empfänger einer EU-

Zahlung wären. Einen solchen Transfer hat es noch nie gegeben. Aber er würde Europa für jeden Bürger fühlbarer machen.

Neue soziale Netze – eine europäische Arbeitslosenversicherung

Realistischer ist folgendes Szenario: Madrid, im Jahr 2016 – Die Mitarbeiter einer Großhandelsfirma für Lederwaren bekommen ihre Lohnabrechnung. Unter den aufgelisteten Sozialabgaben findet sich auch der Posten »Seguro de desempleo europeo« – das steht für Europäische Arbeitslosenversicherung. Bei den Zwischenhändlern in Paris findet sich die gleiche Abgabe unter dem Titel »Assurance de chômage européenne«. Und die Angestellten des Endabnehmers, einer Boutique am Graben in der Wiener Innenstadt, haben auf dem Lohnzettel ein Kürzel: EU-ALV. Es ist die Arbeitslosenversicherung, die für alle Euro-Staaten gilt. Die neu eingeführte Abgabe füllt einen Topf, aus dem Arbeitslose in ganz Europa unterstützt werden.

Dieser utopische Gedanke wird in Brüssel ernst genommen: eine gemeinsame Arbeitslosenversicherung für die Euro-Länder. Mit einer Abgabe könnte ein Sozialsystem für Bürger finanziert werden, die wegen krisenbedingter Reformen oder eines ungewöhnlich heftigen Konjunktureinbruchs ihren Job verlieren. Die Bürger hätten für zwölf Monate die Garantie, nicht sofort ohne Einkommen dazustehen. Europa spränge in der Not ein, auch wenn der eigene Staat vorübergehend kein Geld mehr hätte. Wie bei jeder Versicherung wären alle Bürger bezugsberechtigt, die in den gemeinsamen Fonds einzahlen, unabhängig vom Zustand ihres nationalen Sozialsystems.

Im Dezember 2012 stellt EU-Ratspräsident Van Rompuy das Grundprinzip einer Arbeitslosenversicherung in einem 18-seitigen Mehrjahresplan für die Weiterentwicklung der

EU vor. Es ist die erste offizielle Bestätigung, dass die Chefetagen in Brüssel an einem solchen System arbeiten. Van Rompuy hat den Plan nicht allein gemacht. Mit ihm am Tisch saßen der EZB-Präsident Mario Draghi, der Kommissionspräsident José Manuel Barroso und der Präsident der Euro-Gruppe, Jean-Claude Juncker.

Auf Seite 5 des gemeinsam entworfenen Plans beschreibt Van Rompuy ein »Versicherungssystem auf zentraler Ebene«. Der Ratspräsident sieht ein europäisches Arbeitslosenversicherungssystem nicht als Sofortmaßnahme an. Es soll erst in einer späteren Phase dazukommen, wenn der Euro-Klub enger zusammengerückt ist und die Mitgliedsstaaten einen Teil ihres Haushalts zusammengelegt haben. Ein Budget für die Euro-Länder wäre zusätzlich zum großen Haushalt der Europäischen Union und den Haushalten der Nationalstaaten eine weitere Finanzquelle für Europa.

Der französische Finanzminister Pierre Moscovici macht sich persönlich für eine europäische Arbeitslosenversicherung stark. Bei einem Besuch im Europaparlament präzisiert er: Es gehe ihm nicht um eine Ergänzung nationaler Systeme, sondern im Gegenteil um ein gemeinsames Fundament für die Euro-Staaten. »Ich bin für ein Eurobudget. Es soll eine Grundlage sein, die es den Euro-Staaten erlauben wird, zusätzlich weiter ihre nationalen Arbeitslosengeldsysteme zu betreiben.«[17]

EU-Sozialkommissar László Andor sagt, Arbeitslosengeld aus Brüssel »könnte zu dem nächsten großen Projekt der europäischen Integration werden, wenn die Bankenunion einmal steht«. Der Ökonom aus Ungarn agiert als das soziale Gewissen der Europäischen Kommission. Denn Arbeitslosenzahlungen sind einer der wichtigsten sogenannten »automatischen Stabilisatoren, über die Geld in die Wirtschaft fließt, wenn die Konjunktur einbricht«. Andor ist überzeugt, dass die Euro-Staaten gemeinsame automatische Stabilisatoren brauchen, weil immer mehr Staaten nicht mehr die finanziellen Mittel haben, bei Wirtschaftskrisen wirkungsvoll gegenzusteuern. »Für mich ist die große Frage nicht, ob sie kommen, sondern, wann sie kommen und wie sie genau aussehen werden.«[18]

In der Europäischen Kommission hat der Sozialkommissar im Herbst 2013 mit seinem Vorstoß eine Niederlage eingesteckt. Konkrete Vorschläge zu einer europäischen Arbeitslosenversicherung will Kommissionspräsident Barroso den Mitgliedsstaaten noch nicht zur Diskussion stellen. Die Kommission beschränkt sich darauf zu wiederholen, dass sie prinzipiell dafür ist.

Umso engagierter verläuft die Debatte unter den Sozialpolitikern und Experten, etwa Anfang Oktober 2013 bei einer Tagung in Brüssel. Dort diskutieren Sozialexperten und Universitätsprofessoren, deutsche Gewerkschaftler, spanische Unternehmer und zahlreiche Interessenvertreter aus ganz Europa über die Vor- und Nachteile eines europäischen Arbeitslosenversicherungssystems.[19] Organisiert hat die Expertenkonferenz in der EU-Hauptstadt die Europäische Kommission gemeinsam mit der Bertelsmann-Stiftung. Die Denkfabrik des Medienkonzerns schaltet sich nicht nur in die Diskussion um Bildung oder Gesundheit in Deutschland ein, sondern auch in die Europadebatte. Seit der aus der christlichen Gewerkschaftsbewegung der Niederlande kommende Aart Jan de Geus an der Spitze steht, versucht die gemeinnützige Stiftung vom neoliberalen Image der Vergangenheit wegzukommen. Das Brüsseler Büro konzentriert sich in länderübergreifenden Studien auf soziale Fragen – wie die Machbarkeit einer europäischen Arbeitslosenversicherung.

Zu den Tagungsrednern und Vordenkern für eine europäische Arbeitslosenversicherung zählt der Berliner Volkswirtschaftsprofessor Sebastian Dullien. Nach dessen Konzept würde jeder Arbeitnehmer der Euro-Zone für zwölf Monate 50 Prozent seines Durchschnittseinkommens der letzten 24 Monate erhalten. Jedes Land wäre frei, über ein solches

Grundniveau hinaus zusätzliche Zahlungen zu leisten.[20] »Ein Teil der nationalen Arbeitslosenversicherung wird durch die europäische Arbeitslosenversicherung ersetzt. Ein Teil der Beiträge, die wir heute haben, würde in einen europäischen Topf fließen. Ein Teil der Unterstützung für Arbeitslose würde aus einem europäischen Topf bezahlt.«[21] In Deutschland beträgt die Arbeitslosenunterstützung 60 Prozent (bei Haushalten mit Kindern: 67 Prozent) des vorangegangenen Gehalts. Nur noch 10 Prozent würden über das deutsche System abgesichert, wenn Europa 50 Prozent garantiert. In Österreich ist die Situation ähnlich. Die Beiträge würden sich nicht ändern. Auch die Bezüge blieben gleich. Der Vorteil ist die größere Sicherheit für die europäischen Sozialsysteme im Ganzen. Davon profitieren langfristig auch die Arbeitnehmer in wirtschaftlich starken Staaten. Wenn sich die Lage einmal umkehrt und heute potente Volkswirtschaften in Schwierigkeiten kommen, würden die Sozialleistungen verstärkt von der gesamten Gemeinschaft getragen.

Wie bei der nationalen Arbeitslosenversicherung würden bei einem europäischen System die Kosten aus Arbeitnehmer- und Arbeitgeberbeiträgen gespeist. Dullien errechnete für die Zeit von 1999 bis 2011 ein Jahresbudget von 55 Milliarden Euro – 0,75 Prozent der Wirtschaftsleistung aller Euro-Staaten. Auch Länder außerhalb des Euroraums könnten sich zu einem späteren Zeitpunkt anschließen. Die Volkswirtschaften mit wachsender Beschäftigung würden jenen helfen, die Arbeitsplätze verlieren. Der Rückgang der Wirtschaftsleistung in Spanien wäre durch eine europäische Arbeitslosenversicherung um 25 Prozent geringer gewesen, in Irland und Griechenland wäre die Wirtschaft um 10 Prozent weniger geschrumpft, kalkuliert Dullien. Allein durch gegenseitige Unterstützung, bei gleichbleibenden Beiträgen.

Der Wissenschaftler hat ausgerechnet, wie sein Modell in den vergangenen Jahren funktioniert hätte. Demnach gibt es in der EU keinen Staat, der in ein Arbeitslosenversicherungssystem dauerhaft mehr hineinstecken müsste, als er profitiert. Deutschland würde in ein europäisches Arbeitslosenversicherungssystem zwar gegenwärtig mehr einzahlen, als es herausbekommt. Aber vor zehn Jahren war die Situation umgekehrt. »2004 und 2005 ging es Deutschland relativ schlecht, die Arbeitslosigkeit war hoch. Spanien boomte«, erinnert der Berliner Professor. »In Zeiten, in denen es einem Land schlecht geht, bekommt es Unterstützung, in Zeiten, in denen es ihm gutgeht, zahlt es ein.«[22]

Es gibt viele Verbündete für die Idee. Schon seit längerem. In Deutschland hält der Sachverständigenrat der Bundesregierung für Wirtschaftsfragen eine gemeinschaftliche Arbeitslosenversicherung für denkbar. Die Europäische Union könnte finanzielle Mittel auf die Gemeinschaftsebene übertragen, »um ihr damit gleichsam als Bundesstaat die Möglichkeit zu geben, Funktionen wie eine gemeinschaftliche Arbeitslosenversicherung und Bildungs- oder Sozialpolitik wahrzunehmen«, argumentieren die Wirtschaftsweisen in ihrem Jahresgutachten 2011. »Auf diese Weise würde – ähnlich wie in den Vereinigten Staaten – ein automatischer Stabilisator auf der Gemeinschaftsebene etabliert, der es ermöglichen würde, Schocks auf der Ebene der Mitgliedsstaaten besser zu verarbeiten.«

Über die Machbarkeit, Kosten und Details eines gemeinsamen Sicherungssystems gehen die Meinungen auseinander. Hinderlich sind etwa die großen Unterschiede in der Höhe der Arbeitslosenversicherung in den einzelnen Euro-Ländern. Doch ein Experte aus dem Umkreis des Ratspräsidenten Van Rompuy erwartet von der Diskussion um die europäische Arbeitslosenversicherung eine Antwort auf die »extrem ernste politische Krise«, in die Europa in Folge der Wirtschaftskrise geschlittert ist. In Europa muss zur »Solidarität zwischen den Staaten auch die Solidarität zwischen den Bürgern« hinzukommen, ergänzt bei der Brüsseler Tagung von Kommission und Bertelsmann-Stiftung vom Oktober

2013 der in den USA lehrende französische Professor für Finanzwissenschaften Thomas Philippon. Per Videoschaltung aus New York wirbt er für neue Wege: »Sowohl Bürger als auch Investoren müssen das europäische Projekt wieder mit Hoffnung für die Zukunft verbinden.«

Wie so oft fehlt es am Willen der Staatspräsidenten, Premierminister und Kanzler. Die verantwortlichen Sozialpolitiker zögern, weil sich europäische Projekte der skeptischen Öffentlichkeit schwer verkaufen lassen. Die reicheren Mitgliedsstaaten fürchten, dass trotz aller gegenteiligen Berechnungen dauerhaft Milliarden in den Süden transferiert werden. Dabei könnte eine gemeinsame Arbeitslosenversicherung der Euro-Länder zum Einstieg in ein soziales Netz für die Gemeinschaft werden, das bisher fehlt. Ein Sockelbetrag für jeden Arbeitslosen der Euro-Länder aus einem gemeinsamen Topf wäre nach der Einführung des Euro und dem Aufbau der Bankenunion eine weitere Revolution für die Währungsgemeinschaft. Erstmals bekäme ein Bürger, der seinen Job verliert, nicht nur von der eigenen Regierung Unterstützung, sondern direkt von der Gemeinschaft.

Eine europäische Arbeitslosenversicherung wäre ein Weg, Solidarität zwischen Bürgern über nationale Interessen zu stellen. Der Geldfluss hinge nicht wie sonst bei der Geldverteilung in der EU vom Lobbying einzelner Interessengruppen ab, sondern von der unmittelbaren sozialen Bedürftigkeit der Betroffenen. Es wäre ein automatischer Transfer an Menschen, die Hilfe brauchen, ohne dazwischengeschalteten Machtpoker der Nationalstaaten. Zu der politischen Signalwirkung, dass grenzüberschreitende Solidarität nationalen Egoismus überwiegt, käme die wirtschaftliche Stabilisierung für den gesamten Währungsraum. Und davon würden alle Bürger profitieren.

In der Europäischen Kommission ist László Andor als Kommissar für Soziales zuständig. Nach Brüssel geschickt hat ihn die frühere sozialdemokratische Regierung in Budapest. Er weiß, dass er von der nationalkonservativen Regierung Orbán nicht mehr nominiert werden wird, und pflegt eine für EU-Kommissare ungewöhnlich offene Sprache. »2012 war ein weiteres schlechtes Jahr für Europa«, sagt er auf einer Pressekonferenz, »Arbeitslosigkeit und Armut wachsen.« Die Lage in Griechenland sei schlicht »katastrophal«. Während sich in den Beratergremien anderer Kommissare zahlreiche Banker und Wirtschaftsleute tummeln, pflegen Andors Beamte den Kontakt mit dem Europäischen Gewerkschaftsbund und nationalen Sozialexperten.

Der Kommissar ist überzeugt, dass die Europäische Union ohne aktive Beschäftigungs- und Sozialpolitik in ihrer Existenz bedroht ist. »In den Peripheriestaaten haben die Nationalstaaten die Fähigkeit verloren, durch sozialstaatliche Mechanismen auf Krisen zu reagieren. Entweder wir akzeptieren, dass der Sozialstaat dort zerstört wird. Oder er muss wieder aufgebaut werden – und das zum Teil auf EU-Ebene.«[23]

Auf den 500 Seiten des EU-Sozialberichts 2012, den Andors Generaldirektion zusammengestellt hat, werden die nationalstaatlichen Sozialsysteme gegen die Kritik verteidigt, der Sozialstaat sei zu teuer.[24] Auffallend ist, dass Irland und Griechenland zu jener Gruppe gehören, die gemessen an der Wirtschaftsleistung schon immer am wenigsten für Sozialausgaben aufgewendet haben. Der schwache Sozialstaat hat es schwerer gemacht, den Konjunktureinbruch aufzufangen. Am besten durch die Krise gekommen sind dagegen die Staaten, die über ein funktionierendes soziales Netz verfügen. Der Sozialbericht nennt Deutschland, die nordischen Staaten und teilweise Großbritannien. Die Aussage ist klar: Hohe Sozialausgaben sind kein Hindernis für den wirtschaftlichen Erfolg. Aber klar ist auch: Sie hängen von der ökonomischen Stärke der Länder ab.

Die Sozialexperten führen nicht nur die europäische Erfahrung an. Denkanstöße beziehen sie aus den Vereinigten Staaten von Amerika, die bei den Europäern normalerweise nicht als sozialstaatliches Vorzeigemodell gelten. Sie meinen jedoch nicht die USA der Wall Street und der großen Banken, sondern den New Deal unter Franklin D. Roosevelt in den 1930er Jahren. Amerika fand damals durch öffentliche Investitionen aus der großen Krise. Gleichzeitig wurde die Grundlage für das bundesweite Sozialversicherungssystem der amerikanischen *Social Security* geschaffen. Obwohl die Sozialleistungen im Vergleich zu reichen europäischen Ländern weniger umfangreich sind, konnten sie den sozialen Absturz ganzer Bevölkerungsschichten und eine Kluft zwischen armen und reichen Bundesstaaten verhindern.

Bei einer Konferenz internationaler Ökonomen in Brüssel zum achtzigsten Jahrestag des New Deal zieht László Andor die wichtigsten Lehren für Europa aus der Erfahrung der Großen Depression nach dem Bankencrash von 1929. Er fordert mehr Mittel und zusätzliche Kompetenzen für die Union, um einen weiteren Zerfall der Gesellschaft in Arm und Reich zu verhindern.[25] Auf sich allein gestellt, werden es finanzschwache Länder niemals schaffen, mit der wachsenden sozialen Krise fertig zu werden, warnt Andor: »Ohne Sozialunion hat der nationale Wohlfahrtsstaat geringe Überlebenschancen. Vielleicht ist die wichtigste Lehre aus dem New Deal Franklin D. Roosevelts für eine Europäische Währungsunion 2.0, dass Transfers von einem nationalen Haushalt in einen anderen nationalen Haushalt nicht tabu sein dürften. Eine große und vielfältige Wirtschaftsunion braucht Solidarität auf Bundesebene, wenn sie geeint aus einer derart tiefen Krise hervorgehen soll.«[26]

Die Europa-Rente

Zu den sozialen Sicherungssystemen, die aus den vielerorts knapper werdenden Steuereinnahmen zu finanzieren sind, gehört auch das Einkommen im Alter. Auch hier sucht Sozialkommissar Andor nach Lösungen. Er ruft Sozialpolitiker und Pensionsexperten aus verschiedenen EU-Staaten zu einem Brainstorming über die Entwicklung der Renten- und Pensionssysteme nach Brüssel.[27] Der britische Sozialwissenschaftler Robin Blackburn löst leidenschaftliche Diskussionen aus, als er die Europäer auffordert, nicht klein zu denken und das gesamtstaatliche Sozialsystem der USA auch bei Renten und Pensionen als Denkanstoß zu begreifen.

Die Zahlen belegen die schwierige Lage: In Osteuropa herrscht Altersarmut, weil die Älteren den Übergang zum neuen kapitalistischen System am schlechtesten geschafft haben. Ihnen fehlen Anrechnungszeiten oder gar ein einträglicher Job. Blackburn warnt, dass die neue Armutswelle bis 2030 auch Westeuropa erreichen wird. Immer mehr Rentnern und Pensionisten stehen schrumpfende Budgets für die staatliche Altersversorgung zur Verfügung. Auch die privaten Säulen der Rentenvorsorge sind wegen der schwierigen Lage an den Finanzmärkten brüchig.

Blackburn fordert den Aufbau eines paneuropäischen Rentensystems nach dem Beispiel der amerikanischen *Social Security*, in das alle Erwerbstätigen einzahlen und aus dem auch alle etwas bekommen.[28] »Wenn die Union allen Bürgern über 65 oder 70 Jahren eine Zusatzrente zwischen 100 und 200 Euro zahlen könnte, würden viele Rentner in den schwächsten Staaten aus der extremen Armut gehoben. Gleichzeitig hätten auch die Rentner der reicheren Staaten eine merkbare zusätzliche Verbesserung.« Es wäre der Einstieg zur Europarente.

Eine konkrete Vorstellung von einem sozialen Europa, die mit den Wünschen der Menschen übereinstimmt. 2012 lässt das Europäische Parlament in einer repräsentativen Eurobarometerumfrage bei 26 622 EU-Bürgern in den 27 Mitgliedsstaaten erfragen, was am wichtigsten wäre, um sich als europäischer Bürger zu fühlen. An erster Stelle, weit vor allen anderen Anliegen, nennen 44 Prozent der Befragten »ein zwischen den Mitgliedsstaaten harmonisiertes Sozialsystem (Gesundheit, Pensionen, etc.)«.[29] Dem Wissen, was die Europäer miteinander verbinden könnte, steht eine andere Wirklichkeit gegenüber: finanziell kriselnde Gesellschaften in der sogenannten Peripherie im Süden und Osten Europas, in denen der Wohlfahrtsstaat immer schwächer wird.

Auf die Dauer gesehen ist das Fehlen einer gemeinsamen Sozialpolitik genauso fatal wie die Lücken bei der Bankenaufsicht oder der Budgetkontrolle, mit denen sich die Staats- und Regierungschefs so intensiv beschäftigen. Gut aufgehoben werden sich die Bürger erst fühlen, wenn das gemeinsame Europa ihnen auch ein Mindestmaß an Sicherheit für den Fall bieten kann, dass sich ihre Lebensverhältnisse unverschuldet deutlich verschlechtern.

Mindestlöhne für Europas Werktätige

Im November 2011 fordert das Europaparlament die Mitgliedsstaaten auf, 60 Prozent des mittleren Einkommens jedes Mitgliedsstaates als Richtschnur für nationale Mindestlöhne zu nehmen.[30] Die Europa-Abgeordneten dürfen selbst nicht darüber entscheiden, wollen aber eine wirksame Maßnahme gegen Armut und soziale Ausgrenzung vorschlagen.

In 21 der 28 EU-Staaten gilt ein gesetzlich festgelegter Mindestlohn. Bei riesigen konkreten Unterschieden zwischen Luxemburg (10,83 Euro/Stunde), Frankreich (9,43 Euro) und Griechenland (3,35 Euro) oder Bulgarien (0,95 Euro) und Rumänien (0,92 Euro).[31] In Deutschland sollen es ab 2015 dort, wo es keine anderen Regeln gibt, versuchsweise 8,50 Euro sein. Schweden und Finnland, Italien und Österreich kommen ohne allgemeine gesetzliche Mindestlöhne aus. Dafür gelten in manchen Sektoren branchenspezifische Mindestlöhne.

Ohne europäische Regeln sind legale Minijobs in einigen wenigen Ländern problematisch für die Nachbarn, in denen gesetzliche Mindestlöhne gelten, wie ein Disput zwischen Belgien und Deutschland zeigt. Der belgische Wirtschaftsminister Johan Vande Lanotte reichte 2012 bei der Europäischen Kommission Beschwerde gegen Deutschland wegen »Sozialdumpings« ein. Minijobs für vier oder gar drei Euro in deutschen Schlachthöfen wenige Kilometer von der Grenze entfernt stellen nach belgischer Ansicht eine unfaire Konkurrenz dar. Mitarbeiter, die in deutschen Fleischereien für solche Hungerlöhne arbeiten, kommen aus Rumänien und Bulgarien.

Dass die Mindestlöhne ohne Regeln aus Europa national bestimmt werden, hat für die Arbeitnehmer einen entscheidenden Nachteil: Sie können in einzelnen Staaten leichter gesenkt werden. Griechenland etwa macht einen drastischen Schritt und reduziert den gesetzlichen Mindestlohn auf Druck der internationalen Geldgeber um 22 Prozent von 4,28 auf 3,35 Euro die Stunde. Die Maßnahme soll helfen, dass Unternehmen ihre Beschäftigten in der Krise noch bezahlen können. Ursprünglich will der IWF den griechischen Mindestlohn komplett abschaffen. Es kommt zu heftigen Diskussionen unter den Euro-Finanzministern und in der Europäischen Kommission, die dazu führen, dass der IWF sich nicht durchsetzt. In der Slowakei und Portugal gelten niedrigere Mindestlöhne als in Griechenland. Wäre die griechische Untergrenze unverändert geblieben, hätten einige nationale Parlamente (vor allem mit geringeren Lohngrenzen) der Griechenlandhilfe womöglich nicht zugestimmt. Daher setzen die Europäer schließlich die Senkung des griechischen Mindestlohns um 22 Prozent durch.

Es ist ein Schritt in Richtung Entsolidarisierung, der schwache Teile der Gesellschaft besonders stark trifft. Die meisten Länder fühlen sich davon nicht betroffen. Aber die symbolische Bedeutung ist groß. Nach dem Kurswechsel

Deutschlands in Richtung Mindestlohn erwartet Frankreichs Europaminister Thierry Repentin auch Konsequenzen für Europa: »Das ist jetzt kein Tabu mehr.« Ein europäischer Mindestlohn ist für Frankreich ein Mittel gegen Sozialdumping, das einer sozialen Nivellierung nach unten einen Riegel vorschieben würde.[32]

Zögerliche Gewerkschaften

Dass es nicht weit her ist mit den gemeinsamen Sicherungssystemen in Europa, liegt auch daran, dass die Gewerkschaften nicht einig sind, sich dafür einzusetzen. Ebenso wie die Staats- und Regierungschefs sind auch die Gewerkschafter bedacht, zu Hause im eigenen Land Wohltaten zu erkämpfen – eben dort, wo auch die Mitglieder sitzen, die sie wählen und ihre Beiträge zahlen. Und weil die Gewerkschafter fürchten, ihren nationalen Einfluss zu verlieren, steht der Europäische Gewerkschaftsbund einer europäischen Arbeitslosenversicherung skeptisch gegenüber. In skandinavischen Staaten verwalten die Gewerkschaften die Arbeitslosengelder. Bernadette Ségol, die Generalsekretärin in Brüssel, sorgt sich, »von einem EU-System könnte Druck ausgehen, die nationalen Arbeitslosengelder in den Staaten zu senken«.[33]

Nach außen wird Stärke gezeigt und auf Einigkeit gesetzt, etwa im Juni 2013 bei der Exekutivsitzung des Europäischen Gewerkschaftsbundes in Dublin. Die versammelten Männer und Frauen haben in den letzten Jahren Massenproteste in vielen Ländern organisiert: Griechenland, Spanien, Portugal, Italien werden durch Generalstreiks lahmgelegt. Jetzt sind die Spitzenfunktionäre in Dublin Castle, einem prestigeträchtigen Regierungsgebäude, zur Strategietagung zusammengekommen. »High Noon for Social Europe« steht auf großen roten Plakaten. Wenn es einen Generalstab der europäischen Arbeiterbewegung gibt, dann ist er an diesem Tag in Dublin versammelt.

»Von diesem Ort ist während Jahrhunderten die britische Herrschaft über Irland ausgegangen. Drei Jahre Troika haben mehr Verwüstungen angerichtet, als den Briten je vorgeworfen wurde«, sagt der Chef des irischen Trade Union Congress, David Begg. Es ist eine überspitzte Polemik. »Irlands Staatsschulden betrugen vor der Krise zwölf Prozent der Wirtschaftsleistung. Jetzt sind es zehn Mal mehr. Meine Kinder und Enkelkinder werden dafür zahlen.«

Der Vertreter der italienischen Confederazione Generale Italiana del Lavoro (CGIL) berichtet von einer bevorstehenden Großdemonstration in Rom gegen die Regierung Letta. Portugal bereitet einen neuen Generalstreik vor. Belgien steht vor einer Welle von Demonstrationen. Europa erlebt massive Arbeitskämpfe. Verändern können sie wenig. Die Regierungen, gegen die die Gewerkschaften mobilisieren, haben selbst keinen Spielraum mehr. Der Druck zum Sparen kommt von den europäischen Staats- und Regierungschefs. Die Kreditgeber fordern für Notkredite Reformen. Einen Weg, das Kräfteverhältnis auf europäischer Ebene zu beeinflussen, haben die Gewerkschaften nicht gefunden. Ihr traditionelles Aktionsfeld ist der Nationalstaat.

Einzig der Deutsche Gewerkschaftsbund (DGB) wirbt beim Dubliner Treffen offensiv für eine europaweite Aktion. Die deutschen Abgesandten stellen einen Konzept vor, das sie »Marshallplan für Europa« nennen. Durch eine einmalige Abgabe von drei Prozent auf Vermögen über 500 000 Euro soll ein »Europäischer Zukunftsfonds« gebildet werden. So sollen 260 Milliarden Euro für Investitionen zusammenkommen – jedes Jahr, ohne höhere Staatsschulden, das klingt fantastisch. Frank Bsirske, der wortgewaltige Chef der deutschen Dienstleistungsgewerkschaft ver.di, will parallel zu den EU-Wahlen 2014 eine EU-Bürgerinitiative der Gewerkschaften starten, um den »Marshallplan für Europa« auf den

Weg zu bringen.[34] Als »ein gesamteuropäisches supranationales Projekt und nicht als Summe der Einzelinteressen der europäischen Länder« will der DGB seinen Vorstoß verstanden wissen. Der »Europäische Zukunftsfonds« soll von den 28 nationalen Regierungen errichtet und vom Europäischen Parlament kontrolliert werden.

Aber die Gewerkschaftskollegen reagieren verhalten. Die Niederländer zweifeln, ob es überhaupt die Aufgabe von Gewerkschaften ist, einen Investitionsplan aufzustellen. Linke Franzosen und Italiener stoßen sich am Begriff »Marshallplan«, der ihnen allzu amerikanisch klingt und verkennt, dass nicht alle so positive Erinnerungen an die amerikanische Nachkriegshilfe für Europa haben wie viele Deutsche. Die europäische Bürgerinitiative verwerfen die Gewerkschaften. Der Europäische Gewerkschaftsbund einigt sich schließlich auf ein Forderungspaket zur Investitionsförderung, das sich am DGB-Plan orientiert und von allen beteiligten Organisationen propagiert werden soll.[35]

Im Europaparlament ist der sozialdemokratische Fraktionschef Hannes Swoboda der Wortführer der Sozialisten. Der Parlamentarier aus Österreich wirft den Gewerkschaften nationale Eigenbrötlerei vor. »Man bestätigt sich gegenseitig, wie furchtbar die neoliberale Politik ist, anstatt zu überlegen, wie man wirklich gemeinsam vorgehen kann. Zum Beispiel in der Lohnpolitik. Mit einem falschen Glauben an ihre nationale Souveränität haben die Gewerkschaften dazu beigetragen, dass die Löhne in Südeuropa dem Produktivitätsfortschritt davongelaufen sind. In Deutschland und Österreich sind die Löhne dagegen hinter dem Produktivitätsfortschritt zurückgeblieben.«[36] Wie viel die Löhne mit der Auseinanderentwicklung zwischen Nord- und Südeuropa zu tun haben, ist unter Ökonomen umstritten. Fest steht: Lohnpolitik wird ausschließlich in den Nationalstaaten betrieben, obwohl die Volkswirtschaften eng miteinander verbunden sind.

»Umfassende Arbeitsmarktreformen in einem EU-Land, wie Hartz IV in Deutschland, wirken sich massiv auf andere Länder aus«, analysiert der Brüsseler Sozialexperte Felix Roth. Schließlich sind alle über den gemeinsamen Binnenmarkt miteinander verbunden. »Dass es keine europaweite Koordination bei Arbeitsmarktreformen gibt, erweist sich als Tragödie.«[37]

Auch die europäischen Sozialpartner, also Vertreter von Gewerkschaften und Arbeitgeberorganisationen, lehnen sich bei diesem Thema nicht aus dem Fenster. Ihr jährlicher Sozialgipfel mit den Präsidenten von Kommission und Rat hat nie konkrete Ergebnisse.

»Warum wird eigentlich nie über europäische Stahlarbeiterlöhne nachgedacht?«, fragt Ökonom Felix Roth in der Brüsseler Denkfabrik »Centre for European Policy Studies«. »Die europäische Stahlindustrie steht doch längst gemeinsam im weltweiten Wettbewerb.«[38] Branchenweise Rahmenverhandlungen zwischen Gewerkschaften und Arbeitgebern auf europäischer Ebene wären der richtige Weg, argumentiert Roth. Aber der Standortwettbewerb innerhalb Europas ist stärker. Statt sich auf gemeinsame Bandbreiten für die Lohnentwicklung zu einigen, wollen Arbeitgeber und Arbeitnehmer jedes Landes die Möglichkeit haben, durch geringere Lohnerhöhungen auf Kosten der Nachbarn volle Auftragsbücher zu bekommen. Der nationale Egoismus verhindert, dass Arbeitgeber und Arbeitnehmer zumindest europäische Eckdaten, wie die Entwicklung der Produktivität und die Inflation als Richtschnur für Lohnverhandlungen, abstecken. Ein Vorstoß von Sozialkommissar László Andor, auf EU-Ebene auch über die Lohnentwicklung zu reden, um sich über europäische Bandbreiten für nationale Tarifvereinbarungen zu verständigen, blieb erfolglos.

Die Gewerkschaftsvertreter sehen keinen Grund, an der Unverbindlichkeit europäischer Sozialpartnertreffen zu rütteln. Sie fühlen sich in der Rolle der Kritiker wohler. Einige

Unternehmerorganisationen, wie zum Beispiel die britische, sehen es umgekehrt als verlorene Zeit an, sich mit den Gewerkschaften überhaupt an einen Tisch zu setzen. In Deutschland hält das traditionelle Wechselspiel zwischen Industrie und Gewerkschaften das Interesse an einer zusätzlichen europäischen Ebene in Grenzen.

Es ist für die Sozialpartner bequemer, eingespielte Rituale auf nationaler Ebene zu pflegen, als den Sprung zu europäischen Lösungen zu versuchen. Die Folge: Es gibt zwar jede Menge von Lobbying in Brüssel, soziale Themen sind jedoch nicht darunter. Obwohl Gewerkschaften, Bürgerorganisationen und linke Parteien quer über den Kontinent verlangen, dass die Europäische Union sozialer werden soll. »Dem kalten Wettbewerbseuropa muss endlich eine sozial verantwortlich handelnde EU entgegengesetzt werden«, hieß es 2013 im Wahlprogramm der SPD. Der Österreichische Gewerkschaftsbund macht sich »Für ein soziales Europa« stark. Es sind plakative Slogans. Um darüber hinauszugehen, müsste die Debatte über ein europäisches Auffangnetz zur Unterstützung von in Not geratenen Bürgern aus den Seminaren der Experten in die politische Arena geführt werden.

Die Idee eines sozialen Europas klingt ungewöhnlich in einer Zeit, in der die Regierungen laut darüber nachdenken, Kompetenzen zurück nach Hause zu holen. Andererseits kommt keiner an ihr vorbei. Die Krise in der Währungsunion hat gezeigt, dass dringend Reparaturarbeiten nötig sind. Europa bekommt zusätzliche Eingriffsrechte in der Haushaltspolitik. Die Kontrolle über die Banken bündeln die Euro-Staaten bei der EZB. Die nächste große Debatte wird darum gehen müssen, wie die Mitgliedsstaaten ein gemeinsames soziales Netz aufbauen können, das die Bürger vor dem Sturz in die Armut bewahrt. Dass Integration auf verschiedenen Wegen möglich ist, auch ohne Änderung des EU-Vertrages, haben die Reformen im Finanzbereich gezeigt. Bei einer europäischen Arbeitslosenversicherung, bei Mindestlöhnen und im Kampf gegen die Armut könnte eine Gruppe von Staaten die Vorhut bilden. Ob es dazu kommt, ist eine Frage des politischen Willens – und der wirtschaftlichen Stärke. Neue Legitimität wird Europa als politisches Projekt nur bekommen, wenn es den Europäern auch Schutz in den unsicheren Zeiten finanzieller Krisen und wirtschaftlicher Pendelbewegungen bietet.

Monarchin – Angela Merkel regiert Europa

Am 29. Juni 2013 reißt der Himmel rechtzeitig am Abend auf. Paul Adamson, Verleger und Gründer der Denkfabrik »The Centre«, hat in Brüssel zur Gartenparty eingeladen. Wie jedes Jahr am Samstag nach dem EU-Gipfeltreffen im Juni. Die Einladungsliste ist ansehnlich. Der Engländer lebt seit vielen Jahren in Brüssel, seine Partys sind berühmt. Die Damen tragen Pelze, weil die Temperaturen trotz des kalendarischen Hochsommers bei kühlen 14 Grad liegen. Schnell reden sich viele Partygäste die Köpfe heiß. Es geht um die Macht in Europa, um die Gewinner in der Krise und um eine Dame. Die Königin Europas, sagt ein Brite. Ach geh, unsere Kaiserin, widerspricht ein Österreicher. Briten, ein paar Franzosen, Spanier, Iren, Belgier, Schweden und noch ein paar andere Nationalitäten stoßen ausgelassen mit Champagner auf die abwesende Monarchin Europas an. Auf Angela Merkel.

An einem Tisch im Garten steht eine bunte Runde. Der aus Belgien stammende frühere Kabinettschef des Ratspräsidenten Van Rompuy, ein englischer Sprecher der EU-Kommission, eine irische Juristin und der schottische Reporter der Zeitung *The Guardian*. Auf dem Tisch stehen Rinderbraten und Hühnchen und Rotwein. Alle wollen Merkel interpretieren. Der Reporter des *Guardian* wirft ihr vor, sie habe eine »nationale Agenda«, keine europäische. Die Juristin spricht vom »Diktat des Bundesverfassungsgerichts«. Der Belgier hat persönlich mit Merkel gearbeitet. Er runzelt die Stirn. Erstaunlich, wie die aus Ostdeutschland stammende Frau zu einer »rootless person« geworden sei. Die Frau ohne Wurzeln, eine, die alles auf die Macht ausrichtet, eine, die Inhalte benutzt und diese wechselt, wie es gerade passt.

Angela Merkel hat sich quer durch Europa den Ruf einer ausgeprägten Machtpolitikerin erworben. Eine, die sich nicht scheut, ihre Prioritäten zu wechseln, wenn es denn der eigenen Macht dient. Im Frühling 2007 setzt sie europaweit präzise Klimaziele durch. Im Sommer 2013 nutzt sie konsequent ihre Macht, um zu verhindern, dass die deutsche Autoindustrie diese Ziele erfüllen muss. Im Mai 2010 sagt Merkel, der deutsche Steuerzahler sei von den Krediten an Griechenland nicht betroffen. Sie setzt durch, dass die griechische Regierung hohe Strafzinsen bezahlt, um sie spüren zu lassen, dass solche Kredite die Ausnahme sind. Sie gibt die harte Sparkanzlerin. Im Herbst 2012 hat sie dazugelernt: Sie erlaubt, dass die Rückzahlung der Griechenlandkredite verschoben wird und diese erst ab 2042 überhaupt fällig werden. Dass die Zinsen drastisch sinken und teilweise ausgesetzt werden. Statt der Peitsche gibt es jetzt Zuckerbrot und Ansporn. Merkel ändert die Begrifflichkeit. Statt auf Sparen setzt sie auf das W-Wort: Wettbewerbsfähigkeit muss her, und wer sich anstrengt, bekommt was aus dem Soli-Topf.

»Kein Politiker kann solche Wandlungen überleben«, sagt die Juristin am Gartentisch in Brüssel. Der Belgier widerspricht. Merkel garantiert trotz oder gerade wegen ihrer Machtpolitik, dass es Europa noch gibt: »Ohne Merkel wäre dieses Europa vielleicht schon gescheitert.« In das allgemeine Erstaunen hinein fügt der Diplomat hinzu: »Deutschland ist das einzige Land, das noch eine Idee hat von Europa und die Macht, diese durchzusetzen.« Sicher, man könne streiten, was die Idee tauge. Ob sich Berlin national orientiere oder europäisch denke. »Aber was zählt, ist, dass Berlin eine Vorstellung hat von Europa.« Das unterscheide sie von den Kollegen aus den drei anderen großen Ländern Großbritannien, Italien und Frankreich. Dort komme Europa praktisch nicht mehr vor.

Der Belgier fasst zusammen: »Cameron reduziert seine Auftritte in Brüssel auf Rechenspiele mit dem Taschenrechner. Der Italiener Letta ist im Amt, weil er im Gegensatz zu seinem Vorgänger Monti nicht als Europäer und nicht als Reformer gilt. Und François Hollande ist ein verlorener Präsident.« Er bringe es einfach nicht zu präsidialer Ausstrahlung, weder daheim noch europäisch. Er passe nicht auf den Posten. »Frankreichs Präsidenten waren NIE normale Menschen, sie mussten anders, sie mussten verrückt sein, um das Amt ausfüllen zu können, die Republik Frankreich zu regieren. Selbst Sarkozy hatte diese Ausstrahlung. Aber Hollande hat sie nicht.«[1] Also sei er schwach, und diese Schwäche sei gefährlich, für Frankreich selbst, weil das präsidiale System nicht mehr funktioniere, für Deutschland, weil der Partner fehle, für Europa, weil das politische Führungsduo fehle. Weil Frankreich seinen Anspruch als europäische Führungsmacht ökonomisch nicht untermauern könne, erscheine Deutschland umso mächtiger. Ohne ebenbürtigen Partner finde das Austarieren der Macht in Europa nicht mehr statt. Deutschland habe kein Korrektiv, die Gemeinschaft sei nicht mehr ausbalanciert.

24 Stunden zuvor, als die Präsidenten, Premierminister und Kanzler aus den 28 europäischen Ländern gerade Brüssel verlassen, fallen diese Worte so ähnlich in der Chefetage des Justus-Lipsius-Gebäudes. Es geht in kleiner Runde um die Zukunft des Euro, der Währungsunion. Es sitzen andere Leute am Tisch, aber die Erkenntnis ist die gleiche wie auf der Gartenparty. »Deutschland ist das einzige Euro-Land, das Vorschläge macht.«[2] Und der britische Premier Cameron ist paradoxerweise derjenige, der diese Vorschläge am stärksten unterstützt. Die Länder, die nicht in der Währungsunion sind, fordern diese jetzt mehr als diejenigen, die den

Euro haben. Weil sie sich sorgen, dass der Kollaps der Währungsunion sie selbst mit in den Abgrund reißen würde.

Im Jahr 2013 ist eine große Sorge Europas die französische Schwäche. Der belgische Diplomat sagt es so: »Europa braucht diese deutsch-französische Allianz. Deutschland und Frankreich sind zwei wichtige Länder, sie repräsentieren die Hälfte der Euro-Zone. Und sie stehen für zwei verschiedene Kulturen in Europa. Jeder hat seine Alliierten. Wenn Deutschland und Frankreich sich einigen, bringen sie die Kulturen zusammen und auch ihre jeweiligen Alliierten. Nur so entsteht ein europäisches Klima.«

Deutschland ist sozusagen der Sprecher der nördlichen Staaten, Frankreich derjenige der südlichen Staaten. Sie führen Europa zusammen.

In der Krise klappt das Zusammenführen der Kulturen in Europa immer weniger. Merkel ist die Monarchin Europas geworden. Umso mehr nach dem unerwartet klaren Sieg bei den Bundestagswahlen am 22. September 2013, wo sie knapp an einer absoluten Mehrheit vorbeischrammt – etwa zur selben Zeit, als in Frankreich François Hollande neue Rekorde in puncto Unbeliebtheit aufstellt. »Merkel ist unangefochten die Nummer eins in Europa, und das Dramatische ist, dass es nicht einmal eine Nummer zwei gibt«, gibt Guntram Wolff, Chef der renommierten europäischen Denkfabrik »Bruegel« nach der Wahl zu Protokoll. Wenn die Bundesbürger zur Wahlurne gerufen werden, um einen neuen Bundestag zu wählen, macht sich unter den Bürgern in ganz Europa das Gefühl breit, dass die Deutschen die Präsidentin für alle Europäer bestimmen.

Zwar gibt es europäische Institutionen mit diversen Präsidenten, aber das Sagen hat Merkel. Sie ist klug, erfahren, beherrscht, analytisch. Sie ist die Dienstälteste unter den europäischen Staats- und Regierungschefs. Sie hat die stärkste Volkswirtschaft im Rücken. Sie vertritt das Land, das den größten Beitrag in den europäischen Haushalt zahlt. Und sie ist gewillt, die ihr zugefallene Macht zu nutzen. Um Deutschland durch die Krise zu bringen. Und dazu gehört es, die Währung zu retten, und nach ihrer Leseart damit auch Europa. Unter ihrer Ägide hält die Ideologie Einzug, Staaten wie Unternehmen zu betrachten. Gut geführte wie Deutschland. Heruntergewirtschaftete wie Griechenland.

Haushaltsdisziplin als Menschenrecht

Oberstes Ziel für Merkel ist das Überleben der Gemeinschaftswährung. Frühzeitig verknüpft die Bundeskanzlerin den Euro mit dem Schicksal Europas. »Scheitert der Euro, dann scheitert Europa«, erklärt sie am 19. Mai 2010 vor dem Deutschen Bundestag in Berlin. »Die Währungsunion ist eine Schicksalsgemeinschaft. Es geht um nicht mehr und nicht weniger als die Bewahrung der europäischen Idee.«[3]

Wie weit sie zu gehen bereit ist, wird auf dem EU-Gipfel am 28. Oktober 2010 deutlich.

Merkel stilisiert den Euro zu einer unantastbaren Ikone, für die sie gewillt ist, demokratische Grundprinzipien außer Kraft zu setzen.

Festgehalten ist das in den originalen Gipfelprotokollen,[4] die normalerweise streng unter Verschluss gehalten werden.

Am 28. Oktober beginnt in Brüssel um 18.15 Uhr der erste EU-Gipfel nach der Sommerpause. Die Stimmung ist so, wie sie 81 Jahre und vier Tage zuvor gewesen sein muss: am Schwarzen Freitag des Jahres 1929, als in New York die Börsen zusammenbrachen und sich die Weltwirtschaftskrise bis nach Europa fraß. EU-Ratspräsident Herman Van Rompuy eröffnet. Auf Englisch, wie das französische Protokoll anmerkt, spürbar irritiert. Der schmale, ernste Belgier, der Flämisch, Französisch, Englisch fließend und auch ganz passabel Deutsch spricht, will erst einmal die düstere Atmosphäre am Tisch des Saales 50.1 im grauen Brüsseler Ratsgebäude in positive Stimmung verwandeln: »Ich begrüße es, dass es jetzt zwei Mal mehr Frauen gibt als vor dem Sommer.« Sein Lächeln löst sich schnell auf. Am Tisch sitzen Bundeskanzlerin Angela Merkel, die Hohe Beauftragte für Außenpolitik Catherine Ashton und Litauens Präsidentin Dalia Grybauskaitė. Sie sind drei von 31 Personen in einem Raum, in dem nicht über Frauen geredet werden soll, sondern über die Wirtschaft und die Krise. Im Zentrum steht die Frage, wie Haushaltssünder künftig bestraft werden sollen.

Frankreichs Präsident Nicolas Sarkozy ist sich einig mit Angela Merkel. Er hat sich Merkels Idee angeschlossen, die besonders schlecht wirtschaftende und renitent Empfehlungen ignorierende Regierungen mit dem Entzug des Stimmrechtes bestrafen will. Der Schulterschluss ist den Kollegen bekannt. Nachdem Merkel in ihrer Regierungserklärung im zurückliegenden Mai den Euro mit dem Schicksal Europas verknüpfte, hatte sie Sarkozy ihre Pläne vorgelegt. Am 14. Juni 2010 waren Merkel und Sarkozy nach einem Treffen mit der bedrohlich klingenden Ansage in Berlin vor die Presse getreten: »Wir denken darüber nach, als Sanktion den Entzug der Stimmrechte vorzuschlagen.«

So etwas gab es noch nie.

Die europäischen Länder sitzen offiziell gleichberechtigt am Tisch. Jede Regierung hat eine Stimme. Würde ein Land sein Stimmrecht verlieren, hinge es von den Entscheidungen der anderen ab. Die Bürger eines souveränen Landes hätten nichts mehr zu sagen. Das Land würde entmündigt und gedemütigt. Es wäre ein schwerer Schlag gegen demokratische Grundsätze.

Merkel ist bereit, diese Demütigung notfalls durchzuziehen. Hinter den verschlossenen Türen des Rates kämpft Merkel so verbissen für den Euro, wie man das in Deutschland kaum vermutet.

Am Abend des 28. Oktober 2010 sitzt sie im Saal 50.1. am rechten Ende des Tisches, sie hält Blickkontakt mit Sitzungsleiter Van Rompuy und sie erinnert ihre Kollegen an die langen, durchverhandelten Nächte, um den EU-Vertrag von Lissabon schließen zu können, und daran, was in diesem Vertrag steht. Merkel sagt:

»Der Artikel 7 sieht die Möglichkeit vor, das Stimmrecht zu entziehen in sehr ernsten Situationen. Das ist keine öffentliche Demütigung, wenn Sie sehen, dass der Euro, alle Euro-Länder und letztendlich selbst die Existenz der Europäischen Union auf dem Spiel stehen.«[5]

Die Bundeskanzlerin setzt die Verletzung der westlichen Werte wie Menschenrechte, Freiheit und Demokratie auf eine Stufe mit der Verletzung des Haushaltsrahmens. Zu viele Schulden machen ist in dieser Logik dasselbe wie gegen Menschenrechte zu verstoßen. Die Runde der Staats- und Regierungschefs findet Merkels Argumentation kühn.

Die Bundeskanzlerin lässt keinen Zweifel: »Wir haben Artikel 7 akzeptiert für die Verletzung von Menschenrechten. Und wir müssen den gleichen Grad an Ernsthaftigkeit zeigen, wenn wir bei der Frage des Euro ankommen.«

Der rumänische Präsident Traian Băsescu widerspricht als Erster. Er hält den deutsch-französischen Vorschlag für unmöglich, fundamentale Menschenrechte mit ausgeglichenen Haushalten zu vergleichen: »Diese Situation ist nicht gleichzusetzen mit der Verletzung von Menschenrechten.« Băsescu bricht den Damm des Schweigens, dann hagelt es von allen Seiten Widerspruch.

Luxemburgs Premierminister Jean-Claude Juncker erklärt: »Euro-Angelegenheiten und die Verletzungen von Menschenrechten haben nicht dasselbe Niveau.« Der spanische Kollege José Luis Zapatero interveniert: »Es stimmt, dass es in den Verträgen steht, aber für sehr harte Gründe. Man kann darüber nachdenken für begrenzte Gebiete, aber nicht über einen generellen Stimmentzug.«

Denn genau das sieht der deutsch-französische Vorschlag vor: einen generellen Entzug der Stimmrechte für ein Land, der alle Themen betrifft, die im Rat entschieden werden. Wenn ein Land den Stabilitäts- und Wachstumspakt schwer verletzt, würde der Vorschlag von Merkel und Sarkozy dazu führen, dass es auch bei nichtökonomischen Entscheidungen außen vor bleibt.

Sarkozy fühlt sich unwohl, aber er ist an seine Zusage gebunden. Er startet einen für ihn untypischen Vermittlungsversuch: »Der Entzug der Stimmrechte, das steht im Vertrag, das ist nicht unvernünftig.«

An dieser Stelle der Diskussion entdeckt der griechische Premierminister Giorgos Papandreou die heraufziehende Gefahr für sein Land, das bereits mit Hilfskrediten wirtschaftet und absehbar nicht die Haushaltsvorgaben erreichen wird. Jetzt soll es noch offiziell entmündigt werden. Er sucht weiteres Übel für sein Land zu vermeiden und stellt klar: »Griechenland ist zu einhundert Prozent gegen das Aussetzen der Stimmrechte.«

Die Chefs diskutieren weiter, schließlich erhalten Merkel und Sarkozy eine Lektion aus Bulgarien. Ausgerechnet Bulgarien. Premierminister Bojko Borissow, früher Trainer der Karate-Nationalmannschaft und aus der Garde des kommunistischen Diktators Todor Schiwkow, erklärt: »Wir müssen eine Lösung finden. Aber nichts so Demütigendes wie den Entzug der Stimmrechte.«

Als alle geredet haben, ist Van Rompuy in der Bredouille. Er muss die Diskussion in ein vorzeigbares Resultat gießen. Die zwei Mächtigen haben sich nicht durchgesetzt. Merkel hat gekämpft und verloren. Die Niederlage soll im Raum bleiben, sie darf nicht nach außen dringen. Der Belgier ist bedachtsam: »Wir sind nicht weit über das Stadium des Nachdenkens hinausgekommen. Aber wir müssen diese Frage weiter prüfen.«

Es ist mittlerweile 21 Uhr. Die Chefs beginnen das Abendessen, sie werden bis 1 Uhr nachts dasitzen.

Die surrealistische Diskussion des 28. Oktober 2010, in

der Merkel und Sarkozy versuchten, Menschenrechte mit Haushaltspolitik gleichzusetzen, findet sich später in keinem öffentlich zugänglichen Dokument.

Ein Jahr später, auf dem Gipfel am 28./29. Oktober 2011, kommt das deutsch-französische Paar wieder auf den Entzug der Stimmrechte zu sprechen. Und wieder verweigern sich die anderen. Merkel und Sarkozy insistieren nicht. Sie wissen, dass die Bürger Europas niemals einem deutsch(-französisch) gelenkten und in Brüssel angesiedelten Vormund zustimmen würden. Denn genau dazu käme es, wenn einzelne Länder wegen haushaltspolitischer Verfehlungen das Stimmrecht verlören. Sie müssten sich den Beschlüssen der Kollegen beugen – ihre Länder würden praktisch zu einem Protektorat.

Die Krise in der Währungsunion ist Merkel zugefallen, ebenso wie die Schwäche Frankreichs. Die europapolitische Bilanz der Bundeskanzlerin fällt nach fünf Jahren ambivalent aus. Unter Merkels Ägide hat die Krise Deutschland verschont, aber sie hat Europa in existentielle Sorgen gestürzt. Merkel erscheint auch deshalb so stark, weil die anderen so schwach sind. Auf paradoxe Weise hat sich 2014 das Merkel'sche Leitmotiv »Scheitert der Euro, dann scheitert Europa« in sein Gegenteil umgedreht: Der Euro steht dank unkonventioneller Maßnahmen der EZB und der Euro-Länder nicht mehr vor dem Aus, dafür aber fordert die Rettungspolitik ihre Opfer, vor allem im Süden des Währungsgebietes. Die Tendenz ist unübersehbar: Der Euro bleibt, aber Europa bröckelt.

Und es bröckelt gleich mehrfach. Zwischen Nordstaaten und Südstaaten. Zwischen Euro- und Nicht-Euro-Staaten. Und zwischen den Euro-Staaten. Die soziale Kluft wächst. Der Reichtum wird immer ungleicher verteilt. Der Euro, der Europa vereinen soll, treibt die Länder auseinander. Die Europäische Union, so wie sie vor der Krise im Jahr 2007 war, als die Chefs mit dem Lissabon-Vertrag die Verfassung der Gemeinschaft unterzeichneten, ist verschwunden.

Für große Volkswirtschaften wie Italien oder Spanien steigen schon 2012 die Finanzierungskosten wieder in die Höhen, die sie nur aus Vor-Euro-Zeiten kannten. Die nationalen Banken müssen einspringen, um Staatsanleihen zu kaufen, die Unternehmen bekommen kaum Kredite, sie sind schwach, ein Viertel der Bevölkerung ist arbeitslos. Zypern und Malta wissen nicht mehr, wie sie ihre Haushaltskassen füllen sollen, ihre Geschäftsmodelle sind zerschlagen. In Portugal hält die Armut Einzug. In Griechenland ist die Hälfte der Bevölkerung arbeitslos. In Athen regieren weiterhin die beiden Parteien und viele der Politiker, die das Land in den Jahren zuvor in den Ruin gewirtschaftet haben. Die Niederlande schaffen es nicht mehr, einen regelkonformen Haushalt vorzulegen, sie machen zu viele Schulden wegen einer geplatzten Immobilienblase, ausgerechnet die Niederlande, das Land, das den südlichen Partnern in den ersten Krisenjahren immer wieder aufträgt, zu sparen und zu reformieren. Plötzlich sind die Niederlande selbst in dieser Lage angekommen – und damit die Krise im Norden Europas. In Belgien macht die Angst vor neuen Zerwürfnissen zwischen Flamen und Wallonen die fragile regierende Koalition zu ängstlich für Reformen. Großbritannien will 2017 über den Austritt aus der Europäischen Union abstimmen. Polen verschiebt die Einführung des Euro immer weiter in die Zukunft. Die Krise frisst sich durch die Wirtschaft in das soziale Leben und in den Alltag der Bürger. Die Investoren verlassen Europa. Die Bürger demonstrieren gegen die Sparpolitik. Im Jahr 2013 wirtschaften fünf der 17 Euro-Länder mit Hilfskrediten aus den Euro-Rettungsfonds. Jeder achte Europäer ist arbeitslos.

Mit einer großen Ausnahme: Die Bundesrepublik steht nach fünf Jahren Krise so gut wie kaum ein anderes Land da. Die Arbeitslosenrate ist nach Österreich die zweitniedrigste der Euro-Länder, die Neuverschuldung ist deutlich unter den erlaubten drei Prozent. Der Schuldenberg ist hoch, aber die

Risikoaufschläge für Staatsanleihen sind historisch niedrig. Im August 2013 wird bekannt, dass Deutschland aufgrund der günstigen Finanzierungsbedingungen etwa 41 Milliarden Euro weniger ausgeben musste, um seine Schulden zu finanzieren. Die hohen Finanzierungsrisiken der anderen Euro-Länder haben Deutschland große finanzielle Vorteile gebracht. Deutsche Staatsanleihen sind begehrt. Italienische und spanische weniger. Zwischen der Bundesrepublik und anderen Staaten Europas wächst rein volkswirtschaftlich ein immer tieferer Graben.

Merkel nimmt diesen Graben billigend in Kauf – so lange, bis dieses Bild des blühenden Deutschland und der darbenden Nachbarn ringsherum die Stimmung in Europa immer aggressiver gegen Deutschland kippen lässt. Merkel mit Hitlerbärtchen auf Plakaten in Athen. »Deutschlands erfolgreichste Armee ist die deutsche Industrie«, skandieren selbst in Brüssel hohe Beamte. Traditionell befreundete Regierungen, etwa in Luxemburg und Spanien, werden offen unruhig. Merkel reagiert und lädt Anfang Juli 2013 die europäischen Nachbarn nach Berlin zu einem Arbeitsmarktgipfel ein. Rechtzeitig vor der Wahl entdeckt Merkel ihr soziales Herz. Vor allem für junge Menschen. Knapp 6 Millionen Bürger unter 25 Jahren sind arbeitslos in Europa. Merkel besinnt sich auf ihre ostdeutsche Vergangenheit und erklärt, anhand des Wiederaufbaus von Ostdeutschland zeigen zu wollen, wie es gelingen kann, Jobs zu schaffen.

Wie früher ihr politischer Ziehvater Helmut Kohl versucht sie, die Stimmung mit Geld zu befrieden. Aber anders als bei Kohl kommen die großen Beträge nicht aus der deutschen Kasse, sondern aus dem EU-Haushalt – mit deutscher Erlaubnis. Auch auf dem Jobgipfel in Berlin werden neue Milliarden genannt, damit alles glaubwürdig klingt. Dass das Geld aus Brüssel kommt, findet kaum Beachtung. Eine Woche zuvor hat der EU-Gipfel in Brüssel, also jener Gartenparty-EU-Gipfel, sechs Milliarden Euro auf 2014 und 2015 verteilt. Auf dem Berliner Jobgipfel kommen weitere zwei Milliarden Euro aus dem EU-Haushalt hinzu. Neu sind die nicht. Auch diese zwei Milliarden haben eine Woche zuvor in Brüssel schon alle 28 Staats- und Regierungschefs freigegeben. Merkel hat die Milliarden quasi in Brüssel in ihre Handtasche gepackt und eben in Berlin wieder auf den Tisch gelegt. Und als wäre das nicht genug, zeigt in Berlin Arbeitsministerin Ursula von der Leyen, wie man noch besser dastehen kann. Sie verspricht den Jugendlichen 24 Milliarden Euro in den kommenden Jahren – sie zählt einfach Geld aus laufenden EU-Strukturfonds hinzu, das sie umwidmen will. Dass weder sie noch Deutschland das irgendwie beeinflussen können, sagt sie nicht. Es fragt auch niemand nach. Die Schlagzeilen sind dennoch positiv. »EU-Jobgipfel im Kanzleramt«, titelt *Spiegel online*. Unter der Überschrift prangt ein schönes sommerliches Foto der angereisten Staats- und Regierungschefs und der Minister, in der Mitte die Bundeskanzlerin in fliederfarbenem Sakko. Zwischen ihr und von der Leyen steht nur der französische Präsident.

Die europäischen Nachbarn sind unruhig. Dass Deutschland sich zum Maßstab für die anderen erhebt, gefällt ihnen nicht. Ein Diplomat aus Spanien ärgert sich trotz der Milliarde, die sein Land für die arbeitslosen Jugendlichen bekommen soll, weil Deutschland sich als Vorbild zelebriert: »Der deutsche Osten ist schwächer als der Westen, kann also kein Beispiel für Beschäftigung und Wachstum für andere Nationen sein.«[6] Außerdem wissen die europäischen Nachbarn, dass die deutschen Umstände nicht einfach eins zu eins übertragen werden können auf andere Staaten Europas. Vielleicht klappt das in Ländern mit ähnlicher Kultur, wie Österreich oder Luxemburg oder den Niederlanden. Aber dann ist Schluss. Dass Europa von der Vielfalt der Kulturen lebt, gilt nicht nur für Kunst oder Literatur. Es gilt für den Lebensalltag der Menschen – und auch für die Wirtschaft.

Europas Länder haben traditionell unterschiedliche ökonomische Philosophien. Die Briten haben geglaubt, dass sie ihre traditionellen Industrien zusperren müssen, und voll auf Dienstleistungen und Finanzprodukte gesetzt.

Die kleinen Länder wie Zypern, Malta oder Luxemburg haben sich zu Finanzplätzen ausgebaut, wie überhaupt alle kleinen und großen Inseln rund um das europäische Festland in großem Stil Finanzgeschäfte betreiben. Griechenland hat Reeder, Touristen und einen riesigen Staatsapparat.

Die Skandinavier meinen, dass sie hohe Steuern erheben müssen, um damit weite Bereiche des täglichen Lebens zu finanzieren und gleichzeitig Eigeninitiative zu fördern.

Die Franzosen gehen davon aus, dass eine sozial befriedete und leistungsfähige Gesellschaft am besten überleben kann, wenn sie staatlich reguliert wird. Für französische Gewerkschaften ist es undenkbar, mit den Chefs der Unternehmen tarifvertraglich Fortbildungen zu vereinbaren. Das französische Selbstverständnis sieht den Chef traditionell als Gegner, der bekämpft werden muss, mit dem man sich nicht auf Strategien einigt, um die Erträge des Unternehmens zu steigern. In Spanien kümmern sich Unternehmen traditionell kaum um die Ausbildung von Facharbeitern, die jungen Leute gehen meist zur Universität und sind danach arbeitslos.

Aufgrund dieser unterschiedlichen Ansätze setzen die Länder auch unterschiedliche Akzente in der Steuergesetzgebung oder der Sozialpolitik. Jede Regierung unterlegt ihre wirtschaftspolitische Philosophie mit den jeweils passenden Gesetzen. Und weil Sozialpolitik eine rein nationale Angelegenheit ist und europäische Steuergesetze nur einstimmig geändert werden können, sind beide Bereiche des wirtschaftlichen Lebens von der europäischen Ebene aus kaum zu beeinflussen. Genau das gefährdet die Währungsunion.

In die Konstruktion der Währungsunion ist die Vielfalt der kulturell bedingten Wirtschaftsphilosophien nur bedingt eingeflossen. Es gibt starre Zahlenvorgaben für alle, und die Krise deckt diese Fehlkonstruktion schonungslos auf. Um der Vielfalt der wirtschaftlichen Kulturen gerecht zu werden, müsste Merkel deren Kooperation forcieren, statt Deutschland als Vorbild zu präsentieren. Sie müsste jedem Land Raum geben, seine traditionellen Vorzüge zu entwickeln, die Talente der Bewohner zu fördern. Sie müsste Europa einen Geist der Kooperation einhauchen, der nicht von Beginn an festlegt, was wichtiger ist: Ökonomie, Politik oder Kultur.

Zu Hause setzt Merkel durchaus auf solcherart Kooperation. Deutschland ist auch deshalb so gut aus der Krise gekommen, weil alle wichtigen Kräfte der Gesellschaft, also Gewerkschaften, Arbeitgeber, soziale Verbände, gemeinsam nach einem Kompromiss gesucht haben, selbstverständlich unter Merkels Führung. Weil jedes Bundesland genug Raum hat, seine wirtschaftlichen Stärken zu entwickeln – wenn es denn will.

Merkel verweigert die Rolle, die sie in Deutschland spielt, auf europäischer Bühne. Wenn es darum geht, gesamteuropäische Verantwortung zu übernehmen und zu führen.

Das deutsche Selbstverständnis in Europa

Was sich dagegen geändert hat, ist das Selbstbewusstsein, mit dem Deutschland auftritt. Zu spüren ist das neue Auftreten nach der Wiedervereinigung schon im letzten Regierungsjahr von Kohl. 1998 kommt Rot-Grün, und Bundeskanzler Gerhard Schröder macht in Brüssel schnell klar, wie er sich das mit Europa und Deutschland vorstellt. Als es nach einem Abendessen in einem Sterne-Restaurant mit EU-Kommissionspräsident Romano Prodi darum geht, wer die Rechnung zahlt, und Prodi alles zahlen will, weist der Bundeskanzler den Behördenchef in die Grenzen. Nein, er werde auch zahlen, und zwar ein Viertel – also so viel, wie Deutschland in den EU-Haushalt einzahlt. Die Botschaft ist klar.

Schon unter Kohl und Schröder ist Deutschland für das

Ökonomische zuständig, Frankreich für die große Politik. Im Jahr 2013 hingegen hat Deutschland eine solitäre Rolle. Die deutsche Volkswirtschaft ist Nummer eins in Europa. Dahinter klafft eine Lücke. Die europäische Arbeitsteilung funktioniert nicht mehr, weil der gleich starke Franzose fehlt. Merkel verwaltet diese Fehlstelle, indem sie die Politik Europas verökonomisiert.

Merkels Deutschland gibt in Europa den Ton an – bis zum 13. November 2013. An diesem Tag nimmt die Europäische Kommission die deutschen Exportüberschüsse ins Visier und eröffnet eine Untersuchung gegen Deutschland. Der Vorwurf: Weil deutsche Unternehmen die erwirtschafteten Überschüsse nicht ausreichend wieder in neue Geschäfte investieren, bringen sie die Währungsunion ins Ungleichgewicht. Wenige Tage vor der EU-Kommission hat schon das US-Finanzministerium seinen Befund in einem Bericht niedergeschrieben. Die Amerikaner finden, dass Europas größte Volkswirtschaft sich auf Kosten anderer saniert und zu wenig tut, um die Binnennachfrage über Privatkonsum und Investitionen anzukurbeln. In die Diskussion fällt ein neuer Rekordüberschuss. Im September 2013 übertreffen die Ausfuhren die Einfuhren um 20,4 Milliarden Euro.

Deutschlands Wirtschaftspolitik ist plötzlich nicht mehr das Vorbild für alle europäischen Volkswirtschaften, sondern ein Grund für die Misere im Süden der Euro-Zone. Der Ruf nach Merkel, die führen soll, wird deutlich leiser.

Zwei Jahre zuvor hat Polens Außenminister Radosław Sikorski ihr Zögern, Europa aus der Krise zu führen, offen angeprangert: »Ich bin wohl der erste polnische Außenminister in der Geschichte, der das sagt, aber hier ist es: Ich fürchte die deutsche Macht weniger, als ich beginne, die deutsche Tatenlosigkeit zu fürchten. Es ist Europas unverzichtbare Nation geworden. Es darf nicht darin versagen, zu führen. Nicht beherrschen, aber in der Reform anzuführen.«[7]

Merkel reagiert nicht darauf. Die Währungsgemeinschaft

wurstelt sich weiter durch die Krise. Im Wahlkampf des Sommers 2013 hat sie Deutschland im Kopf und jegliche Probleme von oder Visionen über Europa tief vergraben. Sie gibt ein Sommerinterview,[8] in dem sie nicht eine einzige Frage zu Europa beantworten muss. Sie vergibt die Chance, den Bürgern reinen Wein einzuschenken, sie vor die Wahl zu stellen, welches Europa sie haben wollen: das Europa des Binnenmarktes, also einen rein durch wirtschaftliche Interessen geprägten Staatenbund. Oder ein politisch und wirtschaftlich verbundenes Europa, in dem alle Länder den Euro einführen und dafür bereit sind, nationale Kompetenzen an die Gemeinschaft abzugeben. Merkel vermeidet es, ihr politisches Schicksal mit dem Schicksal des Euro und Europas zu verknüpfen. Vor diesem Wegducken hört sich nicht nur ihr »Scheitert der Euro, scheitert Europa« wie eine Floskel an. Es werden auch Erinnerungen wach an Bundeskanzler, die bereit waren, ihr politisches Schicksal mit ihrer Überzeugung zu verbinden. Bundeskanzler Gerhard Schröder ist bereit, sein Amt für die Reformagenda 2010 zu opfern. Bundeskanzler Helmut Kohl setzt die Einführung der Gemeinschaftswährung durch, weil es ihm wichtiger ist, Deutschland fest in Europa zu verankern, als den Bürgern die geliebte D-Mark zu lassen. Merkel hat die Chance, diese von Kohl übernommene unvollendete Währungsunion zu reparieren und zu vollenden. Es ist eine riesige Aufgabe, die auf ihrem Tisch liegt.

In Berlin sind sich die Verantwortlichen durchaus der Lage bewusst. Sie haben freilich ihre eigene Erklärung für Merkels Auftreten. Damals, als Kohl den Euro einführen ließ, seien die Bundesbürger euphorisiert gewesen wegen der unerwarteten Wiedervereinigung. Diese Euphorie habe die Einführung des Euro getragen. Heute dagegen verbreite die Krise um die Währungsgemeinschaft eher düstere Stimmung. Also eine Atmosphäre, in der sich kaum Großes durchsetzen lasse.

Was bei der Analyse freilich fehlt: Anders als damals Kohl ist Merkel in der eigenen Bevölkerung und auch darüber hinaus beliebt. Kohl wurde nur wiedergewählt, weil die Mauer fiel. Merkel wird gerade wegen des Vertrauens, das ihr viele Bürger entgegenbringen, drei Mal zur Bundeskanzlerin gewählt, und 2013 eben beinahe mit absoluter Mehrheit.

Merkel könnte diese Mehrheit nutzen, die Deutschen mitzunehmen beim Umbau Europas. Auf dem EU-Gipfel Ende Oktober 2013, bald nach ihrem dritten Wahlsieg, kündigt Merkel, so berichten später Teilnehmer, tatsächlich an: »Europa ist mein wichtigstes Projekt.« Es brauche Zeit, aber nun habe sie ja vier zusätzliche Jahre.

Ein italienischer Diplomat ist angesichts ihres dritten Wahlsiegs beeindruckt von der Kanzlerin, die ihr Ohr auf das deutsche Volk richtet und ihre Politik den Stimmungen der Bürger anpasst. Niemand in Europa kann das so gut wie sie, sagt er. Und dann hebt er besorgt die Stimme. Er hält es für gefährlich, dass Merkel in Europa unangefochten die Nummer eins ist. »Weil sie kein Ziel hat, keine Vision. Und ihre Art, nationale Politik zu machen, europäisch nicht funktioniert. Weil es in Europa nicht möglich ist, das politische Handeln nach der öffentlichen Meinung auszurichten – weil es nicht eine einzige Öffentlichkeit wie in einem Nationalstaat gibt, sondern eben 28 verschiedene.« Nach wem, bitte schön, richtet sich die Kanzlerin dann?

Wie die Europäische Union aus dem Dilemma findet, liegt Anfang 2014 noch im Nebel. Die Gemeinschaft hat sich Zeit gekauft. Die von der Pleite bedrohten Euro-Länder müssen Auflagen erfüllen, damit es Milliardenkredite aus besser verdienenden Euro-Ländern gibt. Das hat Luft verschafft, ist aber nahezu ausgereizt. Die Bürger haben keine Lust mehr auf den erhobenen Zeigefinger, im Namen des Euro die Gürtel enger zu schnallen. Merkel weiß, dass jetzt etwas passieren muss, um die seit der Einführung des Euro auseinanderdriftenden Volkswirtschaften wieder einander anzunähern. Genau hier sitzen die Euro-Politiker in der Falle: Sie können die Niveauunterschiede langfristig nur beheben, wenn sie die

Steuer-, Haushalts-, Wirtschafts- und Sozialpolitiken eng abstimmen. Gleichzeitig muss die Gemeinschaft nationale Politiker, die durch ihr Tun die Gemeinschaft gefährden, mit einem Veto stoppen dürfen. Das bedeutet: Alle müssen einverstanden sein. Und: Vertragsänderung. Allerdings ist eine solche Übertragung von Kompetenzen höchst unpopulär. Jeder Politiker, der das vorschlägt, muss das seinen Bürgern zu Hause sehr gut begründen und dennoch damit rechnen, abgewählt zu werden. Aber selbst wenn sich die Euro-Länder einig wären, liegt die Gefahr in der Luft, dass Großbritannien seine Zustimmung zu einer Vertragsänderung nur gibt, wenn es im Gegenzug allerhand Zugeständnisse bekommt.

Und hier liegt die besondere Verantwortung Merkels: Kein Politiker Europas hat auch nur annähernd die Macht und die Kompetenz, die unvollendete Währungsunion vollenden zu können. Merkel kann Frankreich gewinnen und Polen überzeugen und gemeinsam mit ihnen die gesamtpolitische Verantwortung für Europa übernehmen. Aussicht auf Erfolg besteht allerdings nur, wenn sie zuvor die politischen Eliten in Deutschland überzeugt. Und die Bürger. Bisher lässt sie den Mut dazu nicht erkennen. Stattdessen lässt sie als großzügige Deutsche im Wahlkampf hier und da ein paar Millionen verschenken und liefert so schöne Schlagzeilen über die deutsche Hilfe für die Nachbarn. Der grundsätzliche und für die weitere Zukunft zentrale politische Notstand des Euro und der Währungsunion kommen bei Merkel nicht vor.

Bundesfinanzminister Wolfgang Schäuble reist im deutschen Wahlkampf nach Griechenland. Mitte Juli 2013 traut sich Schäuble nach Athen – zum ersten Mal, seit Hellas am europäischen Tropf hängt. Es ist eine bizarre Reise in eine hermetisch abgesperrte Hauptstadt. Abgeschirmt von den wütenden Bürgern, bringt der deutsche Finanzminister lobende Worte mit, ein paar Millionen Euro und den Hinweis, dass es keinen schnellen Weg aus der Krise gibt.

Zu Hause ärgern sich die Bundesbürger über Kredite an Griechenland, obwohl im Juli 2013 wenigstens theoretisch die Chance auf Rückzahlung besteht – und Deutschland an den Zinsen verdient hat. Die Deutschen regen sich aber nicht über die Milliarden von Euro auf, die definitiv in den Bad Banks des eigenen Landes versenkt wurden. Dass die deutschen Steuerzahler allein 70 Milliarden Euro[9] an ihre maroden Banken verloren haben, spielt im Zuge der europäischen Krise in der deutschen Öffentlichkeit überraschend keine Rolle. Nationale Verluste gelten offensichtlich als hinnehmbar. Drohende Verluste in beinahe bankrotten Nachbarländern regen die deutsche Seele auf. Der Euro in Deutschland scheint ein anderer zu sein als in Griechenland. Merkel weiß um die Befindlichkeiten der Bundesbürger, und lange Zeit spielt sie auch mit ihnen.

Die nationale Agenda Merkels ist auch in der Energiepolitik zu besichtigen. Nicht nur, dass die Energiewende ohne Rücksprache mit den Nachbarn beschlossen wurde, obwohl sie mit Deutschland über sensible Stromtrassen verbunden sind, durch die der Ökostrom automatisch in deren Netze rauscht. Die Regierung Merkel nimmt auch eher hohe Energiepreise in Kauf, statt große gemeinsame Energienetze zu schaffen. Europa ist energietechnisch noch immer so kleinteilig wie im 19. Jahrhundert. Jedes Land hat seine eigenen Energieversorger. Das treibt die Preise.

Andererseits hat Merkel die Gemeinschaftswährung zur Ikone gemacht, die um jeden Preis zu retten ist. Weil aber gerade nationale Kleinteiligkeit den Euro so angreifbar macht, klingt Merkel bisweilen unglaubwürdig. Auch im Jahr 2013 ist eine Währungskatastrophe nicht undenkbar. Die zentrale Bankenaufsicht verzögert sich, Berlin wehrt sich gegen zentrale Zuständigkeiten bei der Abwicklung maroder Banken. Die soziale Lage in den südlichen Ländern ist so fragil, dass jederzeit ein Sturm losbrechen kann. Die Wirtschaft erholt sich sehr langsam. Italien und Frankreich legen ein ums andere Mal negative Zahlen vor. Die Währung kann implodieren unter der Last der Probleme und Europa in Währungszonen zerfallen. Und es ist nicht so, als ob sich verantwortliche Politiker quer durch Europa nicht längst Gedanken darüber machten.

In den Niederlanden hoffen einige Politiker auf eine veränderte Währungsunion, die grundsätzlich aus Deutschland, Dänemark, Schweden, Finnland und Großbritannien besteht und natürlich deren Anrainerstaaten, also den Niederlanden, Luxemburg und Österreich. Ein Euro für den Norden, für alle Länder mit ähnlich starker Wirtschaft und ähnlichen wirtschaftsphilosophischen Ansätzen. »Europe is all about culture«, Europa ist vor allem Kultur, sagt ein niederländischer EU-Diplomat.[10] Die große Unbekannte in den Plänen ist Frankreich. Wird die Grande Nation dazugehören wollen ohne seine südlichen Freunde? Wird es übernationale Währungszonen für den Süden geben? Es ist nicht undenkbar, dass die derzeitige Währungsunion volks- und finanzwirtschaftlich kollabiert und seine Banken, Unternehmen und Bürger in eine neue Ordnung katapultiert. Mit offenem Ausgang. Viele sorgen sich, dass ein Kollaps der Währungsunion Europa zerreißen und Hoffnungen und Visionen begraben würde, und zwar quer über den Kontinent.

Insofern spiegelt der Euro die politischen Verhältnisse Europas wider. Ganz im Osten führen die Länder gerade den Euro ein. Die Balten hoffen, dass eine stabile Währung Investoren anzieht und sie aus der Abhängigkeit Russlands befreit. Ganz im Westen ist die Lage gegenteilig. Für Großbritannien wäre der Kollaps ein Grund, 2017 im geplanten Referendum für einen Austritt aus der Gemeinschaft zu stimmen. Die südlichen Länder wären sofort raus aus dem Euro. Zyperns Präsident Nikos Anastasiadis sagt am 6. Juli 2013 in einem Interview in der internationalen Ausgabe der *New York Times*, »eigentlich sind wir schon raus aus der Euro-Zone«. Er bezieht sich dabei auf die Geldfluss-Kontrollen, denen sich Zypern Ende März 2013 unterwerfen musste, um neun Milliarden Euro an Kredithilfen von den Euro-Ländern zu bekommen. Praktisch schneiden diese Kontrollen die Inselbewohner vom Rest der Euro-Zone ab. Es ist nicht möglich, in Athen eine Wohnung zu kaufen oder in Deutschland ein Auto – weil schlicht kein Euro ins Ausland überwiesen werden darf. Der Euro auf Zypern ist anders als der Euro auf dem Kontinent.

Merkels Kurswechsel in der Rettungspolitik

Vielleicht ist es die immense Verantwortung, die Merkel zögern lässt, die europäische Führungsrolle offen zu übernehmen. »Deutschland ist in einer schwierigen Position«, sagt sie schon 2009 dem *Wall Street Journal.* »Wenn wir zu viel tun, dominieren wir. Wenn wir zu wenig tun, werden wir kritisiert«, nicht zu führen. »Ich werde immer dafür sorgen, dass nicht ein großes Land die Direktiven vorgibt.« Es ist ihr lieber, wenn sie im krisengeschüttelten Europa öffentlich als Verwalterin wahrgenommen wird und nicht als diejenige, die Richtungen vorgibt. Sie beschränkt sich darauf, stets in letzter Minute den Kollaps zu verhindern – und steht dann immer zum rechten Zeitpunkt als erfolgreiche Krisenmanagerin da.

Bei den europäischen Nachbarn ist das Gegenteil zu besichtigen. Wer von den Staats- und Regierungschefs Merkels striktem Sparkurs folgt, den strafen die Bürger ab. Zuvorderst erwischt es Sarkozy. Der Franzose ergibt sich 2010 der Sparpolitik Merkels, er unterzeichnet 2011 den Fiskalpakt und will damit für Frankreich eine »neue Schuldenbremse« durchsetzen. Die Franzosen ersetzen Sarkozy bei erster Gelegenheit durch den eine sozialere Politik versprechenden Sozialisten François Hollande. Im Juni 2012 strafen die griechischen Bürger die sozialistische Pasok ab, die das Schuldenproblem Griechenlands öffentlich gemacht und harte Sanierungsmaßnahmen unterschrieben hat. Stattdessen wählen sie die konservative Partei Nea Dimokratia, die den Sparkurs lange abgelehnt hat und eigentlich die Fälschung der Haushaltsdaten in Griechenland zu verantworten hat. Bei der Parlamentswahl in Portugal im Juni 2011 fahren die regierenden Sozialisten unter José Sócrates das schlechteste Ergebnis seit mehr als zwanzig Jahren ein. Stärkste Kraft werden die Konservativen unter Pedro Passos Coelho. Dessen Sparprogramm stößt wiederum in der eigenen Regierung auf Widerstand. Anfang Juli 2013 tritt Finanzminister Vítor Gaspar aus Protest gegen die Sparmaßnahmen zurück. In Spanien geht der sozialistische Premier Zapatero Ende 2011 freiwillig früher, dafür kommt der konservative Mariano Rajoy. In Italien erwischt es Mario Monti, den Premier und überzeugten Reformer einer Übergangsregierung. Die italienischen Wähler entscheiden sich an den Urnen eindeutig gegen ihn und seine Reformpolitik Merkel'scher Prägung. Und im Oktober 2013 trifft es Jean-Claude Juncker. Nach 18 Jahren Regierungszeit stolpert der Christsoziale über die auch in Luxemburg einziehende Krise und eine Geheimdienstaffäre.

Merkel verkraftet die Verluste und arbeitet pragmatisch mit den Nachfolgern. Aber sie zieht ihre Schlussfolgerung daraus und ersetzt das Spardogma gegen ein Plädoyer für mehr Wettbewerbsfähigkeit. Sie hat erkannt, dass Bürger keine Regierungen mehr wollen, die sie für Fehler der Vergangenheit büßen lassen und ihnen immer neue Opfer abverlangen. Sie lernt, dass der Erhalt des Euro an sich kein überzeugendes Argument mehr ist, um Bürgern persönliche Opfer abzuverlangen. Die Folgen der aufgezwungenen Sparpolitik haben sich zu sehr in das Leben der Bürger hineingefressen. Der Erhalt des Euro hat ihnen wachsende Verelendung, höhere Steuern, Arbeitslosigkeit und eine dauerhafte Rezession beschert. Merkel reagiert darauf, weil sie als Machtpolitikerin weiß, dass Bürger nur in bestimmten Grenzen vernünftig reagieren und dass es letztlich immer sie sind, die den Kurs bestimmen. Keine Regierung kann dauerhaft gegen das Volk regieren. Politik braucht in einer Demokratie Legitimation durch Wahlen. Lehnen die Bürger den eingeschlagenen Kurs ab, muss die Politik Konsequenzen ziehen. Eine kluge Politikerin macht es rechtzeitig vor den Wahlen.

Merkel legt einen langen Weg bis zu dieser Erkenntnis zurück. Noch im Frühling 2013 wird die Politik Merkels oft als Überheblichkeit des europäischen Klassenbesten wahrgenommen. Selbst traditionell wohlgesinnte Nachbarn stoßen sich an den besserwisserisch klingenden Ratschlägen aus Deutschland. Ende März 2013 platzt Luxemburgs Außenminister Jean Asselborn der Kragen. »Ich werde hellhörig, wenn aus Berlin durchdekliniert wird, wie das Geschäftsmodell eines Landes sein soll«, weist er die Bundesregierung in ihre Grenzen, als diese unverhohlen die deutschen Verhältnisse zum Maßstab für Europa erklärt. Es geht darum, wie groß der Bankensektor im Vergleich zum Bruttosozialprodukt sein darf. Deutschland erklärt das eigene Modell zum Standard. Was natürlich im Umkehrschluss den Finanzplatz Luxemburg gefährdet, von wo aus dank großzügiger Steuergesetze allein 3500 Fonds ihre weltweiten Geschäfte steuern. »Deutschland hat nicht das Recht«, wettert Asselborn, europaweit vorzugeben, wie Länder wirtschaften. Es dürfe nicht so weit kommen, dass »unter dem Deckmantel finanztechnischer Fragen andere Länder erwürgt werden«. Schließlich werfe auch niemand Deutschland die Größe seiner Waffenexporte oder der Automobilproduktion vor.

Während der Zypernkrise wird Bundesfinanzminister Wolfgang Schäuble nicht müde, gegen die Finanzplätze Europas zu stänkern. Überwiegend kleinere EU-Staaten füllen ihre Haushaltskassen mit Steuereinnahmen aus Finanzdienstleistungen ihrer Banken. Eingeweihte spotten gern über »Europäisch Polynesien«, die Inseln rund um Europa. Zypern hat Anleger mit hohen Zinsen geworben und besonders vermögenden Kunden sogar die zyprische Staatsbürgerschaft angeboten. Ähnlich sieht es auf Malta aus. Irland lockt Konzerne wie Apple mit einer Unternehmenssteuer von 12 Prozent und der Möglichkeit, komplizierte Firmengeflechte aufzubauen. Auch Großbritannien und seine Inseln bieten ein großzügiges Unternehmensrecht, mit dem Eigentumsverhältnisse im Ungefähren bleiben, weshalb niemand nachverfolgen kann, wer die Gewinne am Ende einstreicht. Island brach 2007 zusammen, weil sein Finanzsektor ins Unermessliche aufgebläht war. Die Inseln Europas sind 2013 immer noch besondere Finanzplätze. Sie ziehen reiche Bürger an, die Geld ins Land spülen. Was den Deutschen die Autoindustrie ist und den Franzosen die Atomkraft, ist dem Iren seine Unternehmenssteuer und dem Luxemburger sein Hedgefonds.

Merkel hat es sich in der europäischen Krise angewöhnt, unpopuläre Entscheidungen durch angeblich unabhängige Experten begründen zu lassen. Herausragend in dieser Hinsicht sind die Bürokraten der Troika, die tief in nationale Haushalte schauen und Sparpläne entwerfen. Ihre Berichte sind offiziell die Grundlage dafür, ob die Finanzminister den Finger heben oder senken, wenn es um Hilfskredite geht. Genau genommen ist das eine der größten Halbwahrheiten in der Euro-Krise. Die Einführung der Gemeinschaftswährung war eine politische Entscheidung. Auch dass Griechenland im Herbst 2012 noch einmal ein riesiges Programm bekommt. Und dass Griechenland im Euro bleibt, zumindest zunächst, liegt schlicht daran, dass Merkel dies so entschieden und Schäuble davon überzeugt hatte. Und nicht an den Erkenntnissen der Troika. Deren Berichte werden so interpretiert, dass die wirklichen Entscheider meist im Hintergrund bleiben können. Von dort aus lassen sie die Troika ihre harte Knute schwingen. Wie am 23. April 2013.

Am 23. April ist Angela Merkel bei Papst Franziskus in Rom. Sie ist auf dem Weg zum Flughafen in ihrer Limousine, als das Telefon klingelt. Zyperns frustrierter Staatspräsident

Nikos Anastasiadis sagt: »Ich brauche mehr Solidarität.«[11] Sein Parlament will dem gerade ausgehandelten Hilfspaket nicht zustimmen. »Ich werde nicht mit Ihnen verhandeln«, antwortet Merkel. »Sie müssen mit der Troika reden.« Also mit jenen Inspektoren von IWF, Europäischer Kommission und EZB, die vor Ort die Bücher Zyperns prüfen. Und dann ihren Bericht an die Chefs übermitteln. Wobei sie dabei freilich politische Vorgaben einhalten. Zypern bleibt im Euro, weil Merkel das will. Nicht, weil die Lage in Zypern dafür spricht.

Es ist eine typische Merkel-Reaktion. Sie weist Verantwortung von sich, spielt die dominierende Rolle runter, die Deutschland und sie in der Währungsunion haben. Auffällig ist wieder der Mangel an Demokratie. Der gewählte Staatspräsident soll sich an demokratisch nicht legitimierte, von den Staats- und Regierungschefs eingesetzte Inspektoren wenden. Es ist eine der Aktionen, die jedes Mal für ein Quäntchen mehr Unmut unter den Euro-Partnern sorgen. So dass immer noch ein bisschen Kitt aus den Fugen der Währungsunion fällt.

Die Zyprer führen im zweiten Halbjahr 2012 die Geschäfte der Europäischen Union. Erstmals seit ihrem Beitritt zur Europäischen Union sind sie als EU-Ratspräsidentschaft verantwortlich. Anfangs sind sie stolz darauf. Aber vieles von dem, was sie hinter verschlossenen Türen erlebt haben, lässt sie ratlos zurück. Ein zyprischer Diplomat, der während der zyprischen Ratspräsidentschaft nächtelang mit an den Verhandlungstischen saß, fasst Merkels Dominanz so zusammen: »Europäischer Gipfel ist, wenn Merkel spricht und 22 Regierungschefs mitschreiben.« Wer nicht mitschreibt? Der Franzose Hollande (ein französischer Staatspräsident notiert niemals öffentlich, was eine deutsche Kanzlerin sagt), der Italiener Monti (der damalige Premier kennt sich tatsächlich ähnlich gut wie Merkel in Europa aus), der Luxemburger Juncker (der ohnehin einer der Gründerväter des Euro ist und damit mehr weiß als Merkel) und der Brite Cameron (der nur aufblickt, wenn es ums Geld geht). Merkel ist auf der europäischen Bühne unangefochten. Sie dominiert wegen ihrer Persönlichkeit, ihres Wissens und wegen der Wirtschaftsmacht, die hinter ihr steht.

Diplomaten, die bei den Gipfeltreffen des Jahres 2013 dabei sind, beschreiben die Stimmung so: Hollande nehme man als einen »sehr netten, sehr sympathischen, aber außergewöhnlich zurückhaltenden Menschen« wahr. Viele Regierungschefs wünschten sich, dass Frankreich stärker präsent wäre. Aber Hollande nehme sich unglaublich zurück. Merkel sei da ganz anders, sie schmiede vorher ihre Allianzen. »Sie ruft vor einem Gipfel einfach vorher an und sagt, ich habe da eine Resolution mit Punkt 1, 2, 3, was sagst du dazu?«, erzählt ein Augen- und Ohrenzeuge. »Der Angerufene hat von der ganzen Sache noch nie gehört und will sich das noch anschauen. Aber sie lässt nicht nach und sagt, nein, nein, Details brauche ich nicht, aber sagst du grundsätzlich ja? Und wenn man ja sagt, dann heißt das etwas bei Merkel, da sollte man dann eher dabei bleiben. Eine Marathonläuferin ist die Merkel.«

Die Macht erlaubt es Merkel und der Bundesregierung, europaweit tiefgreifende Reformen und drastische Sparprogramme über den bürokratischen Arm der Experten von der Troika durchzusetzen. Die gesamteuropäische Verantwortung für die Folgen dieser Politik will Berlin aber nicht übernehmen. Die Bundesregierung versucht, die deutsche Dominanz kleinzureden. Es gebe »kein deutsches Europa«[12], schreibt Bundesfinanzminister Wolfgang Schäuble im Sommer 2013 in mehreren europäischen Zeitungen. Deutschland strebe nicht danach, die politische Führung in Europa zu übernehmen. Es ist eine Aussage, die so gar nicht in die Realität passt. Das Europa der Gegenwart ist ein Europa, das in einer ökonomischen Krise von wirtschaftlichen Interessen gelenkt wird. Wenn aber andere große Politikfelder wie Außen- oder Sicherheitspolitik keine große Rolle spielen und noch dazu deren natürliche Vertreter Frankreich und Großbritannien schwach sind, führt natürlicherweise die stärkste wirtschaftliche Macht. Also Deutschland. Also Merkel.

Berlin, die heimliche Hauptstadt Europas

2013 ist Merkel im achten Jahr ihrer Kanzlerschaft, vier weitere liegen nach der gewonnenen Wahl vor ihr. Sie ist inzwischen die Dienstälteste unter den Staats- und Regierungschefs. Nur Luxemburgs Premierminister Juncker ist noch länger da, aber Ende 2013 muss auch er gehen. Juncker, nur wenige Monate jünger als Merkel, gehört zu jener Generation von Politikern, die in der Ära Kohl und Mitterrand die Währungsgemeinschaft gründeten und den Euro einführten. Weil aber Juncker nur ein Großherzogtum regiert, Merkel aber die größte Volkswirtschaft Europas, ist das Kräfteverhältnis klar. Merkel konzentriert Erfahrung, Macht und Intellekt. Das macht sie in Europa unangefochten.

So klar die Frage der Macht zu beantworten ist, so unklar ist die Antwort auf eine andere: Was wird aus Europa unter Merkels Regentschaft? Erfolg und Misserfolg lassen sich auf zwei Ebenen messen. Zunächst an den Fakten: Die Europäische Union und die Währungsunion existieren. Die Zahl ihrer Mitglieder wächst. Kroatien ist seit Sommer 2013 Land Nummer 28 in der Europäischen Union, Lettland ab 2014 Land Nummer 18 in der Währungsunion. Die Europäische Kommission funktioniert, ebenso wie der Europäische Rat und das Europäische Parlament.

Die Macht lässt sich aber auch an den Ereignissen messen, etwa an der Aufmerksamkeit, die der Europäischen Union international entgegengebracht wird. Seit dem Ausbruch der Krise hat sich die Machtbalance enorm verschoben. Europa hat im Sommer 2013 ein Machtzentrum und eine Telefonnummer. Sie beginnt mit 0049-30-... Die europäischen Partner kommen nach Berlin, um sich Merkels Meinung einzuholen. Es gibt Abendessen im kleineren Kreis auf einem Schloss der Bundesregierung. Immer mehr europäische Spitzenpolitiker lernen das Wort »Meseberg« auszusprechen. Auf Schloss Meseberg nördlich der Hauptstadt wird geplaudert, in Berlin werden strategische Entscheidungen vorbereitet, in Brüssel wird formal finalisiert.

Den Weltmächten ist die Machtverschiebung in Europa nicht entgangen. Auch sie kommen nach Berlin, wenn sie über Europa reden wollen. Die Außensicht auf Europa ist zu einer Sicht auf Deutschland geworden.

Ende Mai 2013 ist der chinesische Premierminister Li Keqiang in Europa. Es ist seine erste Auslandsreise als chinesischer Regierungschef. Er besucht die Schweiz und ein einziges Land in der Europäischen Union: Deutschland. Sein Handelsattaché wird nach Brüssel geschickt, ein paar Turbulenzen im Handel zu klären. In Berlin bittet Li Keqiang Merkel, Strafzölle der Europäischen Union gegen China zu verhindern. Europa, das ist für Peking Deutschland. Merkel ist die mächtigste Europäerin. Als Li Keqiang am 28. Mai 2013 abreist, sind Handelsverträge in Höhe von fünf Milliarden Euro unterzeichnet.

Nach dem Chinesen kommt der Amerikaner zum Staatsbesuch. Barack Obama sagt vor dem Brandenburger Tor, Berlin sei das Herz Europas. Damit macht er Merkel zum Symbol der Wandlung des Kontinents von Unterdrückung zu Freiheit. Merkel sitzt in hochsommerlicher Hitze hinter dem Präsidenten und lächelt. Schwitzend, glücklich und ein bisschen gequält. Obama legt ihr die Verantwortung für Europa in die Hände. Nur weil alle Zuhörer in Jubelbereitschaft verharrend darauf warten, dass Obama einen neuen historischen Satz sagen könnte, ähnlich Kennedys »Ich bin ein Berliner«, geht die eigentliche Botschaft Obamas weitgehend unter.

Deutschland ist das einzige Land der Europäischen Union, dem Obama einen Staatsbesuch abstattet. Der frühere US-Botschafter in Berlin, John Kornblum, sagt später: »Für Washington gibt es keine Europäische Union mehr.« Es klingt übertrieben. Klar ist allerdings, dass Obama und Li Keqiang mit ihren Besuchen die europäische Ordnung im Jahr 2013 sichtbar machen. Und die lautet: Wenn sie zu Europa sprechen wollen, reden sie in Berlin, nicht in Brüssel. Mit Merkel, nicht mit den Präsidenten von Rat und Kommission. In Washington und Peking wissen sie, wer in Europa regiert und wer Statist ist.

Die Macht in Europa und die internationale Anerkennung Deutschlands machen Merkel auch bei den Bürgern zur unangefochtenen Chefin des Kontinents. Das Goethe-Institut veröffentlicht im Juli 2013 eine Umfrage, die es in 24 Ländern und 30 Sprachen online durchgeführt hat. In der Rangliste der wichtigsten Politiker Europas nennt fast jeder Fünfte Angela Merkel. Sie liegt mit großem Abstand vor Winston Churchill auf Platz eins. Berücksichtigt man die Nationalität der Befragten, steht Merkel in den teilnehmenden osteuropäischen Ländern (mit Ausnahme von Ungarn und Tschechien) an der Spitze der Nennungen, auch die Befragten aus den europäischen Nachbarländern wählen sie an die Spitze. Selbst in Deutschland gewinnt Merkel knapp vor Willy Brandt. Nur in Westeuropa und der Türkei liegen andere Politiker vorn: die einst mächtigen Churchill, de Gaulle, Atatürk.

Ein Weggefährte Merkels berichtet, dass die Kanzlerin die europäischen Gipfeltreffen gern besucht. Wenn Merkel nach Brüssel reist, ist das für sie wie ein Treffen der Familie. Delegierte anderer Länder berichten, wie sie in den Büros vorbeischaut, wie sie kurz winkt, ein paar Minuten plaudert. Für sie sind diese Treffen zwischen Tür und Angel auf den Brüsseler Fluren mindestens so wichtig wie die Gespräche am großen ovalen Tisch. Auf den Fluren, da werden die Allianzen geschmiedet, Stimmungen erkundet, Verbündete gesucht. Oder noch schnell Dinge klargestellt, die nicht unter den 28 besprochen werden sollen.

Wenn es sein muss, findet Merkel allerdings auch klare Worte. Vor allem gegenüber den europäischen Institutionen, die sie in einer Rede vor dem Europacollege in Brügge, einer unabhängigen Universität und europäischen Kaderschmiede, im Jahr 2010 zurechtstutzt. Merkel hat in Brügge eine Botschaft über die Machtverhältnisse bereit. Die Sache mit den Kompetenzen sei ja klar geregelt, sagt sie. »Der Lissabon-Vertrag besagt: Die Mitgliedsstaaten sind die Herren der Verträge, erinnerte Merkel ihre Zuhörer, dort, wo es keine Gemeinschaftskompetenz gibt, kann die Gemeinschaftsmethode auch nicht angewandt werden.« Für die Beamten der Europäischen Kommission ist die Botschaft klar: Bei der Euro-Rettung haben sie nichts verloren. Das ist Sache der Mitgliedsstaaten. Deutlicher konnte ein Regierungschef der Kommission deren Grenzen nicht aufzeigen. In einem Interview mit dem *Spiegel* im Mai 2013 bestätigt Merkel diese Linien noch einmal. »Die Kommission ist nicht die Regierung Europas.« Sie ist zum Koordinieren da. Was auch bedeutet: Die EU-Kommission ist nach deutscher Lesart die Auftragnehmerin der Mitgliedsstaaten. Nicht mehr. Aber auch nicht weniger. Die Europäische Kommission ist die Hüterin der Regeln für den gemeinschaftlichen europäischen Binnenmarkt. Und der Binnenmarkt ist genau das, was die 28 Länder Europas im Innersten zusammenhält. Von Großbritannien bis Litauen und von Finnland bis Zypern.

Die Gartenparty bei Verleger Adamson endet weit nach Mitternacht mit einigen versprengten Briten am Klavier des Hauses. Merkel spielt keine Rolle mehr. Ein britischer Reporter spielt Franz Schubert. »Wirklich brillante Komponisten haben diese Deutschen«, sagt er versonnen. Ein Landsmann korrigiert: »Schubert war Österreicher.«

Vernetzt – Wie in Brüssel Gesetze geschrieben werden

Jedes Jahr im August fallen Frankreich, Belgien und ringsum liegende Länder in eine Art sommerliches Koma. Schulen sind geschlossen, Busse verkehren nach Notfahrplänen, Cafés und Restaurants machen dicht, die Straßenränder bieten Parkplätze ohne Ende, die Anwohner machen Urlaub am Meer oder in den Bergen. Die wenigen in den Büros Zurückgebliebenen registrieren am Rhythmus der eintreffenden E-Mails den Verlauf des Sommers. Aus dem behäbigen bling – … – … – … – … bling der Sommerwochen wird Ende August ein flotteres bling … – … bling und ein paar Tage später das aus den restlichen elf Monaten des Arbeitsjahres bekannte Dauer-bling-bling-bling.

In den Tagen des wiedereinsetzenden E-Mail-Verkehrs laden Unternehmen und Verbände zu Sommerfesten ein. Am ersten Dienstag im September 2013 verwöhnt ein ungewöhnlich schöner Spätsommerabend die nach Brüssel Zurückgekehrten. Sie können sich zwischen diversen Sommerfesten entscheiden, dem des deutschen Energiekonzerns RWE in der nordrhein-westfälischen Landesvertretung, dem der Europäischen Föderalisten im Szenebezirk Ixelles und dem der Burda-Verlagsgruppe im Königsviertel. Prominenz ist auf allen Festen garantiert, von den Vorständen bis zu EU-Kommissaren.

Burda feiert auf dem feinen Kunstberg. Er erhebt sich östlich des alten Zentrums und ist von wunderschönen Gärten,

Art-déco-Häusern, Palästen und königlichen Museen umgeben. Der Kunstberg war im Hochmittelalter Regierungssitz der Herzoge von Brabant. Den Gästen bietet sich ein fantastischer Blick auf die Altstadt und die Grand-Place in deren Zentrum. Das Ambiente bei Burda stimmt. Als Ehrengäste sind neben den Burda-Vorständen der Italiener Antonio Tajani, als Kommissar zuständig für Europas Industrie, und der deutsche Energiekommissar Günther Oettinger geladen. Einigen Gästen fällt eine Dame auf, die ungewöhnlich nervös wirkt. Es ist Friederike Beyer, die Lebensgefährtin Oettingers. Dass sie so angespannt durch den Abend läuft, liegt daran, dass sie das Fest für Burda organisiert hat. Beyer betreibt mit ihrer Schwester eine Agentur in Hamburg. Das Fest für Burda in Brüssel ist ein großer Auftrag. Der Versuch, mit ihr über die Auftragsvergabe zu sprechen, schlägt fehl. Bei mehrfachen Anfragen richtet ihre Schwester jedes Mal aus, dass Friederike Beyer nicht über Details reden will. So bleibt die Vermutung: Sie ist wohl einfach gut vernetzt.

Veranstaltungen wie diese gibt es in Brüssel täglich Dutzende. 8000 Lobbyorganisationen[1] machen die europäische Hauptstadt zur Nummer zwei unter den weltweit führenden Lobbyplätzen. Nur in Washington D. C. ist die Dichte der Interessenvertreter noch höher. Feste sind Umschlagplätze für Informationen, Marktplätze, auf denen vertraulich Neuigkeiten getauscht werden, Anbahnungsplätze für Geschäfte. Dass Unternehmen oder Organisationen ihre Interessen vertreten und dass es dafür auch Feste gibt, gehört weltweit zum normalen Geschäftsleben. Dass es besonders viele Feste in Brüssel gibt, liegt auch daran, dass hier ansässige Institutionen wie die Europäische Kommission, das Europäische Parlament, der Rat sowie Lobbyorganisationen aus der ganzen Welt Gesetze beraten, die sich auf den Alltag von 506 Millionen Europäern und den größten Binnenmarkt der Welt auswirken. Schätzungen zufolge haben vier von fünf national beschlossenen oder umgesetzten Gesetzen ihren Ursprung in

Brüssel. Über internationale Handelsabkommen wirken sich die Beschlüsse auch über Europa hinaus aus. Seit im Sommer 2013 die Verhandlungen über ein Freihandelsabkommen mit den USA begonnen haben, sind noch mehr amerikanische Anwaltskanzleien nach Brüssel gekommen. Sie nehmen an den Anhörungen teil, sprechen in der Kommission vor. Das Abkommen soll die weltweit zwei größten Märkte verbinden. Es lohnt sich, hier Einfluss zu nehmen.

Unternehmen, Verbände, Nichtregierungsorganisationen und Anwaltskanzleien haben in Brüssel eine gewaltige Branche geschaffen, deren Mitarbeiter dafür bezahlt werden, dass sie die Interessen ihrer Arbeit- oder Auftraggeber im gesetzgeberischen Geschäft unterbringen. Sie sollen dafür sorgen, dass Gesetze so geschrieben werden, dass den Unternehmen keine Nachteile entstehen, die den Absatz ihrer Produkte und damit Umsatz und Gewinn gefährden könnten. Die Erfahrung besagt: Je mehr Geld ein Unternehmen in seine Interessenvertretung investieren kann, umso besser gelingt es, politisch Einfluss zu nehmen. Besonders effektiv sind Tabakkonzerne, Glücksspielanbieter, Telekommunikationskonzerne, Banken und Versicherungen, Energiekonzerne, Pharma- und Chemieunternehmen, Rüstungskonzerne, Lebensmittelhersteller und Autobauer. Es sind die Branchen, in denen schon kleine Gesetzesänderungen die Konkurrenz in Vorteil bringen können – und in denen es um richtig viel Geld geht.

Ob Tabakwerbung, Glücksspielvertrag, ermäßigte Mehrwertsteuer auf Bücher, Finanzsteuer oder Datenschutz – bei jeder Gesetzgebung sind Lobbyisten zugegen. Grundlage der Gespräche ist Paragraph 11 des Reformvertrages von Lissabon, der die Zusammenarbeit der Mitgliedsstaaten regelt. Danach ist die EU-Kommission als gesetzgebende Behörde verpflichtet, alle Bittsteller anzuhören. Von der Regel profitieren auch NGOs wie Greenpeace oder der Europäische Gewerkschaftsbund, aber Wirtschaftslobbyisten verfügen über um vieles größere Mittel.

Das Besondere am Lobbyplatz Brüssel sind nicht nur die klassischen Interessenvertreter aus Unternehmen und Organisationen. Das besondere Merkmal des Lobbyismus in der europäischen Hauptstadt sind die nationalen Politiker, die zu Lobbyisten ihrer Heimatinteressen werden. Es sind die Politiker, die regelmäßig aus ihren Heimatländern anreisen, und das politische Personal rund um die nationalen Botschafter bei der Europäischen Union, das die 28 Mitgliedsländer in Brüssel stationiert haben, um in Sitzungen von Ratsarbeitsgruppen dafür zu sorgen, dass die jeweiligen nationalen Interessen im großen europäischen Schmelztiegel nicht unter die Räder kommen. Nationale Politiker werden vor dem Hintergrund oft auseinanderlaufender Interessen und dem Gerangel um beste Plätze im harten innereuropäischen Wettbewerb um Gewinne und Arbeitsplätze für das eigene Land zu exzellenten Lobbyisten in nationaler Sache, und zwar vom Landrat über den Ministerpräsidenten bis zur Bundeskanzlerin. Aus diesem Mechanismus resultiert auch die oft beklagte Tatsache, dass Staatspräsidenten, Ministerpräsidenten und sogar Regionalpolitiker sich nach ihren Gesprächen in Brüssel daheim immer als nationale Sieger aufspielen – obwohl es doch angeblich darum geht, gemeinsam gegen die globalisierte Welt zu bestehen.

Die Klagen darüber gehen ins Leere. Tatsächlich ist es durchaus logisch, dass die Chefs auf ihren Gipfeltreffen nationale Interessen im europäischen Kontext austarieren und sich hernach als Sieger für die eigenen Bürger ausgeben wollen. Luxemburgs langjähriger Premierminister Jean-Claude Juncker warnte 2010 davor, dieses Austarieren der Interessen zu übertreiben. »Das ist doch kein Boxkampf«, machte er nach einem Gipfeltreffen seinem Ärger Luft.[2]

Nicht erst seit der Finanzkrise 2008 wimmelt es von Bankenvertretern. Einer Statistik des EU-Parlaments zufolge machen 700 Finanzlobbyisten in Brüssel ihren Einfluss auf die europäische Gesetzgebung geltend. Ihnen steht ein Budget von 350 Millionen Euro jährlich zur Verfügung.[3] Die Strippenzieher haben viel zu tun. Im Sommer 2013 laufen 107 verschiedene Gesetzgebungsverfahren für den Finanzsektor, für Banken, Versicherungen, Hedgefonds und andere Finanzdienstleister.

Viele Lobbybüros liegen fußläufig zu Europäischem Parlament und Europäischer Kommission. Ein Beispiel ist das »Multiburo Business Center« am Square de Meeûs 38–40. Es liegt in Sichtweite des Europäischen Parlaments. In den Büros mit dem unauffälligen Namen arbeitet beispielsweise die International Swaps and Derivates Association (ISDA), ein Verband der Derivatehändler, zu dessen Mitgliedern auch Goldman Sachs, Deutsche Bank, BNP Paribas Fortis und die Commerzbank zählen und der sich nach eigenen Angaben dafür einsetzt, den außerbörslichen Derivatemarkt »sicher und effizient« zu machen. Im Klartext heißt das: Der Verband will verhindern, dass jenseits der Börsen abgewickelte Geschäfte streng kontrolliert werden – bislang erfolgreich. Bisher ist dieser riesige Markt weitgehend unbeaufsichtigt. Das Volumen dieser Geschäfte beträgt unvorstellbare 450 Milliarden US-Dollar.[4] Im Jahr 2010 brachte die aggressive Lobbyarbeit dem Verband den »Worst EU Lobbying Award«[5] in der Kategorie Finanzen ein, weitere Gewinner waren RWE und Goldman Sachs.

In einem anderen Multibüro sitzt die Association for Financial Markets in Europe (AFME). Die Organisation, der Banken von ABN AMRO über BNP Paribas, die Commerzbank, Dexia und die Deutsche Bank bis hin zur Schweizer UBS und der UniCredit-Gruppe zugehörig sind, setzt sich laut Internetseite für »stabile, wettbewerbsfähige und nachhaltig arbeitende europäische Finanzmärkte« ein. Diese sollen die Wirtschaft ankurbeln und der Gesellschaft zugutekommen. Dem Verband gehören auch Finanzberatungen und Finanzmakler an, assoziiert sind Dienstleister, Beratungsfirmen und Anwaltskanzleien.

Stabil, nachhaltig, wettbewerbsfähig – es sind die üblichen Schlagworte, mit denen die AFME wirbt und die kaum jemand anzweifelt. Das Prinzip ist immer das gleiche, egal ob sich die Finanzbranche oder die Autobauer zu Wort melden: Die Lobbyisten argumentieren, dass sie letztendlich zum Wohle der Bürger arbeiten. Dass sie für Auftraggeber arbeiten, die Jobs schaffen.

Es sind Argumente, an denen keiner so leicht vorbeikommt. Suggerieren sie doch, dass die Unternehmen fürs Gemeinwohl arbeiten. Was überzeugend klingt, aber nicht stimmt. Jedes Unternehmen will zuerst einmal Gewinn machen. Arbeitsplätze werden nicht geschaffen, weil sie schön sind. Sondern weil sie vom Unternehmen gebraucht werden, um Gewinn zu erwirtschaften.

Nicht immer nennen die Lobbyisten offen ihre Auftraggeber. Der konservative Schotte John Purvis etwa, lange Jahre selbst Banker und später als Mitglied des Finanz- und Wirtschaftsausschusses einflussreicher Europaparlamentarier in Brüssel, leitet nach seinem Ausscheiden aus dem EU-Parlament 2009 das Forum »Financial Future« in der Rue d'Arlon 25. Purvis hat sich im Lobbyregister der EU registrieren lassen und verdient sein Geld mit seinem Wissen über die gewachsenen Verflechtungen mit Banken und Parlament. Die Mitglieder des Forums treffen laut Eigenauskunft acht Mal jährlich in Runden mit 30 bis 50 Personen mit EU-Beamten und Abgeordneten zusammen, um aktuelle Gesetzes- und Regulierungsvorhaben zu erläutern und zu debattieren. »Unser Ziel ist es, das gegenseitige Verständnis zwischen Gesetzgebern und den Finanzdienstleistern zu verbessern mit dem

Ziel, sensible, praktikable und angemessene Regulierungen für den Sektor und die angeschlossenen Wirtschaftszweige zu erreichen.«[6] Wer Mitglied des Forums ist, erfährt man auf der Homepage nicht. Wer sich die Mühe macht und extra anruft, bekommt eine Seite im pdf-Format, 31 Mitglieder sind es im Jahr 2013, sie reichen von der Allianz, dem Verband britischer Versicherer, JP Morgan bis PriceWaterhouseCoopers. Auch der Nachrichtenkonzern Thomson Reuters ist dabei.

Es ist ein enges Miteinander von Parlamentariern, Beamten und Bankern. Die Volksvertreter sind wichtige Ansprechpartner, weil sie den meisten Gesetzen, die die EU-Kommission vorschlägt, zustimmen müssen – und deshalb ein gewichtiges Wort bei Änderungen mitreden können.

Enge Verbindungen der Volksvertreter zu Lobbyisten sind nicht illegal. Sie können allerdings schleichend demokratische Prozesse gefährden: Der Bürger sitzt nicht dabei, wenn debattiert wird, wie welches Gesetz geschrieben werden soll. Der Bürger muss sich darauf verlassen, dass die gewählten Volksvertreter seine Interessen berücksichtigen. Aber weil die in den Diskussionen eben nur die Interessen der Banker zu hören bekommen, und dies sehr ausführlich, und weil ihnen obendrein suggeriert wird, die Interessen der Finanzbranche seien auch die Interessen der Bürger (wo die Wirtschaft gut läuft, gibt es auch Jobs, und Jobs will schließlich jeder, gerade wenn wie jetzt die Arbeitslosigkeit in Europa bei zwölf Prozent liegt), ist der Verdacht begründet, dass die Interessen der Bürger hinter jenen der Banker zurückbleiben.

Die Abgeordneten, die von den Banken-Lobbyisten des Forums über die Auswirkungen geplanter Gesetze aufgeklärt werden, sind in der Regel auch diejenigen, die im Parlament an den Schaltstellen der Finanzgesetzgebung sitzen. Auch an anderen Schaltstellen der Gesetzgebung sitzt die Finanzbranche dabei. Etwa in der Europäischen Kommission. EU-Binnenmarkt- und Dienstleistungskommissar Michel Barnier arbeitet dort an einem Vorschlag zur Regulierung der Bankenstruktur. Es geht darum, ob es sinnvoll ist, die großen Finanzkonzerne zu spalten: in Geschäftsbanken zur reinen Finanzierung von Unternehmen und in Spekulationsbanken mit ihrem Hedgefonds- und Derivategeschäft. Es ist ein weitreichendes und heikles Unterfangen. Entschließt sich Barnier für einen Gesetzesvorschlag, der die Trennung der Großbanken in Geschäftsbanken und Spekulationsbanken vorschreibt (im EU-Jargon Trennbanken-Gesetz genannt), würde die Struktur des europäischen Finanzmarktes komplett verändert. Normale Geschäftsbanken würden geringe Umsätze erwirtschaften und somit weniger zum Wachstum beitragen – was gegen die vorherrschende Meinung verstößt, in jedem Fall für viel Wachstum sorgen zu müssen. Zwar würden die Investmentbanken deutlich höhere Gewinne einfahren, aber dafür auch das Risiko in Kauf nehmen müssen, alles zu verlieren. Und anders als heute stünden dann keine Einlagen der kleinen Kunden bereit, diese Verluste aufzufangen. Und weil die Banken ihre schönen Sicherheiten nicht verlieren wollen und gute Drähte in die Politik haben, sieht es nicht nach einem strengen Trennbanken-Gesetz für Europas riesige Finanzinstitute aus.

Barnier weiß um die Brisanz und lässt es vorsichtig angehen. Eine Expertengruppe in der Generaldirektion Binnenmarkt, in der 37 der 42 Fachleute aus dem Finanzsektor stammen, prüft zunächst, was getan werden könnte, um den Finanzmarkt sicherer zu machen. Es ist ausschließlich die Sicht der Banken, die in der Europäischen Kommission eine Zeitlang die Richtung vorgibt. Irgendwann schwant dem Franzosen, dass es so nicht geht. Im Jahr 2011 löst Barnier die Expertengruppe wieder auf und überträgt die Arbeit einer anderen Gruppe unter Leitung des finnischen Notenbankpräsidenten Erkki Liikanen, der im Oktober 2012 einen Bericht zur Reform des europäischen Bankenmarkts vorlegt. Liikanen schlägt vor, Großbanken sollten intern Schutzwälle errichten und Geschäfte mit herkömmlichen Bankkunden von Spekulationsgeschäften trennen. Es wäre eine Bankenreform light.

Barnier macht aus dem Bericht – nichts. Er hört auch nicht auf Bryan Marsal, der als Insolvenzverwalter der US-Investmentbank Lehman Brothers wirklich tiefen Einblick in die Verflechtungen von normalen Bankgeschäften und mit Wertpapieren handelnden Zockerabteilungen hat. Marsal empfiehlt als Konsequenz dieser Verflechtungen eine Aufspaltung von Geschäfts- und Investmentbanken, um weitere Krisen zu vermeiden und die kleinen Sparer zu schützen. Dennoch nimmt der französische Kommissar Rücksicht auf die Großbanken in Deutschland und Frankreich, die gegen das Vorhaben Sturm laufen, und legt Anfang 2014 einen sehr zaghaften Reformvorschlag vor.

Dem EU-Parlament geht die Rücksichtnahme auf die Banken zu weit. Abgeordnete sehen Barnier beinahe als Lobbyisten der Finanzbranche. Der Grüne Sven Giegold, finanzpolitischer Sprecher, spricht aus, was viele Abgeordnete denken: »Michel Barnier schützt mit seinem Zaudern die Deutsche Bank und französische Großbanken, die zu groß sind, um jemals ohne Kollateralschäden abgewickelt zu werden.«[7] Im Wirtschafts- und Währungsausschuss, in dem Giegold sitzt, schreiben die Abgeordneten später unter Bezug auf die Empfehlungen von Liikanen einen sogenannten Initiativbericht, den McCarthy-Bericht über die Strukturreform des EU-Bankensektors, der Barnier an seine Pflicht erinnern soll, endlich einen Gesetzesvorschlag zur Reform des Bankensystems vorzulegen. Mehr können die Volksvertreter mangels Kompetenzen nicht tun. Barnier selbst sitzt zwischen allen Stühlen. Als Franzose nimmt er Rücksicht auf die Großbanken seines Landes, als Kommissar muss er die Interessen der anderen Länder berücksichtigen, und schließlich warnt die Bankenlobby vor dem Zusammenbruch der Branche, sollte Barnier es wagen, hart durchzugreifen.

Der McCarthy-Bericht über die Strukturreform des EU-Bankensektors ist ein anschauliches Beispiel dafür, wie schwierig Bürgerinteressen gegen die Finanzinteressen durchzusetzen sind. Der Finanzexperte Giegold zählt mehr als 480 Änderungsanträge. Schon das Verhältnis von Berichtslänge zu geforderten Korrekturen ist bemerkenswert: Der Bericht ist nur neun Seiten lang. In vielen Änderungsanträgen machen sich Abgeordnete zu Fürsprechern der Finanzindustrie und fordern, die »Reform der Struktur des Bankenmarktes« zu verhindern oder wenigstens zu verzögern.

Und das, obwohl Großbanken und Versicherungskonzerne weltweit ihr riskantes Spiel zur Gewinnmaximierung noch stärker betreiben als früher. Institute wie die Deutsche Bank oder JP Morgan erfinden und geben Kreditderivate aus, sie organisieren Hedgefonds und Offshore-Firmen. Einer Statistik zufolge ist die Deutsche Bank die größte Derivate-Erfinderin weltweit, größer als JP Morgan. Weltweit vernetzte Finanzriesen wie Goldman Sachs, Versicherungen wie die Allianz oder ihre kalifornische Investmenttochter Pimco betreiben Hedgegeschäfte, sie handeln mit Anleihen, Metallen und Aktien und den daraus entwickelten Derivaten. Eine riesige Pyramide an Finanzgeschäften schraubt sich langsam in die Höhe. Im Ergebnis werden nicht kleine Länder oder kleine Staaten zu den größten Risikofaktoren. Viel gefährlicher sind große Staaten wie Deutschland, Frankreich, Italien und Spanien und eben die Euro-Zone sowie die EZB, die durch politisch unkontrollierbare Großbanken und Riesenversicherungskonzerne in einen Abwärtsstrudel gezogen werden können.

An dieser Vorherrschaft systemischer internationaler Großfinanzkonzerne traut sich die EU-Kommission nicht zu rütteln.

Der zuständige Barnier zögert, obwohl Europa 2013 finanziell weiter äußerst fragil dasteht. Die Schulden der Banken in der Euro-Zone sind dreimal so hoch wie die Staatsschulden aller Euro-Länder. Bei der Pleite mehrerer großer Banken muss jeder Anleger um sein Geld fürchten, wenn er mehr als 100 000 Euro auf einem Konto oder Sparbuch hat – und sei es nur das Geschäftskonto für die Umsätze eines kleineren Unternehmens. Würden die großen Banken aufgespalten in reine Geschäfts- und reine Spekulationsbanken, wären zumindest kleine Sparer und Anleger wirksam geschützt. Denn es würde verhindert, dass mit ihren Einlagen Verluste aus hochriskanten Spekulationsgeschäften im Investmentbereich abgedeckt werden. Vor allem aber: Die staatliche Garantie für die Einlagen könnte nicht mehr zur Subventionierung des riskanten Eigenhandels missbraucht werden.

Aber was gut ist für die Sparer, ist eben schlecht für die Banken. Sie müssten den für ihre Geschäfte vorgeschriebenen Bedarf an Eigenkapital, der ohnehin nur bei etwa sieben Prozent liegt, anderswo teurer auftreiben. Die Politik kuscht vor den Banken. Weil jede Regierung um das Wachstum fürchtet, um die Arbeitsplätze und darum, dass ihnen die Banken ihre Staatsanleihen nicht mehr abkaufen, mit denen sie die Versprechen finanziert, die sie den Wählern gibt.

Der österreichische Jurist und Abgeordnete Hans-Peter Martin, der einst Redakteur beim *Spiegel* war, zuerst als parteiloser Spitzenkandidat der SPÖ und später mit Rückenwind des Boulevardblattes *Kronen Zeitung* über eine eigene Liste ins Europaparlament einzog, wühlt sich durch Änderungsanträge der Europaparlamentarier und analysiert, wer da was fordert. Sein Fazit ist ernüchternd: Viele der von den Volksvertretern eingebrachten Änderungsanträge sollen die große Bankenreform im Sinne der Banken unterlaufen.

Es ist eine starke Behauptung. Aber wer die Änderungsanträge liest, kann sich dieses Eindrucks kaum erwehren. Quer durch das Parlament gehen die Einsprüche, und sie gleichen in der Wortwahl den Argumenten der Finanzbranche. Wie beim konservativen schwedischen Abgeordneten Gunnar Hökmark und dessen Kollegen Krišjānis Kariņš aus Lettland.

Die Trennung der Banken könnte »die Funktionsfähigkeit des gesamten EU-Bankensektors beeinträchtigen, den Wettbewerb verzerren und weitreichende negative Auswirkungen auf das Wirtschaftswachstum haben«, schreiben sie in Änderungsantrag 237. Der führende konservative französische EU-Abgeordnete Jean-Paul Gauzès, einst beschäftigt beim belgischen Bankkonzern Dexia, schreibt in Änderungsantrag 28, dass die dringenden Reformen »angesichts der schwachen Wirtschaftslage in Europa« nicht notwendig seien. Eine Reihe von liberalen skandinavischen Abgeordneten verlangt in Änderungsantrag 185, dass Bankgeschäfte »nicht durch neue Reforminitiativen behindert werden dürfen«. Der deutsche CDU-Abgeordnete Burkhard Balz, früher Abteilungsdirektor bei der Commerzbank, behauptet in Änderungsantrag 104, dass die Trennung von Geschäfts- und Investmentbanken kaum »einen positiven Beitrag leisten könnte, eine zukünftige Finanzkrise zu verhindern oder das Risiko zu verringern«.

Andere Volksvertreter beschränken sich auf Verzögerungstaktik. Die skandinavischen Liberalen Olle Schmidt, Anne Jensen und Nils Torvalds fordern in Änderungsantrag 72 vor einer möglichen Trennung der Banken eine aufwendige »Folgenabschätzung der Kosten und Vorteile«. Auch der langjährige deutsche CDU-Abgeordnete Werner Langen kennt das parlamentarische Geschäft bestens. Er weiß, wie erfolgreich verzögert wird, und fordert deshalb in Änderungsantrag 143, »im Vorfeld ausführlich zu analysieren«. Und als wäre das alles nicht genug, torpedieren einige Abgeordnete auch das grundsätzliche Ziel eines »verbraucherorientierten Bankwesens« (Änderungsantrag 608).

Die Lobby-Infoabende in Brüssel erfüllen offensichtlich ihren Zweck. Viele Europaparlamentarier setzen die Interessen der Banken mit denen der Bürger gleich – und stimmen entsprechend ab.

Die Grünen unter Giegold bringen mehrere Anträge ein,

um die Aufspaltung der Banken zu forcieren. Auch Rechercheur Hans-Peter Martin* bringt einen Änderungsantrag ein. Unter Nummer 94 fordert er, dafür zu sorgen, dass »Banken auch in einem einzelnen Mitgliedsstaat nicht mehr so groß sein dürfen, dass sie zum Systemrisiko werden und die Steuerzahler für die Schäden aufkommen müssen«[8].

Über das Zusammenspiel von Beamten, Politikern und Diplomaten

Einfluss genommen wird auf europäischer wie auf nationaler Bühne über *revolving doors*, sogenannte Drehtüren oder Seitenwechsler zwischen öffentlichen und privatwirtschaftlichen Positionen. Am 14. Juli 2010 tritt der frühere stellvertretende deutsche EU-Botschafter Peter Witt seine neue Stelle als Leiter des Siemens-Verbindungsbüros bei der Europäischen Union in Brüssel an. Dass Botschafter nach der Pensionierung zu Siemens wechseln, hat Tradition. Witt tritt bei Siemens die Nachfolge von Wilhelm Schönfelder an, ebenfalls ein deutscher EU-Botschafter, der 2007 zu Siemens wechselte und 2010 in den Ruhestand geht. Gewechselt wird auch anderswo. Der britische Botschafter in Brüssel, Sir Jon Cunliffe, bereitet Ende 2013 seinen Wechsel zum Vize-Gouverneur der Bank of England vor.

Als um die Jahrhundertwende die BSE-Krise die europäischen Rinderzüchter fast in den Ruin treibt, beruhigt der

* Der fraktionslose Hans-Peter Martin ist ein ungeliebter Abgeordneter, seit er mit versteckter Kamera Kollegen filmen ließ, die Sitzungsgeld kassierten, ohne im Plenum zu sein. Sein ehemaliger Büroleiter Martin Ehrenhauser beschuldigt ihn, Wahlkampfgelder in der Höhe von fast einer Million Euro veruntreut zu haben. Die Staatsanwaltschaft Wien ermittelt. Das Europaparlament verlangt die teilweise Zurückzahlung von 160 000 Euro falsch abgerechneter Sekretariatszulage. Martin bestreitet alle Vorwürfe.

Salzburger Gregor Kreuzhuber in Brüssel als Sprecher des rührigen österreichischen Agrarkommissars Franz Fischler die Öffentlichkeit. Seit 2006 macht er als Senior-Partner Kasse bei der auf strategische Politikberatung spezialisierten PR-Agentur g+(europe), die von den beiden Ex-Spitzenbeamten Nigel Gardner und Peter Guilford gegründet wurde. Andere ehemalige Mitarbeiter aus der EU-Kommission und des EU-Parlaments leiten die Lobby-Schaltstelle Cicero Consulting.

Cicero Consulting Brussels ist ein Ableger einer ausgezeichnet vernetzten »Kommunikationsagentur« mit Sitz in London. Das Büro in Brüssel zeichnet sich laut Eigenwerbung durch »detaillierte Kenntnis der europäischen Politik-Landschaft aus und wird durch Personal unterstützt, das über Arbeitserfahrungen in den wichtigsten EU-Institutionen verfügt«. Ganz im Sinne der City of London, also der britischen Finanzindustrie, bittet die Agentur am 5. Juli 2013 die gerade ins Amt eingeführte litauische Ratspräsidentschaft an einen runden Tisch, um die Neulinge im politischen Geschäft der EU über »Prioritäten bei der Finanztransaktionssteuer und Finanzdienstleistungen« zu briefen. Wenig später taucht ein juristisches Gutachten zur von der City aufs Schärfste bekämpften Finanztransaktionssteuer auf, das die Steuer über den Rechtsweg ins Nichts schicken soll. Das kleine Land Litauen, das zum ersten Mal für sechs Monate die Geschäfte der Europäischen Union führt, hat dem massiven Einfluss der Finanzlobby wenig entgegenzusetzen. Die in der EU noch unerfahrenen Litauer sind froh über die Unterstützung der erfahrenen Europäer, sie sind froh über jeden Rechtsanwalt mit langjähriger Praxis in europäischer Gesetzgebung.

Einflussnahme über die jeweils amtierende Ratspräsidentschaft und über die Treffen der Fachminister aus den 28 nationalen Regierungen sind erfolgversprechende Wege für Lobbyisten. Die Minister der verschiedenen Ressorts Justiz, Innen, Umwelt, Energie, Wettbewerb und andere treffen sich regelmäßig in Brüssel oder Luxemburg, um die von der EU-Kommission vorgelegten Gesetzesvorhaben abzustimmen. Und so wie ein Unternehmer den Blick darauf richtet, dass ein Gesetz sein Geschäft nicht gefährdet, richten die Minister ihre Blicke darauf, dass die aus der Kommission kommenden Gesetzesvorschläge jeweils dem eigenen Land nicht schaden. Sie ringen um nationale Standortvorteile im harten innereuropäischen Wettbewerb und wollen Gesetze entsprechend beeinflussen. Es ist der Weg, den der britische Finanzminister wählt, um die in der City of London so verhasste Finanztransaktionssteuer, eine Umsatzsteuer auf Finanzgeschäfte, zu kippen. Sein Stab bringt über eigene Rechtsanwälte ein Gutachten in die Beratungen ein, in dem Teile der Gesetzgebung für rechtswidrig erklärt werden. Zwar widersprechen die Juristen der EU-Kommission umgehend. Aber der Streit der Juristen hat den in London gewünschten Effekt: Alles verzögert sich. Die ursprüngliche Absicht, mit Hilfe der Steuer Finanzspekulationen zu erschweren, dämmert einem langsamen Tod entgegen. Und für einige Kollegen aus anderen Ländern birgt der elegante britische Widerspruch besonderen Charme: All jene, die zwar halbherzig für die Steuer geworben haben, diese aber eigentlich auch nicht wollen, weil sie selbst einen großen Finanzplatz haben, können sich hinter den Briten verstecken. Während die Juristen in Brüssel streiten, lässt die Bundesregierung freundlich ausrichten, dass sie sich weiter »für eine baldige Einführung« der Steuer einsetze, aber freilich erst die juristischen Bedenken geklärt haben möchte.

Wer in der Lobby-Metropole Brüssel arbeitet, hat als Lobbyist deutlich mehr Beamte und Verantwortliche zu überzeugen als die Kollegen in Berlin. Die Europäische Kommission ist das institutionelle Machtzentrum der Europäischen Union. Aus ihr gehen fast 80 Prozent der Richtlinien und Verordnungen hervor, die später in nationales Recht übernommen und umgesetzt werden. Die Behörde ist ein Superministerium für alles: Dort gibt es die für einzelne Themen wie Wirtschaft, Wettbewerb, Klima, Industriepolitik, Binnenmarkt oder Energie zuständigen Kommissare und deren Generaldirektoren. Die Spitzenbeamten der EU sind wichtige Ansprechpartner für Lobbyisten.

Der EU-Kommissar gibt politische Leitlinien vor, er wird aus seinem Heimatland geschickt – oder manchmal auch aus der nationalen Politik nach Brüssel entsorgt. Oft fühlen sich Kommissare mehr fürs Operative zuständig, nicht für Strategien. Selten wirken sie als wirkliche Lenker. Lobbyisten, die lange in Brüssel arbeiten, gehen schnell dazu über, sich auf die Generaldirektoren zu konzentrieren.

Die erfahrenen Generaldirektoren kontrollieren die Verwaltung. Die meisten von ihnen kommen mit Anfang 20, also sehr jung nach Brüssel – und bleiben. Ihre Karrieren gleichen den berühmten amerikanischen Vorbildern – sie bringen es vom »Tellerwäscher« (unbezahlten Praktikanten) zum »Millionär« (Monatsgehalt 21 000 Euro). Anders als in Amerika sind die Karriereschritte streng vorgeschrieben. Die Beamten werden vom Kommissionschef bzw. seiner Generalsekretärin von einem Posten auf den anderen befördert. Ein Generaldirektor ist fachlich gesehen der einflussreichste Beamte der Kommission. Über ihm gibt es nur noch die Generalsekretärin der EU-Kommission. Der Generaldirektor ist meist Jahrzehnte in der Behörde auf verschiedenen Posten, er kennt die Beamten und verfügt nach und nach über ein brillantes Netzwerk – und hat den Überblick über alle Prozesse und Vorhaben. Er ist mächtig genug, den Kurs seines Kommissars zu beeinflussen – und sogar zu korrigieren. Die Erfahrung zeigt, dass der politische Erfolg des Kommissars von dessen Generaldirektor abhängt. Dieser wird ihm vom Präsidenten der Behörde zugeteilt. Dabei wird streng darauf geachtet, dass Kommissar und Generaldirektor nicht die gleiche Nationalität haben – nationale Seilschaften sollen gar nicht erst entstehen. Barroso darf dem deutschen

Kommissar Günther Oettinger erst einen Briten zuordnen, später, ein Jahr vor dem Ende von Oettingers Amtszeit, einen Franzosen. Außenstehende wundern sich, dass innerhalb einer Kommissarsamtszeit von fünf Jahren ständig die höchsten Beamten wechseln – und nicht über die ganze Zeit bei dem Kommissar bleiben. Die Lösung ist einfach. Die hohen Beamten wollen Karriere machen. Wer ganz oben ankommen will, muss eine von der Bürokratie bestimmte Abfolge von Posten durchlaufen. Wenn die Gelegenheit für den nächsten Schritt auf der Karriereleiter kommt, greifen die Beamten zu – unabhängig davon, ob sie dafür fachlich neue Wege gehen oder ihren Kommissar vor der Zeit sitzenlassen müssen.

Statt der Politik lenkt der Apparat die Geschicke Europas, kritisierte schon der frühere deutsche EU-Kommissar Günter Verheugen: »Zu garantieren, dass die Politik das Sagen hat, ist im Brüsseler Apparat schwieriger als daheim.« Die Verwaltung habe »große Spielräume«. Sie entscheide weitgehend über Personal, Mittelverwendung und Organisation und schwäche damit den Einfluss jedes einzelnen Kommissars.

In den letzten Jahren ist ein weiteres Phänomen zu beobachten. Beamte der unteren Verwaltungshierarchie, also Sachbearbeiter, Verwaltungsräte und Hauptverwaltungsräte, Vize-Referatsleiter und Referatsleiter, beeinflussen zunehmend die Entscheidungen. Sie sind meist hervorragend ausgebildet, haben detaillierte inhaltliche Kenntnisse in ihren Fachabteilungen, sie arbeiten strukturiert und effizient und erwerben sich so den Ruf, ein Kenner der oft hochkomplexen Materie zu sein. Zum Gefühl der fachlichen Überlegenheit, das viele Kommissionsbeamte vor sich hertragen, gesellt sich die Überzeugung, einer guten Sache, nämlich Europa zu dienen. So gilt für viele Kommissionsbeamte der Satz, den der Brite Jonathan Faull, zuletzt Generaldirektor bei Binnenmarktkommissar Michel Barnier, über sich selbst und seine

Motivation zu Protokoll gibt: »I dedicated my life to the European Union.«[9]

Das einflussreiche Eigenleben des Verwaltungsapparats beruht auf dem neuen System zum Erlassen von delegierten Rechtsakten, umgangssprachlich das Verfassen des Kleingedruckten bei Gesetzen, das mit dem Vertrag von Lissabon begründet wurde. Wer es verstanden hat, sichert sich viel Einfluss.

Die Europäische Kommission erlässt jährlich etwa 100 Richtlinien und Verordnungen, meistens sind das Gesetze, die einen rechtlichen Rahmen vorgeben (Rahmengesetze), der später mit kleingedruckten Regeln ausgefüllt und umgesetzt wird. Sichtbar für alle sind an den Rahmengesetzen beteiligt Mitgliedsstaaten, Kommission, Parlament und Lobbyisten. Unsichtbar dagegen bleibt die sekundäre Rechtssetzung, jährlich rund 2500 Rechtsakte, mit denen die Rahmengesetze umgesetzt werden. Das ist das Kleingedruckte, also etwa Durchführungsbestimmungen zu Gesetzen, die Umweltvorschriften, Finanzdienstleistungen, Landwirtschaft, Pharmazie oder Lebensmittelvorschriften betreffen.[10] Dieser Prozess wird vor allem Beamten überlassen. Die Ausarbeitung der Gesetze findet in Prüfausschüssen statt, Tagungsberichte und Teilnehmerlisten werden spät oder gar nicht veröffentlicht. Wer da wirklich mitschreibt, bleibt oft im Dunkeln. Wenn der frühere bayerische Ministerpräsident Edmund Stoiber – auch als akribischer Aktenfresser bekannt – über Bürokratie-Abbau in Brüssel redet, meint er genau dieses Kleingedruckte.

Es ist ein breites Einfallstor für Lobbyisten. Sie müssen meist nur einen oder eine Handvoll von Beamten kennen, die über den Vorschriften sitzen. Vor allem aber ist es ein hochkomplexes Feld, in dem sich ehrgeizige Beamte verwirklichen können. Das Verfahren geht so: Die Kommission legt den zuständigen Prüfausschüssen, in denen nationale Beamte der Mitgliedsländer sitzen und die von EU-Beamten geleitet werden, einen Entwurf zur Durchführung eines Rechtsaktes vor. Der Prüfausschuss prüft und gibt anschließend seine Stellungnahme ab. Zur Annahme ist eine qualifizierte Mehrheit nötig, das sind 255 von insgesamt 345 Stimmen (jedes Land hat je nach Größe und Bevölkerung unterschiedlich viele Stimmen). Lehnt der Prüfausschuss den Entwurf ab, kann die EU-Kommission diesen ändern, das Verfahren neu beginnen oder in Berufung gehen. Kommt eine qualifizierte Mehrheit dafür oder dagegen nicht zustande, reicht auch eine einfache Mehrheit. Gibt es keine einfache Mehrheit dagegen, kann die Kommission das Kleingedruckte erlassen.

Wie weit solche hochkomplizierten bürokratischen Prozesse europaweit das tägliche Leben beeinflussen, lässt sich an vielen Beispielen erzählen.

Im Sommer 2013 bereiten findige Beamte einen Verordnungsentwurf vor. Olivenöl soll nur in original verschlossenen Flaschen in Restaurants auf den Tischen stehen, nicht lose in nachfüllbaren Kännchen. Als das bekannt wird und ein Aufstand dagegen losbricht, zieht die Kommission den Vorschlag zurück.

Im Jahr 2009 finden Produzenten von Roséwein in der französischen Provence heraus, dass die Kommission einen Verordnungsentwurf vorbereitet hat, der die Bezeichnung »Roséwein« auch für Mischungen aus Weiß- und Rotwein genehmigen sollte. Sie schlagen Alarm und finden heraus, dass dieser Verordnungsentwurf auf die Reform der »Gemeinsamen Marktorganisation für Wein« zurückgeht, erlassen 2007. Gerade noch gelingt es, die Verordnung zu kippen.

Kommissare als Interessenvertreter ihres Heimatlandes

Der deutsche Energiekommissar Günther Oettinger hat von Kommissionschef Barroso einen erfahrenen Briten an die Seite gestellt bekommen. Philip Lowe, 64 Jahre alt und 2014 in den Ruhestand wechselnd, perfekt Deutsch sprechend, dies aber so gut wie niemals öffentlich anwendend, seit 1973 in der EU-Kommission tätig. Lowe ist ein profunder Kenner des bürokratischen Apparats. Im Herbst 2002 erreicht er den vorläufigen Höhepunkt seiner Laufbahn, er wird zum Generaldirektor Wettbewerb ernannt, eine der einflussreichsten Positionen in Brüssel. In dieser Funktion hat Lowe reichlich Gelegenheit, sich mit europäischer Energiepolitik vertraut zu machen. Er lässt die EU-Wettbewerbsbehörde die europäischen Strom- und Gasmärkte auf Verstöße gegen das Kartellverbot prüfen – und wird prompt fündig. Diverse Kartellverfahren gegen Energiekonzerne folgen, teilweise enden sie mit hohen Geldbußen. Die deutsche Energiewirtschaft ist nicht begeistert davon, dass hinter Oettinger, dem die Interessen der deutschen Energieunternehmen am Herzen liegen, dieser andersdenkende Brite steht.

Als Energie-Kommissar ist Oettinger nicht nur gefragter Ansprechpartner der Strom- und Gaskonzerne. Auch die Autoindustrie wendet sich schon mal an den früheren Ministerpräsidenten Baden-Württembergs. Etwa, wenn es darum geht, angeblich zu hohe Kohlendioxid-Grenzwerte für Autos zu verhindern. Am 5. Juli 2012 schreibt Volkswagen-Chef »Professor Dr. rer. nat. Dr.-Ing. E. H. Martin Winterkorn« an den »lieben Herrn Oettinger«, dass sich sein Unternehmen wie andere Autobauer dem bereits vereinbarten anspruchsvollen Ziel verbunden fühle, bis 2020 den Ausstoß von Kohlendioxid auf 95 Gramm pro gefahrenen Kilometer zu begrenzen – freilich aber unter den im Jahr 2008 in einem »politischen Kompromiss« zwischen EU-Kommission, Mitgliedsstaaten und EU-Parlament gefundenen Bedingungen. Es sind komplizierte technische Bedingungen, die den Autobauern aber letztlich einige Hintertürchen auflassen, um die 95 Gramm CO_2 pro gefahrenen Kilometer bloß auf dem Papier und nicht in der Praxis erreichen zu können.

Jetzt aber, schreibt Winterkorn, »scheint die zuständige

Generaldirektion Klimaschutz die Absicht zu haben, diese Architektur substantiell verändern zu wollen« – was seiner Ansicht nach »überproportional zulasten der Premium-Hersteller« gehen und deren Bemühungen, den CO_2-Ausstoß zu senken, marginalisieren würde. Um dies zu verhindern, »bitten wir die Kommission höflich, an der bisherigen Architektur festzuhalten«, endet der Brief Winterkorns. Im Anhang finden sich dann noch einige »Argumente« für den Standpunkt von Volkswagen. Und weil der Brief offensichtlich auch von anderen Kollegen in der Kommission verstanden werden soll, ist er in englischer Sprache abgefasst. Die Absicht ist klar: Winterkorn bittet Oettinger, entsprechend Einfluss zu nehmen, um die Interessen des Konzerns durchzusetzen.

Schon ein paar Tage später, am 12. Juli 2012, meldet Oettinger Vollzug, in Deutsch. »Sehr geehrter Herr Professor Winterkorn«, schreibt Oettinger, die Kommission habe ihre Entscheidung getroffen. »Es kann festgestellt werden, dass die verabschiedete Fassung einige nicht unwesentliche Verbesserungen im Vergleich zum ursprünglichen Vorschlag beinhaltet.« Die Versuche, die Architektur zu ändern, seien »nicht durchgedrungen«. Und nicht nur das. »Zweitens wird die Belastung der Industrie durch die Wiederaufnahme von zwei Flexibilisierungsmaßnahmen vermindert«: Zum einen könnten Ökoinnovationen – darunter verstehen die Hersteller etwa Sonnendächer – wieder angerechnet werden, ebenso wie »Super-Credits«, die einem Hersteller zugeschrieben werden, wenn er viele Elektroautos verkauft.

Der letzte Absatz von Oettingers Brief zeigt, was die Vereinbarungen zu den CO_2-Grenzwerten im Sinne des Klimaschutzes wirklich wert sind – nämlich fast nichts. »Schließlich begrüße ich es, dass sich die Kommission in dem Entwurf verpflichtet, bis 2014 Bilanz zu den Emissionsgrenzwerten zu ziehen, jedoch keine verbindliche Verpflichtung eingeht, in diesem Zusammenhang zwangsläufig auch Vorschläge zu möglichen neuen Grenzwerten nach 2020 vorzulegen. Damit kann die Diskussion über unsere CO_2-Politik nach 2020 ergebnisoffen geführt werden«, freut sich Oettinger, bevor er sich »mit freundlichen Grüßen von Brüssel nach Wolfsburg« verabschiedet.

Staats- und Regierungschefs als mächtigste Interessenvertreter

Schließlich findet in Brüssel die wohl höchste Form der politischen Interessenvertretung statt: Wenn nämlich Staats- und Regierungschefs persönlich dafür Sorge tragen, dass europäische Gesetze nationale Konzerne nicht in die Bredouille bringen und deshalb zu Fürsprechern heimischer Industrien werden. Die Staats- und Regierungschefs sind die mächtigsten Lobbyisten in Europa. Auch Angela Merkel ist erfolgreich dabei, ihre Macht im Sinne deutscher Autokonzerne einzusetzen und diverse Auflagen für den Ausstoß von Klimagasen zu verhindern – über ein paar Anrufe bei Kollegen.

Allerdings: Regierungschefs, die mit SMS oder Anrufen untereinander vertrauliche Vereinbarungen treffen und dann entsprechende Anweisungen geben, machen Politik am Parlament und Bürger vorbei. Persönliche Absprachen und politische Gegengeschäfte auf Chefebene, die in Europa zum Alltag gehören und trotz ihrer Auswirkungen auf die Gesetzgebung weitgehend vertraulich bleiben, verstärken das ohnehin vorhandene Demokratiedefizit der Europäischen Union.

Wie Realpolitik in Europa funktioniert, lässt sich anschaulich an dem Streit um die Klimagas-Grenzwerte für Autos erzählen. Vordergründig geht es dabei um Auflagen, die Autos umweltfreundlicher machen und das Klima schonen sollen. Tatsächlich aber ist das Ringen um die Klimagas-Grenzwerte ein Ausdruck des harten Wettbewerbs, den sich die Autobauer um Anteile im umkämpften europäischen Automarkt liefern. Anders als so oft in Sonntagsreden gepredigt, geht es nicht in erster Linie darum, das Klima zu schützen oder die Europäische Union stark zu machen im globalen Wettbewerb – sondern darum, sich den Markt, so gut es geht, aufzuteilen und die Konkurrenten hinter sich zu lassen. Es geht um BMW gegen Daimler gegen Peugeot gegen Fiat gegen Volkswagen. Wäre es anders, würden sich Europas Autokonzerne zusammenschließen zur Europa AG und gemeinsam gegen die Konkurrenz in den USA und Asien antreten. Stünde tatsächlich Klimaschutz im Vordergrund, gäbe es nicht die zahlreichen Ausnahmen, die die streng erscheinenden Grenzwerte zu Papiertigern machen.

Am Tag der Deutschen Einheit des Jahres 2013 gibt sich Deutschlands Botschafter bei der Europäischen Union, Peter Tempel, in Brüssel die Ehre. Er lädt Diplomaten, Beamte, Journalisten und Freunde zu einem kleinen Mittagsempfang in die Ständige Vertretung der Bundesrepublik ein. Es gibt Small Talk, Händeschütteln und Häppchenessen, wie üblich auf solchen Empfängen. Es gibt auch einige unter den Gästen, die gedanklich schon 24 Stunden weiter sind und die eine wichtige Frage umtreibt: Wird es dem deutschen Botschafter einen Tag später gelingen, im Kreise seiner Kollegen aus den europäischen Ländern für die deutsche Autoindustrie laxere Umweltvorschriften durchzusetzen? Werden die anderen zustimmen? Was muss er dafür liefern?

Auf dem Empfang des Botschafters gibt es vor allem Schulterzucken. »Wir sind noch nicht so weit«, fasst ein deutscher EU-Diplomat zusammen. Wobei sich »wir« auf die Regierungen in Berlin und Paris bezieht. »Die Sache ist so hochpolitisch, das geht über unsere Hutschnur hier hinweg«, bestätigt sein Kollege. Er sagt auch: »Da ist Merkel mittendrin.«

Die deutsche und die französische Regierung pokern um die Pool-Position der heimischen Hersteller im Automarkt. Welcher Hersteller auf Vorteile hoffen kann, hängt davon ab, wie streng die Auflagen zum Ausstoß von Klimagasen ausfallen.

Aus deutscher Sicht ist die Rechnung simpel. Dürfen Flotten von Neuwagen tatsächlich von 2020 an – zumindest rein rechnerisch – durchschnittlich nur noch 95 Gramm Kohlendioxid pro gefahrenen Kilometer ausstoßen, geraten Hersteller wie BMW und Daimler ins Hintertreffen. Beide Konzerne stellen vor allem schwere Limousinen her, keine Kleinwagen. Deshalb fallen ihre Durchschnittsemissionen höher aus als die von Volkswagen, der vom Kleinwagen bis zur Luxuslimousine alles herstellt und deshalb im Mittelwert die Auflagen erfüllen kann. Hersteller kleinerer Wagen haben ohnehin weniger Probleme, strenge Auflagen zu erfüllen, weil diese leichter sind als große Wagen und deshalb weniger Treibstoff benötigen, was wiederum weniger Emissionen bedeutet. BMW versucht, diesen Nachteil durch Elektrofahrzeuge auszugleichen, allerdings geht es nicht so zügig voran wie geplant.

Am Freitag, dem 4. Oktober 2013, soll eigentlich die Entscheidung über die künftigen Grenzwerte fallen. Dazu tagen die Botschafter aus den 28 Ländern, die zuvor von ihren Hauptstädten instruiert wurden. Paris gibt vor, wie der Botschafter abstimmen muss. Berlin ebenfalls. Und Wien gibt vor, welche Allianzen geschmiedet werden können. Die litauische Ratspräsidentschaft, die die Treffen der nationalen Botschafter vorbereitet, hat angekündigt, um die Mittagszeit das schon seit Juni 2013 fertig ausgehandelte Gesetz über die neuen Grenzwerte auf den Tisch zu legen. Die Parlamentarier haben zugestimmt, die Kommission sowieso, ebenso die Fachminister der 28 Mitgliedsstaaten, also auch Deutschland. Es muss eigentlich nur noch formal ein allerletztes Mal genickt werden. Und am Nachmittag des Vortags sieht es so aus, als ob die meisten der EU-Botschafter am Freitag am liebsten nicken würden. Die Sorgen der Bundeskanzlerin um die deutsche Autoindustrie lassen sie kalt.

Paradox ist, dass dennoch die wenigsten Botschafter glauben, dass es so kommt. Sie erinnern sich an den 24. Juni

2013. An diesem Tag soll das Gesetz mit den Klimagas-Grenzwerten für Autos schon einmal formal final abgenickt werden. Was aber nicht passiert, weil Merkel persönlich mit ein paar Anrufen erreicht, dass die damals amtierende irische Ratspräsidentschaft das Gesetz gar nicht erst zum Nicken auf den Tisch legt. In letzter Sekunde nimmt der Ire das Gesetz von der Tagesordnung. Das gab es noch nie. Unter der Hand erzählen Diplomaten von den Anrufen der Kanzlerin bei ihren Regierungschefs. Offiziell freilich sagt niemand etwas. Kein Land möchte diplomatische Schwierigkeiten bekommen. Es ist eines der Grundgesetze der EU, dass ein Land oder ein Staats- oder Regierungschef niemals öffentlich bloßgestellt wird.

Und da ist das Wissen der Botschafter um die Beharrlichkeit der Bundeskanzlerin. Sie hat dafür gesorgt, dass das Gesetz seit Juni nie wieder offiziell auf den Tisch kommt. Merkel hat sich Zeit verschafft, um über eine Allianz mit Frankreich die Grenzwerte im Sinne von BMW und Daimler aufzuweichen. Es ist eine direkte Hilfe des Kanzleramtes für BMW und Daimler, deren Chefetagen die Brisanz der geplanten europäischen Klimagas-Grenzwerte lange Zeit nicht erkannt, deshalb nicht frühzeitig interveniert und aufgeschreckt erst in letzter Sekunde Alarm geschlagen haben. Die Bundesregierung sei mit allen Beteiligten im engen Kontakt, um eine einvernehmliche Lösung zu schaffen, formulieren es Berliner Verhandlungskreise.

Man höre »positive Geräusche aus Paris«, noch sei aber nichts sicher, sagen die Unterhändler diplomatisch in Brüssel. Tatsächlich haben die deutschen Wünsche in der französischen Regierung einen formidablen Streit ausgelöst. Die meisten Minister stehen hinter ihrem Kollegen Arnaud Montebourg. Der Industrieminister hat, zusammen mit Umweltminister Philippe Martin, einen persönlichen Brief an Staatspräsident François Hollande geschrieben und ihn aufgefordert, nicht auf Merkels Linie einzuschwenken. Zugleich macht Montebourg öffentlich deutlich, was er von der Bundesregierung für ein Entgegenkommen der Franzosen erwarte: einen gesetzlichen Mindestlohn in Deutschland. Dass es diesen nicht gebe, »schadet uns«, sagt er gleich mehreren französischen Medien, darunter *Le Monde*.

Das Fehlen eines deutschen Mindestlohns beschädige »in gewisser Weise die Rechte der europäischen und insbesondere der französischen Angestellten«, weil sie mit »unfairer Konkurrenz« konfrontiert würden. Im Élysée lässt François Hollande durchsickern, man fühle keine Eile zu entscheiden. Womöglich plädiere man am Freitag dafür, alles zu verschieben, etwa auf den Umweltrat zwei Wochen später.

Deutsche Unterhändler versuchen angesichts der zähen Gespräche mit Paris, mit einem Trick die Mehrheit für verwässerte Grenzwerte zu erreichen. Eine Woche vor dem Abstimmungstermin verteilen der stellvertretende Botschafter Deutschlands unter den anderen Botschaftern einen früheren, längst verworfenen Vorschlag, wonach die 95 Gramm erst 2024 statt 2020 für alle Neuwagen gelten. Er würde den Autoherstellern aller Länder mehr Zeit geben, die Auflagen zu erfüllen. Mit dem Kalkül, wenn erst mal die Industrie gewonnen ist, muss diese nur die eigene Regierung überzeugen. Charmant ist auch, dass die Idee ursprünglich aus Rom stammt, nicht aus Berlin.

In Paris zeigt der Plan die gewünschte Wirkung. Die Autobauer wollen ihn und signalisieren das dem Élysée, der weiter in die Bredouille gerät. In Italien zieht der Plan nicht. Stattdessen löst er diplomatische Verstimmung aus, weil er suggeriert, Italien sei auf die Seite Berlins eingeschwenkt. Die Italienische Botschaft fühlt sich veranlasst, eine E-Mail zur Klarstellung an alle Botschafter zu versenden. Darin heißt es: »Italien hat seine Haltung nicht verändert und unterstützt den Vorschlag, der mit dem Parlament abgestimmt ist.«

Verärgert sind einige Länder auch, weil sich alles immer wieder verzögert. Sie wollen die Sache vom Tisch haben. Diplomaten klagen, sie seien »fast schon krank« vom Geschachere.

Am 4. Oktober tagen die Botschafter. Deutschland erreicht einen Teilerfolg. Die Abstimmung wird tatsächlich erneut verschoben, wie aus Paris gewünscht, auf den Umweltrat. Auch dort passiert nichts. Inzwischen wird mit dem Parlament sondiert, ob es den deutschen Wünschen zustimmen könnte. Deutscher Chefunterhändler ist Thomas Ulmer, CDU-Abgeordneter, praktizierender Dr. med. und Besitzer eines Lamborghini. Anfang November 2013 sagt Ulmer am Telefon, dass er zuversichtlich sei: »die paar kleinen Änderungen« würden keine Probleme machen im Parlament. Es gebe ja jetzt »ganz neue Mehrheiten in Berlin«, fügt er mit Blick auf die laufenden Koalitionsgespräche nach der Bundestagswahl hinzu. Will heißen: Die Sozialdemokraten werden sich nicht widersetzen.

Und genau so kommt es. Am 26. November 2013 gegen 18 Uhr stimmen die Unterhändler des Parlaments den deutschen Vorschlägen zu. Die Grenzwerte werden aufgeweicht. Ein Vertreter der Autoindustrie sagt, die Kompromissfähigkeit des Parlaments sei nicht hoch genug zu werten. Es ist ein vergiftetes Lob. Und dann, am 29. November, tagen die Botschafter erneut. Und auch bei ihnen klappt es: Sie nicken endlich formal und final die aufgeweichten Grenzwerte ab.

Das Lobbygeschäft in Brüssel und Berlin

Brüssel ist für Lobbyisten ein hartes Pflaster. Vor allem, wenn sie vorher in Berlin oder in anderen nationalen Hauptstädten gearbeitet haben – wo alles vergleichsweise übersichtlich ist und alle Deutsch oder eben eine andere Heimatsprache sprechen. In Brüssel gibt es 24 offizielle Sprachen für die Länder der Europäischen Union, und dann kommen noch Asiaten, Russen oder auch ehemalige sowjetische Republiken hinzu –

beispielsweise für Lobbyisten der Energiebranche, die unter anderem mit Turkmenistan oder Aserbaidschan über Gaslieferungen verhandeln.

Der Grüne Joschka Fischer könnte über das schwierige europäische Lobbygeschäft in der Energiebranche einiges erzählen – wenn er wollte. Fischer ist um das Jahr 2009 eine Zeitlang regelmäßig in Brüssel anzutreffen. Der ehemalige Bundesaußenminister und Vizekanzler der Bundesrepublik Deutschland ist unterwegs im Auftrag einiger Energiekonzerne, darunter RWE, die eine Gasleitung vom Kaspischen Meer nach Europa legen wollten. Nabucco, vor allem berühmt als Titel einer Oper von Guiseppe Verdi, soll die Leitung heißen, mehr als 3300 Kilometer soll sie lang sein, jährlich bis zu 31 Milliarden Kubikmeter Erdgas aus dem kaspischen Raum, dem Nahen Osten und Turkmenistan über türkischen Boden bis nach Österreich befördern. 2014 sollte das erste Gas fließen. Und zwar um Russland herum. Fischer soll den Boden bereiten für die europäische Unabhängigkeit von russischem Gas. Denn genau das ist das Argument für die teure Leitung: Damit die Europäer sich unabhängiger machen können von Russland, ist diese Leitung nötig, sagen Energiemanager und EU-Energiekommissar Oettinger. Freilich geht es auch um ein großes Geschäft. RWE will den Wettbewerbern E.on und natürlich Gazprom das riesige Gasgeschäft in Deutschland nicht allein überlassen. Die Hälfte der deutschen Haushalte heizt mit Erdgas.

Trotz des Einsatzes des früheren Bundesaußenministers klappt das Vorhaben nicht wie vorgesehen. »Nabucco ist ein Desaster«, sagt eine belgische EU-Diplomatin, die für das europäische Energiegeschäft mit zuständig ist und die im September 2012 nach Nikosia auf Zypern gereist ist, wo sich die Energieminister der 27 europäischen Länder treffen. Nabucco wird es nicht geben, sagt die Belgierin in Nikosia und lächelt diplomatisch, als sie über das Scheitern des grünen Lobbyisten Fischer und des konservativen Kommissars Oettinger redet. Denn Fischer und Oettinger schweigen über die Niederlage von Nabucco. Fischer verabschiedet sich still aus den Diensten von RWE. Und RWE verkauft seine Anteile an dem Projekt Nabucco Anfang 2013 an den österreichischen Energiekonzern OMV. Im Juni erklärt die OMV das Projekt für gescheitert. Oettinger weigert sich lange, das Projekt offiziell für gescheitert zu erklären. Stattdessen flüchtet er sich in neue Ankündigungen, redet von Teilstücken der Pipeline wie Nabucco-Ost oder Nabucco-West. Die belgische Diplomatin winkt ab. »Nabucco könnte gar nicht mit Gas gefüllt werden.« Weil die Europäische Union und die Energiekonzerne nicht ausreichend Gaslieferverträge unterzeichnen konnten. Einige frühere Republiken der Sowjetunion, heute selbständige Staaten, liefern lieber nach Russland als nach Europa.

Nabucco ist ein Beispiel dafür, dass Lobbyisten nicht immer erfolgreich sind. Als Fischer noch für Nabucco in Brüssel unterwegs war, beschrieb er einmal bei einem Frühstück in einem Hotel nahe der Europäischen Kommission seine Arbeit als politischer Handelsvertreter eines Unternehmens. Sie unterscheide sich im Prinzip kaum von seiner früheren Tätigkeit als Bundesaußenminister. Auch damals habe er Interessen vertreten, nämlich die der Bundesregierung. Auch damals saß er in Vorzimmern, wartete, vorgelassen zu werden und Argumente vorzutragen. Er musste Mehrheiten sammeln, überzeugen, genau das sei es immer wieder.

So redet auch sein ehemaliger Chef Gerhard Schröder. Allerdings ist der Bundeskanzler a. D. ein wesentlich erfolgreicherer Lobbyist als sein früherer Stellvertreter. Schröder verschreibt sich früh seinem Freund Wladimir Putin und dem russischen Energiekonzern Gazprom. Gemeinsam planen und bauen sie die Gasleitung Nordstream quer durch die Ostsee, was ihm neben fürstlichem Honorar auch den spöttischen Namen Gas-Gerd einbrachte. Nordstream ist von Anfang an eine Konkurrenz-Pipeline für Nabucco – und ein politisches Ärgernis für die osteuropäischen Staaten, weil sie nicht an der Durchleitung verdienen können. Mittlerweile ist aller Ärger hinter verschlossenen Türen abgetragen worden, die Leitung ist seit Ende 2011 in Betrieb. Schröder ist das Beispiel für einen erfolgreichen Energie-Lobbyisten auf europäischem Parkett.

Der Erfolg als Lobbyist im Dienste der Russen verbaut dem SPD-Politiker Schröder freilich politische Chancen. Als am letzten Wochenende im September 2012, direkt nachdem Peer Steinbrück zum SPD-Kanzlerkandidaten gekürt worden ist, in Brüssel die europäischen Sozialdemokraten und Sozialisten ihren Parteitag abhalten, fällt auch der Name Schröder. Viele der Delegierten hätten den *Macher* gern als Direktkandidaten ihrer Parteienfamilie für die Europawahl 2014. Gewänne Schröder, könnte er zum Präsidenten der Europäischen Kommission gewählt werden, »dann hätte Europa endlich eine starke Persönlichkeit an der Spitze«, sagt einer der Delegierten. Aber leider könne man Schröder wegen der russischen Verbindungen nicht fragen.

Professionelles Lobbying sorgt europaweit immer wieder für Kontroversen. Vor allem wegen des damit verbundenen Defizits an demokratischer Kontrolle, das unweigerlich eintritt, wenn Interessenvertreter Beamten Gesetzestexte diktieren.

In Deutschland wird Lobbying als Interessenvertretung bezeichnet, als Public Affairs, politische Kommunikation, Politikberatung. Kritiker geißeln den Einfluss auch als Fünfte Gewalt. Kaum ein Vertreter der Branche schreibt offen Lobbyist auf seine Visitenkarte.

Erstmals verwendet und geprägt wurde der Begriff im US-Kongress: Dort warteten die Interessenvertreter der Unternehmen in der großen Vorhalle – der Lobby – auf die Abgeordneten. Wenn diese aus den Debatten oder Abstimmungen herauskamen, sprachen Lobbyisten sie an – sie lobbyierten, sie antichambrierten. Der Lobbyist ist eine Person, die im

Auftrag eines Dritten oder im Rahmen eines Dienstvertrags bestimmte Interessen vertritt. Ein vom Auftraggeber bezahlter Meinungsmacher und Einflüsterer.

Prinzipiell ist dieses Tun völlig legal. Jeder kann seine Interessen vortragen. Die Volksvertreter müssen frei entscheiden.

Und dennoch kann es problematisch werden. Wenn eine Lobbygruppe mehr Gewicht hat, weil sie dank finanzieller Potenz mehr Überzeugungskraft entwickelt als andere, die mit weniger Geld auskommen müssen. Wenn Abgeordnete fachlich überfordert werden, weil sie einfach keine Zeit haben, mehrere Gesetzesdossiers bis ins letzte Detail zu durchschauen. Sie müssen sich dann auf die Argumente verlassen, die ihnen vorgetragen werden. Und wenn sie überwiegend von Industrie- und Wirtschaftsvertretern vorgetragen werden, kann es schnell dazu kommen, dass ebendiese Argumente überzeugend wirken. Weil es keinen Gegenpart gibt. Lobbyisten haben das Ziel, dass die Interessen ihrer Auftraggeber bei politischen Entscheidungen möglichst umfassend berücksichtigt werden – was sie mitunter sehr kreativ macht.

Grundsätzlich kann Interessenvertretung demokratische Prozesse unterwandern, wenn es den Beteiligten gelingt, den politischen Entscheidungsprozess über das legale Maß hinaus zu beeinflussen, also Gesetze zu schreiben oder zu verhindern, obwohl sie selbst über kein demokratisches Mandat verfügen. Sie werden bezahlt von Dritten, um die Politik zu beeinflussen. Sie sind eine Macht ohne politische Legitimation.

Deutschlands Hochburg der Interessenvertretung ist die Hauptstadt Berlin. Die Regeln für Lobbyisten sind übersichtlich. Interessenverbände müssen sich in einer öffentlichen Liste registrieren, ihre Vertreter bekommen dann einen Zugangsausweis zum Bundestag. Der Präsident des Deutschen Bundestages führt die öffentliche Liste. Zum ersten Mal wurde die Liste 1974 im *Bundesanzeiger* mit 635 eingetragenen Interessenvertretungen veröffentlicht. Die letzte Liste im gedruckten Bundesanzeiger stammt aus dem Jahr 2011 und verzeichnet 2110 Lobbyverbände. Inzwischen gibt es die Liste nur noch im Internet, Ende September 2013 hat sie 2126 Eintragungen.[11] Aufgrund der freiwilligen Eintragung und der engen Definition von »Verband« bildet die Liste allerdings nicht das ganze Spektrum des Lobbyismus um den Deutschen Bundestag ab. Immer wieder gab es Vorstöße, das Lobbyregister verbindlich zu machen. Zuletzt lehnte die schwarz-gelbe Bundesregierung 2011 einen entsprechenden Antrag der Opposition ab.

Die Regeln in Berlin sind so ähnlich wie in Brüssel, allerdings ist das Geschäft in Europas Hauptstadt wesentlich schwieriger. Im politischen Berlin müssen Lobbyisten vergleichsweise wenige Spitzenpolitiker oder Beamte überzeugen. Die Verantwortlichkeiten sind klar, im Kanzleramt wie in den Ministerien.

In Brüssel gibt es wohl keine Person, die über alle politisch relevanten Vorgänge gleichermaßen Bescheid weiß und alle Fäden in der Hand hat. Es gibt eine Handvoll Präsidenten (Europäische Kommission: die Behörde, die Gesetze vorschlägt, Europäischer Rat: die Vertretung der Mitgliedsländer, Euro-Gruppe: die Versammlung der Finanzminister der Euro-Länder, Europas Regionen: die Vertretung der großen Regionen der Mitgliedsstaaten, Europäisches Parlament: die gewählten Volksvertreter, die viele, aber nicht alle Gesetze verabschieden müssen), 27 Kommissare, ein Dutzend mächtige Generaldirektoren in der Europäischen Kommission nebst der übermächtigen Chefin Catherine Day, 28 Botschafter aus den einzelnen Mitgliedsstaaten und politisch kunterbunte Abstimmungsrunden im Parlament. Das politische Brüssel scheint undurchschaubar, wie von unübersichtlich wabernden Nebelwolken durchzogen.

Im politischen Berlin gibt es zwei Regierungsparteien, oder auch drei, wenn CDU und CSU separat gezählt werden. Dort im Apparat müssen die Lobbyisten ihre Ansprechpartner haben. Hinzu kommen die relevanten Ministerien, vielleicht noch der eine oder andere Oppositionspolitiker, Nichtregierungsorganisationen, Rechtsanwälte und Wissenschaftler. Alle relevanten Personen zusammen hätten womöglich am großen Besprechungstisch der BASF in Brüssel Platz. Wo sie natürlich kaum zusammensitzen, weil die meisten Gespräche bilateral stattfinden.

Die Kollegen, die in der europäischen Hauptstadt im Dienste von Unternehmen oder Branchen die Gesetzgebung zu beeinflussen versuchen, müssen ein höchst kompliziertes politisch-bürokratisches System verstehen. Die Unternehmen brauchen in Brüssel mehr Personal, um alle Entscheidungsträger zu beeinflussen. Schätzungen zufolge versuchen einige Tausend Lobbyisten die EU-Gremien zu beeinflussen. Auf bis zu 29 000 Einzelpersonen in 8000 Organisationen wird deren Zahl geschätzt, Ende der 1980er Jahre sollen es bloß 2000 Interessenvertretungen gewesen sein.

Angesichts des komplizierten Geflechts in Brüssel wird gern argumentiert, die Lobbyisten in Brüssel seien die raffiniertesten. Für diese Behauptung gibt es keine überzeugenden Beweise. Dagegen spricht auch, dass wirklich große Deals von den Staats- und Regierungschefs eingefädelt werden und nicht von mittelständischen Politik- und PR-Agenturen oder pensionierten EU-Diplomaten.

Einfallstor Europäische Kommission

Die Europäische Kommission ist die einzige europäische Behörde, die Gesetze ausarbeiten und vorlegen darf. In ihr arbeiten europaweit 35 000 Beamte. Die mächtige Behörde ist ein bevorzugtes Ziel der Lobbyisten.

Im Jahr 2013 bereitet die Absicht des EU-Binnenmarktkommissars Michel Barnier, das öffentliche Auftragswesen in Europa transparenter zu machen und entsprechende Vorschriften zu erlassen, vielen Unternehmen und Organisationen Sorge. Auch für Landräte und andere öffentliche Auftraggeber klingt Barniers Ziel bedrohlich, die gemeinsamen Regeln so zu verändern, dass Ausschreibungen im europäischen Binnenmarkt transparenter, Korruption und Günstlingswirtschaft vermindert und Interessenkonflikte vermieden werden.

Wettbewerb und Chancengleichheit, das will Barnier. Aber das wollen nicht alle Betroffenen in den Mitgliedsstaaten. Sie wollen nationale Vorteile retten.

Zahlreiche Interessenvertreter, Landräte, Anlagenbetreiber und Kommunalpolitiker suchen den Kontakt zu den Beamten im Umfeld des Binnenmarktkommissars. »Die fangen an bei den einfachen Beamten, die nur die Texte schreiben, und gehen bis in die Generaldirektion Binnenmarkt«, sagt ein Ermittler der EU-Anti-Korruptions-Behörde OLAF über die Interessenvertreter. An manchen Tagen kommt der zuständige Generaldirektor Jonathan Faull, ein Brite, zu nichts anderem, als Hände zu schütteln und sich Bedenken anzuhören. Die Korruptionsbekämpfer und die Generaldirektion Inneres kritisieren die Entwürfe der neuen Richtlinie als völlig unzureichend und machen zahlreiche Vorschläge, wie Aufträge transparenter und weniger korruptionsanfällig vergeben werden können. Aber die Lobbyisten leisten ganze Arbeit. »Als die Abstimmung in der Kommission über die Entwürfe gelaufen war, waren auch unsere Einwände verschwunden«, sagt der Korruptionsbekämpfer von OLAF.

Kurz vor der Bundestagswahl 2013 lässt Merkel aus Berlin in Brüssel intervenieren. Der Streit um die angebliche Wasserprivatisierung regt die deutsche Seele auf und muss folglich weg. So kurz vor der Wahl geht es darum, die deutschen Wähler zu beruhigen und ein Thema der linken Wählerschaft abzuräumen. Merkel ist erfolgreich. Am 21. Juni 2013 erklärt Barnier völlig überraschend, er ziehe die Idee zurück, die geplanten einheitlichen EU-Regeln zur Konzessionsvergabe für Dienstleistungen auch im Bereich der Wasserversorgung einzuführen. Es fällt ihm sichtlich schwer. Aber der deutsche Verband kommunaler Unternehmen, in dem sich die Versorgungs- und Entsorgungswirtschaft organisiert, wirft ihm vor, die Wasserversorgung in Europa flächendeckend privatisieren zu wollen. Obwohl Barnier das stets dementiert, zeigt die von Bürgern, Landräten und Unternehmen organisierte Kampagne gegen Barniers Pläne Wirkung. Eine europäische Bürgerinitiative, die für ein Menschenrecht auf Trinkwasser eintritt, wird von mehr als 1,5 Millionen Menschen unterschrieben. Gegen die angeblichen Pläne der EU-Kommission, die Wasserversorgung zu privatisieren, sprechen sich in Deutschland und Österreich zahlreiche Städte und Gemeinden aus. Der Wiener Gemeinderat beschließt einstimmig eine Protestresolution.[12] Die in Wien regierenden Sozialdemokraten setzen voll auf das populäre Thema, schließlich ist auch in Österreich Wahlkampf. »Die SPÖ schützt das Wiener Wasser vor den Folgen einer Privatisierung«, lassen sie flächendeckend plakatieren. Im März 2013 gibt es in der Stadt Wien sogar eine Volksbefragung. Das Ergebnis ist eindeutig. 87 Prozent der Teilnehmer wollen kommunale Dienstleistungen vor Privatisierung schützen.[13]

Barnier fühlt sich gezwungen, die Wasserversorgung von der umstrittenen Konzessionsrichtlinie auszunehmen – und er sagt es auch offen in Richtung Berlin. »Obwohl ein solches Risiko (Anm.: der flächendeckenden Privatisierung) niemals bestand, haben die Bürgerinnen und Bürger in der Tat diesen Eindruck gewonnen und ihre Sichtweise zu diesem Thema sehr klar zum Ausdruck gebracht«, sagt Barnier. »Deshalb wäre es meiner Ansicht nach am besten, die Wasserversorgung vom Anwendungsbereich der Konzessionsrichtlinie auszunehmen.«

In der Anti-Korruptions-Behörde OLAF führt das zu folgendem Resümee: Ausschreibungen in Europa sind weniger transparent als die der Weltbank oder der Afrikanischen Entwicklungsbank.

Die mächtigste Beamtin der EU-Kommission

Dass die Europäische Kommission funktioniert, garantiert ein Team aus vier mächtigen Beamten, das direkt dem Kommissionschef unterstellt ist und stets im Hintergrund bleibt. Es sind die Generalsekretärin der Kommission, Catherine Day, Kabinettschef Johannes Laitenberger, Kommunikationschef Koen Doens und der Generaldirektor des Juristischen Dienstes, Luís Romero Requena.

Generalsekretärin Catherine Day ist besonders einflussreich. Jede Gesetzesvorlage der Kommission muss seit 2005 über ihren Tisch.

Die 1954 in Dublin geborene konservative Irin leistet beinahe Unvorstellbares. Als Generalsekretärin der Europäischen Kommission ist sie Chefin über Europas Bürokratie. Im riesigen Brüsseler Beamtenapparat ist sie der letzte Filter, bevor die Entwürfe für Richtlinien, Regulierungen und Verordnungen im Kreise aller Kommissare diskutiert werden. Sie ist Vorgesetzte von 35 000 Beamten, davon 600 in ihrer Generaldirektion. Day muss als Generalsekretärin alles Laufende auf dem Radar haben und alles Unvorhergesehene ausschalten, was der Behörde schaden oder ihr Ansehen ruinieren könnte. »Ein Höllenjob«, sagen Kollegen.

Day entscheidet, welche Gesetzestexte, die die Maschinerie der Bürokraten entwirft, zugelassen werden, um auf den Tischen der Kommissare zu landen – und welche nicht. Day ist das Nadelöhr zwischen den Beamten und der Chefetage der Kommission. Sie erlässt nach innen scharfe Vorschriften, wie etwa die, dass ab 1. Januar 2012 die Mitarbeiter in der Generaldirektion nicht mehr als 25 Zeilen schreiben dürfen, wenn sie parlamentarische Anfragen beantworten. Sie arbeitet gern mit Frauen, sie gilt als nach außen sehr verbindlich, angenehm im Ton und zugleich als klar und durchsetzungsstark.

Wie Day die Maschinerie der Gesetzesproduktion steuert, bleibt weitgehend im Dunkeln. Day selbst verweigert, Licht ins Dunkel zu bringen. Sie redet nicht mit Reportern. Anfragen für Gespräche lässt sie unbeantwortet – oder sie lehnt sie ab. Als Day am 17. Oktober 2013 erstmals auf eine Anfrage antwortet, teilt sie lediglich mit, als Beamtin gebe sie keine Interviews. Die Chefsprecherin der Kommission weist offizielle Anfragen ab mit der Begründung, Day habe nichts zu erzählen. Man könne ja den Sprecherdienst über Day befragen.

Die Gesprächsverweigerung der höchsten Beamtin zeigt, welche Prioritäten die Europäische Kommission tatsächlich setzt. Lobbyisten aller Branchen werden direkt empfangen, unter Verweis auf Paragraph 11 des Lissabon-Vertrages. Journalisten, die recherchieren, wird dieses Recht nicht zugestanden.

Die Aussage Days, sie habe nichts zu erzählen, ist schlicht falsch. Day hat in den acht Jahren als oberste Bürokratin Europas das Innenleben der Behörde ganz neu gestaltet. Sie hat Mechanismen installiert, um die Generaldirektoren zu steuern, die Macht der Kommissare einzugrenzen und die riesige Bürokratie zu kontrollieren. »Ein stalinistisches System«, sagen einige Beamte. Tatsächlich mutet ihr Agieren von außen so an. Day schottet die Kommission und sich selbst ab von der normalen Welt da draußen. Und sie ist nicht bereit zu erklären, was sie macht. Ihr Ziel ist es, die Europäische Kommission als Behörde und Hüterin des großen europäischen Binnenmarktes zu schützen. Es gibt Mitarbeiter, die bezeichnen die Irin als »Staubsauger, der alles an sich zieht«. Sie sei um 5 Uhr morgens die Erste im Büro und abends um 23 Uhr die Letzte – und auch schon als Partylöwin aufgefallen. Wieder andere Kollegen ziehen den Hut vor der »Jeanne d'Arc der Bürokratie«.

Aus Sicht von Day muss die Behörde unantastbar sein, muss größerer Ärger mit den 28 Mitgliedsstaaten verhindert werden. Day hat deshalb schon bald nach Amtsübernahme einen Kuschelkurs der Behörde gegenüber den nationalen Hauptstädten durchzusetzen geholfen. Keine Regierung muss Sanktionen fürchten, wenn sie zu hohe Schulden macht oder Klimaziele nicht erfüllt. Jede Vorlage dazu müsste über den Tisch der obersten Beamtin. Das Kuschen vor den Mitgliedsländern gefällt nur wenigen Beamten. »Die Kommission ist degradiert zu einem Sekretariat der Mitgliedsländer«, klagen Beamte in den Fluren.

Um Reibereien mit den Hauptstädten zu vermeiden, hat Day durchgesetzt, dass jedes Gesetzesvorhaben vorab darauf geprüft wird, wie es sich in jedem Land praktisch auswirkt. Vor jeder Gesetzesinitiative gibt es unter ihrer Regie ein *impact assessment*. Diese Prüfungen bieten Lobbyisten ein breites Einfallstor, weil alle Interessengruppen eingeladen sind, ihre Meinungen abzugeben.

Ins Spiel kommen die Lobbyisten aber schon lange vor dem *impact assessment*. Jedes Jahr veröffentlicht die Europäische Kommission ein Arbeitsprogramm, das alle Gesetzesinitiativen verzeichnet. Interessenverbände wissen also vorab, was geplant ist. Wenn die Beamten der Behörde die Gesetzesinitiativen schreiben, konsultieren sie auch Interessenverbände und große Einzelunternehmen. Die Erkenntnisse aus den Konsultationen fließen in die Texte ein. Ist der erste Entwurf fertig, wird er zwischen den Diensten der Kommission, also den Fachbeamten und Juristen, abgestimmt. Hier kommt wieder die oberste Beamtin der Kommission ins Spiel. Sie entscheidet, ob die Gesetzesinitiative weiter betrieben wird – oder in den Schubladen verschwindet. Hebt sie den Daumen, wird das *impact assessment* gestartet: Die Kommission prüft, welche Auswirkungen ein Gesetz auf das alltägliche Leben draußen bei den Bürgern haben würde. An diesen Erhebungen sind Lobbyisten direkt beteiligt. Sie erklären die Auswirkungen auf die jeweils von ihnen vertretene Branche. Ist das alles beendet, geht der Gesetzesvorschlag in die Kabinette aller 28 Kommissare. Die Chefs der Kabinette prüfen die Vorlagen. Sie klären die Kommissare über Details auf. Der deutsche Kommissar Günther Oettinger wirft einen Blick auf das Papier, der Franzose Michel Barnier, der Italiener Antonio Tajani, der Finne Olli Rehn, die Luxemburgerin Viviane Reding. Mindestens gedanklich prüfen sie alle, wie sich das Gesetz in den Heimatländern auswirken könnte – und fragen im Zweifel direkt in den Hauptstädten nach. Hier bietet sich für Lobbyisten eine der letzten Möglichkeiten, über die nationalen Kanäle auf den Gesetzestext Einfluss zu nehmen.

Jeden Montag tagen die Chefs der Kabinette und besprechen die Vorlagen. Sind sie sich einig und stimmt auch Catherine Day zu, kommt die Gesetzesinitiative offiziell auf die Tagesordnung der jeden Mittwochvormittag tagenden Runde der EU-Kommissare. Day hat auch hier noch einen Filter eingebaut. Die oberste Beamtin kann in allerletzter Minute entscheiden, die Tagesordnung zu ändern, Vorlagen zu verschieben oder ganz vom Plan zu nehmen. Selbst in der Runde der Kommissare hat sie alles unter Kontrolle. Sie sitzt direkt neben Behördenchef Barroso (hinter ihm sitzt sein deutscher Kabinettschef, der CDU-Mann Johannes Laitenberger), und wenn die Diskussionen für Barroso technisch zu schwierig werden, übergibt er das Wort an Day. Day hat diese Treffen straff organisiert: Offene Diskussionen finden im sogenannten College nicht statt. Die aus Luxemburg stammende Justizkommissarin Viviane Reding spricht Anfang November 2013 in der ORF-Sendung »Inside Brussels« von einer Revolution, weil am Vortag die Runde der Kommissare erstmals seit Beginn der Legislaturperiode 2009 über ein Gesetz abgestimmt hat – die Zulassung von gentechnisch verändertem Mais.

Days Kontrollmechanismen verhindern auch, dass einer der 27 Kommissare im Alleingang Entscheidungen trifft, von denen sie fürchten muss, dass sie den Ruf der Behörde ruinieren. Wie hart Day durchgreifen kann, zeigt sich am 16. Oktober 2012, als sie die Abdankung von Gesundheitskommissar John Dalli unterstützt. Weil es Ärger gibt mit der geplanten Verschärfung der Verordnung für Tabakprodukte und der Verdacht auftaucht, ein Freund von Dalli erpresse mit dessen Kenntnis einen schwedischen Tabakhersteller, wirft Kommissionschef Barroso den Malteser nach kurzer Unterredung an jenem 16. Oktober 2012 raus. Unstreitig ist, dass sich Barroso zuvor mit Catherine Day abstimmt. Offiziell erklärt die Behörde, Dalli sei aus freien Stücken aus dem Amt geschieden. Niemand sei gezwungen worden, zurückzutreten. Dalli bestreitet das. »Als ich um Bedenkzeit gebeten und meinen Wunsch vorgetragen habe, juristischen Rat einzuholen, gab er mir 30 Minuten Zeit. Ich fühlte mich lächerlich gemacht.«[14]

In den folgenden Tagen entwickelt sich ein regelrechter Kriminalfall, der bis Ende 2013 ungeklärt ist. Es geht um einen Freund des Kommissars aus Malta, um schwedischen Snus-Tabak, der in kleinen Beutelchen unter die Lippe geschoben wird, und um freundschaftliche Beziehungen der Chefetage der EU-Kommission in die Tabakindustrie – und vor allem um viel Geld.

Dalli muss sich gegen den Verdacht wehren, er habe von einem Erpressungsversuch gewusst. Sein Freund Silvio Zammit hat angeblich von dem Tabakkonzern Swedish Match 60 Millionen Euro gefordert, um mit Hilfe Dallis das geplante EU-Snus-Verbot zu stoppen. Swedish Match habe sich deshalb an die Chefetage der EU-Kommission gewandt. Außerdem habe Dalli Treffen mit der Tabaklobby nicht gemeldet und deshalb gegen Leitlinien eines Rahmenübereinkommens der Weltgesundheitsorganisation verstoßen. Diese sehen vor, dass solche Kontakte rechenschaftspflichtig und transparent sein *sollten*. Ausdrücklich *sollten,* die Leitlinien sind nicht rechtsverbindlich.

Während die EU-Betrugsbekämpfungsbehörde OLAF dem ersten Verdacht der Erpressung nachgeht, wirkt der zweite Vorwurf wie aus der Welt der EU-Gepflogenheiten gefallen. Auch andere EU-Beamte oder Kommissare treffen sich regelmäßig mit Tabaklobbyisten, ohne dass daran jemand Anstoß nimmt. Im engsten Umkreis von Kommissionschef Barroso gibt es freundschaftliche Kontakte zur Tabakindustrie.

Unstreitig ist, dass Dalli, ein ehemaliger Kettenraucher, die Richtlinie drastisch verschärfen will. Jährlich Siebenhunderttausend Todesopfer durch Rauchen seien zu viele, lässt er verlauten. Seine Mitarbeiter der Generaldirektion Gesundheit sollen deshalb Regeln erarbeiten, um den Verkauf von und die Werbung für zahlreiche Nikotinprodukte zu beschränken.

Sicher ist auch, dass Dalli in seiner Arbeit wiederholt gebremst wird. Und hier kommt Catherine Day ins Spiel. Die oberste Beamtin kümmert sich persönlich um Details der Tabakrichtlinie. Dokumente belegen, dass Day und der Chef der Barroso direkt unterstellten Rechtsabteilung am 25. Juli 2012 einen zwei Seiten langen Brief an Paola Testori Coggi, Generaldirektorin der Gesundheitsbehörde, schreiben. Darin machen sie »ernsthafte Bedenken« gegen die geplante Richtlinie geltend und kritisieren die fehlende »Analyse über die Möglichkeit, auch weniger harte Maßnahmen zu ergreifen«. Kritik ernten der »allgemeine Bann von rauchlosen Tabakprodukten« und die Behandlung nikotinhaltiger Erzeugnisse. Ganz am Ende weist Day auf die »politische Sensibilität« der gesamten Tabakgesetzgebung hin – und dann spielt sie ihre Macht als oberste Entscheiderin der Behörde aus. Sie erläutert kurz und bündig, dass Dallis Richtlinienentwurf wegen vieler Bedenken noch nicht innerhalb der Kommission abgestimmt werden könne.

Am 23. September, einem Sonntag, um 12.10 Uhr am Mittag bittet Day dann per E-Mail Generaldirektorin Testori Coggi »auf ein Wort über das Timing des Vorschlags«. Sie sei zusammen mit Barrosos Kabinettschef Laitenberger der Meinung, es sei das Beste, die Richtlinie erst nach dem EU-Gipfel der Staats- und Regierungschefs im Oktober einzubringen. Es bestehe sonst die Gefahr, dass Details durchsickern könnten. Day und Laitenberger seien allerdings bestrebt, »zu viele kontroverse Diskussionen vor dem Gipfel zu vermeiden«. Coggi reagiert überrascht, schließlich sind der Tabakindustrie längst Details bekannt. Unter einer Bedingung geht sie auf die Bitte ihrer Chefin ein. »Ich kann jetzt bestätigen, dass wir Ihre Anfrage akzeptieren, die Richtlinie nach dem Oktober-Gipfel einzubringen. Gleichzeitig bitte ich um Ihre Hilfe, dass das College der Kommissare die Richtlinie auf der Sitzung am 11. Dezember 2012 verabschiedet«, schreibt sie in einer E-Mail am 25. September 2012 um die Mittagszeit.

Drei Wochen nach der E-Mail kommt der Fall Dalli dazwischen. Alles verschiebt sich. Erst am 8. Oktober 2013 steht die erste Lesung der Richtlinie im EU-Parlament an, fast ein Jahr nach Dallis Rücktritt. Die Gesundheitsminister aus 16 EU-Ländern appellieren an die Abgeordneten, die Tabakrichtlinie endlich zu verabschieden. Deutschland ist nicht dabei. Weil Berlin das Parlament nicht drängen wolle, heißt es offiziell. So viel Rücksichtnahme ist sonst nicht angesagt – und deshalb nicht glaubwürdig. Es geht auch um die Tabakindustrie in Deutschland.

In der am 17. Dezember verabschiedeten Richtlinie werden großflächige Warnhinweise auf 65 Prozent der Verpackung für Zigaretten und Feinschnitt beschlossen. Verboten werden ab 2020 Mentholzigaretten sowie eine Vermarktung als »light« oder »mild«. E-Zigaretten bleiben frei verkäuflich, es gelten Übergangsfristen, Zusatzstoffe werden nicht verboten. Der Lobby gelingt es, Schlimmeres zu verhindern. Lange vor der Abstimmung trommelt die Tabakindustrie für ihre Interessen. Am Rande der Fachmesse Intertabac appellieren Branchenvertreter an die Europaabgeordneten, sich für eine ausgewogene Regulierung einzusetzen und die Interessen von bis zu 100 000 Beschäftigten in der deutschen Tabakwirtschaft zu berücksichtigen. Zugleich warnt die Branche vor einem Umsatzrückgang, was natürlich auch weniger Steuereinnahmen bedeutet.

Es ist eine perfekte Argumentation, mit der die Tabakleute den Politikern ins Gewissen reden. Sie sagen: Im ersten Halbjahr 2013 sank der offizielle Absatz von Zigaretten in Deutschland um 5,5 Prozent von 38,8 Milliarden gegenüber dem Vorjahreszeitraum auf 36,6 Milliarden Stück. Beim Feinschnitt ist der Rückgang von 12 545 Tonnen auf 11 937 Tonnen ähnlich hoch. Und dann präsentieren sie die Folgen, natürlich gemünzt auf das öffentliche Interesse: Weniger verkaufen bedeutet weniger Steuereinnahmen.

Zugleich warnen sie vor Schmuggel und Schwarzmarkt. Der Anteil nicht in Deutschland versteuerter, aber hier konsumierter Zigaretten wurde im zweiten Quartal 2013 im Bundesdurchschnitt auf 20,7 Prozent geschätzt und liegt somit um 0,6 Prozent höher als der Vorjahresquartalswert.

Und genau dieser Hinweis führt hinein in die Verflechtungen zwischen Tabakindustrie und den europäischen Institutionen. Giovanni Kessler, Chef der EU-Korruptionsbekämpfungsbehörde OLAF, erklärte im Sommer 2012 in einem Untersuchungsausschuss des Europäischen Parlaments, es bestünden Verträge zwischen der EU-Kommission, den Mitgliedsstaaten und Tabakkonzernen wie Philip Morris und British American Tobacco, die die Partner »mit einem Komplex beiderseitiger Verpflichtungen verknüpfen«. Der Deal sehe, grob vereinfacht, so aus: Die Ermittler von OLAF erhalten im Kampf gegen Zigarettenschmuggel und Fälscher solide Informationen aus der Tabakindustrie. Zugleich zahlten die Konzerne die Ermittler. Gut zwei Milliarden Euro jährlich flössen in den Haushalt der EU.[15] Der überwiegende Teil werde an die nationalen Regierungen weitergereicht.*

Kessler bleibt selbst fernab von Brüssel im Vagen.

Muss er auch. Denn die Verträge der Europäischen Kommission mit der Tabakindustrie tragen den Stempel »vertraulich«. Aus gutem Grund: Wer sie liest, bekommt einen Eindruck davon, wie eng die Verflechtungen sind zwischen beiden Parteien. Wie viele Milliarden Euro die Tabakindustrie sich die Zusammenarbeit und das Stillhalten der EU-Kommission kosten lässt. Es sind Verträge, die Einblick geben in vertrauliche Absprachen und zugleich zeigen, wie wenig die Parlamente in Europa, aber auch in den nationalen Hauptstädten kontrollieren können.

Es gibt vier große, gesetzlich verbindliche Vereinbarungen zwischen der Europäischen Union, ihren Mitgliedsstaaten und multinationalen Tabakunternehmen.[16] Es sind sorgsam ausgetüftelte, juristisch brillante Abkommen. Die Tabakindustrie zahlt Milliarden Euro an die Europäische Kommission und die nationalen Hauptstädte, damit diese den Zigarettenschmuggel besser bekämpfen können. Im Gegenzug verzichtet die öffentliche Hand darauf, gegen die Tabakfirmen vorzugehen, sollten sie der Steuerhinterziehung überführt werden. Es ist ein Deal, der in der Rechtsprechung der USA und anderer Staaten üblich ist, der gegen das gängige Rechtsverständnis verstößt und in Deutschland einen Ruch von Bestechung hat. Die EU-Staaten profitieren von regelmäßigen Einnahmen, die Tabakfirmen sind dafür vor staat-

* 2006 waren nur zehn Mitgliedsstaaten an dem Vertrag mit Philip Morris International beteiligt. Die Europäische Kommission listet auf, wohin die größten Anteile der Einnahmen gehen: Italien: 28,63 Prozent, Deutschland: 24,62 Prozent, Frankreich: 11,69 Prozent, Europäische Union: 9,7 Prozent. http://europa.eu/rapid/press-release_IP-06-1314_de.htm?locale=de

lichen Ermittlungen wegen möglicher Steuerdelikte geschützt. »Kritisch betrachtet eine Art Fersengeld, ein Freikauf«, sagt der FDP-Europaabgeordnete Michael Theurer, Vorsitzender des Haushaltskontrollausschusses. Theurer verlangt für das Europaparlament bislang vergeblich Zugang oder wenigstens umfassende Information über die regelmäßigen Kontakte, die es zwischen EU-Kommission und Tabakindustrie gibt.[17]

Es ist ein klarer Interessenkonflikt. Wie kann der, der Geld von jemandem bekommt, diesen unabhängig kontrollieren? Die Weltgesundheitsorganisation weist auf genau diesen Punkt in ihrer Rahmenrichtlinie hin.

Die Juristen der Tabakindustrie haben einen Ausweg gefunden. Damit die Zahlungen keinen Interessenkonflikt auslösen, werden die Gelder offiziell der Bekämpfung von Schmuggel und Plagiaten und entgangenen Steuereinnahmen und damit der EU-Betrugsbekämpfungsbehörde OLAF gewidmet. Und es wird ausdrücklich hervorgehoben, dass die Konzerne nicht ohne weiteres die Zahlungen einstellen können, wenn sie meinen, die EU beschließe zu strenge Regelungen. Anders gesagt: Sollte die EU eine Richtlinie zur Tabakkontrolle beschließen, die den Umsatz der Konzerne gefährdet, und die Unternehmen deshalb nicht mehr zahlen, darf das nicht ohne weiteres als Reaktion darauf ausgelegt werden.

Im Jahr 2004 schließen die EU und Philip Morris das »International Anti-Contraband and Anti-Counterfeit Agreement« (PMI).[18] Es ist bis 9. Juli 2016 gültig, sofern nicht außergewöhnliche Umstände eintreten. Und es soll verlängert werden. Die EU und Philip Morris haben sich schon verabredet, um die Verlängerung zu unterzeichnen. »Nicht später als am 9. Juli 2014« wollen sich die Unterhändler treffen und »in gutem Geiste« ein Folgeabkommen schließen.

Im Jahr 2007 schließen die EU und die japanische Japan Tobacco International (JTI) ein ähnliches Abkommen.[19] Es soll über 15 Jahre bis zum 14. Dezember 2022 laufen – ebenfalls mit Ausstiegsklausel bei besonderen Umständen.

Im Jahr 2010 schließt die EU mit der British American Tobacco Company (BAT) und der Imperial Tobacco Corporation (ITL) weitere Verträge. Die Laufzeit ist noch länger als die der anderen Verträge. Das BAT-Abkommen läuft bis 15. Juli 2030, natürlich mit Ausstiegsklausel, und soll spätestens ab 15. Juli 2028 auf Verlängerung verhandelt werden. Das ITL-Abkommen gilt bis 27. September 2030, erneut zu verhandeln zwei Jahre vor Ablaufdatum.

In den Verträgen unterstreichen die Parteien, dass die Abkommen keine internationalen Verträge sind und das EU-Parlament deshalb außen vor bleiben muss. »Das Europäische Parlament hat kein besonderes Recht, weder in die Verhandlungen einbezogen zu werden noch in die Abschlüsse«, heißt es explizit. Allerdings hätten die Rechtsanwälte der Tabakkonzerne ein Schlupfloch für findige Abgeordnete entdeckt, wodurch diese womöglich doch Einblick in die Verträge verlangen könnten. Gemeint sind die Rahmenverträge der Weltgesundheitsorganisation, insbesondere die Konventionen zur Tabakkontrolle. Einige Aspekte dieser gesetzlich verpflichtenden Vereinbarungen könnten zumindest die Frage nach der Kontrolle aufwerfen. Deshalb sollte das Europäische Parlament »wenigstens regelmäßig, aber vertraulich über den Stand der Verhandlungen informiert werden«.

Die EU-Kommission und die Mitgliedsstaaten sowie die Tabakindustrie verpflichten sich unter anderem, beim Kampf gegen Schmuggler und gefälschte Zigaretten zu kooperieren und bei Verdachtsfällen die Betrugsbekämpfungsbehörde OLAF zu informieren. Die Konzerne verpflichten sich zu zusätzlichen Zahlungen (PMI bis zu 1,25 Milliarden US-Dollar, JT-Unternehmen bis zu 400 Millionen US-Dollar, ITL bis zu 300 Millionen US-Dollar und BAT bis zu 200 Millionen US-Dollar) und sind bereit, mit der EU und den nationalen

Hauptstädten über die Verwendung des Gelds zu sprechen. Zugleich sichert die EU zu, Philip Morris und die japanischen Unternehmen von bestimmten rechtlichen Auflagen freizustellen. Nach ITL dürfen Zahlungen reduziert werden, wenn rechtliche Auflagen erlassen werden, die sich gegen das Abkommen wenden. PMI, BAT und ITL sichern zudem das Recht auf »besondere Behandlung« zu, sollte die EU weitere Abkommen mit anderen Tabakunternehmen treffen. Schließlich gilt als vereinbart, dass bestimmte Informationen an europäische Behörden und Mitgliedsstaaten vertraulich bleiben.

Es ist kein Wunder, dass einige Parlamentarier, die vertraulich informiert werden, diese Verträge für bedenklich halten. Weil die Tabakunternehmen und die EU-Kommission sämtliche Korrespondenz vertraulich hielten, könne niemand die Gründe nachvollziehen, falls die Unternehmen womöglich ihre Zahlungen vorzeitig beendeten, kritisiert der deutsche Liberale Michael Theurer in einer internen Unterlage. Damit entstehe der begründete Verdacht, dass die Tabakkonzerne sich das Wohlwollen der EU-Kommission und der Mitgliedsstaaten praktisch erkauften. »Es ist möglich, dass das Ziel der EU und der Mitgliedsstaaten, weiterhin jährlich Zahlungen zu erhalten, die politischen Beschlüsse beeinflusst, dic während der Laufzeit der Abkommen gefasst werden.« Beim BAT-Abkommen ist die höchste Zahlung von 23 Millionen Euro im Jahr 2029 vorgesehen, weswegen es sehr wichtig ist, das Abkommen nicht vorzeitig aufzukündigen.

Im Parlament taucht angesichts dieser vertraulichen Abkommen der Verdacht auf zusätzliche vertrauliche Absprachen auf. Dass eine Art *gentlemen's agreement* existiert, kann sich die CDU-Abgeordnete Ingeborg Gräßle aus dem Haushaltsausschuss des EU-Parlaments gut vorstellen. Und weil die EU-Kommission einschließlich ihrer Generalsekretärin Day dazu schweigt, tauchen in Brüssel immer mehr Fragen im Falle Dalli auf. Wer die jährlichen Treffen der EU-Institutionen mit der Tabakindustrie bezahlt, will CDU-Frau Gräßle wissen. Sie bekommt keine Antwort. Die Grünen fragen, ob die Konzerne die Verträge mit Brüssel kündigen dürfen, wenn ihnen eine Richtlinie nicht gefällt. Bisher schweigen Day und mit ihr die EU-Kommission. Aus der Affäre um den Rücktritt eines maltesischen Kommissars ist eine Affäre undurchsichtiger Verflechtungen der Chefetage der EU-Kommission mit der Tabakindustrie geworden. Day verweigert sich einem Gespräch dazu, verweist auf die Sprecher der EU-Kommission, die wiederum aber nichts sagen dürfen, weil die auf der Grundlage der Verträge laufenden Kontakte vertraulich sind. Der Kreislauf des Schweigens, er funktioniert gut.

Bestechliche Abgeordnete

Ein kleines Erdbeben erschüttert im Jahr 2013 Österreich. Im Januar verurteilt ein Gericht in Wien Ernst Strasser, früher Delegationsleiter der konservativen Österreichischen Volkspartei (ÖVP) im Europäischen Parlament, wegen Bestechlichkeit. Vier Jahre für einen ehemaligen Innenminister, das ist das harte Urteil, gefällt vom Gericht in erster Instanz gegen einen Mann, der lange zu den Mächtigsten der Republik Österreich gezählt wurde. Das Verfahren muss nach einer Entscheidung des Obersten Gerichtshofes in Wien 2014 wiederholt werden. Das erstinstanzliche Urteil ist der vorläufige Endpunkt einer der spektakulärsten Lobbyaffären im Europäischen Parlament. Das Gericht sieht es als erwiesen an, dass Strasser europäische Gesetzestexte auf Wunsch vermeintlicher Lobbyisten für ein Honorar von 100000 Euro ändern lassen wollte. Konkret ging es um eine Richtlinie zur Anlegerentschädigung und eine Richtlinie zum Recycling von Elektroschrott. Die Affäre fliegt auf, weil die Vertreter der angeblichen Londoner Agentur »Bergman&Lynch« investigative Journalisten der britischen Zeitung *Sunday Times* sind.

Der europäische Bestechungsfall beginnt mit einer politischen Intrige in Wien. Der konservative Parteichef und Vizekanzler Josef Pröll will bei den Europawahlen 2009 einen notorisch widerspenstigen, aber populären Spitzenkandidaten verhindern: Othmar Karas. Um den Favoriten Karas zu demontieren, muss ein Schwergewicht wie der ehemalige Innenminister Ernst Strasser her. In einem Telefonat am Wiener Flughafen am Vorabend einer entscheidenden Parteisitzung erfährt Karas im März 2009 von seinem Parteichef, dass er aus dem Spiel ist. Am nächsten Tag wählt der Bundesparteivorstand der ÖVP nach stundenlanger Debatte Strasser zum Spitzenkandidaten. Die einzige Enthaltung kommt von Karas: »Ich habe Pröll unter vier Augen gesagt, dass er einen schweren Fehler macht. Pröll hat mir geantwortet, dass Strasser geläutert ist.«[20] Dass der ehemalige Innenminister weiter in seinen Firmen arbeiten will, verhindert den Aufstieg Strassers zum Delegationsleiter der Regierungspartei ÖVP in Brüssel nicht. Die Geschäfte Strassers sind in Brüssel für niemanden ein Geheimnis. Der Politiker klagt etwa vor Journalisten über die langen Reisewege in die russische Teilrepublik Baschkortostan am Fuße des Ural, wo er die österreichischen Lotterien unterstützt, Glücksspielautomaten aufzustellen.

Der zweifelhafte Ruf des Österreichers bringt die britischen Reporter Claire Newell und Jonathan Calvert auf die Idee, Strasser in eine Falle zu locken. Die *Sunday Times* gehört zum Medienimperium des Multimilliardärs Rupert Murdoch. Das europaskeptische Blatt will herausfinden, ob man sich in der EU Gesetze kaufen kann. 60 Europaabgeordnete fragen die britischen Journalisten im Namen einer fiktiven Londoner Agentur »Bergman&Lynch« an, ob sie bereit seien, Änderungsanträge für Gesetzestexte, die im Parlament abgestimmt werden, gegen ein entsprechendes Honorar in den Gesetzgebungsprozess einzubringen und durchzusetzen. Drei Abgeordnete lassen sich auf solche Geschäfte ein: der ehemalige slowenische Außenminister Zoran Thaler, der ehemalige rumänische Vizepremier Adrian Severin und der österreichische Ex-Innenminister Strasser. Auch der spanische Konservative Pablo Zalba Bidegain verhandelt mit den angeblichen Lobbyisten, man trifft sich in Brüssel im noblen Hotel Conrad an der Avenue Louise oder in der Paninoteca L'Italiano unweit vom Europaparlament.

Die konkreten Änderungen, die Strasser im Auftrag der vermeintlichen Lobbyisten vorzunehmen versucht, betreffen wesentliche Details der Elektroschrottrichtlinie 2012/19/EU. Verkäufer sollen verpflichtet werden, von Kunden Toaster, Telefone und andere Elektrogeräte zur Entsorgung zu übernehmen, ohne dass die Kunden ein neues Gerät kaufen müssen. Im Auftrag der vermeintlichen Lobbyisten will Strasser erreichen, dass Konsumenten nur dann ein Gerät zurückgeben dürfen, wenn sie auch ein neues kaufen. Das hätte für den Handel weniger Aufwand und vor allem weniger Kosten bedeutet, gleichzeitig aber das Ziel der Richtlinie untergraben, möglichst viel Elektroschrott kontrolliert zu sammeln, anstatt im Hausmüll zu entsorgen. Bei einem ebenfalls von ihm unterstützten Änderungsantrag zur Richtlinie über die Anlegerentschädigung Investor Compensation Scheme Directive (ICS) 97/9/EC geht es darum, wie rasch Banken und Fonds ihre Konzession verlieren, wenn sie ihre Mitgliedsbeiträge bei Schutzeinrichtungen für Anleger nicht zahlen. Je länger die Fristen, desto besser für die Finanzfirmen, die dann beim Versicherungsschutz länger säumig sein können. Strasser will die strittige Frist von sechs auf zwölf Monate verlängern, im Gegensatz zur Mehrheitsmeinung im Europäischen Parlament.*

* Die Elektroschrottrichtlinie ist seit 13. August 2013 in Kraft. Die Anlegerrichtlinie liegt seit Juli 2011 auf Eis, weil die Zustimmung der Mitgliedsstaaten aussteht.

Mit E-Mails und Telefonaten aus seinem Büro drängt Strasser Mitarbeiter der ÖVP-Delegationskollegen Othmar Karas und Hella Ranner, die gewünschten Änderungen zu veranlassen. Den CDU-Europaabgeordneten Karl-Heinz Florenz spricht er persönlich und per E-Mail an. Seine Vorstöße bleiben erfolglos. Geld fließt an Strasser nicht, auch weil die Reporter der *Sunday Times* die Affäre am 20. November 2011 auffliegen lassen. Sie haben alle Gespräche mit versteckter Kamera aufgenommen. Strasser preist sich auf den Aufnahmen als Lobbyist mit Kunden an, die ihm 100 000 Euro für seine Dienste zahlen. Der geschäftstüchtige Exminister verliert alle seine politischen Ämter. Der Strasser Prozess in Wien erschüttert die Politik. Für Erheiterung sorgt die abenteuerliche Verteidigungsstrategie: Strasser erklärt den Richtern, dass er eine Geheimdienstverschwörung gegen seine Person habe aufdecken wollen und daher mit den falschen Lobbyisten im Gespräch blieb. Der Kampf gegen Korruption in der Politik war in Österreich monatelang das beherrschende Thema. In Slowenien hat die Staatsanwaltschaft im Herbst 2013 über eine Anklage gegen den sozialdemokratischen Exminister Zoran Thaler noch nicht entschieden. Dem rumänischen Europaabgeordneten Adrian Severin steht nach einem Beschluss der Korruptionsstaatsanwaltschaft in Bukarest vom September 2013 ein Prozess bevor.

Während der Slowene Thaler jedoch sein Amt in Brüssel aufgegeben hat, weigert sich der Rumäne Severin, als Europaparlamentarier zurückzutreten. Er habe »ein gutes Gewissen«, lässt er im August 2013 auf einer Anhörung wissen. Inzwischen zeichnet sich ab, dass hinter Severin ein Korruptionsnetzwerk aus sechs Beratungsfirmen stecken könnte, die mit gefälschten Beraterverträgen 43 000 Euro[21] aus dem Haushalt der EU bekamen. Der Spanier Pablo Zalba Bidegain ist ebenfalls noch immer Europaabgeordneter. Er hat für einen Änderungsantrag keine Gegenleistung verlangt und später argumentiert, aus eigener Überzeugung gehandelt zu haben und weil er die Journalistin attraktiv fand.

Die Wellen des europäischen Skandals reichen bis ins nationale parlamentarische Leben. Erstmals wird ein Lobbyregister für das österreichische Parlament geschaffen. Die Causa Strasser und Korruptionsfälle rund um frühere Minister der rechtspopulistischen Parteien FPÖ und BZÖ sensibilisieren die Bewohner der Alpenrepublik dafür, dass formalisierte Regeln für Lobbying in einem Rechtsstaat unumgänglich sind. Lobbyisten müssen sich im Nationalrat registrieren lassen, es gibt einen Verhaltenskodex für Lobbyagenturen, und bei Verstößen drohen Geldstrafen. Funktionsträger dürfen nicht mehr zeitgleich als Lobbyisten tätig sein.

Ein freiwilliges Lobbyregister als Feigenblatt

Die Bestechungsfälle sind ein Desaster für den Ruf des Europaparlaments. Schärfere Regeln für Lobbyisten und ein neuer Verhaltenskodex für Europaabgeordnete waren die Folge. Europaabgeordnete müssen jede Art von Einkünften über 5000 Euro angeben. Geschenke, die mehr als 150 Euro wert sind, dürfen sie nicht annehmen. Ähnliches gilt auch für Bedienstete der EU-Kommission. Sie sind dazu verpflichtet, Geschenke ab einem Wert von 150 Euro abzugeben. Die meisten dieser Geschenke und solche, die ausgesprochen hässlich sind, werden im *gift room* der Behörde aufbewahrt, der von den Bediensteten des Protokolls liebevoll »Ali Babas Schatzkammer« genannt wird, im Keller liegt und nur über einen speziellen Fahrstuhl erreicht werden kann. Manche der Geschenke wie etwa eine hölzerne Sitzgarnitur werden aufbewahrt für den Fall, dass der Geschenkegeber erneut zu Besuch kommt, und dann wieder in den Büros aufgestellt. Manche werden auf jährlichen Weihnachtsfeiern von der Organisation *Femmes d'Europe* verkauft und die Einnahmen gespendet. Manches ist dagegen einfach unverkäuflich. Etwa die zahlreichen Gandhi-Büsten aus Plastik, die Inder jedem Gast und jedem Gastgeber regelmäßig überreichen. Drei davon stehen im Regal, bis vor kurzem waren es sieben, erzählt der Mann vom Protokoll, der durch den *gift room* führt und sorgfältig alle Geschenke in eine Liste einträgt. Auch die dänischen Krawatten sind echte Ladenhüter. Oder der unechte Schmuck aus Marokko. Unverkäuflich ist ein geprägter kleiner Silberbarren der Stadt Hannover in einer Pappschachtel. Unter den Gaben fällt ein Geschenk der türkischen Regierung auf, das sie dem früheren Erweiterungskommissar Günter Verheugen überreichen ließ. Es ist ein gerahmtes Porträt Verheugens in Form eines handgefertigten Teppichs, auf dem die Kopfform des Deutschen erstaunlich orientalische Züge aufweist. Die Liste der Geschenke ist auf der Website der EU-Kommission einzusehen.[22]

Um Interessenkonflikte zu vermeiden, müssen Kommissare neue berufliche Tätigkeiten in den ersten 18 Monaten nach ihrem Rückzug vorab anmelden. Arbeiten im gleichen thematischen Bereich müssen genehmigt werden. Interessenerklärungen müssen jährlich auf den neuesten Stand gebracht werden. Ehegatten, Partner und direkte Familienmitglieder dürfen nicht im Kabinett des betreffenden Kommissionsmitglieds beschäftigt werden.

In der EU gibt es ein gemeinsames, freiwilliges Transparenzregister von Kommission und Parlament. Es wurde 2008 im Rahmen der Europäischen Transparenz-Initiative eingerichtet. Die Europäische Kommission begründet das Register damit, dass sie Bürger informieren möchte, welche »allgemeinen oder besonderen Interessen den Entscheidungsfindungsprozess der EU-Institutionen beeinflussen und welche Mittel für die Interessenvertretung bereitgestellt werden«. In dem gemeinsamen Register sollen sich alle Interessenvertreter registrieren lassen, die in Parlament und Kommission lobbyieren. So soll die Arbeit der Vertreter von Verbänden und Firmen stärker kontrolliert werden.

Interessenvertreter, die sich in das Register eintragen, beweisen zumindest offiziell ihr Engagement für die Transparenz und Rechtmäßigkeit ihrer Tätigkeiten. Bei der Registrierung erklären sie sich bereit, einen Verhaltenskodex zu befolgen. Nur wer sich registriert, soll auch einen *badge*, also eine Eintrittskarte, für die Parlamentsgebäude bekommen. Mit der kleinen Plastikkarte kann man jederzeit an den strengen Türstehern vorbei ins Parlament hineingehen.

Das Problem ist, dass das Register freiwillig ist. Und inzwischen kommt die Brüsseler Behörde zu dem Fazit: Es funktioniert nicht. Vielleicht ein Viertel der bekannten Brüsseler Lobbyorganisationen sind einer Studie zufolge überhaupt registriert. Viele Rechtsanwaltsbüros, Thinktanks, aber auch Firmen und Organisationen fehlen. Beispielsweise der Konzern Thyssen-Krupp. Oder Shell. Zudem wird ein Großteil der offengelegten Informationen als fragwürdig oder unzureichend eingestuft. Beispielsweise erscheinen die Angaben zu den Lobbyausgaben gelegentlich vage und unverhältnismäßig gering. So listet der Dachverband der Chemieindustrie CEFIC für 2007 Lobbyausgaben unter 50 000 Euro auf, während der Verband 140 Mitarbeiter in Brüssel hat und ein Gesamtbudget von knapp 38 Millionen Euro.

Unvollständige Angaben und falsche Informationen von Lobbyisten im Register bemängelt die europäische Transparenzinitiative ALTER-EU in ihrem Bericht.[23] Diplomatisch ausgedrückt könne man das, was die Unternehmen und Lobbygruppen in dem freiwilligen Register angeben, als »nicht überzeugend« bezeichnen. In Wahrheit aber sei es »trostlos«, lautet der Befund der Transparenz-Wächter.

Und dann listen sie Argumente auf.

Mehr als einhundert große Unternehmen, von denen bekannt ist, dass sie Kontakt mit EU-Beamten haben, sind in dem Register nicht verzeichnet. Dazu gehören Adidas, Apple (der Konzern trägt sich am Veröffentlichungstag des Berichts, dem 20. Juni 2013, um 20 Uhr[24] in das Register ein), Heineken, Porsche, Rio Tinto, Disney, SAP (nachträglich registriert am 22. Juli 2013[25]), Time Warner und Nissan. Auch einige der großen Banken fehlen am 20. Juni 2013 im Register, darunter Banco Santander, BBVA Group, Belfius (ehemals Dexia), la Caixa , Erste Group Bank, Goldman Sachs, HSBC, Nomura, Nordea, Rabobank, Royal Bank of Scotland, Swedbank und UBS. Obwohl Goldman Sachs nicht registriert ist, trifft sich der für Wirtschaft und Währung zuständige Kommissar Olli Rehn zwischen Januar 2011 und Februar 2012 mindestens drei Mal mit Vertretern der Bank, listet der Bericht auf. Im gleichen Zeitraum kommen ungefähr zwei von drei nichtpolitischen Gesprächspartnern Rehns aus nicht im Lobbyregister registrierten Unternehmen. Es ist eine erschreckend hohe Zahl, und es stellt sich natürlich die Frage, was so ein Register dann überhaupt nutzt.

Konfrontiert mit den Zahlen, nutzt Rehns Sprecher Simon O'Connor einen rhetorischen Kniff und erklärt eine gar nicht behauptete Tatsache für falsch, nämlich dass die Mehrzahl der Meetings und Kontakte des Kommissars mit privaten Unternehmern stattfindet. Stattdessen säßen Rehns hauptsächliche Gesprächspartner in Finanzministerien und anderen internationalen Institutionen. O'Connor sagt, die von den Transparenz-Wächtern veröffentlichte Zahl stamme aus einer Antwort auf eine spezielle Anfrage und beziehe sich auf die Regeln des öffentlichen Zugangs zu Dokumenten. Dessen ungeachtet sei es für den Wirtschafts- und Währungskommissar natürlich auch wichtig, die Argumente des privaten Sektors und einzelner wichtiger Institute der Finanzbranche anzuhören und beurteilen zu können.

So einfach wie Rehn seine Lobbykontakte erklärt, lassen sich andere Schwächen des freiwilligen Registers allerdings nicht vom Tisch wischen. Etwa, dass immer wieder einige der im Register aufgelisteten Details nicht glaubwürdig sind, wie die viel zu gering angegebenen Budgets. Manchmal ist es auch umgekehrt: Laut Register hat die mittelgroße französische Versicherungsgesellschaft IRCEM für Lobbyarbeit ein Budget von 55 Millionen Euro für das Jahr 2011 angegeben. IRCEM hat aber kein Büro in Brüssel. Und die erklärten Ausgaben für Lobbyzwecke übersteigen dennoch die aufsummierten deklarierten Lobbyausgaben von BNP Paribas, Google, GlaxoSmithKline, Ford, Unilever, Coca-Cola, ExxonMobil, Shell, GDF Suez, British Airways, Microsoft, Bayer, IBM, STATOIL, Syngenta, Ericsson und Nokia. Andererseits deklarieren auch kleinere Unternehmen, die keine Büros in Brüssel betreiben, wie beispielsweise Küchenanbieter, ungewöhnlich hohe Lobbybudgets. Und: Rund 55 kleinere bis mittelgroße Beratungsunternehmen mit Sitz in Brüssel sind wiederum nicht aufgeführt. Außerdem bleibt unklar, wie viele Einzellobbyisten für welches Unternehmen in Brüssel tätig sind. Und weil das Register nicht verpflichtend ist, gibt es letztendlich keine klare Auskunft über die Arbeit der Interessenvertreter in Brüssel. Weil sich die EU-Kommission auf Paragraph 11 beruft, wonach sie mit jedermann reden muss, können Interessenvertreter ohne jegliche Registrierung sowohl außerhalb der europäischen Institutionen ihrem Geschäft nachgehen. Oder aber sie bekommen den *badge* auch ohne Registrierung, wie beispielsweise die amerikanischen Rechtsanwälte, die am 18. November 2013 in der EU-Kommission wegen des Freihandelsabkommens vorsprechen.

ALTER-EU kommt zu dem Schluss, dass das freiwillige Register in Brüssel versagt hat. »Es ist eindeutig nicht glaubwürdig, dass kleinere Unternehmen aus der Druck- oder Kühlschrankbranche mehr Geld für EU-Lobbying ausgeben als weit größere und politisch aktive Unternehmen wie Shell, Google oder BNP Paribas«, schreiben die Transparenz-Wächter. ALTER-EU-Chef Paul de Clerc fordert ein verbindliches Register, das die vielen falschen Angaben korrigieren würde. Mit dem Vertrag von Lissabon existiert dafür bereits eine Rechtsgrundlage. Was fehlt, ist ein legislativer Vorschlag der EU-Kommission.

Aber die Behörde blockt.

Antonio Gravili, Sprecher des aus der Slowakei stammenden zuständigen EU-Kommissars Maroš Šefčovič, erklärt ein verpflichtendes Register sogar für quasi gesetzeswidrig:[26] »Einerseits zweifeln wir, dass wir eine rechtliche Grundlage haben, um das Register verbindlich zu machen. Wenn es nötig ist, den Vertrag zu ändern und diese Änderungen in allen Mitgliedsstaaten zu ratifizieren, wird sich unser Projekt um viele Jahre verzögern. Andererseits ist die Kommission gesetzlich verpflichtet, offen und transparent zu sein und bei der Gesetzgebung alle Interessen zu berücksichtigen.« Eben wegen jenes Paragraphen 11.

Und dann schwingt sich der Sprecher zu einer abenteuerlich klingenden Erklärung auf, in der er freilich unfreiwillig bloßlegt, dass dieses ganze freiwillige Lobbyregister nicht mehr als ein Feigenblatt für die Öffentlichkeit ist. »Weil nämlich Artikel 11 des Vertrages der Europäischen Union die Kommission verpflichtet, allen zuzuhören bei der Erarbeitung der Gesetze, kann kein verpflichtendes Register eingeführt werden«, sagt Gravili. »Wenn wir ein verpflichtendes Register einführen würden und dann nicht mit den Lobbyisten reden, die sich nicht eintragen, würden wir mit großer Sicherheit das Gesetz brechen.« Und deshalb hätten Kommission und Parlament beschlossen, »das Gute nicht zum Feind des Perfekten zu machen«. Nach Lesart der Kommission ist es also legal und wichtig, alle Lobbyisten zu empfangen, auch wenn sie sich nicht als solche zu erkennen geben. Und es ist illegal und falsch, nur mit den Interessenvertretern zu reden, die sich offiziell als solche zu erkennen geben.

Trotz des freiwilligen Registers hängt es also weitgehend von den EU-Beamten ab, wie transparent und offen sie arbeiten. Angesichts des wachsenden öffentlichen Drucks fühlt sich in der Kommission und im Parlament eine wachsende

Zahl von Beamten und Politikern moralisch verpflichtet und erklärt sich nur dann bereit, mit einem Lobbyisten über Gesetze zu reden, wenn dieser sich registriert hat. »Ich rede nur mit Lobbyisten, die im Register stehen«, sagt Claude Turmes, ein Grüner aus Luxemburg.

Ein verpflichtendes Register wird es dennoch nicht geben. Maroš Šefčovič sagt dazu, dass es die 28 Mitgliedsstaaten nicht wollen. Aber auch die Behörde selbst ist nicht begeistert, wie ein Verweis auf die USA zeigt. Da gibt es ein verpflichtendes Register, in dem aber nur 8500 Interessenvertreter verzeichnet sind. In Europa sind nach konservativer Schätzung mehr als 29 000 Interessenvertreter (als Einzelpersonen) registriert, wenn man davon ausgeht, dass hinter jeder der im freiwilligen Register verzeichneten 5882 Organisationen fünf Personen stehen.[27]

Bliebe die Frage offen, ob sich die 28 Mitgliedsstaaten nicht wenigstens auf Grundregeln des Umgangs mit Interessenvertretern einigen könnten. Damit es im großen europäischen Binnenmarkt faire Spielregeln gibt. Maroš Šefčovič winkt in einem Hintergrundgespräch Ende November 2013 ab. »Das kriegen Sie da drüber nie durch«, sagt er. Und zeigt mit dem Finger aus der 11. Etage der EU-Kommission auf die Straßenseite gegenüber. Dort steht das graue Ratsgebäude Justus Lipsius, die Brüsseler Burg, aus der heraus die 28 Mitgliedsstaaten ihre nationalen Vorteile verteidigen. Was sie nicht wollen, wird es nicht geben.

Medien – Der Trend zum Nationalismus

Die PR-Leute der Europäischen Kommission haben am 29. Mai 2013 einen glücklichen Moment. Dutzende Journalisten aus allen europäischen Ländern, China und Japan warten auf Papiere, die sie verfasst haben. Das kommt selten vor. Auch, dass der riesige Pressesaal im Untergeschoss der Behörde bis auf den letzten Platz besetzt ist. Fernsehteams aus allen Ecken des Kontinents sind da, sogar von der Cafeteria im Halbstock filmen Kameraleute die Tische, auf denen die Papiere gleich liegen sollen. Einige Mitarbeiter der Kommission kommen schließlich mit Rollwagen, darauf stapeln sich in Kartons verpackt die Papiere. In allen 24 Sprachen der Europäischen Union. Zwei Mitarbeiter wuchten die Kartons auf die Tische, sie sind noch nicht ausgepackt, da beginnt schon das Grapschen. Die Kollegen der britischen Nachrichtenagentur Reuters und der *Financial Times* sind die Ersten, die ein Papier in der Hand haben. Der Freude folgt Enttäuschung. Der Text ist in Deutsch. »Animals« – wie die Tiere, flüstert Kommissionssprecher Olivier Bailly lächelnd.

Der Eifer der Journalisten gilt den länderspezifischen Empfehlungen. Sie treibt die Hoffnung um, dass sich die Behörde endlich einmal durchringen und Tacheles mit den Regierungen der Länder reden könnte, die immer noch misswirtschaften und die gemeinsamen Regeln nicht beachten. In den länderspezifischen Empfehlungen adressiert die EU-Kommission an die Regierungen, wer wo und was reformieren sollte und was sonst noch zu tun ist.

Jeder Reporter, der eines der Papiere mit den Zahlen greifen konnte, setzt sich anschließend in den großen Pressesaal. Dort beginnt das eigentliche Spektakel. Gladiatoren gleich betreten vier Herren in dunklen Anzügen den Pressesaal. Kommissionschef Barroso schreitet auf das Podium, flankiert von drei Untergebenen, den Kommissaren für Finanzen, Soziales und Steuern. Hinter den Herren prangt auf europablauem Grund die Losung des Tages: »Moving Europe beyond the crisis«. Auf Französisch und Deutsch wird die Parole wiederholt: Europa aus der Krise führen. Hoch oben in ihren Kabinen haben die Dolmetscher, die in die 24 EU-Sprachen übersetzen, Hochbetrieb. Barroso verlangt Reformen, bleibt aber im Ungefähren. Das macht er auf Englisch. Er gibt sich versöhnlich auf Französisch und klärt iberische Probleme auf Spanisch oder seiner Muttersprache Portugiesisch.

Barrosos Auftritt findet sich am nächsten Tag europaweit in den meisten Zeitungen wieder. Fernsehen und Radio senden. Obwohl alle vom gleichen Auftritt berichten, variieren die Schlagzeilen von Land zu Land. Die spanische Tageszeitung *El País* erkennt einen »Kurswechsel«, weg vom Sparen hin zum Investieren. Brüssel »lockert das Defizitziel«, prangt es auf der Titelseite des Qualitätsblattes. »Die zehn Gebote von Brüssel für Hollande«, titelt der französische *Figaro*. Damit sagt das Leib- und Magenblatt der französischen Konservativen, dass der sozialistische Präsident viel zu tun hat. Deutschland fällt aus der Reihe. Dort verdrängt Energiekommissar Günther Oettinger mit einer abschätzigen Bemerkung über den »Sanierungsfall EU« seinen Chef Barroso aus den Schlagzeilen.

Ein großes mediales Echo für die Europäische Kommission ist die Ausnahme. Europas Zeitungen berichten zwar kontinuierlich und ausführlich aus Brüssel. Aber offensichtlich kommt bei Lesern, Zuschauern und Zuhörern nicht viel an, wie auch eine Erhebung ergab. Demnach fühlen sich 68 Prozent der EU-Bürger persönlich nicht gut informiert.[1]

Dazu trägt sicher bei, dass die bürokratischen Strukturen in Brüssel hochkomplex sind. Das spielt Medien in die Hände, die Auflage machen, indem sie populistisch Vorurteile bedienen. Es gibt Blätter, etwa in Großbritannien und Österreich, die Kampagnen gegen die EU betreiben. Populistische Meinungsäußerungen sind ihnen wichtiger, als Informationen und Fakten zu vermitteln. »EU-Schwachsinn ohne Ende«, beginnt das österreichische Boulevardblatt *Kronen Zeitung* im Februar 2012 eine Story über die EU-Arbeitszeitrichtlinie mit dem Titel »Aus für 240 000 Feuerwehrleute«. Es ist eine Falschmeldung, dass ehrenamtliche ebenso wie hauptberufliche Feuerwehrleute nach 48 Wochenstunden ihre Arbeit beenden müssen. Tatsächlich gibt es Ausnahmeregeln für die freiwillige Feuerwehr. Die *Kronen Zeitung* hat gar eine eigene Rubrik »Leserbriefe zum EU-Theater«, in der Leser ohne Rücksicht auf den Wahrheitsgehalt ihrem Ärger über Brüssel Luft machen dürfen. Der Ton hat sich seit dem Tod des Zeitungsgründers Hans Dichand gemildert. Aber noch immer werden Politiker als »EU-Sklaven« beschimpft, weil sie sich »jeden Blödsinn von Brüssel vorschreiben« lassen.[2] Die bereits 2009 abgeschaffte Gurkenkrümmungsverordnung ist auf der Leserbriefseite noch höchst lebendig. »Würde man unansehnliche Personen ebenso verbieten, die EU-Zentrale wäre fast menschenleer«, prophezeit ein Leser unter dem Titel »Wildwuchs-EU«.[3] Regelmäßig ist von »Wahnsinn« und »EU-Diktatur« die Rede.

Das konservative Massenblatt *Daily Mail* in London schreibt schon mal über den britischen »War against Brussels«, einen Krieg gegen Brüssel. Aus einem kritischen Bericht des Europaparlaments über Geschlechterstereotypen in Schulbüchern konstruiert das Blatt im November 2012 den Versuch, traditionelle Kinderbücher wie »Peter Pan« in britischen Schulen zu verbieten. In Deutschland muss die Kommissionsvertretung 2013 dementieren, dass die EU ausgerechnet zu Beginn der Badesaison »Sprungtürme in Schwimmbädern sperrt«. In den Medien kursieren so viele Falschmeldungen über die EU, dass die Kommissionsvertretungen in den nationalen Hauptstädten eigens Mitarbeiter dafür beschäftigen, Richtigstellungen zu formulieren.

Europas Medien teilen sich nach Sprachen und Nationen auf. Es gibt so viele Öffentlichkeiten wie Nationalstaaten. Jedes Land hat seine eigenen Intellektuellen, von den Meinungsführern der Nachbarn dringt nur wenig über die Grenzen. Eine europäische Öffentlichkeit, mit gemeinsamen Bezugspersonen in Politik, Wirtschaft und Kunst quer über die Sprachgrenzen, existiert bestenfalls parallel zur Öffentlichkeit der Nationalstaaten. Die jüngste Koalitionskrise oder die neuesten Zahlen vom heimischen Arbeitsmarkt sind den Lesern meist näher und wichtiger als Nachrichten aus dem fernen Brüssel. Pointiert hat das der deutsche Bundespräsident Joachim Gauck in seiner Europarede im Februar 2013 formuliert: »Die Berichterstattung der Medien erfolgt fast ausschließlich unter nationalen Gesichtspunkten. Das Wissen über die Nachbarn ist immer noch gering – von einer vergleichsweise kleinen Gruppe von Studierenden, Geschäftsleuten, Intellektuellen und Künstlern einmal abgesehen. Europa hat bislang keine gemeinsame europäische Öffentlichkeit, die sich mit dem vergleichen ließe, was wir national als Öffentlichkeit beschreiben.«[4]

Angela Merkel, François Hollande, Donald Tusk oder Mariano Rajoy haben es leichter als EU-Funktionsträger: Sie sprechen die gleiche Sprache wie ihre Bürger, sie bewegen sich in der gleichen Kommunikationskultur, sie kennen die Chefredakteure. Und: Sie sind ihren Wählern gegenüber verantwortlich. Jede ihrer Entscheidungen zu Hause hat konkrete Auswirkungen auf das Verhalten der Wähler. Keiner der nationalen Chefs muss kulturelle, sprachliche oder historische Grenzen überschreiten wie Barroso, wenn er zu 506 Millionen Bürgern der Europäischen Union spricht. Hinzu kommt eine weitere Hürde: Barroso hat keine Wähler, die ihn abstrafen könnten. Barroso ist von den Staats- und Regierungschefs der Mitgliedsstaaten ins Amt gehoben worden. Er muss deren Gefallen erregen, nicht den der Wähler. So gesehen ist es nur logisch, dass die Botschaften des Kommissionschefs nicht in gleicher Weise bis zu den Bürgern durchdringen wie die Botschaften der nationalen Staats- und Regierungschefs. Und weil heimischen Regierungen eher zugehört wird als dem Brüsseler Spitzenpersonal, ist es selbst für interessierte Bürger schwierig zu verfolgen, wer wirklich für Entscheidungen in der EU verantwortlich ist.

Paneuropäische Medien dringen in Europa kaum durch. Mit wenigen Ausnahmen. Wer in Brüssel im Fitnesscenter aufs Laufband geht, der bekommt beim Einschalten automatisch den europäischen Nachrichtensender Euronews als ersten Kanal angeboten. Der private und mit EU-Geldern unterstützte Kanal ist gut gemacht. Er ähnelt CNN, hat aber weder das Prestige des amerikanischen Senders noch dessen Einschaltquote. Auf die Meinungsbildung in Europa hat der Sender keinen Einfluss. Im Internet gibt es einige europäische Dienste, so richtig bekannt sind sie nur Insidern. Auch deshalb, weil es in Europa von Land zu Land sehr verschieden ist, für welche Nachrichten aus Brüssel sich die Menschen interessieren.

Im Januar 2013 tagt eine Expertengruppe unter dem Vorsitz der früheren lettischen Präsidentin Vaira Vīķe-Freiberga, an der auch die deutsche Ex-Justizministerin Herta Däubler-Gmelin beteiligt ist, zur finanziellen Förderung grenzüberschreitender Mediennetzwerke. Genauso wie Pluralismus auf der Ebene der Staaten öffentlich gefördert werden soll, sei es »für die Union und ihre Mitgliedsstaaten angebracht, Pluralismus in der Form verstärkter EU-Berichterstattung voranzubringen«.[5]

Auch der Bundespräsident Gauck fordert in seiner Europarede einen pluralistischen Europakanal: »Vielleicht könnten ja unsere Medienmenschen (...) einen Multikanal mit Internetanbindung, für mindestens 27 Staaten, 28 natürlich, für Junge und Erfahrene, Onliner, Offliner, für Pro-Europäer und Europa-Skeptiker hervorbringen. (...) Es müsste Diskussionsrunden geben, die uns die Befindlichkeiten der Nachbarn vor Augen führten und verständlich machten, warum sie dasselbe Ereignis unter Umständen ganz anders beurteilen als wir. Und in der großen Politik würden dann nach einem Krisengipfel die Türen aufgehen, und die Kamera würde nicht nur ein Gesicht suchen, sondern die gesamte Runde am Verhandlungstisch einblenden.«[6]

Doch daran denkt momentan niemand ernsthaft. Medien werden national gemacht. Der Sendeauftrag öffentlich-rechtlicher Sender kommt von den Nationalstaaten. ARD und ZDF, die BBC, der ORF oder die RAI in Italien sind nationale Institutionen. Ein vergleichbarer Europasender ist bisher über das Stadium von Planspielen in der Europäischen Kommission nie hinausgekommen.

Journalistische Unabhängigkeit ist das wichtigste Gut, um glaubwürdig zu sein. Europäische Medien, die aus EU-Geldern gesponsert würden, können in den Verdacht kommen, einseitig zu berichten. Die britische *Sunday Times*, ein europakritisches Blatt aus dem Konzern des australischen Medienmoguls Rupert Murdoch, vernichtet die von der EU-Kommission ausgeschriebene und mit 3,2 Millionen Euro unterstützte Gründung einer EU-Nachrichtenagentur mit dem Begriff »EU-Prawda«. Wobei man wissen muss, dass es für die Briten eine kleine Obsession ist, die EU mit der untergegangenen Sowjetunion zu vergleichen. Allerdings lehnen auch neutrale Medienmacher die Idee ab. Sie fürchten um das höchste Gut des Journalismus, die Unabhängigkeit. Der Verband der ausländischen Journalisten in Brüssel (API) bewertet den Plan als »Übertretung des Prinzips der Pressefreiheit«, weil in der Ausschreibung die journalistische Unabhängigkeit nicht unverrückbar verankert ist. Die Kommission zieht den Vorschlag zurück.

Die britische BBC gibt das klassische Beispiel für unabhängigen Journalismus. Über die Rundfunkgebühr, mit der sich die BBC finanziert, entscheidet die Regierung in London. Die Journalisten berichten trotzdem unabhängig über britische (und internationale) Politik. Sich eine Art europäische BBC vorzustellen und auf den Weg zu bringen sollte also keine Fata Morgana sein.

Der Schweizer Kommunikationswissenschaftler Michael Brüggemann hat die mediale Förderungspolitik der Europäischen Kommission untersucht. Propagandadruck für die EU hat er keinen ausgemacht. Das Problem ist seiner Meinung nach der »sehr defensive und extrem vorsichtige Ansatz« der Kommission. Die Informationen werden damit langweilig: »Es fehlt der Streit, die Provokation, an der sich öffentliche Debatten entzünden könnten.«[7]

Von Institutionen herausgegebenen Medien fehlt der entscheidende Wille zum journalistischen Erfolg. Einen Markt für solche Produkte gibt es nicht. Seit Jahren produziert das Europäische Parlament auf vier Kanälen und in allen 24 EU-Sprachen einen Internet-TV-Sender unter dem Namen EuroparlTV. Er kostet Millionen Euro, und das Echo ist bescheiden.

Der Blick auf Europa durch nationale Brillen

Die Mehrzahl der Bürger bezieht die Informationen über Europa aus dem Fernsehen.[8] In den Fernsehnachrichten der großen Sender war von der Europäischen Union lange Zeit weniger die Rede als von den USA. Erst mit der Euro-Krise hat sich das Blatt gewendet. Plötzlich diskutiert ganz Europa über Vorteile und Nachteile der Währungsunion. Den Europäern ist bewusst geworden, wie zerbrechlich ihre Gemeinschaft ist, wie angreifbar die eigenen Werte. Die Sorge vor dem Zerfall bringt Europa in die Schlagzeilen. Erstmals ist klar, wie eng deutsche Bankiers und griechische Rentner miteinander verbunden sind.

Doch diese Verbindung schafft gerade im Fall der Währungsunion eher Trennendes als Gemeinsamkeit. Dutzende Griechenlanddebatten gab es im Deutschen Bundestag in Berlin. Genauso oft wurde im österreichischen Nationalrat über die Finanzhilfen für Athen gestritten. Im griechischen Parlament wird mit gleicher Intensität über Deutschland diskutiert. Und genau dasselbe gilt für die nationalen Medien. Doch daraus entsteht eine bedenkliche Schieflage: Die Völker Europas reden mehr übereinander als miteinander. Die Euro-Krise bringt alte Stereotype zurück in die Medien: Angela Merkel in SS-Uniform und mit Hakenkreuz. Die bösartige Collage findet sich bei linken und rechten Demonstrationen und auf Titelseiten von Zeitungen in Griechenland und Zypern, Italien und Spanien. Griechenland ist über eine Titelseite der deutschen Wochenzeitschrift *Focus* empört, der Anfang 2010 die Liebesgöttin Aphrodite mit Stinkefinger unter dem Text »Betrüger in der Eurofamilie« auf die Titelseite bringt.

Daran können auch Kontakte zwischen den Parlamenten oder der Besuch des aus Deutschland stammenden EU-Parlamentspräsidenten Martin Schulz im griechischen Parlament Anfang 2012 nichts ändern.

Bad news sell, schlechte Nachrichten verkaufen sich am besten. Diese Erfahrung ist Journalisten in Fleisch und Blut übergegangen. Langzeitstudien über das Medieninteresse bestätigen: Die Bürger sind an Nachrichten dann interessiert, wenn sie eine Gefahr für ihre gewohnte Lebensweise befürchten. Kommt ein Außenfeind dazu, dann ist breite Aufmerksamkeit so gut wie sicher.

In der Finanzkrise übernehmen Banken und Fonds unter dem Sammelbegriff der Finanzmärkte die Rolle des Außenfeindes. Eine abstrakte Feindfigur, ohne Gesicht und Namen. Groß ist auch die Versuchung, die Schuldigen für die Krise in der Nachbarschaft zu suchen. Der deutsche und österreichische Boulevard findet im faulenzenden Südländer den idealen Sündenbock. Für die britischen Massenblätter ist Brüssel stellvertretend für den Kontinent insgesamt das Aggressionsobjekt. In Südeuropa wachsen die Ressentiments gegen die angeblich selbstgerechten Deutschen.

Den Sprung zum offenen Völkerhass haben jedoch selbst die aggressivsten Boulevardmedien nicht getan.

Wollen Politiker bestimmte Schlagzeilen in den Zeitungen oder Nachrichten lesen oder testen, wie dieser oder jener Beschluss öffentlich aufgenommen werden könnte, stecken sie Journalisten exklusive Informationen, die offiziell noch gar nicht für die Öffentlichkeit bestimmt sind. Über solche »Leaks« zeigen sich Politiker in der Öffentlichkeit gerne empört. In Wirklichkeit gehören sie zum Geschäft. Anfang 2011 bringt eine solche Indiskretion fast einen EU-Gipfel zum Platzen. »Merkel schmiedet Plan für gemeinsame Wirtschaftsregierung«, lesen die Staats- und Regierungschefs am 29. Januar 2011 in der Onlineausgabe des *Spiegel*. Das Hamburger Magazin zitiert aus dem in Berlin entwickelten geheimen Plan für einen Wettbewerbspakt. Die anderen Chefs lesen von diesen Absichten zum ersten Mal, eisig ist wenige Tage später die Stimmung beim Treffen in Brüssel.[9] Der Wettbewerbspakt verschwindet nach der verfrühten Veröffentlichung wieder in den Schubladen.

Die Europäische Kommission hat für Leaks die *Financial Times*. Das lachsfarbene Blatt ist eine in London herausgegebene Wirtschafts-Tageszeitung mit internationaler Verbreitung. Die *Financial Times* ist so etwas wie das interne Bulletin der EU-Kommission und das Zentralorgan der internationalen Finanzwirtschaft zugleich. Ein deutscher Konzernchef hat die *Financial Times* auf dem Tisch, neben der *Frankfurter Allgemeinen Zeitung* oder der *Süddeutschen Zeitung*. Genauso wie der britische Banker, der französische Generaldirektor, die italienische Ministerin oder der polnische Regierungschef. Die internationale Verbreitung in englischer Sprache macht die *Financial Times* zu einem geeigneten Medium, um die Chefetagen in ganz Europa zu erreichen. Und weil auch in Brüssel die Eliten sitzen und wiederum zu Eliten kommunizieren, finden inoffizielle Dokumente aus der Behörde ihren Weg leichter zur *Financial Times* als zur nationalsprachlich begrenzten Konkurrenz.

Die herausgehobene Stellung der *Financial Times* zeigt, wie sehr die Europäische Union ein Projekt der Eliten geblieben ist.

Das »Midday«-Briefing der Europäischen Kommission

In Washington D. C. geht Barack Obamas Pressesprecher zweimal am Tag vor die Presse. Jay Carney, ein ehemaliger Korrespondent des *Time Magazine*, macht seit Jahren den stressigen Job. Sein Auftrag lautet jeden Tag, die aktuelle Botschaft des Weißen Hauses vor der kleinen, aber erlesenen Schar der *White House correspondents* so wirkungsvoll zu präsentieren, dass sie im mörderischen Newszyklus Amerikas nicht untergeht. Ein tägliches Match, das die Nation auf den TV-Nachrichtensendern mitverfolgen kann. Jay Carney ist ein Star. Er präsentiert seinen Präsidenten nach allen Regeln der Kunst in einer Medienwelt, die Obama zumeist skeptisch, oft offen feindlich gegenübersteht.

Im Pressesaal der Europäischen Kommission tritt beim sogenannten »Midday« jeden Tag kurz nach 12 Uhr einer der Sprecher vor die Reporter. Bis Ende 2013 ist das meist Pia Ahrenkilde Hansen, die langjährige Chefsprecherin des Kommissionspräsidenten. Die Sprecher stehen frontal zu den Journalisten auf einer Bühne hinter einem von zwei Sprechpodesten. Sie beginnen das Briefing immer mit dem Ansagen des Tages und der Uhrzeit und sagten danach meistens die Nachricht auf, die die Kommission an dem Tag verbreitet haben will. Oft ist das für die Journalisten wenig interessant. Dann zählen sie auf, was die Kommissare so tun. Danach beantworten sie Fragen, in Englisch oder Französisch. Deutsch können viele Sprecher auch, aber sie sprechen es nicht öffentlich. Was übrigens ein in Brüssel sehr häufig anzutreffendes Phänomen ist. Wer als deutschsprachiger Korrespondent nicht immer nur sofort Englisch oder Französisch redet, sondern sein Gegenüber auch mal in der Heimatsprache anspricht, erlebt in geschätzt zwei von drei Fällen, dass der Gesprächspartner sehr wohl der Sprache der Dichter und Denker mächtig ist. Viele Beamte, Diplomaten, Lobbyisten und sogar Reporter in Brüssel sprechen Deutsch – sobald man sie nur darauf anspricht. Wobei es mitunter zu lustigen Zwischenfällen kommt. Ein langjähriger Reporter der italienischen Tageszeitung *La Stampa* übte extra eine Frage in Deutsch ein, die er dem damaligen Bundeskanzler Gerhard Schröder stellen wollte. Tatsächlich brachte Marco Zatterin die Frage in tadellosem Deutsch vor. So tadellos, dass Schröder ausführlich in Deutsch antwortete – was wiederum der Italiener nicht bedacht hatte, der leider nichts verstand und später zu den deutschen Kollegen musste, um sich alles ins Englische übersetzen zu lassen.

Die Journalisten sind beim Midday über den ganzen Saal verteilt. Sie sitzen meist am gleichen Platz. Franzosen und Briten links vorne, Italiener und Deutsche rechts außen.Österreicher hinten in der Mitte. Agentur-Kollegen ganz vorne.

Jeder der 27 Kommissare schickt einen Sprecher zum Midday. Je nachdem welche Fragen die Reporter stellen, tritt einer der Sprecher an das zweite Sprechpodest auf dem Podium neben die Dänin. Geht es um die Stresstests der Atomkraftwerke, tritt die Südtirolerin Marlene Holzner auf, sie ist die Sprecherin des deutschen Energiekommissars Günther Oettinger. Die Fragen zur Regionalpolitik, zuständig ist der österreichische Kommissar Johannes Hahn, beantwortet die Britin Shirin Wheeler, eine ehemalige BBC-Journalistin, oder die österreichische Medienexpertin Annemarie Huber. Stark gefragt ist in Zeiten finanzieller Instabilität der britisch-irische Sprecher des Finanzkommissars, Simon O'Connor.

Einen harten Tag hat O'Connor Anfang Juni 2013, als ein internes Papier des IWF zur Griechenlandhilfe publik wird, in dem der IWF die eigene Arbeit selbstkritisch reflektiert. Dessen Experten finden, rückblickend habe es in Griechenland viel früher einen Schuldenschnitt geben müssen. Die harte Haltung der Euro-Staaten habe einen wirtschaftlich sinnvollen vorsichtigeren Sparkurs verhindert. O'Connors Chef, EU-Währungskommissar Olli Rehn, sitzt im Flugzeug, als die unangenehme Nachricht eintrifft. Als Teil der Troika, die mit Griechenland die Bedingungen der Finanzhilfe aushandelt, trägt die Europäische Kommission einen wesentlichen Teil der Verantwortung für das Griechenlandprogramm.

Innerhalb kurzer Zeit müssen die engsten Mitarbeiter Ollie Rehns eine Reaktion der Europäischen Kommission auf die unerwartete Kritik aus Washington formulieren. Das Prestige der Kommission steht auf dem Spiel. Selbstbewusst, aber doch nicht überheblich soll die Zurückweisung klingen. Den ersten Vorschlag der zuständigen Beamten verwerfen die Medienleute als viel zu technisch.

»Falsch und unbegründet« sei die vernichtende Kritik aus Washington, lautet schließlich der Schlüsselsatz O'Connors, den die Journalisten im Pressebriefing zu hören bekommen. »Wir sind fundamental anderer Meinung.« Damit Griechenland im Euro bleibt, sei zuallererst das Finanzsystem zu stabilisieren gewesen. Der IWF habe die Ansteckungsgefahr für den gesamten Währungsraum vergessen.

Auf die Frage des britischen *The Guardian* nach einer Mitverantwortung der Kommission am griechischen Debakel antwortet O'Connor: »Es sind einfach ein paar äußerst schädliche Dinge passiert in diesen Jahren. Es gab die Spekulation auf den Austritt Griechenlands aus dem Euro. Das hat die Instabilität verschärft.« Eine noch nie da gewesene Situation sei das gewesen. Der Kollege des nicht gerade europafreundlichen britischen *Daily Telegraph* findet, dass in einer demokratisch kontrollierten Institution nach einem solchen Debakel einer der Entscheider die Verantwortung übernehmen und zurücktreten müsse. O'Connor winkt ab. Das Pingpong des Frage-und-Antwort-Spiels dauert 15 Minuten. In den Chefetagen der Kommission ist man mit dem verbalen Abwehrfeuer des Sprechers hochzufrieden. Einen Rücktritt gibt es nicht.

Ziel des Sprecherdienstes der EU-Kommission ist es, den Reportern nur wohldosierte und abgesegnete Wahrheitshäppchen zuzuwerfen. Damit das gelingt, ist der Dienst zu einem komplexen Apparat ausgebaut worden. Es gibt einen Chef des Sprecherdienstes, der direkt dem Behördenchef unterstellt ist, eine Chefsprecherin, mehrere Vize-Chefsprecher, für jeden Kommissar einen Haupt- und einen Nebensprecher nebst Mitarbeitern sowie eine Abteilung von Sprechern für Organisatorisches und eine eigene Abteilung von Sprechern für den Kommissionspräsidenten. Alles in allem sind es mehr als 100 Angestellte und Beamte, die für 27 Kommissare und einen Behördenchef sprechen. Damit nicht alle durcheinanderreden, findet jeden Werktag um 11 Uhr, genau eine Stunde vor Beginn des regulären Briefings, ein Trockentraining statt. Die wichtigsten Sprecher des Tages üben schon mal, mögliche Fragen kommissionskonform zu beantworten. Einer von ihnen spielt den Part der hart fragenden Reporterin. Im Fall der Selbstkritik des IWF zu Griechenland hat sich diese Routine aus Sicht des Sprecherdienstes der Kommission bewährt. Den Journalisten werden die abgestimmten Aussagen der Behörde aufgetischt. Dass aus der griechischen Tragödie in Europa niemand politische Konsequenzen zieht, weder in Brüssel noch in Frankfurt oder Berlin und Paris, ist eine andere Frage.

Pressekonferenzen laufen von Land zu Land nach unterschiedlichen Regeln ab. In Washington D. C. ruft der Pressesprecher des Weißen Hauses nur jene Medienvertreter auf, von denen er gefragt werden will. Wenn er keine Fragen mehr beantworten will, schließt er die Veranstaltung. Das Pressebriefing in Brüssel ist erst zu Ende, wenn niemand mehr eine Frage stellt. Das kann dann schon mal deutlich länger als eine Stunde dauern.

In Berlin gibt es das System der Bundespressekonferenz, und das funktioniert genau umgekehrt zum System des Midday-Briefings in Brüssel: Nicht die Presseabteilung der Kommissare oder der Minister lädt Reporter in ihre Behörde ein. Sondern die Bundespressekonferenz, eine Organisation der politischen Korrespondenten in Berlin, lädt die Sprecher der Ministerien und der Bundeskanzlerin an drei Tagen in der Woche in ihr eigenes Haus, um sie dort zu befragen. Und regelmäßig folgen auch die Kanzlerin oder einzelne Minister der Einladung der Bundespressekonferenz. Die Journalisten bestimmen, wen sie befragen. Und was in der Bundespressekonferenz passiert.

Bei der Flut der im Sprecherdienst produzierten Informationen wird die Sorge, irgendetwas zu übersehen, zum ständigen Begleiter eines Korrespondenten in Brüssel. Die von den vielen Institutionen der Europäischen Union produzierten Papierstapel sind riesig. Journalisten müssen alles überblicken und deshalb auch die Papierstapel durchsehen. Es gibt schönere Beschäftigungen. In einer Bar ein Glas Champagner zu trinken, der den Belgiern so lieb ist wie den Deutschen der Weißwein. Oder in der Maison Antoine auf dem Place Jourdan Pommes frites zu essen. Oder einen Kaffee am Place Flagey zu trinken, direkt in einem wunderbaren Art-déco-Gebäude mit Blick auf innerstädtische Teiche. Immerhin sind das Orte, an denen sich auch gut Hintergrundgespräche führen lassen.

Die Art und Weise der Informationsbeschaffung ist in

Brüssel gelegentlich bizarr. Männliche Kollegen haben es traditionell leichter. Sie sind in der Mehrzahl und spielen Fußball. Der Europäer liebster Sport verbindet in Brüssel in besonderer Weise. Es gibt Fußballteams von Reportern und Teams aus der Kommission. In den Umkleiden oder am Rande des Spielfelds fallen auch mal ein paar Worte über das Tagesgeschäft. Immerhin spielen in einigen Teams auch Frauen mit. Weniger sportlich orientierte weibliche Kolleginnen bilden einen eigenen Journalistenklub mit dem Namen »Brux-elles«, in Anspielung auf Bruxelles, den französischen Namen für Brüssel, um exklusive Kontakte zu pflegen.

Wirtschafts- und Währungskommissar Olli Rehn, ein finnischer Liberaler, pflegte Pressekontakte lange auf traditionelle Weise: Er lud Reporter in die Sauna ein. Eine finnische Tradition, die in der Rehn'schen Variante freilich ausschließlich Männern offensteht. Nur »Gentlemen« sind Ende November 2010 zu »dampfenden Diskussionen in heißer Umgebung« in die Finnische Ständige Vertretung in Brüssel geladen, wo der Kommissar seine Sicht der Euro-Krise bei Aufguss und 90 Grad Celsius präsentieren will. »Ich nehme an, sein Arbeitsgebiet wird Sie interessieren, also muss ich nicht detaillierter ausführen, worüber wir diskutieren werden«, kündigt der Pressesprecher in seiner Einladungsmail an vier Reporter aus Frankreich und Großbritannien an. »Wie das bei Finnen und der Sauna so ist, wird es informell zugehen. Wir werden eine kleine Gruppe sein.« Auch das Dampfbad im Keller des Kommissionsgebäudes besucht Rehn gerne mit ausgewählten männlichen Journalisten. Korrespondentinnen haben es ungleich schwerer, wenn sie nicht mit Rehn in der Sauna sitzen wollen. Schließlich fragt eine Journalistin im Midday nach dem Dresscode der Veranstaltung. »Finnischer Anzug«, antwortet Rehns Sprecher schlagfertig. Die Reporterin will wissen, was der Kommissar als Ausgleich für die nicht in die Sauna geladenen Journalistinnen plant? Der Sprecher bleibt die Antwort schuldig. Seither scheint Rehns Sauna allerdings auch für männliche Reporter geschlossen zu sein.

In Brüssel arbeiten so viele Journalisten an einem Ort wie sonst nirgends in Europa. Es sind mehr Reporter angemeldet als in den großen Hauptstädten Europas, in Berlin oder Wien, Paris oder London. Im Herbst 2012 waren 1024 Korrespondenten bei den europäischen Institutionen akkreditiert. Sie vertreten 533 Medien aus 68 Ländern. In den letzten zehn Jahren hat es Schwankungen gegeben. Vor allem ab 2008 ist die Zahl der Reporter aus europäischen Krisenländern deutlich zurückgegangen – trotz erhöhten Informationsbedarfs. Portugal hat Agenturen geschlossen, die spanische *El País* hat erfahrene und damit besser bezahlte Kollegen entlassen und Stellen gekürzt, französische Zeitungen wie *Le Monde* haben ihre Büros halbiert, das deutsche Magazin *Stern* hat sein Büro geschlossen, die Wochenzeitung *Die Zeit* die Personalstärke halbiert. Zwar ist absolut betrachtet die Zahl der aus Brüssel berichtenden Kollegen gewachsen: 2002 waren es nur 876 Reporter. Allerdings hatte die EU damals auch nur 15 Mitgliedsstaaten, im Jahr 2013 sind es 28, und die Zahl der Reporter hat sich nicht annähernd verdoppelt.[10]

Mit deutlichem Vorsprung stellen Deutschland und Großbritannien die größten Kontingente. Alle anderen Länder haben weniger Reporter. Michael Stabenow, Korrespondent der *Frankfurter Allgemeinen Zeitung* und Leitungsmitglied im Verband internationaler Journalisten in Brüssel API, hat in den letzten Jahren widersprüchliche Trends registriert: »Während angesehene europäische Blätter ihre Präsenz in Brüssel stark eingeschränkt haben, steigt die Zahl der Journalisten aus Übersee. Der größte Zuwachs kommt aus China.«[11] Damit machen die Asiaten den Schwund an europäischen Kollegen praktisch wett. Chinas Präsenz übertrifft alle anderen. Die chinesische Nachrichtenagentur Xinhua unterhält 24 EU-Korrespondenten, deutlich mehr als der internationale Nachrichtenkonzern Thomson Reuters mit 20 Mitarbeitern und die Deutsche Presseagentur, die in Brüssel elf Journalisten beschäftigt. Die starke chinesische Präsenz erklärt sich zum einen aus der schieren Größe des chinesischen Medienmarktes mit 1,35 Milliarden Menschen. Doch es gibt auch inhaltliche Gründe: Die EU ist zweitgrößter Handelspartner der Volksrepublik. Das Auf und Ab der Euro-Krise hat die Führung in Peking aufmerksam verfolgt, schließlich haben chinesische Fonds Billionen Euro in Staatspapiere und europäische Unternehmen investiert.

In Brüssel bleibt wenig geheim. Das Zentrum der EU ist ein idealer Platz für Reporter, die auf Nachrichtensuche sind. Je mehr Entscheidungsträger in einen Meinungsbildungsprozess eingebunden sind, desto größer ist die Durchlässigkeit. Bei 28 Mitgliedsstaaten, Europaabgeordneten aus verschiedensten Ländern sowie unzähligen Lobbygruppen finden sich Informanten leichter als in einer nationalen Hauptstadt. Auch funktionieren bei der Informationsbeschaffung nationale Seilschaften bestens. Französische Diplomaten reichen ihren Journalisten schon mal vertrauliche Informationen weiter. Selbst wenn deutsche Diplomaten mauern, kann sich ein deutscher Journalist mit französischen Kollegen zusammenschließen. Es herrscht professionelle Solidarität in Brüssel, der Informationstausch beruht auf Gegenseitigkeit. Jede europäische Nation hat separate Zugänge zu den Kommissaren, Beamten oder Parlamentariern der eigenen Nationalität.

Bei den Ministerräten der EU, die aus den Fachministern der Mitgliedsstaaten bestehen, läuft ein Teil der Verhandlungen vor laufender Kamera. Wobei die Minister natürlich genau wissen, wann die Kamera an ist, und sie dann genau das sagen, was die Öffentlichkeit glauben soll. Unter der Bezeichnung »Rat der Europäischen Union« bilden die Ministerräte die Länderkammer der EU, die gemeinsam mit dem Europaparlament die europäischen Gesetze beschließt. Wenn das Parlament nur über bescheidene oder gar keine Kompetenzen verfügt, wie in der Außenpolitik und bei Steuerfragen, ist der Rat der EU sogar wichtiger als das Europäische Parlament. Keine nationale Regierung lässt sich so weit in die Karten blicken wie der Ministerrat der Europäischen Union. »Europa ist diesbezüglich eindeutig nordisch«, beschreibt Pascal Lamy, ehemaliger Chef der Welthandelsorganisation WTO und zuvor auch EU-Kommissar, seinen Schock nach der Übersiedlung aus der geschlossenen Regierungswelt in Paris in das durch nordeuropäische Transparenz geprägte Brüssel.[12] Heikle Diskussionen finden allerdings erst statt, wenn die Kameras ausgeschaltet sind. Wenig überraschend: Im grellen Licht der Öffentlichkeit ist es unmöglich, Kompromisse zu finden. Schließlich soll sich am Ende der Verhandlungen jeder Minister als Sieger präsentieren können.

Medienevent EU-Gipfel

Den Druck der Medien spüren die Staats- und Regierungschefs hautnah während der Europäischen Räte in Brüssel. 1500 Journalisten verbringen die Tage und Nächte der Gipfel im überdachten Atrium des Ratsgebäudes. Formell gibt es dort keine fixen Plätze. In der Realität markieren die Pressebetreuer schon am Tag vor dem Gipfel die nationalen Territorien. »Polish Press« steht auf einer Tischreihe, »Deutsche Presseagentur« ein paar Reihen weiter. Die Nachrichtenagentur Reuters hat mehrere Arbeitsplätze nebeneinander reserviert. Die Österreicher sitzen rechts hinten, die Deutschen in mehreren Sitzreihen etwas weiter vorne, dazwischen Franzosen und Italiener. Spanier, Portugiesen und Polen vom Eingang gesehen links. Die Slowenen haben ihre Tische sogar mit Fahnen versehen. Slowenischen Fahnen. Ein nationaler Herdentrieb ist unübersehbar.

Dass die Reporter eines Landes ihre Arbeitsplätze nebeneinander aufschlagen, hat einen praktischen Hintergrund. Während der Gipfel gibt es lange Wartezeiten. Pressesprecher gehen durch die Reihen und streuen informelle Zwischenergebnisse. Der deutsche Sprecher geht zu den deutschen Journalisten, der französische Pressebetreuer zu seinen Landsleuten. Augenblicklich bilden sich Trauben von Reportern um die Sprecher. Jeder Reporter will mithören.

In der Pressebar zwei Schritte weiter, im Café Autriche, das während der letzten österreichischen EU-Präsidentschaft eingerichtet wurde, läuft der Informationsaustausch quer über alle Sprachgrenzen. »Was sagen die Deutschen?«, fragt die Reporterin des katalanischen Radios. »Was läuft bei den Spaniern«, lautet die Gegenfrage. Jedes Land hat seine Agenda. Wenn Olivier Bailly, der Franzose unter den Chefsprechern der Kommission, durch die Reihen geht, steht kein national gefärbter Spin im Vordergrund, sondern der der Behörde.

In Gipfelzeiten versuchen die Staats- und Regierungschefs die Schlagzeilen zu lenken. An die heimischen Medien wenden sie sich das erste Mal beim Aussteigen aus der Limousine auf dem roten Teppich vor dem VIP-Eingang zum Ratsgebäude. Im Eingangsbereich stehen die Kameraleute dichtgedrängt hinter zwei gegenüberliegenden Barrieren. Der scheinbare Wirrwarr folgt einer klaren Ordnung. Deutsche, Briten und Franzosen, die die größte Gruppe ausmachen, stehen auf der einen Seite. Spanier, Portugiesen, Belgier gegenüber. Angela Merkel geht automatisch auf die Mikrofone zu, auf deren Windschutz groß und deutlich ARD oder ZDF steht. Es ist meist der gleiche Standort, an dem auch François Hollande und David Cameron ihre Statements abgeben. Bestimmte Traditionen haben sich eingebürgert. Helle Thorning-Schmidt, die dänische Ministerpräsidentin, unterhält sich am Rand zuerst mit den dänischen Journalisten in ihrer Landessprache, bevor sie auch Fragen auf Englisch beantwortet. Über dem Journalistenpulk schweben die Poolkameras des Rates. Sie nehmen jedes Statement auf und stellen das Videomaterial über das Internet allen Interessierten zur Verfügung.[13]

Den ersten Bericht über die Stimmung vor dem Gipfel liefert EU-Parlamentspräsident Martin Schulz. Er darf vor dem Gipfel dreißig Minuten zu den Chefs sprechen, und danach ausführlich zu den Reportern. Seine Pressekonferenz findet zu Beginn der Verhandlungen statt.

Das Ende eines EU-Gipfels kündigt sich durch eine SMS auf den Handys der Reporter an. Im meist brechend vollen deutschen Pressesaal warten alle auf Angela Merkel. Direkt daneben ist es auch voll, dort spricht François Hollande. Im gleichen Stockwerk liegen die Presseräume Großbritanniens, Österreichs, Ungarns, Polens und Griechenlands. Jedes EU-Land hat seinen eigenen Ort. Jedes Türschild ist mit der nationalen Fahne versehen. Die EU hat den größten Pressesaal, dort reden Barroso und Van Rompuy.

Das große Problem für die Journalisten: Meistens treten alle Chefs gleichzeitig vor die Mikrofone. Es ist nicht möglich, allen zuzuhören und sich ein umfassendes Bild zu machen.

Viele deutsche Journalisten gehen zu Merkel. Auch französische oder britische Kollegen stellen dort Fragen. Seit das Interesse an Deutschland aufgrund der Krise so gestiegen ist, wird simultan für alle übersetzt. Bei Hollande geht es nach den offiziellen Fragen regelrecht familiär zu. Der französische Präsident nimmt sich sehr viel Zeit, er erklärt am Rande ohne Mikrofon alles noch einmal ausführlich. Günstigere Gelegenheiten zum direkten Kontakt gibt es für Journalisten selten.

Wer es einmal schafft, zu mehreren nationalen Pressekonferenzen zu gehen, kommt zu einem überraschenden Ergebnis. Es scheint, als seien die Damen und Herren Regierungschefs nicht bei derselben Veranstaltung gewesen. Jeder muss für sich einen Erfolg verbuchen können, das verlangt der Nationalstolz des Landes. Also hat jeder eine andere Nachricht parat. Alle sind Gewinner. Keiner ist Verlierer. Das Spiel klingt kindisch, hat aber einen ernsten Hintergrund: Nur wenn sich keine Nation erniedrigt fühlt, bleibt der brüchige Zusammenhalt Europas intakt.

Den gemeinsamen Nenner liefern am Ende des Tages Ratspräsident Herman Van Rompuy und Kommissionspräsident José Manuel Barroso bei ihren Abschlusspressekonferenzen. Sie stellen wie alle anderen auch die eigenen Erfolge ins Schaufenster. Dass sie die offizielle Meinung aller 28 vertreten, ermöglicht eine Überprüfung, ob ein Regierungschef flunkert, wenn er eigene Verhandlungserfolge anpreist. Dazu kommen vertrauliche Hintergrundgespräche der Spitzenpolitiker mit ausgewählten Journalisten. Barroso frühstückt vor einem Gipfel gerne mit Vertretern großer Zeitungen aus mehreren EU-Staaten. Die Bundesregierung lädt Korrespondenten aus Brüssel jedes Jahr zu einer Informationsreise nach Berlin, einschließlich Hintergrundgespräch im Kanzleramt. Sie ist die einzige Regierung, die solche Reisen anbietet. Ratspräsident Van Rompuy berichtet meist dreißig Reportern der großen Zeitungen, Nachrichtenagenturen und einiger TV-Sender in einem Debriefing bei Kaffee und Knabbergebäck nach jedem Gipfel seine Einschätzung. Die Grundregel der Hintergrundgespräche lautet: Die Informationen können verwendet werden, die Quelle darf von den Reportern aber nicht genannt werden. Die Politiker geben bei solchen Gesprächen Informationen preis, von denen sie wollen, dass sie ihren Weg an die Öffentlichkeit finden. Über den wirklichen Ablauf von EU-Gipfeln erfahren Journalisten bei Hintergrundbriefings mehr als bei offiziellen Pressekonferenzen.

Die geheim gehaltenen Protokolle der EU-Gipfel zeigen, dass bei den Verhandlungen stets ein unsichtbarer Gast mit am Tisch sitzt: das Brüsseler Pressekorps. Die Regierungschefs wissen genau, dass Erfolg oder Misserfolg eines EU-Gipfels entscheidend davon abhängt, wie die Medien berichten. Besonders wichtig sind die ersten Einschätzungen aus dem Pressesaal des Ratsgebäudes. Auch die internationalen Börsen reagieren auf diese Berichte.

»Dass draußen Tausende Journalisten warten«, nennt Angela Merkel beim Dezember-Gipfel 2010 als Grund, warum die zaudernden Kollegen gefälligst aufs Tempo drücken sollten. Sie fürchtet schlechte Medienberichte, wenn sich die Sitzung verzögert. Jean-Claude Juncker, Liebling der Medien und selbst Meister im Jonglieren mit vertraulichen Informationen, warnt eindringlich vor Leaks: »Wenn uns die Presse morgen sagt, wie wir heute gearbeitet haben, sowohl in Substanz wie in Prozedur, wird eine Arbeit sehr schwer«, liest sich sein Aufruf in der Mitschrift der Protokollanten.[14]

Wer an der Pressefreiheit rüttelt

Beschwerden über die Presse gehören zum Standardrepertoire der Spitzenpolitiker. »Werde sehr harte Änderungen für die Bürger Griechenlands einführen«, verspricht Giorgos Papandreou den Kolleginnen und Kollegen bei der allerersten Diskussion über die Misere in seinem Land. Geht alles schief, dann kennt der Regierungschef die Schuldigen schon im Voraus. »Es kann positiv oder katastrophal werden. Wenn die Presse so weitermacht, wird das Ganze zur Self-Fulfilling Prophecy.«[15]

Silvio Berlusconi, lange Zeit selbst größter Medienmacher seines Landes, präsentiert wenige Monate nach dem Crash von Lehman Brothers ein einfaches Krisenrezept: »Die Medien sollten die reale Situation der Unternehmer darstellen und nicht immer negative Messages verbreiten.«[16] Die Presse sieht Berlusconi als Vehikel, um die Öffentlichkeit in seinem Interesse zu beeinflussen. Medien sind für ihn Transmissionsriemen der Herrschenden. Gegen diese Vorstellung steht die Tradition unabhängiger Medien in pluralistischen Demokratien. Sie verstehen sich als »Vierte Gewalt« und wollen als kritisches Gegengewicht zu den Mächtigen in Wirtschaft und Politik agieren.

Europa kommt in den internationalen Ranglisten zur Pressefreiheit gut weg. 2013 gibt die internationale NGO »Reporter ohne Grenzen« in einer internationalen Untersuchung Finnland und den Niederlanden die besten Noten. Auf den ersten 20 Plätzen finden sich zehn EU-Staaten. Darunter Österreich (12) und Deutschland (17). Reporter ohne Grenzen misst mit Hilfe von Fragebögen physische Angriffe auf Journalisten sowie Zensur. Auch die wirtschaftlichen Rahmenbedingungen, die Medienvielfalt und die Unabhängigkeit staatlicher Medien werden berücksichtigt.[17] Aber innerhalb Europas gibt es große Unterschiede. Reporter ohne Grenzen kritisiert Ungarn (56) und Italien (57). Die Schlusslichter sind Griechenland (84) und Bulgarien (87).

Der amerikanische Thinktank »Freedom House« kommt zu einer ähnlichen Rangfolge.[18] Gemeinsam mit Finnland stehen Schweden, Belgien, Finnland und die Niederlande bei den US-Freiheitsexperten an der Spitze. Mehreren Staaten verleiht Freedom House allerdings nur die Etikette »teilweise frei«: Italien, Ungarn, Bulgarien, Griechenland und Rumänien fallen in diese Mittelkategorie. Freedom House gibt keinem EU-Land die Note »unfrei«. Zwei Staaten verschlechtern sich zwischen 2008 und 2013 in der amerikanischen Skala allerdings deutlich: Ungarn und Griechenland. Auch Spanien, das als frei gilt, fällt zurück.

Freedom House bezeichnet die Personalkürzungen in den Redaktionen als Folge der Wirtschaftskrise und physischen Druck auf Journalisten als die wichtigsten Gründe für die angeschlagene Pressefreiheit in Griechenland. Der Druck kommt von den Eigentümern der Medienunternehmen aus der Wirtschaftselite des Landes und vom Staat, der die öffentlichen Sender kontrolliert. Amnesty International kritisiert Polizeiübergriffe gegen Journalisten bei Demonstrationen. Journalisten berichten, dass Aktivisten der Neonazipartei Chrysi Avgi sie bedrohen.

Internationale Wellen schlägt 2012 die kurzfristige Verhaftung des unabhängigen griechischen Journalisten Kostas Vaxevanis. Vaxevanis hat in seinem Magazin *Hot Doc* die sogenannte Lagarde-Liste veröffentlicht, auf der 2000 mögliche Steuerhinterzieher mit Konten bei der Schweizer HSBC Bank angeführt sind. 2010 lässt die damalige französische Finanzministerin Christine Lagarde der griechischen Regierung eine CD mit den Daten zukommen, aber es passiert nichts. Erst die Veröffentlichung durch Vaxevanis zwei Jahre später führt zu schleppenden Untersuchungen der griechischen Behörden. Der Journalist wird von der Beschuldigung der Verletzung der Privatsphäre 2012 in erster Instanz freigesprochen. Der Staatsanwalt legt Berufung ein, kommt damit aber nicht durch. 2013 wird der Freispruch rechtskräftig.

Im Juni 2013 will der griechische Regierungschef Andonis Samaras den staatlichen Rundfunksender ERT im Handstreich schließen. Über Nacht werden 2700 Journalisten gekündigt. Die Regierung begründet den spektakulären Schritt mit den Einsparungsvorgaben der internationalen Geldgeber. Der Sender hat den Ruf, extrem bürokratisch zu sein und nach der Pfeife der jeweiligen Regierungspartei zu tanzen. Zur Überraschung des Regierungschefs gibt es gegen das überfallartige Abschalten aber Streiks und Demonstrationen. Die Mitarbeiter des geschlossenen Senders besetzen das ERT-Hauptgebäude und verbreiten ein Notprogramm über das Internet, das von der European Broadcasting Union, dem Netzwerk europäischer öffentlicher Sender, auch über Satellit verbreitet wird. Das Rundfunkgebäude wird zu einem Widerstandszentrum gegen die Regierung. Kurz darauf befindet das Oberste Verwaltungsgericht in Athen, dass die Versorgung der griechischen Bevölkerung durch einen öffentlich-rechtlichen Rundfunk nicht unterbrochen werden darf. Die Regierung muss innerhalb weniger Tage einen neuen Sender aus dem Boden stampfen. Im November 2013 stürmt die Polizei das besetzte ERT-Gebäude und entfernt die Besetzer. Die Quoten des Regierungsfernsehens bleiben unter 1 Prozent, während ERT vor der Schließung auf 8 Prozent kam. Die Einstellung des traditionellen öffentlichen Senders hat zu einer dramatischen Verschlechterung der Medienvielfalt in Griechenland geführt, die den demokratischen Meinungsbildungsprozess in dem krisengeschüttelten Land zusätzlich belastet.

Deutlich zurückgefallen ist in den Rankings zur Medienfreiheit Ungarn. Freedom House gesteht dem Land seit der Einführung eines neuen Mediengesetzes 2011 nur mehr partielle Pressefreiheit zu. Um das ungarische Mediengesetz tobte über Monate ein Streit zwischen der Europäischen Kommission und der Regierung in Budapest. Als sich der ungarische Premier Viktor Orbán im Europaparlament der Kritik stellt, treten grüne Abgeordnete mit zugeklebten Mündern und »Censored«-Plakaten auf. Die für Internet zuständige EU-Kommissarin Neelie Kroes schickt immer wieder Briefe nach Budapest, in denen sie ihre »Besorgnis über den Zustand von Medienpluralismus und Medienfreiheit in Ungarn« ausdrückt. Die kritischen Journalisten in Ungarn sehen die Europäische Kommission als Verbündete an. Aber gesetzliche Änderungen konnte die Kommission nur in Einzelpunkten erreichen, die für das allgemeine Medienklima nicht entscheidend sind: Die ursprünglich vorgesehene Pflicht zur »ausgewogenen Berichterstattung« gilt nicht für alle Medien im Land, wie ursprünglich vorgesehen war, sondern nur für den Rundfunk.

Der Druck aus der Europäischen Union für mehr Pressefreiheit ist in Ungarn ein ständiges politisches Thema. Die unmittelbare Auswirkung bleibt bescheiden. Direkte Zensur gibt es nicht, das sieht auch Reporter ohne Grenzen so. Das Hauptproblem in Ungarn ist der linientreue öffentlich-rechtliche Rundfunk, Staatsgelder für regierungsfreundliche Zeitungen und ganz allgemein »Selbstzensur und vorauseilender Gehorsam«.[19] Mit dieser Situation haben die Partner sich abgefunden.

Keine EU-Regierung wagt es, eine höchst bedenkliche Aktion im Mutterland der Demokratie, Großbritannien, zu kritisieren, die als Umsetzung der Antiterrorgesetze deklariert wurde. Im Keller des Londoner Redaktionsgebäudes der britischen Tageszeitung *Guardian* überwachen am 20. Juli 2013 zwei britische Geheimdienstleute, dass Festplatten und Speichersticks aus dem Fundus des NSA-Aufdeckers Edward Snowden zerstört werden. Die malträtierten Computerteile sind auf der Homepage des *Guardian* zu sehen. Der Kabinettschef des britischen Premierministers, Jeremy Heywood, hat die Verhandlungen mit dem *Guardian* geführt, die in der Zerstörungsaktion gemündet haben. Außenminister William Hague und Vizepremier Nick Clegg gaben ihr Okay. Die Regierungsvertreter argumentieren mit der nationalen Sicherheit. Bei den NSA-Dateien handele es sich um hochsensibles Diebesgut, das leicht in falsche Hände fallen könne. *Guardian*-Chefredakteur Alan Rusbridger versichert, die Zerstörung bleibe folgenlos. Kopien der gelöschten Dateien sind in Brasilien und an anderen Orten in Sicherheit. Trotzdem hat die Regierung auf dem symbolischen Autodafé bestanden. Die Polizeiaktion ist als Einschüchterungsgeste gedacht, an die Adresse der gesamten internationalen Presse.

Mitte August 2013 geht die Polizei am Flughafen Heathrow gegen einen Brasilianer vor, der als Kurier für den *Guardian* tätig ist. Beamte verhören David Miranda, den Partner des in Brasilien lebenden *Guardian*-Journalisten Glenn Greenwald, über neun Stunden. Greenwald hatte Snowden erstmals im Januar 2013 getroffen und die NSA-Enthüllungen im *Guardian* publiziert. Die Polizei beschlagnahmt Mirandas Handy, Festplatten und Speichersticks, auf denen Snowden-Material vermutet wird. Rechtliche Grundlage ist Artikel 7 (»Schedule 7«) des britischen Antiterrorgesetzes aus dem Jahr 2000, der es der Polizei erlaubt, Verdächtige bis zu neun Stunden ohne Rechtsbeistand festzuhalten und zu verhören.

Mit Terrorismus hat David Miranda nichts zu tun. Das bestätigt auch die britische Innenministerin Theresa May. Trotzdem verteidigt sie das Vorgehen der Polizei auf der Grundlage des sehr weit gefassten Antiterrorgesetzes. Es ist ganz so, als ob die Regierung in London demonstrieren will, was ihr dank der Terrorgesetze jetzt alles erlaubt ist.

Als einziges parlamentarisches Gremium des Kontinents beschäftigt sich der Innenausschuss des Europäischen Parlaments im September 2013 ausführlich mit dem skandalösen Einschüchterungsversuch. *Guardian*-Chefredakteur Alan Rusbridger spricht in einer Videobotschaft an die Abgeordneten von einer Bedrohung der Pressefreiheit. Aber die kommt von den Geheimdiensten und der Regierung des Vereinigten Königreiches. An den Praktiken der Geheimdienste nehmen die Regierungen erst Anstoß, als der Abhörskandal um Angela Merkels Handy durch die amerikanische NSA publik wird. Das weitverbreitete Absaugen von Kommunikationsdaten im Namen des Antiterrorkampfes ist sogar Thema des EU-Gipfels vom Oktober 2013. Plötzlich reden die Chefs darüber, wie die Nachrichtendienste ihre Tätigkeit voneinander abgrenzen sollen. Die Verteidigung der Pressefreiheit war den Regierungschefs dagegen deutlich weniger dringend.

Dass die Übergriffe der britischen Behörden gegen die NSA-Aufdecker im Europäischen Parlament zum Thema gemacht wurden, gibt den Protesten des *Guardian* zusätzliches Gewicht. Und im Fall der ungarischen Pressegesetze haben die Einwände der Europäischen Kommission die Kontrollwut der Regierung Orbán zumindest gebremst.

Insgesamt bleibt der Einfluss Brüssels auf die öffentliche Meinung in Europa beschränkt. Die von Land zu Land unterschiedliche Vielfalt der Medienwelt ist sprachlich und kulturell bedingt. Das erschwert einen gemeinsamen Meinungsbildungsprozess, gerade im Zuge der Renationalisierung der öffentlichen Diskussion in der Krisenzeit. Trotzdem gilt der

Zerfall Europas in den größten Teilen der Presse als größere Gefahr als die vermeintlichen Laster der Nachbarn. »Jeder Schuss ein Russ, jeder Stoß ein Franzos, jeder Tritt ein Brit« – von der nationalistischen Hetzpropaganda im Ersten Weltkrieg, die der Wiener Publizist Karl Kraus in seinem Theaterstück »Die letzten Tage der Menschheit« anprangerte, schrecken glücklicherweise auch Medien zurück, die besonders gerne mit Feindbildern operieren.

Die Medien spiegeln den allgemeinen Zustand Europas wider: Die Meinungen sind geteilt, wie der Kontinent für seine Bürger am besten lebenswert gemacht werden kann. Angesichts der großen Unterschiede der Völker sind diese verunsichert, wie ein künftiges Europa aussehen soll. Aber die Grundidee, dass die Europäer zusammengehören, ist im öffentlichen Diskurs des Kontinents tief verankert.

Nachbarn – Woran eine gemeinsame Außenpolitik krankt

Die bunten afrikanischen Kleider der Demonstranten sind ein greller Kontrast zum grauen Brüsseler Morgen. »Somaliland deserves recognition«, Somaliland verdient politische Anerkennung, tönt es aus den Lautsprechern. Ostafrikanische Trommelklänge mischen sich in den Verkehrslärm. Aus allen Ländern ihres europäischen Exils sind die Somalier gekommen, um an einem Frühjahrstag in der Hauptstadt der EU für ihre ferne Heimat am Horn von Afrika zu werben.

Somalia ist ein riesiger gescheiterter Staat. Somaliland eine de facto unabhängige und stabile Provinz mitten im Chaos, die um die Anerkennung durch die EU wirbt. Wenige Wochen zuvor hatten im Zentrum des Europaviertels Aktivisten der oppositionellen Volksmudschaheddin aus dem Iran auf die verzweifelte Lage ihrer im Irak festgehaltenen Angehörigen aufmerksam gemacht. Auch die kurdische PKK war hier und demonstrierte mit dem Konterfei des inhaftierten Parteigründers Abdullah Öcalan auf der gelben Fahne. Täglich demonstrieren Menschen für Freiheit und Demokratie vor den EU-Institutionen.

Ziel der Aktivisten aus fernen Ländern ist ein neues Bürogebäude aus Glas und Stahl am nördlichen Rand des Rond-Point Schuman. »EEAS European External Action Service« steht in großen Lettern am Eingang, »Europäischer Auswärtiger Dienst«. Vom abhörsicheren sechsten Stock des Gebäudes leitet die britische Baroness Catherine Ashton den diplomatischen Dienst der EU. Die Europäische Union ist mit 139 Delegationen auf allen fünf Kontinenten vertreten.

Die Erwartungen der Bürger an die Hohe Repräsentantin für Außenpolitik und Sicherheitspolitik, wie Ashtons offizieller Titel lautet, sind groß. Zwei Drittel der Europäer wünschen sich eine gemeinsame Außenpolitik der EU. Die hohe Zustimmung ist seit Jahren unverändert.[1]

Dies zeigt sich auch in der Praxis: Seit 2003 hat die Europäische Union mehr als zwei Dutzend zum Teil aufwendige Auslandsmissionen durchgeführt.[2] Eine Militärmission läuft in Mali. Dort sind 550 Ausbilder und Sicherheitskräfte aus der EU dabei, die Regierungsarmee des westafrikanischen Staates neu aufzubauen. Bei der »Operation Atalanta« vor der Küste Somalias beteiligen sich Kriegsschiffe aus mehreren Staaten, darunter Deutschland, am Kampf gegen Piraterie. Bei diesen Missionen zeigt die EU, wie sie Verantwortung übernehmen kann. Aber oft sind die Mittel sehr beschränkt, es gibt schmale Budgets und wenig Personal. In Libyen wird seit Herbst 2013 eine Grenzschutzmission aufgebaut. 110 EU-Berater sollen den Behörden beibringen, wie ein Staat seine Küsten und Landgrenzen sichern kann. Angesichts des politischen Chaos in dem nordafrikanischen Land eine schwierige Aufgabe.

Ein wichtiges Motiv für das Engagement der EU beim Aufbau staatlicher Strukturen in den afrikanischen Krisenregionen besteht darin, unkontrollierten Wanderbewegungen entgegenzuwirken. Der Zusammenhang mit der immer dramatischeren Flüchtlingssituation am Mittelmeer liegt auf der Hand. Bis zu den Umwälzungen des Arabischen Frühlings waren die nordafrikanischen Diktatoren ein Bollwerk gegen Migrationsströme. Gaddafi lässt sich die Kontrolle der Abfahrtshäfen durch privilegierte Beziehungen mit Italien unter Silvio Berlusconi abgelten. Das Vakuum nach dem Sturz der alten Regime nutzen häufig skrupellose Menschenhändler, um neue Routen zu eröffnen. Weil Europa keine gezielte Einwanderungspolitik hat, ist der illegale Grenzübertritt für viele Afrikaner die einzige Chance, dem Elend zu entkommen. Nirgendwo sonst verschmelzen die Herausforderungen an Asylpolitik, Grenzschutz und Außenpolitik der Europäer in so tragischer Weise wie an den Außengrenzen im Süden und Osten des Kontinents.

Dass Europa erfolgreich stabilisieren kann, ist nicht in Afrika, sondern bei der größten zivilen Mission im Rahmen der EU-Sicherheitspolitik auf dem Balkan zu besichtigen. Im Kosovo baut Europa seit 2008 unter dem Namen EULEX ein rechtsstaatliches Justiz- und Polizeisystem auf: 2200 im Namen der EU operierende Staatsanwälte, Richter, Polizisten und lokale Mitarbeiter schalten und walten in dem jungen Balkanstaat. Wegen Korruptionsverdachts haben EULEX-Polizisten bereits einen ehemaligen Minister verhaftet. Noch weiter im Osten stabilisieren 200 EU-Beobachter den Waffenstillstand im Kaukasus zwischen Georgien und Russland.

Das Potential für gemeinsame internationale Aktionen der Europäer ist beträchtlich. In der Realität liegen diese Möglichkeiten oft brach. Denn keine Regel zwingt die Mitgliedsstaaten, diplomatische Initiativen oder militärische Einsätze gemeinsam durchzuführen. Man einigt sich von Fall zu Fall, wenn die Sicherheitsinteressen aller 28 EU-Staaten betroffen sind und eine ausreichend große Gruppe von Regierungen bereit ist, eigene Kräfte zur Verfügung zu stellen.

Artikel 22 des Vertrags von Lissabon, also des EU-Vertrags, legt die weltpolitische Orientierung der Union in die Hände der Chefs: »Die Beschlüsse des Europäischen Rates über die strategischen Interessen und Ziele der Union erstrecken sich auf die gemeinsame Außen- und Sicherheitspolitik sowie auf andere Bereiche des auswärtigen Handelns der Union.« Der Rat für Auswärtige Angelegenheiten, bei dem Catherine Ashton unter 28 EU-Außenministern den Vorsitz führt, koordiniert die diplomatischen Initiativen. Das letzte Wort behalten in der Außenpolitik allerdings immer die Nationalstaaten.* Was genau unter gemeinsamer Außenpolitik zu verstehen ist, ist vage definiert. Entscheidend ist, ob die Interessen der Mitgliedsstaaten deckungsgleich sind oder zumindest weitgehend übereinstimmen. Außenpolitische Kontinuität ist unter diesen Umständen nur schwer möglich.

Wenn Europäer sich bei der Befriedung großer internationaler Konfliktherde engagieren, sind vor allem Franzosen und Briten gemeint. Eine Folge des einstigen Weltmachtstatus. Als zwei von fünf ständigen Mitgliedern des UNO-Sicherheitsrates nehmen sie eine Sonderstellung ein. Auch bei den außenpolitischen Entscheidungen der EU haben Franzosen und Briten besonderes Gewicht. Gegen ihren Willen engagiert sich Europa nie.

Die Deutschen halten sich trotz ihres wachsenden Einflusses in Militärfragen stark zurück und begründen das mit ihrer Vergangenheit. Keine nationale Regierung in Europa wird die deutsche Selbstbeschränkung direkt in Frage stellen. Es ist ein Nichteuropäer, der amerikanische Präsident Barack Obama, der während seines Besuches in Berlin 2013 die Deutschen vor der »Selbstgefälligkeit« warnt, nur an die »eigenen Wünsche und Ziele zu denken«, und sie auffordert, als »Weltbürger« den Blick stärker nach außen zu heben.[3] Die wachsenden internationalen Erwartungen gehören zu den Herausforderungen für die Bundesregierung in Berlin. Tatsächlich ist allen bewusst, dass Europa ohne größeres deutsches Engagement nie an ein weltpolitisches Gewicht heran-

* In Artikel 31 des EU-Vertrags heißt es: »Erklärt ein Mitglied des Rates, dass es aus wesentlichen Gründen der nationalen Politik, die es auch nennen muss, die Absicht hat, einen mit qualifizierter Mehrheit zu fassenden Beschluss abzulehnen, so erfolgt keine Abstimmung. Der Hohe Vertreter bemüht sich in engem Benehmen mit dem betroffenen Mitgliedsstaat um eine für diesen Mitgliedsstaat annehmbare Lösung. Gelingt dies nicht, so kann der Rat mit qualifizierter Mehrheit veranlassen, dass die Frage im Hinblick auf einen einstimmigen Beschluss an den Europäischen Rat verwiesen wird.«

käme, das seiner wirtschaftlichen Stärke auch nur im Entferntesten entsprechen würde. Die EU ist mit 506 Millionen Bürgern der größte Wirtschaftsraum weltweit.*

Weil einige integrationsfreundliche Außenminister 2012 über eine Europaarmee und eine gemeinsame EU-Vertretung in den Vereinten Nationen nachdenken, sieht sich Großbritanniens Außenminister William Hague zu einem Warnschreiben veranlasst. »Weil wir an eine Europäische Union von Nationalstaaten und nicht an Vereinigte Staaten von Europa glauben«, schreibt Hague an die europabewegten Kollegen, »werden wir niemals bereit sein, nationale Sitze in internationalen Organisationen wie der UNO zugunsten eines gemeinsamen EU-Sitzes aufzugeben.«[4]

Die britische Fundamentalopposition ist eines der großen Hindernisse für eine stärker integrierte europäische Außenpolitik. Die Briten verteidigen so ihre Sonderstellung als engster Bündnispartner der Weltmacht USA, aber nicht das langfristige Interesse Europas. Das Problem: Eine europäische Weltpolitik ist ohne das Vereinigte Königreich derzeit nicht vorstellbar, zu wichtig sind die militärischen und nachrichtendienstlichen Verbindungen der Briten. Die große Frage für Franzosen, Deutsche und Polen ist, ob sie ohne Briten voranschreiten wollen. Diese Entscheidung haben die Regierungen in Paris, Berlin und Warschau noch nicht getroffen.

»In Wirklichkeit gibt es keine gemeinsame, sondern nur eine parallele Außenpolitik der Europäischen Union«, argumentiert der Europaexperte der amerikanischen Denkfabrik »Carnegie Europe«, Stefan Lehne. Die Aktivitäten laufen zeitgleich zur eigenbrötlerischen Diplomatie der 28 Hauptstädte. »In der Außenpolitik steht die Nation an erster Stelle,

* Die Statistik des IWF sieht für 2014 folgende Zahlen für das Bruttoinlandsprodukt (BIP) in laufenden Preisen in US-Dollar voraus: Europäische Union: 17,6 Milliarden US-Dollar, USA: 14,3 Milliarden US-Dollar, China: 10 Milliarden US-Dollar.

während in Handelsfragen oder in der Währungspolitik die Union das Sagen hat.«[5] Angesichts der großen Umwälzungen im südlichen Mittelmeerraum wird der Preis, den die Europäer für ihre außenpolitische Vielstimmigkeit bezahlen, allerdings immer größer. Sie müssen entscheiden, ob sie machtlos zusehen wollen, wie sich die Konfliktherde in Nordafrika und im Nahen Osten ausweiten, oder ob sie die Kraft finden, sich politisch und falls nötig auch militärisch gemeinsam zu engagieren.

Das Syrien-Dilemma

Nach wie vor beharrt jeder auf seiner Sicht der Dinge, wenn es hart auf hart geht. Sollte Europa nicht spuren und grünes Licht für die von Paris gewünschte Bewaffnung der syrischen Opposition geben, wird Frankreich als souveräne Nation alleine entscheiden, lässt Außenminister Laurent Fabius die Partner im Frühjahr 2013 wissen. Eine gemeinsame Außen- und Sicherheitspolitik hat das Nachsehen.

So läuft es im Frühjahr 2013 gegenüber Syrien. Der syrische Bürgerkrieg ist der blutigste Konflikt in der Nachbarschaft. Großbritannien und Frankreich wollen durchsetzen, das von der Europäischen Union verhängte Waffenembargo aufzuheben, um Assad mit der Aufrüstung der Opposition zu drohen. Seit Ausbruch der Kämpfe sind Wirtschaftssanktionen gegen das Regime in Damaskus und ein Verbot von Waffenlieferungen an alle Bürgerkriegsparteien die wichtigsten Instrumente der EU-Syrienpolitik. Die Europäer fordern ebenso wie die USA einen Rücktritt des syrischen Diktators Assad.

Im Mai 2013 wollen Frankreich und Großbritannien den Kurs gegen Assad verschärfen. Die Aufhebung des Waffenembargos für die Opposition ist als gezielter Schritt gedacht, der den Weg frei machen soll für ein späteres militärisches Eingreifen gemeinsam mit den USA an der Seite der prowestlichen Freien Syrischen Armee. Voraussetzung ist die Aufrüstung der Rebellen. Zu zweit wollen die beiden Außenminister Laurent Fabius und William Hague durchsetzen, dass jedes EU-Land bei der Bewaffnung der Rebellen seine eigenen Wege gehen kann und die beiden Staaten damit freie Hand für die Eskalation gegen das Regime in Damaskus bekommen. Die überwiegende Mehrheit der Mitgliedsstaaten ist anderer Meinung, genauso die kriegsmüde Öffentlichkeit in Großbritannien. Der Entscheidungsprozess zeigt die Schwächen des Systems, bei dem die Nationalstaaten Vorrang haben.

Beim Außenministertreffen in Brüssel am 27. Mai 2013 prallen hinter verschlossenen Türen die Positionen aufeinander. Catherine Ashton präsentiert als Vorsitzende drei Optionen: Das Waffenembargo gegen Syrien könnte einfach verlängert werden, das ist Option eins. Es könnte in aller Form aufgehoben werden, das fordern Großbritannien und Frankreich – Option zwei. Oder es wäre möglich, eine Aufhebung des Waffenembargos erst für drei Monate später zu beschließen und an Bedingungen zu knüpfen. Option drei gilt als möglicher Kompromiss.

Als Hardliner präsentiert sich Michael Spindelegger aus Österreich. Österreich hat seit Jahrzehnten UNO-Blauhelme an der Grenze zwischen Syrien und Israel auf den Golanhöhen stationiert. Wien droht mit einem Abzug der Friedensstifter, wenn die Gegner Assads aus Europa Waffen bekommen, berichten Teilnehmer der vertraulichen Sitzung. Die Österreicher befürchten eine Eskalation, die ihre Blauhelme gefährdet. »Wenn das Embargo fällt, wird es für die österreichischen UNO-Soldaten auf dem Golan sehr schwer sein zu bleiben. Die Aufhebung des Embargos ist eine rote Linie.«

Der britische Außenminister William Hague hält dennoch an der Beendigung des Waffenembargos fest. Er will für Großbritannien die Option eines militärischen Eingreifens schaffen, und sei es mittelbar durch die Bewaffnung der prowestlichen Rebellengruppen. In der europäischen Sitzung beruft sich Hague darauf, dass auch die USA eine Bewaffnung der syrischen Opposition befürworten. Diplomaten zitieren aus einem vertraulichen Protokoll die Wortmeldung des Briten: »Assad bekommt alle Waffen der Welt, die gemäßigten Teile der Opposition gehen leer aus. Die österreichischen Truppen sind ein nationales Problem für Österreich, daran kann sich eine gemeinsame Außenpolitik nicht orientieren.« Hague hat unrecht, die Sicherheit der Soldaten eines Mitgliedslandes muss alle angehen. Andererseits macht Österreich keinen Versuch, die Partner in die eigene Entscheidung einzubeziehen, ob die Blauhelme abziehen sollen oder nicht. Nationale Eifersüchteleien verhindern eine europäische Haltung.

Der schwedische Außenminister Carl Bildt fürchtet, dass Russland das Assad-Regime noch stärker aufrüsten wird, wenn die Opposition mehr Waffen erhält. Die Europäer hätten sich geirrt, sagt Bildt. Die gemäßigte Opposition sei schwächer als gedacht, die russische und iranische Unterstützung für das Regime dagegen seien stärker als vermutet. Bildts Analyse erweist sich als ausgesprochen weitsichtig: Wenige Monate später sind die prowestlichen Rebellenorganisationen auf dem Rückzug, das Regime hat sich militärisch stabilisiert, und die islamischen Fundamentalisten werden immer stärker.

Für Deutschland versucht Guido Westerwelle zu vermitteln. Aber Großbritannien will man nicht isolieren, das ist die Devise in Berlin. Das britische Gegengewicht zum Hauptpartner Frankreich ist den Deutschen aus strategischen Gründen ganz recht – so bleiben die Kräfte ausgeglichen. Also gibt Westerwelle den Diplomaten: »Deutschland wird keine Waffen liefern. Aber die Motive Großbritanniens und Frankreichs sind nachvollziehbar.« Der deutsche Außenminister vermeidet eine klare Stellungnahme und bietet sich dadurch als Vermittler an.

Catherine Ashton hat mitgezählt. Für Option 1, die Beibehaltung des Waffenembargos, sind 14 Staaten, darunter

Österreich und Schweden. Für Option 2, die Aufhebung des Waffenembargos, sprechen sich nur Großbritannien und Frankreich aus. Option 3, einen zeitverschobenen Kompromiss mit Bedingungen, befürworten elf EU-Staaten, darunter Deutschland und Belgien. Briten und Franzosen sind bei der informellen Abstimmung alleine geblieben. Trotzdem setzen sie sich mit ihrer Minderheitenmeinung durch. Denn für eine Verlängerung des Waffenembargos ist ein einstimmiger Beschluss erforderlich, weil Außenpolitik nationale Kompetenz der Mitgliedsstaaten ist. Weil London und Paris nicht nachgeben, müssen die anderen Staaten ihre Einwände zurückstellen. Die Wirtschaftssanktionen gegen das Assad-Regime bleiben bestehen, nur das Waffenembargo wird nicht fortgeführt. Die gemeinsame Sanktionspolitik der Europäer ist geplatzt.

Wenige Wochen später trifft Österreich, das sich als Anwalt einer gemeinsamen EU-Haltung präsentiert hat, ebenfalls eine einsame Entscheidung. Wien zieht ohne internationale Rücksprache seine UNO-Soldaten zurück, die als letzte Europäer dazu beitrugen, den Waffenstillstand zwischen Israel und Syrien auf dem Golan zu sichern.

Zu einer Bewaffnung syrischer Rebellen durch Großbritannien und Frankreich kommt es nicht. Die Opposition ist zu wenig vertrauenswürdig, man fürchtet, dass die Waffen bei islamischen Fundamentalisten landen. Briten und Franzosen müssen ihre Angriffspläne begraben, als das britische Unterhaus seine Unterstützung verweigert und die USA zugunsten eines Deals mit Russland zur Zerstörung syrischer Chemiewaffen zurückstecken.

Auch die Weltmacht Amerika hat auf den syrischen Bürgerkrieg keine adäquate Antwort gefunden. Damit Europa diese Lücke füllen könnte, bräuchte es eine gemeinsame verbindliche Politik. Praktisch aber haben Paris und London das für alle Bürgerkriegsparteien geltende Waffenembargo um einer leeren Drohgebärde gegenüber Assad willen geopfert und so das außenpolitische Gewicht der Europäer verringert. Sie verbauen sich immer wieder ihre Chancen, geeint in der Weltpolitik mitzureden.

Durch Zufall an die Spitze: EU-Chefdiplomatin Catherine Ashton

Europa ist als Modell für Konfliktlösungen international gefragt. Die Europäische Union hat Grenzen beseitigt, um die Jahrzehnte blutig gekämpft wurde. Das beeindruckt in Asien und Lateinamerika. Aber aus der Überwindung historischer Feindschaften im Inneren wird nach außen kein Kapital geschlagen. Dabei ist zwischen den 28 nationalen Außenministerien das Netzwerk vorhanden, um die diplomatischen Kräfte zu bündeln.

Jeden Tag läuft über eine gesicherte Datenleitung der Informationsaustausch zwischen den Chefdiplomaten Europas. *Correspondance Européenne*, abgekürzt Coreu, ist das französische Zauberwort, mit dem Minister und Europaverantwortliche sich quer über den Kontinent auf dem Laufenden halten. Wenn der deutsche Außenminister in Kairo oder Neu-Delhi Gespräche führt, speist Berlin die Resultate innerhalb von Stunden in das verschlüsselte Coreu-Rundschreiben ein. Oder zumindest jenen Teil, den Berlin den Partnern mitteilen will. Zwei Dutzend E-Mails unterschiedlicher Geheimhaltungsstufen zirkulieren täglich unter dem Titel Coreu zwischen den Hauptstädten. Alle paar Wochen ruft Catherine Ashton die Ministerkollegen zur Lagebesprechung nach Brüssel. Eine gemeinsame Außenpolitik macht das noch nicht.

Ein Symbol der engen Grenzen, die die Mitgliedsstaaten der Außenpolitik setzen, ist die Chefin selbst. Die weitgehend unbekannte Britin Catherine Ashton wird 2009 auf einen der wichtigsten Posten in der EU gesetzt, weil sie in der

Labour Party Karriere gemacht hat und weil sie eine Frau ist.

Die Sozialdemokraten haben 2009 Anspruch auf die prestigeträchtige Position, denn die beiden anderen Posten sind an die konservativen Volksparteien gegangen. Gegen einen Bewerber der italienischen Sozialdemokraten, den ehemaligen Ministerpräsidenten Massimo D'Alema, der als Politiker der italienischen Demokratischen Partei in der eurokommunistischen KPI seine Wurzeln hat, lobbyiert die amerikanische Außenministerin Hillary Clinton. D'Alema gilt bei den Amerikanern als zu kritisch gegenüber Israel. Österreichs Exkanzler Alfred Gusenbauer hätte bereitgestanden, genießt aber nicht die Unterstützung seines eigenen Parteichefs Faymann. Weil Tony Blair scheiterte, erster EU-Ratspräsident zu werden, muss Großbritannien besänftigt werden. Bis zuletzt versuchte der britische Premierminister Gordon Brown seinen langjährigen Rivalen als Ratspräsidenten zu installieren. Nicht einmal die sozialdemokratischen Parteifreunde waren dafür. Zu frisch war die Erinnerung an Blairs Begeisterung für den Irakkrieg. Außerdem war für die Position des Ratspräsidenten der Vertreter eines Euro-Landes gefragt. Tony Blair wurde blockiert, Großbritannien muss mit der neuen Position des europäischen Chefdiplomaten entschädigt werden.

Die britischen Schwergewichte Peter Mandelson, ein Star der Labour Party, und Ex-Verteidigungsminister Geoff Hoon, die Cameron den überraschten europäischen Genossen bei einer Sitzung in der österreichischen Vertretung wenige Stunden vor dem entscheidenden Gipfel präsentiert, sind zu eigenwillig für die Parteifreunde vom Kontinent. Zudem fordern die Sozialisten im Europaparlament eine Frau. So fällt die Wahl auf die in der Außenpolitik unerfahrene Ashton.

Catherine Ashton ist gerade 13 Monate EU-Außenhandelskommissarin, als sie ganz nach oben kommt. In ihrer Jugend war sie für die Finanzen der britischen Campaign for Nuclear Disarmament (CND) zuständig. Sie ging mit Hunderttausenden für nukleare Abrüstung auf die Straße. Geadelt wurde die aus einer Arbeiterfamilie kommende Politikerin von Tony Blair. Als Vorsitzende des Oberhauses trug sie entscheidend dazu bei, dass Großbritannien dem Vertrag von Lissabon seine Zustimmung gab.

Die neue EU-Chefdiplomatin braucht lange, um ernst genommen zu werden. Freitagnachmittags nimmt Catherine Ashton gerne den Eurostar nach London. Die Spitzenpolitikerin, die am Wochenende bei ihrer Familie sein will, tut sich schwer, unter Kollegen anerkannt zu werden. Verhandlungserfolge auf dem Balkan und ein beharrlich gepflegter Kommunikationskanal zum Iran verschaffen der Britin schließlich die Akzeptanz der Kollegen Außenminister und sogar eine gute Presse.

Das spektakuläre Nuklearabkommen vom November 2013, mit dem der Iran sein Atomprogramm einfriert, wird dank Ashtons Vorarbeit möglich. Nach Jahren wachsender Kriegsgefahr in der Region ist es der erste Schritt in Richtung Entspannung. Auch für die Europäer ist dieser sechs Monate gültige Atomdeal ein Hoffnungsschimmer: Dank der neuen Führung in Teheran und gemeinsam mit US-Präsident Obama konnten sie sich gegen die auf Konfrontation setzenden Hardliner in der arabischen Welt, in Israel und im US-Kongress durchsetzen.

Catherine Ashton ist kraft ihres Amtes als Hohe Repräsentantin für Außenpolitik und Sicherheitspolitik auch Vizepräsidentin der Europäischen Kommission. Anfänglich hat Kommissionspräsident Barroso Sorge, er könne eine Rivalin bekommen. Dem beugt Barroso auf seine Art vor. Gleich in der ersten Sitzung der neuen Kommissarsrunde hält er eine lange Rede über Schwerpunkte der europäischen Außenpolitik. Er stiehlt Ashton die Schau, die Britin schweigt dazu.

Catherine Ashton strebt keine zweite Amtszeit an. Die Bestimmung der Nachfolgerin oder des Nachfolgers als Chefdiplomat wird Teil des Personalpakets sein, das nach den Europawahlen geschnürt werden wird. Kommen die Präsidenten der Europäischen Kommission und des Rates weiter aus christdemokratischen Parteien, dann werden die Sozialdemokraten erneut Anspruch auf den Job des Chefdiplomaten erheben. Schafft es ein Sozialdemokrat in einen der beiden Präsidentensessel, werden die Christdemokraten den Topjob in der EU-Diplomatie verlangen. Die parteipolitische Farbenlehre, das geographische Gleichgewicht zwischen Norden und Süden, Osten und Westen, Genderfragen und Sprachkenntnissen werden dabei ebenso wichtig sein wie die außenpolitische Erfahrung.

Beim EU-Gipfel am 16. September 2010 debattieren die Staats- und Regierungschefs mit dem außenpolitischen Führungsduo über die strategische Orientierung Europas. Neben Catherine Ashton ist Ratspräsident Herman Van Rompuy für die Vertretung der Union nach außen zuständig.

Europa soll aufhören sich selbst zu schwächen, fordert Ratspräsident Herman Van Rompuy wenige Monate nach seinem Amtsantritt von den Kollegen. Die Antici-Protokolle des EU-Gipfels zeugen davon, dass alle das Problem kennen, aber keiner bereit ist, etwas zu ändern.

»Die EU schlägt sich unter ihrem Wert, zu wenig Kohärenz und Kontinuität. Zu wenig strategisches Denken«, klagt der Ratspräsident in der Runde der Chefs. Bei den transatlantischen Beziehungen ist Van Rompuy bescheiden. Er wünscht sich von den USA »das Einhalten einiger Grundprinzipien, zum Beispiel keine Überraschungen«.[6] Die Diagnose von Kommissionspräsident José Manuel Barroso: »Wir wissen, was die Partner von uns wollen, nicht jedoch, was wir von ihnen wollen.« Den beiden EU-Politikern ist klar, dass Europa durch die Kleinstaaterei in der Weltpolitik als mittlerer Zwerg wahrgenommen wird. Viel kleiner kann sich ein Partner gegenüber der Weltmacht USA kaum machen, als einfach zu hoffen, dass aus Washington keine Überraschungen kommen. Spätestens die Enthüllungen des Geheimdienstexperten Edward Snowden über das umfassende Informationsbeschaffungsnetz der National Security Agency (NSA) machen Europas Politikern klar, dass selbst dieser bescheidene Wunsch nicht in Erfüllung geht.

Catherine Ashton hat bei jenem EU-Gipfel im Herbst 2010 eine Power-Point-Präsentation zusammengestellt, die den Chefs erklären soll, warum die USA, China und Indien als strategische Partner wichtig sind. Sie ist neu, und die Chefs hören ihr geduldig zu.

Als erster Staatschef ergreift Nicolas Sarkozy das Wort. Frankreich hat zu diesem Zeitpunkt den Vorsitz bei den G20, der Gruppe der 20 größten Wirtschaftsnationen, und Sarkozy sieht sich in der Rolle des Dirigenten einer Weltregierung: »Wir brauchen einen Ort, wo die großen Führer über systemische Probleme sprechen können. Können wir ohne Weltwährungssystem weiterarbeiten? Wie werden Preise bei Primärressourcen wie Öl oder landwirtschaftlichen Produkten festgesetzt?«

Der Franzose will, dass die Europäische Union die starke Position der USA im IWF und im UNO-Sicherheitsrat in Frage stellt. Er nennt das ein bisschen großspurig *gouvernance mondiale*, das Regieren der Welt.

Angela Merkel hat gegenüber Sarkozys Ambitionen ihre Vorbehalte. »Wir haben alle auch bilaterale Interessen und stehen im Handelsbereich in Konkurrenz. Wir können daher nicht immer einig sein.« Es ist eine typisch deutsche Reaktion. Merkel glaubt, dass die Wirtschaft die Welt regiert. Die Bundesrepublik hat Sicherheitspolitik erfolgreich an die NATO und die USA delegiert. Auf die neue Situation, dass sich die Supermacht Amerika für die europäische Nachbarschaft weniger verantwortlich fühlt als in der Zeit des Kalten Krieges, hat sich Deutschland noch nicht eingestellt.

Große Ambitionen hat der zypriotische Präsident Dimitris Christofias, der es als einziger Kommunist an den Tisch der 28 Chefs geschafft hat: »Wir müssen unsere Partner überzeugen, die EU so wichtig zu nehmen wie die USA.«

Giorgos Papandreou, der griechische Regierungschef und im Nebenjob Vorsitzender der Sozialistischen Internationale, ist bei solchen Diskussionen in seinem Element: »Es gibt eine Machtverschiebung in einer multipolaren Welt. Kleine Mitgliedsstaaten wollen gemeinsame Politik, die großen sind oft versucht, Alleingänge zu machen. Aber nur zusammen sind wir stark.«

Der griechische Sozialdemokrat hat recht. Nach dem Ende der Balkankriege haben die Europäer die Nachfolgestaaten Jugoslawiens durch einen gemeinsamen Kurs zur Koexistenz gezwungen. Die Gefahr neuer Konflikte wurde gebannt. Dagegen hat die Machtlosigkeit Europas im Nahen Osten auch mit den weit auseinanderklaffenden Positionen zum israelisch-palästinensischen Konflikt zu tun. Niederländer, Tschechen und auch Deutsche unterstützen weitgehend Israel. Aus Frankreich, Großbritannien und Belgien kommt starke Kritik an der israelischen Siedlungspolitik in der Westbank.

In den Schlussfolgerungen des EU-Gipfels vom 16. September 2010 heißt es nach der langen Debatte vielversprechend: »Die Europäische Union muss ihrer Rolle als globaler Akteur tatsächlich gerecht werden und bereit sein, ihren Teil der Verantwortung für die Sicherheit in der Welt zu tragen und eine Führungsrolle bei der Festlegung gemeinsamer Reaktionen auf gemeinsame Herausforderungen zu übernehmen.«[7]

Europäische Ideen zur Weltpolitik sind vor allem in der unmittelbaren Nachbarschaft im Osten und im Mittelmeerraum gefragt. Denn die Zeiten gehen zu Ende, als die USA bereitwillig die Rolle der Krisenfeuerwehr übernahmen wie während des Kalten Krieges. Die Supermacht konzentriert sich darauf, ihre globale Vormachtstellung in Asien zu verteidigen. Die Sicherheit Europas als Gegengewicht zu den einst kommunistischen Nachbarn im Osten wird für die USA zweitrangig.

Einen Vorgeschmack der neuen, durch die Selbstbeschränkung der USA geschaffenen Sicherheitskonstellation liefern die Bürgerkriege in Libyen und Syrien in der Folge des Arabischen Frühlings. Die Europäer sind als Nachbarn direkt betroffen. Alle haben mit dem unberechenbaren libyschen Diktator Muammar al-Gaddafi ihre Geschäfte gemacht.

Auch mit dem syrischen Baath-Regime hatten sich die Europäer arrangiert. Der Niedergang der Diktatoren kommt überraschend und erfordert eine rasche Umorientierung. Die Vorhut beim Kurswechsel macht Frankreich, schließlich ergreifen alle europäischen Länder für die Umsturzbewegungen Partei.

Militärisches in Europa

Frankreichs Präsident Nicolas Sarkozy prescht im Frühjahr 2011 vor, um den Westen zur militärischen Hilfe für die libysche Aufstandsbewegung zu drängen. Bengasi, das Zentrum des Aufstands gegen Muammar al-Gaddafi, dürfe kein neues Srebrenica werden, lautet sein Argument. Unterstützung kommt rasch von Großbritannien. Den beiden außenpolitisch führenden Mächten folgen die meisten europäischen Staaten. Die Europäer wollen zeigen, dass sie noch etwas zählen in Nordafrika. Gaddafi hat in seiner langen Karriere zahlreiche Terroranschläge zu verantworten. Das hat man in den Staatskanzleien des Westens nicht vergessen, trotz der guten Geschäfte der letzten Jahre. Die Rebellion ist eine Chance, alte Rechnungen zu begleichen.

Dazu kommen wirtschaftliche Interessen: Libyen ist ein ölreiches Land. Europa will seinen Einfluss stärken, indem es dem Anti-Gaddafi-Lager zum Sieg verhilft. Die USA ziehen mit der französisch-britischen Initiative gegen Gaddafi mit: politisch im Sicherheitsrat der Vereinten Nationen, der grünes Licht gibt, und militärisch in der NATO. Zwölf NATO-Staaten, darunter eine Mehrheit von EU-Mitgliedern, beteiligen sich am Luftkrieg zur Unterstützung der libyschen Revolutionäre. Deutschland steht abseits. Die Bundesregierung in Berlin verweigert jede Beteiligung an der von den Vereinten Nationen gutgeheißenen Operation. Die deutschen Besatzungen der AWACS-Überwachungsflugzeuge werden sogar aus den NATO-Stützpunkten abgezogen. Aus Sicht der Einsatzplaner grenzt das an Sabotage.

Sehr rasch müssen die Europäer feststellen, dass sie mangels gemeinsamer Kapazitäten ohne die USA nicht einmal mit den schwer angeschlagenen Truppen Gaddafis fertig werden.

Die Amerikaner überlassen den Großteil der Angriffe den europäischen Verbündeten. »Leading from behind« ist die Devise der Obama-Administration. Aber im Hintergrund erweisen sie sich als unersetzlich. Die Kampfflugzeuge werden in der Luft von Maschinen der US Air Force aufgetankt. Die Koordinaten für die Angriffsziele kommen von US-Spionagesatelliten. Keine der 7700 Bomben und Raketen, die abgefeuert werden, hätte ohne amerikanische Hilfe ihr Ziel gefunden, heißt es in einem vertraulichen 37-seitigen Bilanzpapier der NATO im Februar 2012.

Ohne die amerikanische Beteiligung hätte der Libyenkrieg im Debakel geendet.

Fünf Tage fliegen französische Mirage-Kampfflugzeuge schon ihre Angriffe gegen Stellungen der Gaddafi-Truppen, da tritt am 24. März 2011 in Brüssel der Frühjahrsgipfel der EU zusammen. Alle Krieg führenden Regierungschefs des Kontinents sitzen am Tisch. Sie denken schon an den Konflikt in Syrien, der sich allerdings ganz anders entwickeln wird.

Das vertrauliche Gipfelprotokoll notiert die Wortmeldung

von Nicolas Sarkozy: »Am Ende des Prozesses steht der Abgang Gaddafis. Auch in Syrien muss man den Abgang der Familie Assad fordern.« Auf die bange Frage des slowenischen Premierministers Borut Pahor, »wann die militärischen Aktionen in Libyen eingestellt werden könnten«, antwortet der britische Premier David Cameron: »wenn Gaddafi auf die Forderungen eingeht oder das Land verlässt«. Britische Marschflugkörper und Eurofighter hatten Stunden zuvor die libysche Luftwaffe ausgeschaltet. Sarkozy ergänzt schnippisch, man werde aufhören, »wenn Tripolis gegen Gaddafi aufsteht«.[8]

Nach dem Sturz Gaddafis den Aufbau einer neuen libyschen Regierung zu begleiten, dafür fehlen Europäern und Amerikanern sowohl Geduld als auch Mittel. Es erweist sich als leichter, ein autoritäres Regime durch einen kurzfristigen Militäreinsatz zu beseitigen, als danach zu helfen, neue staatliche Strukturen aufzubauen. Die Europäer versäumen eine europäisch konzertierte Wiederaufbauhilfe. Der Europäische Auswärtige Dienst unter Catherine Ashton wurde zwar gebildet, um genau solche Aufgaben anzugehen. Aber es fehlt am politischen Willen der Mitgliedsstaaten, dem europäischen Außendienst eine derart tragende Rolle zu überantworten.

Ein begrenztes Gewicht in der internationalen Politik haben die Europäer bisher durch eine spezielle Arbeitsteilung bewahrt. Während Deutschland sich als Führungsnation in der Finanzkrise erweist, übernehmen Frankreich und Großbritannien die Initiative bei internationalen Krisen.

Als im Januar 2013 hochgerüstete islamistische Rebellen in Mali zum Sturm auf die Hauptstadt Bamako ansetzen, hat in Paris François Hollande keine 48 Stunden Zeit, um zu reagieren.

Das französische Militär stoppt den Vormarsch in seiner ehemaligen Kolonie und schlägt die mit Al Kaida verbundenen Milizen zurück, die den Norden des Landes unter Kontrolle gebracht hatten. In ganz Europa ist man erleichtert. Die Sorge war groß, dass nicht weit vom südlichen Mittelmeer eine Hochburg terroristischer Gruppen entstehen könnte. Der Militäreinsatz ist ein voller Erfolg.

Zu einer europäischen Mission ist der Mali-Einsatz nie umgewidmet worden. Innerhalb von 48 Stunden wäre es möglich gewesen, einen Sondergipfel zu Mali zusammenzurufen, gibt sich ein führender Politiker überzeugt. Frankreich hätte den politischen Segen der Chefs bekommen. Europa hätte durch die Kombination aus militärischer Einsatzkraft eines Mitgliedsstaats und dem diplomatischen Gewicht der gesamten Union auf den Plan treten können. Die Chance lassen die Chefs verstreichen, auch weil es Hollande nicht daran gelegen ist. Die Partner sind froh, wenn sie sich nicht die Finger schmutzig machen müssen. Mit Transportflugzeugen beteiligen sich schließlich auch die zögernden europäischen Partner an der Aktion. Deutschland stellt zwei Flugzeuge vom Typ Transall zur Verfügung.

Immerhin übernimmt die Europäische Union nach Ende der Kämpfe die Ausbildung von Soldaten für die von den Franzosen gerettete Regierung Malis. Unweit der Hauptstadt Bamako läuft die European Training Mission Mali, an der neben Deutschland und Österreich weitere 20 EU-Staaten beteiligt sind.

Ein knappes Jahr später zeigt sich in der Zentralafrikanischen Republik ein ähnliches Bild. Frankreich versucht in der ehemaligen Kolonie an der Seite afrikanischer Friedenstruppen zu verhindern, dass sich ein Bürgerkrieg zwischen islamischen und christlichen Milizen auf die gesamte Region ausweitet. Diesmal bringt Hollande die Forderung nach europäischer Unterstützung sehr rasch auf den Tisch. Die französischen Staatskassen sind leer. Bei einer europäischen Aktion könnten die Kosten geteilt werden, hofft Hollande. Beim EU-Gipfel im Dezember 2013 bescheiden ihm die Kollegen, dass sie für eine französische Intervention nicht im

Nachhinein zur Kasse gebeten werden können. Immerhin einigt man sich darauf, dass zur Unterstützung Frankreichs eine neue EU-Militärmission für die Zentralafrikanische Republik vorbereitet wird.

Ein Blick zurück zeigt: So bescheiden wie die heutigen Staatsführer waren die Politiker beim Neuanfang Europas nach dem Zweiten Weltkrieg nicht. 1950 schlug die französische Regierung sogar die Bildung einer Europaarmee mit einem europäischen Verteidigungsminister an der Spitze vor. Das Projekt wurde heiß diskutiert, blieb aber auf dem Papier. Immer wieder stand die Europäische Armee als Thema mal unterhalb, mal oberhalb der Wahrnehmungsgrenze der europäischen Diskussion. Wenn die Diplomatie versagt, so war die Überlegung, müssten die Europäer auch imstande sein, militärische Mittel in Bewegung zu setzen.

Für eine Europaarmee haben sich in den letzten Jahren die ehemaligen Regierungschefs Belgiens und Österreichs, Guy Verhofstadt und Wolfgang Schüssel, Guido Westerwelle und sogar Angela Merkel ausgesprochen. »Wir müssen einer gemeinsamen europäischen Armee näherkommen«, sagt die deutsche Kanzlerin im März 2007 der *Bild*-Zeitung. »Jenseits des Ökonomischen wagen wir vielleicht nach der gemeinsamen Währung weitere Schritte, zum Beispiel den zu einer gemeinsamen europäischen Armee«, wiederholt Merkel im Mai 2010 bei der Verleihung des Karlspreises in Aachen. Bei der Münchner Sicherheitskonferenz im Februar 2013 gibt Verteidigungsminister Thomas de Maizière Kommando zurück: Eine Europaarmee sei für Deutschland kein konkretes Ziel, sagt der Vertraute der Kanzlerin. Der Rückzug entspricht einem doppelten Kalkül: Die Bundesregierung will die integrationsskeptischen Briten nicht herausfordern, gleichzeitig soll es im Wahljahr 2013 möglichst wenig EU-Diskussionen in Deutschland geben.

Es sind Visionen geblieben. Die Nationen Europas haben in den letzten 50 Jahren nie ernsthaft geplant, die Kontrolle über ihre Streitkräfte auch nur teilweise zusammenzulegen. In der Europäischen Union spielt das Militär insgesamt eine untergeordnete Rolle. Aber Spurenelemente einer Europaarmee lassen sich in Brüsseler EU-Institutionen nach wie vor finden – wenn man Augen und Ohren aufsperrt.

Ende Mai 2013 tönen aus dem neuen Bürogebäude des Europäischen Auswärtigen Dienstes in Brüssel ungewohnte Fanfarenklänge. Fernab vom Brüsseler Mittagsverkehr am Rond-Point Schuman spielt die größte Militärkapelle Belgiens. Im Innenhof sind Militärs aus allen EU-Staaten angetreten. Der neue Leiter des EU-Militärstabs tritt sein Amt an. Es ertönen Kommandos.

Catherine Ashton sieht angespannt aus. Generalleutnant Wolfgang Wosolsobe aus Österreich, der neue Mann an der Spitze der wichtigsten militärischen Institution der EU, salutiert und erstattet Meldung: »Madame High Representative, the handover is completed. I take over the European Military staff under your direction.« – «Die Übernahme ist vollzogen. Ich übernehme den Europäischen Militärstab unter Ihrer Führung.« Eine Eidesformel gibt es nicht. Die Kapelle spielt die Europahymne.

Der EU-Militärstab berät Catherine Ashton, wenn Europa militärisch gefordert ist und neue Missionen vorbereitet werden. Was in Syrien nach einem Sturz Assads passieren könnte, wird ebenso analysiert wie Chancen und Risiken einer Militärmission in der vom Bürgerkrieg zerrissenen Zentralafrikanischen Republik.

Beschickt wird der EU-Militärstab, der über diese Missionen wacht, mit Offizieren aus den Mitgliedsstaaten. In den Arbeitsräumen ertönen Befehle auf Französisch, Deutsch und Englisch. Ein blaues Wappen mit den gelben Europasternen auf den Uniformen ist das einzige Zeichen der europäischen Funktion. EU-Auslandsmissionen selbst dürfen nicht von Brüssel aus operationell geleitet werden. Die Ausbildungsmission für Offiziere im westafrikanischen Mali wird von einer französischen Kaserne im Pariser Vorort Mont Valérien aus kommandiert. Der *Mission Commander* für den Antipiraterie-Einsatz der EU vor dem Horn von Afrika sitzt in Northwood bei London.

Der Grund für die ineffiziente Aufteilung ist das britische Veto gegen eine permanente Einsatzzentrale für EU-Militäraktionen in Brüssel, die von Frankreich, Deutschland und Polen gefordert wird. London befürchtet Konkurrenz für die NATO und sagt nein. Eine stärkere militärische Zusammenarbeit in der EU bedeutet eine Abnabelung von den USA. Für Großbritannien, das auf seine privilegierte Beziehung zur Supermacht pocht, wäre dies eine Schwächung der eigenen Position. Beim Dezember-Gipfel 2013 blockiert Premier Cameron jeden weiteren Ausbau der gemeinsamen europäischen Militärpolitik: »Die EU darf keine eigene Armee, keine Luftwaffe oder andere Kapazitäten haben«. Cameron tut so, als ob er eine EU-Armee verhindern müsse, die aber gar nicht auf der Tagesordnung steht. Das bringt ihm Applaus in der europaskeptischen Presse zu Hause.

Eine Lösung wird es erst geben, wenn klar ist, ob Großbritannien überhaupt in der Europäischen Union bleiben will – also nach dem für 2017 geplanten Referendum. Oder welchen Preis die anderen Staaten für britische Sonderwünsche verlangen.

In der Sicherheitspolitik steht den Europäern ein Umbruch bevor. Die NATO, über Jahrzehnte ein Faktor der Stabilität, sieht nach dem Rückzug aus Afghanistan einer unsicheren Zukunft entgegen. Niemand kann sagen, ob das Bündnis ohne Außenfeind überleben wird. Die US Army will in fünf Jahren 80 000 Soldaten abbauen. Das ist die gesamte zukünftige Truppenstärke Großbritanniens, das sein Militärpersonal ebenfalls zurückfährt. Um den Europäern im Notfall aus der Patsche zu helfen, wird den USA wenig Spielraum bleiben. Für Europa könnte das eine Chance sein, sich von Amerika zu emanzipieren. Funktionieren würde dies nur, wenn sie statt 28 teurer und parallel agierender Armeen arbeitsteilig gemeinsame Verteidigungspolitik betrieben. Dagegen stehen die Interessen des historisch gewachsenen militärischen Establishments, der vielen Generäle und ihrer Freunde in der Rüstungsindustrie, die in den Nationalstaaten ihre Wurzeln haben. Eine zukunftsorientierte europäische Sicherheitspolitik wird sich über gestrige nationale Traditionen hinwegsetzen müssen.

Die Grundlagen dafür wären ideal, denn die europäischen Armeen schrumpfen seit langem. 1990 betreiben Briten und Franzosen noch 44 konventionelle U-Boote. 2013 sind davon nur 13 geblieben. Das neutrale Österreich, das gerne belächelt wird, weil Wien für Opern mehr Geld ausgibt als für Panzer, reibt sich die Augen: Inzwischen wenden auch NATO-Länder weniger als ein Prozent des Bruttonationalprodukts für ihr Militär auf, wie das die Alpenrepublik seit langem tut. Aus gutem Grund, ist doch der Kalte Krieg vorbei, und globale Ambitionen hat man keine.

Die europaweite Abrüstung ist logisch. Die Integration hat aus früheren Feinden Freunde und Partner gemacht. Ein staatlicher Außenfeind, der Europa mit einem militärischen Angriff drohen könnte, ist nicht in Sicht.

Aber je weniger Geld die Europäer für ihre Streitkräfte zur Verfügung haben, desto absurder ist es, wie ineffizient sie es einsetzen. Milliarden Euro werden verschwendet, weil 28 Armeen auf eigenen Panzern und Flugzeugen beharren, obwohl diese meist unbenutzt in den Kasernen und Hangars stehen. Es gibt in Europa 154 unterschiedliche Systeme bei Panzern, Geschützen, Flugzeugen und Raketen, zitiert das *Handelsblatt* die Beratergruppe McKinsey. Die USA kommen mit 27 verschiedenen Waffensystemen aus.[9] »Es ist inakzeptabel, zehn verschiedene Versionen eines europäischen Kampfhubschraubers oder sechs verschiedene Versionen eines europäischen Transportflugzeugs zu haben«, kritisieren Militärexperten der Europäischen Volkspartei im Europaparlament.[10] Eine im Auftrag des Europaparlaments erstellte Studie berechnet die Kosten der versäumten gemeinsamen europäischen Verteidigungspolitik. Die Militärausgaben aller EU-Staaten im Jahr 2012 betrugen 190 Milliarden Euro. Bei echter Arbeitsteilung und gemeinsam beschafften Rüstungsgütern nach dem Beispiel der USA könnten ohne verringerte Verteidigungsbereitschaft zwischen 26 und 130 Milliarden eingespart werden, errechnen die Autoren.[11] Egal wie realistisch diese Rechenspiele sind: Europas Kleinstaaterei mit 28 getrennten Streitkräften wird in Zeiten des Sparens zum sinnlosen Luxus.

Auf EU-Gipfeln ist es immer wieder Silvio Berlusconi, der ein Ende des teuren Spaßes für die Steuerzahler verlangt. Das Gipfelprotokoll notiert eine Wortmeldung des Cavaliere am 10. Dezember 2009: »Müssen auch an eine gemeinsame Verteidigungspolitik denken. Wenn wir uns zusammentun, könnten wir 50 % des individuell ausgegebenen Geldes sparen.« Ein Jahr später sagt Berlusconi laut Protokoll: »Man kann durch Zusammenlegung eine 50-%-Reduktion der Ausgaben und eine starke Luftwaffe erreichen. Unterstützung von Papandreou. Ashton verwies auf den letzten Verteidigungsministerrat, wo erste Schritte besprochen worden seien.«[12]

Passiert ist nichts.

Die Antwort der Regierungen auf die Verschwendung lautet offiziell »Pooling and Sharing«, Zusammenlegen und gemeinsames Nutzen. Die Länder sollen ihre militärischen Fähigkeiten arbeitsteilig zusammenlegen und durch gemeinsame Waffenkäufe die Preise für großes Kriegsgerät drücken. Aber welche Armee welche Waffensysteme zurückfährt, wird in der Realität praktisch nicht koordiniert. Die Verteidigungsministerien sprechen sich nicht ab, wenn sie Panzer verkaufen und Kasernen schließen.

Pooling and Sharing ist ein Desaster. Die geltende Arbeitsteilung bei der militärischen Beschaffung spart Europa jährlich zwischen 200 und 300 Millionen Euro – ein lächerlich kleiner Betrag. Die EU-Staaten wollen 30 Milliarden Euro durch militärische Kürzungen einsparen. *Pooling and Sharing* bringt nicht einmal ein Prozent.

Mit astronomischen Kosten kämpft Großbritannien, die Seefahrernation par excellence. Noch unter der Labour-Regierung Blair werden zwei neue Flugzeugträger für die Royal Navy bestellt. Sie sollen größer werden als alles in Europa. Die Mittel für Herstellung und Betrieb eines einzigen dieser Hightech-Schiffe entsprechen dem Nationalprodukt Nicaraguas.

Wenn die HMS Queen Elizabeth in ein paar Jahren als erster dieser britischen Giganten vom Stapel geht, dann hat der Flugzeugträger schon eine bewegte Geschichte hinter sich. Auf die für das Riesenschiff ursprünglich geplanten Kampfflugzeuge des Typs F35C muss die Regierung verzichten. Die Regierung Cameron will zu den Baukosten von geschätzten 6 Milliarden Euro nicht noch einen weiteren Milliardenposten für supermoderne Kampfflieger zur Seite legen. Die Presse spottete, das riesige Kriegsgerät werde wohl vor allem als Helikopterlandeplatz dienen.

Spätestens seit 2010 wissen die Regierungen in London und Paris, dass ihre Modernisierungspläne die finanziellen Möglichkeiten übersteigen. Wie wäre es, wenn wir uns einen Flugzeugträger teilen?, heißt es daraufhin in den Planungsabteilungen auf beiden Seiten des Ärmelkanals. Schließlich ist die militärische Zusammenarbeit häufig beschworen und in Einsätzen praktiziert worden. Britische Kampfjets könnten auf dem französischen Flugzeugträger Charles de Gaulle landen. Französische Rafale-Kampfflugzeuge müssten etwas umgebaut werden, um sie auf einem britischen Flugzeugträger zu stationieren. Alle sechs Monate könnte das Kommando wechseln. Kurz ist sogar von der Bildung einer europäischen Flugzeugträgergruppe die Rede. Deutschland soll Begleitschiffe stellen.

Die hochfliegenden Pläne wandern wieder in die Schubladen. Großbritannien wird seinen neuen Flugzeugträger HMS Queen Elizabeth alleine betreiben. Aus Spargründen mit viel weniger Kampfflugzeugen als geplant.

»Die Idee eines britisch-französischen Flugzeugträgers ist nicht nur an technischen Schwierigkeiten gescheitert«, sagt Militärexperte Lee Willett vom Fachblatt *Jane's Defence International.* »Beide Länder haben ihre Rüstungsindustrie, die sie fördern wollen. Flugzeugträger gehören zum Kern der nationalen Verteidigung, den kein Land teilen will.«[13] Die nationale Industrie profitiert von den Aufträgen ihres Verteidigungsministeriums. Doch die europäische Arbeitsteilung bleibt dadurch auf der Strecke. Ob unterfinanzierte Flugzeugträger, die auf unbestimmte Zeit auf die geeigneten Kampfflugzeuge warten müssen, sinnvoll sind, darf bezweifelt werden. Die separaten Flugzeugträger der Briten und Franzosen sind politische Prestigeprojekte, die im vereinten Europa des 21. Jahrhunderts aus der Zeit gefallen wirken. Eine einmalige Chance für eine wegweisende Kooperation und reduzierte Kosten wird verspielt.

Immerhin einigen sich die Chefs beim Dezember-Gipfel 2013 auf vier Langzeitprojekte im Rüstungsbereich: Mehrere Staaten wollen bis 2025 eine europäische Aufklärungsdrohne entwickeln, an gemeinsamen Tankflugzeugen soll gearbeitet werden, Kommunikationssatelliten sind geplant, und man will enger bei der Abwehr von Cyber-Angriffen zusammenarbeiten. In der Abschlusserklärung ist viel von »Fahrplänen« und »Vorarbeiten« die Rede.[14] Von einer »integrierten Verteidigungspolitik ist man weit entfernt«, resümiert Belgiens Regierungschef Elio Di Rupo.

Dass es auch anders geht, zeigen die Benelux-Staaten. Belgien und die Niederlande haben ihre Marine zusammengelegt. Niederländische und belgische Fahnen wehen nebeneinander. »Es gibt immer niederländische Soldaten an Bord belgischer Fregatten und vice versa«, erläutert der belgische Verteidigungsminister Pieter de Crem. Dazu kommt arbeitsteilige Spezialisierung: »Wir haben einen Entminungsdienst, über den die Niederländer nicht verfügen. Die Niederlande betreiben dafür U-Boote, die wieder wir nicht haben.«[15] Unter den Benelux-Staaten Belgien, Niederlande und Luxemburg besteht eine Tradition der engen Zusammenarbeit, die älter ist als die Europäische Union. Daran können sich die Partner orientieren.

Brüchige Freundschaften: Geheimdienste in der EU

Die Militärstellen der Europäischen Union, die für die gemeinsamen europäischen Militärmissionen zuständig sind, teilen ihr Arbeitsgebäude mit den Geheimdiensten. Es liegt vier Häuserblocks von den Büros am Rond-Point Schuman entfernt und gilt als das einzige ernsthaft gesicherte Gebäude der Europäischen Union. Das Bürohaus in der Brüsseler Avenue de Cortenbergh 150 beherbergt das EU Intelligence Analysis Centre, im Fachjargon EU Intcen genannt. Ein Stockwerk entfernt sitzen die Kollegen vom Intelligence Directorate, das von den militärischen Nachrichtendiensten der EU betrieben wird. Besucher müssen ihr Handy im Schließfach deponieren, wenn sie das Gebäude betreten. Das soll Abhöraktionen erschweren. Viele nationale Uniformen sind zu sehen. Die meisten Zivilisten arbeiten für den Geheimdienst des Mitgliedsstaates.

Die Nachrichtenorganisationen der EU sind eine Art europäische Tauschzentrale für Geheimdienstinformationen. Ihre Informationen erhalten die europäischen Geheimdienstler von den Diensten der Mitgliedsstaaten. Der legendäre Secret Intelligence Service der Briten, bekannt als MI6, unterstützt Chefdiplomatin Catherine Ashton direkt. Die französische Direction Générale de la Sécurité Extérieure (DGSE), der deutsche Bundesnachrichtendienst (BND) oder das österreichische Heeresnachrichtenamt liefern Material. Dies alles geschieht auf strikt freiwilliger Basis. Die Dienste sind zu nichts verpflichtet. Häufig konkurrieren sie.

Besonderes Misstrauen herrscht schon immer gegenüber den britischen Diensten. Sie gelten als verlängerter Arm der Amerikaner. Das heißt: Informationen, die an die Briten gehen, landen auch in Washington D. C. News von britischen Spionen sind häufig mit den USA abgesprochen. Die Enthüllungen des amerikanischen Whistleblowers Edward Snowden bestätigen die schlimmsten Befürchtungen. Auch in Brüssel wird abgehört. Auf den Abhörlisten der NSA und des britischen Government Communications Headquaters (GCHQ) steht etwa EU-Wettbewerbskommissar Joaquín Almunia, berichten im Dezember 2013 *Spiegel*, *Guardian* und *New York Times*. Die Europäische Kommission sieht sich zu einer scharfen Verurteilung veranlasst. »Das ist kein Verhalten, das wir von strategischen Partnern oder gar von den eigenen Mitgliedsstaaten erwarten«,[16] lässt die Kommissionssprecherin wissen. Trotzdem gilt: Die britische Nachrichtenermittlung gehört zu den besten Europas.

Einen zentralen europäischen Geheimdienst gibt es nicht. Die Europäische Union tut sich mit der Abwehr von Abhöraktionen auf die eigenen Einrichtungen schwer. Man ist auf den guten Willen der Dienste aus den Mitgliedsstaaten angewiesen.

Geheimdienstexperte Edward Snowden berichtet von Angriffen der National Security Agency (NSA) auf die EU-Vertretungen in Washington und New York. Die amerikanischen Schnüffler verschafften sich einem vom *Spiegel* eingesehenen Dokument vom September 2010 zufolge Zugang zum internen Kommunikationsnetzwerk der europäischen Institutionen. Die NSA liest E-Mails und interne Dokumente und hört bei Sitzungen mit.

Die europäischen Nachrichtendienste schauen offenbar (das wissen wir nicht genau) zu. Alle arbeiten mit den Amerikanern regelmäßig zusammen. Im Kalten Krieg war der Außenfeind Sowjetunion der verbindende Kitt zwischen Europa und Amerika. Seit 9/11 ist die Abwehr von Terrorangriffen das Motiv. Gleichzeitig ist auch innerhalb der Europäischen Union niemand vor der Neugierde der Dienste aus einem Nachbarland sicher. »Die Geheimdienste wissen sehr gut, dass alle Länder, auch wenn sie im Antiterrorismus zusammenarbeiten, sich gegenseitig überwachen«, sagt der ehemalige französische Spionagechef, Bernard Squarcini, in *Le Figaro*, »die Amerikaner bespitzeln uns im Wirtschaftsbereich genauso, wie wir sie bespitzeln – es ist nationales Interesse, die eigenen Unternehmen zu verteidigen.«[17]

Für den Schutz der europäischen Institutionen fühlen sich die nationalen Geheimdienste nicht zuständig. Im Gegenteil: Im September 2013 wird bekannt, dass die Abhörzentrale des britischen Geheimdienstes GCHQ, die von der NSA gerade mit 100 Millionen Pfund aufgerüstet wurde, das Computersystem des belgischen Telefonanbieters Belgacom mit raffinierter Schadsoftware durchsetzt hat. Zu den Großkunden von Belgacom gehören die Europäische Kommission, das Europäische Parlament und die NATO, deren Kommunikation der britische Geheimdienst GCHQ durch den Cyber-Angriff auf Belgacom überwachen kann. Die geheime Operation der Briten gegen die EU-Zentralstellen trägt den Namen »Sozialist«.

Der grüne Europaabgeordnete Jan Philipp Albrecht spricht von einem »Skandal von der Wucht eines schwerwiegenden internationalen Zwischenfalls«. Aber weder die EU-Kommission noch die Regierungen wollen sich dazu äußern, dass ein EU-Mitgliedsstaat die europäischen Institutionen bespitzelt. Schließlich weiß niemand sicher, ob die Briten dabei die Einzigen sind. Die europäische Partnerschaft schließt ein, dass man Zwischenfälle im Bereich der Dienste möglichst unter die Decke kehrt.

Vor dem Innenausschuss des Europaparlaments Anfang Oktober 2013 spricht Belgacom-Generalsekretär Dirk Lybaert von einer »extrem ausgeklügelten« Attacke gegen das belgische Telekommunikationsunternehmen, die mit »massiven Ressourcen, hochentwickelten Mitteln und großer Entschlossenheit, in unser System einzubrechen« durchgeführt wurde. Großbritannien beschuldigt der belgische Telekom-Chef nicht direkt. Für Sir Iain Lobban, den Direktor des britischen Geheimdienstes GCHQ, stellen die Abgeordneten während der Ausschusssitzung einen leeren Stuhl hin: Die britische Regierung lässt ausrichten, dass das Europaparlament nicht befugt sei, in Sicherheitsfragen aktiv zu werden. Es ist ein Ausdruck der Geringschätzung der Europaabgeordneten durch London. Die britische Regierung hofft, der politischen Diskussion entgehen zu können, ob in einem gemeinsamen Europa das zwischen den Sicherheitsdiensten der Nationalstaaten geltende Misstrauen nicht abgebaut werden sollte.

»Wir sind für die Abwehr von Lauschangriffen und für den Schutz von Ratspräsident Herman Van Rompuy zuständig«[18], sagt der Sicherheitschef des Ratsgebäudes, Alex Legein. Ob Legeins knapp 200 Sicherheitsleute über ausreichend Mittel verfügen, einer technisch hochgerüsteten Attacke zu widerstehen, bezweifeln Experten. Mit den technischen Mitteln staatlicher Einrichtungen können Sicherheitsdienste der EU-Institutionen nicht mithalten. Bei großen Problemen wendet man sich an die belgischen Dienste, die auf dem Territorium des Königreichs das letzte Wort haben.

Wie wahrscheinlich ist ein Lauschangriff auf einen EU-Gipfel? Völlig ausgeschlossen ist er nicht. Wenn sich im fünften Stock des Justus-Lipsius-Ratsgebäudes die Staatschefs zum Gipfel treffen, könnte der Sitzungssaal theoretisch abhörsicher gemacht werden. Per Knopfdruck würde der Raum in einen Faraday'schen Käfig verwandelt, sagen Geheimdienstexperten. Doch von dem Moment an würden die Regierungschefs, die sich ja alleine im Saal befinden, keine SMS und E-Mails an ihre Mitarbeiter mehr schicken können. Ob der Knopf während eines EU-Gipfels je betätigt wurde, ist nicht bekannt.

Die Chefs sprechen über eine Tonanlage miteinander. Dutzende Übersetzer sind zwischengeschaltet. Seit den Enthüllungen Snowdens werden die Verbindungskabel besonders aufmerksam nach Wanzen untersucht.

Gregor Woschnagg ist Botschafter und ein selbstbewusster Mann. Er lässt sich nicht gerne abschütteln. 2003 ist der Diplomat Chef der Ständigen Vertretung Österreichs bei der Europäischen Union. Aber das Telefonieren ist mühsam. Jedes Mal, wenn Woschnagg vom österreichischen Delegationsbüro im EU-Ratsgebäude aus Kanzler Wolfgang Schüssel oder andere Gesprächspartner in Wien am Apparat hat, gibt es gravierende Tonschwankungen. Der genervte Botschafter besteht auf einer Leitungskontrolle durch die Haustechniker der EU.

Die staunen nicht schlecht. Unter der Verschalung des Vorraumes versteckt, finden sie hochmoderne Abhörgeräte. Alle Gespräche werden an eine unbekannte Stelle außerhalb des Gebäudes weitergeleitet. An der abgehörten Telefonleitung des Stockwerks hängen die Delegationsbüros Großbritanniens, Deutschlands und Österreichs. Auch an anderen Stellen des Ratsgebäudes werden Hightech-Wanzen gefunden. Fein säuberlich sind die Typenschilder aus allen Geräten entfernt. Ausgerüstet ist die Bespitzelungsanlage mit einem Sender, der alle mitgeschnittenen Gespräche bis zu acht Kilometer entfernt funken kann.

Der damalige deutsche Innenminister Otto Schily schickt Wanzensuchtrupps. Sie bleiben erfolglos. Ein Versuch der belgischen Sécurité, den Empfänger mit Hilfe eines Peilwagens ausfindig zu machen, scheitert, weil eine französische Zeitung vorprescht und die Affäre publik macht. Selbst britische Experten finden keine Spur. Bis heute weiß Woschnagg nicht, wer hinter dem Lauschangriff stand. Russland, Israel und die USA gelten in Diplomatenkreisen als vorrangig verdächtig. Auch dem Iran wird in Brüssel intensiver Spionageeinsatz nachgesagt.

Über direkte Hackerangriffe gegen Institutionen gibt es nur spärliche Informationen. Manchmal finden Dutzende Angriffe jeden Tag statt, sagt ein Experte. Die Öffentlichkeit erfährt davon selten. Das gilt als Zeichen, dass der Eigenschutz ganz gut funktioniert. Vor einem EU-Gipfel im März 2011 gesteht die Kommission, dass es eine »gravierende« Attacke gab. Ein Jahr später attackieren Hacker vier Tage lang die Mailbox von Ratspräsident Herman Van Rompuy. Der Angriff soll von chinesischen Hackern gekommen sein. Die Firewalls erweisen sich als nutzlos. Den Hinweis auf den Raubzug in der Mailbox des Ratspräsidenten geben die Amerikaner. Woher sie diese Informationen hatten, fragt keiner der europäischen Experten nach. Alle gehen unausgesprochen davon aus, dass NSA oder CIA sowieso überall mit in der Leitung hängen.

Die Cyberabwehr der EU selbst steckt in den Kinderschuhen. Ungeklärt ist, welche strategischen Netzwerke geschützt werden sollen und wer die Hoheit über diesen Schutz haben soll. Deutsche? Franzosen? Briten? Oder soll eine über den Nationalstaaten stehende EU-Instanz geschaffen werden? Es geht bei solchen Entscheidungen weder um Geld noch um technisches Know-how. Beides ist in Europa zur Genüge vorhanden. Die Frage ist politisch. Es geht wie so oft darum, ob die Regierungen es schaffen, den nationalen Egoismus zu überwinden und anzuerkennen, dass eine gemeinsame übernationale Autorität den Bürgern mehr Schutz bringen würde als viele schwache Nationalstaaten.

In europäischen Geheimdienstkreisen ist noch im Sommer 2013 voller Bewunderung vom Spezialhandy der deutschen Kanzlerin die Rede, das alle Daten verschlüsselt. Entwickelt wurde es von den deutschen Diensten. Nur François Hollande und David Cameron verfügen über ähnlich sichere Geräte, heißt es bei den Partnern. Offensichtlich ist es eine trügerische Sicherheit. Denn die Kanzlerin benutzt meist ihr normales Handy, das leichter zu bedienen ist. Im Oktober 2013 gibt die deutsche Bundesregierung bekannt, dass Merkels Handy möglicherweise von US-Geheimdiensten abgehört wird. Welches Gerät betroffen ist, bleibt im Dunkeln. Es ist ein Debakel für die deutschen Geheimdienste. Beim EU-Gipfel am 24. Oktober 2013 formuliert Angela Merkel öffentlichkeitswirksam: »Ausspähen unter Freunden – das geht gar nicht.«

Die Wirklichkeit sieht anders aus. Nicht nur die amerikanische NSA ist in ganz Europa aktiv, sondern auch die Dienste befreundeter EU-Staaten. Als die britische Tageszeitung *The Independent* von einer Abhöreinrichtung auf dem Dach der britischen Botschaft in Berlin berichtet, wird Botschafter Simon McDonald ins deutsche Außenministerium zitiert. Ein ungewöhnlicher Vorgang unter Partnern. Den deutschen Stellen ist das weit sichtbare zylindrische Bauwerk, mit dem angeblich Handygespräche im gesamten Berliner Regierungsviertel abgehört werden können, womöglich schon früher aufgefallen. Erst die öffentliche Diskussion rund um Edward Snowdens Enthüllungen macht daraus ein politisches Problem.

Beim Dinner der Chefs am 24. Oktober 2013 in Brüssel bringt François Hollande die Praktiken der NSA in Europa zur Sprache. Frankreich und Deutschland wollen sich jeweils bilateral in den USA um ein »No Spy«-Abkommen bemühen, das US-Spähaktionen ein Ende bereitet. Die anderen Mitgliedsstaaten sollen diese Vereinbarung als Blaupause für eigene Abkommen nutzen. Dass die Regierung Obama den Handlungsspielraum der amerikanischen Nachrichtendienste in derart drastischer Weise einschränkt, kann man ausschließen. Aber in die Beziehungen zwischen den Geheimdiensten ist Bewegung gekommen. Auf Anregung der dänischen Ministerpräsidentin Thorning-Schmidt verlangt der EU-Gipfel von den USA »Respekt und Vertrauen«, auch

»was die Arbeit und die Zusammenarbeit der Geheimdienste betrifft«.[19] Es sind die diplomatischen Codeworte für einen von Merkel und Hollande angestrebten Nichtangriffspakt zwischen Nachrichtendiensten befreundeter Staaten. Peinlich ist die einstündige Spionage-Diskussion beim Dinner für Cameron. Alle am Tisch wissen, dass die britischen Geheimdienste als verlängerter Arm der USA agieren. Cameron verweist ausdrücklich auf das sogenannte »Fünf Augen«-Abkommen, das die Geheimdienste der angelsächsischen Welt (USA, Großbritannien, Kanada, Australien, Neuseeland) verbindet. Basis dieser Zusammenarbeit ist ein »No Spy«-Versprechen der fünf beteiligten Dienste, sich nicht gegenseitig zu bespitzeln. In der nächtlichen Runde der Regierungschefs verlangt Belgiens Premier Di Rupo gemeinsam mit mehreren Regierungschefs einen ähnlichen Nichtangriffspakt zwischen allen Geheimdiensten in der EU, in dem Regeln für den gegenseitigen Umgang festgelegt sind. Ein »No Spy«-Versprechen zumindest der wichtigsten europäischen Nachrichtendienste wäre die Voraussetzung einer Zusammenarbeit, die über den bisherigen unverbindlichen Informationsaustausch hinausgeht. Deutschland und Frankreich kündigen an, bis Ende 2013 mit den USA ihre bilateralen Abkommen auszuhandeln, denen sich die anderen EU-Länder anschließen können. Bis Ende Januar 2014 ist nichts passiert. Amerika ist zu keinerlei Zugeständnis bereit.

Gemeinsame Spionageabwehr der Europäer? Vorläufig ist das reine Utopie. Der Vorrang der Nationalstaaten kollidiert mit den realen Sicherheitsinteressen Europas. Aus dem Europaparlament kommt schon seit einiger Zeit die Forderung nach einer eigenen Agentur zur Spionageabwehr für die EU. Beispiel könnte Europol sein, die europäische Koordinierungsbehörde zur Bekämpfung von grenzüberschreitender Kriminalität und Terrorismus, die zur allgemeinen Zufriedenheit funktioniert.

Besser als bei der Spionageabwehr funktioniert die Zusammenarbeit der Nachrichtendienste im auswärtigen Bereich und bei Antiterrormaßnahmen. Die Experten des zivilen EU Intelligence Analysis Centre und des militärischen Intelligence Directorate stellen mehrmals täglich ihre Analysen für die EU-Spitze zusammen: Ob Syriens Diktator Assad 2012 tatsächlich Giftgas eingesetzt hat? Das hielt ein einziger der 28 Dienste für erwiesen. Welche Kräfte von außen im unruhigen Libyen aktiv sind? Vor allem solche vom Persischen Golf, aus Katar. Nach Erkenntnissen der europäischen Geheimdienste sind die Kataris auch im Libanon und in Syrien stark engagiert. Wie sich die Piratensituation vor der Küste von Somalia entwickelt? Die Piraten sind auf dem Rückzug. Das sind die Themen.

Die Chefs dieser unbekannten Einrichtung der Europäischen Union kommen traditionell aus kleinen Mitgliedsstaaten. Zwei Finnen, Ilkka Salmi vom Nachrichtendienst Suojelupoliisin, und der frühere Militärgeheimdienstmann Georgij Alafuzoff, ein Commodore der Marine, führen die Geschäfte. Zwei Dutzend Nachrichtenexperten beobachten im *situation room* des Europäischen Auswärtigen Dienstes rund um die Uhr weltweit Krisenherde.

»Wir sind kein Geheimdienst, weil wir nicht selbst Informationen sammeln«, gibt sich Ilkka Salmi, der Chef des Intelligence Analysis Centre, betont bescheiden. »Wir haben keine eigenen Agenten. Unsere Quellen kommen aus den Mitgliedsstaaten.«[20]

Knapp 200 Mitarbeiter haben die Nachrichtenzentralen der Europäischen Union. Zwei bis drei Berichte werden jeden Tag in die Führungsetage der EU abgesetzt. Dass auf der anderen Seite des Atlantiks, bei der CIA, 30 000 Leute beschäftigt sind, erzählt einem mit leicht neidischem Gesichtsausdruck jeder zweite Gesprächspartner.

Die große Schwäche der EU-Geheimdienstorganisation sieht CDU-Europaabgeordneter Elmar Brok, Vorsitzender des Außenpolitischen Ausschusses im Europaparlament, im Misstrauen der Organisationen untereinander. »Es ist das alte Problem, dass sich die Männer mit den Schlapphüten nicht gegenseitig vertrauen. Es reden ja nicht einmal im Nationalstaat Inlands- und Auslandsgeheimdienst miteinander.«[21] Brok will, dass die Regierungen ihre Nachrichtendienste zum europäischen Informationsaustausch zwingen. Erst seit Merkels Handygate diskutieren auch die Sicherheitsexperten in den Hauptstädten, ob eine solche Regel denkbar ist.

In der Europäischen Union verfügen nur Großbritannien, Frankreich und Deutschland, gefolgt von Spanien und Italien über Nachrichtendienste mit einer Reichweite, die über den Kontinent hinausgehen. Doch die anderen EU-Partner sollen davon profitieren: »Jedes Mitgliedsland, vom kleinsten zum größten, soll das gleiche Dokument zur Verfügung haben, wenn es gilt, Entscheidungen zu treffen«, erklärt Intelligence-Centre-Chef Ilkka Salmi die Existenzberechtigung seiner Behörde.[22] Ein schöner Vorsatz, der Wunschdenken bleiben wird, solange nicht überwunden ist, dass bei den sicherheitspolitischen Interessen der Europäer nationale Souveränität vorrangig sein muss.

Zu den Errungenschaften der Geheimdienstzusammenarbeit in der EU gehört das europäische Satellite Centre, eine Behörde, die ihren Sitz in der spanischen Stadt Torrejón unweit von Madrid hat. Die Nachrichtenexperten besorgen Satellitenbilder, werten sie aus und reichen sie an alle beteiligten Staaten weiter.

Über eigene Nachrichtensatelliten verfügt die Europäische Union nicht. Die Satellitenbilder werden auf einer Art freiem Markt für Erdbeobachtung aus dem Weltall gekauft. Sie kommen aus EU-Ländern und von kommerziellen Satelliten aus der ganzen Welt. Die USA, Israel und Indien gehören zu den Anbietern. Auch Frankreich und Deutschland, Italien und Spanien betreiben Beobachtungssatelliten. Das deutsche Radarsatellitensystem namens SAR-Lupe wurde gestartet, weil die Bundeswehr über die Abhängigkeit von amerikanischer Satellitenaufklärung während des Kosovokriegs unzufrieden war. Es profitieren jene EU-Staaten, die sich selbst keine Satelliten leisten können oder deren Satelliten andere Brennpunkte im Blick haben.

Welche Aufnahmen die Mitgliedsstaaten aus der EU-Satellitenzentrale bevorzugt anfordern, erfährt man in den Korridoren der Außenpolitikzentrale in Brüssel. Syrien, der Libanon und Libyen stehen an erster Stelle. Was tut sich bei den Chemiewaffenlagern in Syrien? Woher kommt der Nachschub für die Milizen? Welche russischen Kriegsschiffe liegen zur Reparatur im Hafen, wie viele sind auf hoher See? Sind die Iraner dabei, ihre Nuklearanlagen umzubauen? Osteuropäische EU-Staaten interessiert, ob ungewöhnliche Vorgänge rund um russische Atomkraftwerke zu beobachten sind.

Der österreichische Europaabgeordnete Martin Ehrenhauser kritisiert die fehlende Kontrolle der EU-Geheimdienstaktivitäten durch das Europaparlament. »Die Intelligence Community in der EU wächst«, sagt Ehrenhauser. »Mit Europol und Frontex, die für Polizeizusammenarbeit und Grenzschutz zuständig sind, kommt man auf 1300 Mitarbeiter mit einem Jahresbudget von 230 Millionen Euro.«[23] Die EU-Verantwortlichen wiegeln ab. Sie verweisen auf die Geheimdienstaufsicht in den Nationalstaaten, auf deren Tätigkeit die EU-Aktionen beruhen.

International sind alle europäischen Geheimdienste Zwerge. »Was wollen Sie mit insgesamt 6000 Leuten in Deutschland, 5000 oder mehr in Frankreich und Großbritannien und vielleicht 3500 in Spanien«, rechnet ein Fachmann aus der Branche vor. Für alle Nachrichtendienste sind das Internet und die Handykommunikation der wichtigste

Bereich. Sigint, *signals intelligence*, lautet der Fachausdruck. »Allein im Sigint-Bereich sind 300 000 Chinesen und 50 000 Russen tätig. Die amerikanische NSA beschäftigt 75 000 Personen. Bei den Europäern sind es wenige Tausend.«

Ob nicht grundsätzlich ein EU-Geheimdienst, der über die gegenwärtigen Tauschbörsen hinausginge, sinnvoll wäre? »Die Mathematik spricht für sich«, antwortet der österreichische Nachrichtenexperte Günther Eisl, der mehrere Jahre selbst an der Spitze des EU Intelligence Directorate in Brüssel gestanden hat. »Selbstverständlich ist ein Dienst, der für eine einzige Administration arbeitet, effizienter als ein Werk von 28 Diensten. Aber das entspricht zum gegenwärtigen Zeitpunkt nicht den Ambitionen der Mitgliedsstaaten.«[24]

Die Lehren des Balkan

In der Sicherheitspolitik der Europäer hat sich über die Jahre viel verändert. Dass in Europa überhaupt Geheimdienstinformationen ausgetauscht werden, ist ein Fortschritt und hat mit Krisenerfahrungen zu tun. Ein Rückblick auf die 1990er Jahre zahlt sich aus. Das ehemalige Jugoslawien stand in Flammen und wurde unfreiwillig zur Wiege der EU-Außenpolitik, die bis heute einen großen Teil ihrer Kraft in die Befriedung des westlichen Balkans investiert. Mit nachhaltigen Ergebnissen.

Als Jugoslawien im Bürgerkrieg versinkt, präsentiert sich Europa machtlos und gespalten. Deutschland und Österreich unterstützen die Unabhängigkeitsbestrebungen Kroatiens. Frankreich und Großbritannien haben Verständnis für Serbien. Die USA halten sich heraus. Die nationalistischen Emotionen nutzt der serbische Machthaber Slobodan Milošević zu Angriffen auf Kroatien, Bosnien und den Kosovo, bei denen Europa zusieht. Die Glaubwürdigkeit der EU als Modell für Frieden in Europa steht auf dem Spiel.

Erst zwei Luftkriege unter der Führung der USA bereiten dem Morden ein Ende. Ein solches Desaster darf sich für die europäische Diplomatie nicht wiederholen, schwören die Staats- und Regierungschefs des alten Kontinents. Der Spanier Javier Solana soll als eine Art Außenbeauftragter die dringend nötige Wende einleiten.

Der Neuanfang erfolgt nicht in einem mondänen Brüsseler Salon, bei dem Champagner und Kaviar serviert werden, sondern Ende 2000 inmitten schwerbewaffneter albanischer Untergrundkämpfer im südserbischen Bezirk Preševo. Im Auftrag Javier Solanas soll Stefan Lehne, österreichischer Diplomat und Balkanspezialist der EU, gemeinsam mit dem NATO-Diplomaten Pieter Feith einen neuen Krieg zwischen Serben und Albanern verhindern. Zwischen albanischen Freischärlern und dem jugoslawischen Militär wird nach dem Ende des Kosovokrieges im Jahr 2000 wieder geschossen. Die albanische Bevölkerung Südserbiens hofft auf eine Trennung von Belgrad, so wie im Kosovo. Zwei Autostunden südlich von Belgrad gibt es Tote. Auf den Straßen liegen Minen.

Den Bauerntisch im südserbischen Dorf Konculj, um den der EU-Verhandlungsführer die Konfliktparteien versammelt, zieren die Symbole der Macht nach der Nachkriegszeit: die Fahnen der NATO und der Vereinigten Staaten von Amerika, die blaue Europafahne und die rote Fahne mit dem schwarzen albanischen Adler. Die Verhandlungen beginnen mit einem Sliwowitz, Trinkfestigkeit ist gefragt in diesem Teil des Kontinents. »Die albanischen Verhandlungsführer kamen mit automatischen Waffen und Panzerabwehrgranaten an den Verhandlungstisch«, erinnert sich Stefan Lehne. »Einmal hat der Anführer in einer dramatischen Geste Landminen auf den Tisch gestellt, um zu demonstrieren, wie ernst es ihm mit seiner Forderung nach einer Abtrennung von Serbien ist.«

Viele albanische Kämpfer sind als Gastarbeiter in Deutschland gewesen. So laufen während der Verhandlungen über

Krieg und Frieden in Jugoslawien auf den Fernsehbildschirmen die aktuellen Spiele der deutschen Bundesliga. Sehr gewöhnungsbedürftig ist es für die internationalen Diplomaten, ein stinkendes Loch aufzusuchen, das als Toilette dient.

Größere Strecken können nur in gepanzerten Fahrzeugen zurückgelegt werden. *Special Forces* der NATO sorgen für die Sicherheit. Die Geheimdienste der NATO-Staaten liefern den Diplomaten ihre letzten Erkenntnisse. Die Verhandlungen ziehen sich über Wochen. Schließlich verzichten die Albaner auf die Abtrennung. Ein neuer serbisch-albanischer Krieg kann verhindert werden.

Unmittelbar darauf explodiert das benachbarte Mazedonien. Die Abspaltungstendenzen der Albaner bedrohen den Westbalkan mit einem Flächenbrand. Die Regierung des kleinen Staates Mazedonien in Skopje und die albanischen Nationalisten stehen frontal gegeneinander. Blackhawk-Helikopter der NATO bringen Woche für Woche die Vermittler aus EU und NATO zum Hauptquartier der albanischen Separatisten. »Die NATO-Piloten flogen im Gefechtsflug, extrem nahe am Boden, mit abrupten Wendungen. An der offenen Türe saß ein MG-Schütze, bereit, falls nötig, zurückzuschießen. Es hat uns den Magen umgedreht«, erinnert sich Stefan Lehne. »Die Piloten machten sich einen Spaß daraus, es den Schreibtischtätern aus Brüssel so richtig zu zeigen.«[25]

Die EU-Vermittlung dauert viele Monate. Wenn die Gespräche stocken, fliegt Solana persönlich ein. In der Zeit gibt es Hunderte Tote. Solanas Diplomaten haben keinen eigenen Zugang zu vertraulichen Informationen. Aber in der Not öffnen sich die verschlossenen Quellen des britischen Auslandsgeheimdienstes MI6 für die EU. Jeden Monat bringt eine Agentin aus London eine extra für die EU-Außenpolitiker präparierte Mappe über Truppenbewegungen und Waffentransporte auf dem Balkan in das EU-Ratsgebäude nach Brüssel.

Schließlich werden neue Kriege verhindert. Der eiserne

Wille der Staaten, diesmal geschlossen zu agieren, zahlt sich aus. Es ist die Geburt der neuen EU-Außenpolitik. Wo das größte Desaster der europäischen Nachkriegsgeschichte passierte, ist die EU bis heute Friedensstifter.

Während die Diplomaten im Frühsommer 2013 in Brüssel um eine Linie zu Syrien ringen, sind die Regierungschefs Serbiens und Kosovos, Ivica Dačić und Hashim Thaçi, häufige Gäste bei Catherine Ashton. Die Chefdiplomatin der EU zitiert die Kontrahenten vom Balkan nach Brüssel, um die letzten Feindschaften aus den Jugoslawienkriegen zu beseitigen. Es ist Catherine Ashtons erfolgreichste Vermittlungsmission. Während der Jugoslawienkriege agierte Dačić als Pressesprecher des serbischen Kriegsherren Milošević. Er ist Regierungschef einer Koalition mit den Ultranationalisten in Belgrad. Sein kosovarisches Gegenüber Hashim Thaçi war Chef der albanischen Guerillaorganisation UÇK, die für die Unabhängigkeit Kosovos kämpfte, auch mit terroristischen Methoden. Der ehemalige Untergrundkämpfer ist der erste Regierungschef des unabhängigen Kosovo und ein Todfeind der serbischen Nationalisten. Schon dass die beiden Politiker sich an einen Tisch setzen, ist eine Sensation.

Im Mai 2013 schließen Hashim Thaçi und Ivica Dačić in Brüssel zwischen Serbien und der unabhängig gewordenen ehemaligen Albanerprovinz endgültig Frieden. Eine formelle Anerkennung der Unabhängigkeit des Kosovo durch Serbien gibt es nicht. Aber in allen praktischen Fragen wie Post, Grenzkontrollen, Anerkennung von Dokumenten gibt es eine Einigung. Vor allem: Alle Meinungsverschiedenheiten wollen Serben und Kosovaren in Zukunft auf dem Verhandlungsweg lösen.

Es ist der wichtigste Durchbruch für EU-Außenpolitik seit vielen Jahren. Serbien hat alle gesuchten Kriegsverbrecher nach Den Haag ausgeliefert und hofft, nach 2020 Mitglied der EU zu werden. Kosovo könnte folgen. Chefdiplomatin Catherine Ashton überwacht den Handschlag.

»Das strategische Konzept der Europäischen Union, die Staaten des Westbalkans an die Mitgliedschaft heranzuführen, ist die Grundlage dieses Erfolgs«, weiß der damalige Verhandlungsführer Stefan Lehne.[26] Die Europäer haben eisern an der gemeinsamen Linie festgehalten, trotz heftiger interner Spannungen. Europäische Militärmissionen, Polizeiausbilder, das Kriegsverbrechertribunal in Den Haag, EU-Justizexperten und politisch Verantwortliche mit nahezu diktatorischen Kompetenzen, all das setzen sie auf dem Gebiet des ehemaligen Jugoslawiens ein, um Frieden zu schaffen. Nach wie vor kann ein von der EU nominierter internationaler Diplomat mit dem Titel »Hoher Repräsentant in Bosnien und Herzegowina« Gesetze schreiben und Politiker entlassen. Den Job hat der Österreicher Valentin Inzko. Seine Kompetenz verdankt er einem UNO-Mandat, das von Europäern und Amerikanern gemeinsam getragen wird.

Das Beispiel zeigt, wo die gegenwärtigen außenpolitischen Stärken der Europäischen Union liegen. Die Europäer haben gelernt, Probleme auf dem eigenen Kontinent zu lösen. Aber auch im Gebiet der ehemaligen Sowjetunion oder in Nordafrika ist Europa der entscheidende Bezugspunkt. Marokko blickt auf Spanien, Algerien und Tunesien auf Frankreich, für Libyen ist Italien der wichtigste Nachbar. Die Ukraine hat Russland auf der einen, Polen und Deutschland auf der anderen Seite im Auge. Auch wenn Europa Ende 2013 im Poker mit Moskau um ein Assoziierungsabkommen mit der Ukraine den Kürzeren zieht, blickt ein großer Teil der Bevölkerung nach Westen. Das bestätigen Hunderttausende, die in Kiew mit europäischen Fahnen demonstrieren. Gestützt auf seine Wirtschaftsmacht und die historischen Kontakte zu den Nachbarregionen, kann ein geeintes Europa zu einer wichtigen stabilisierenden Kraft der Region werden.

Die finanziellen Mittel, die der Europäischen Union schon heute zur Verfügung stehen, gehen über den Auswärtigen

Dienst unter Catherine Ashton weit hinaus. Experte Stefan Lehne errechnet, dass für alle internationalen Aktivitäten der EU in der Justiz, im Handel, in der Entwicklungshilfe und anderen Bereichen jährlich 12 Milliarden Euro ausgegeben werden. Dagegen braucht der diplomatische Apparat nur 400 Millionen Euro. Ein strategisches Konzept, das alle diese Auslandsaktivitäten der Europäischen Kommission bündelt, würde keine zusätzlichen Mittel erfordern.[27] Was fehlt, ist der politische Wille zu einer potenten EU-Außenpolitik, die die Diplomatie eines Nationalstaates in den Schatten stellt.

Europa wird international zu dem Zeitpunkt endgültig gefordert sein, wenn die USA in einer großen Krise im Kaukasus oder im Nahen Osten nicht mehr bereit sind, die Führung zu übernehmen, erwartet Experte Stefan Lehne. Die heute noch inhaltsleeren sicherheitspolitischen Institutionen müssten mit Leben erfüllt werden. Diplomaten, Militärs und Geheimdienstleute wären gefragt.

Die Herausforderung wird Europa nur bestehen, wenn die Staats- und Regierungschefs ihre nationalstaatliche Kleingeisterei überwinden, die verhindert, dass der Kontinent sein außenpolitisches Potential ausspielt. Alle Staaten müssten sich bewegen. Deutschland ist gefordert, aus der Reserve zu treten und sich sicherheitspolitisch so einzubringen, wie es seiner wirtschaftspolitischen Stärke entspringt.

Großbritannien müsste von den integrationsfreundlichen Partnern vor die Wahl gestellt werden, ob es sein außenpolitisches Know-how produktiv in Europa einbringt oder ob es als Schmalspurweltmacht noch mehr Einfluss verlieren will. Dass das Vereinigte Königreich sich bei einer solchen Alternative tatsächlich gegen Europa entscheiden würde, ist keineswegs sicher. Die pragmatischen Briten waren auch in der Vergangenheit zu überraschenden Kehrtwendungen bereit.

Mittlere und kleinere EU-Staaten dürfen sich nicht mehr wie bisher als Trittbrettfahrer bei den Großen verstehen, die gerne kritisieren, aber in der gemeinsamen Außen- und Sicherheitspolitik selbst wenig beitragen.

Die Kraftanstrengung der außenpolitischen Führung der EU wird Frankreich übernehmen müssen, das EU-Kernland mit den größten geopolitischen Ambitionen. Der französische Präsident ist der stärkste außenpolitische Akteur in Europa. Er kann ohne sein Parlament entscheiden und hat dadurch mehr Spielraum als der britische Premier und die deutsche Kanzlerin. Nur als Nationalstaat wird Frankreichs internationale Rolle verkümmern. Dieser bitteren Realität müssen die Franzosen ins Auge sehen, als François Hollande 2013 seine Angriffspläne gegen das syrische Regime kurzfristig absagen muss, weil Paris international allein bleibt. Als treibende Kraft einer Außenpolitik, hinter der ganz Europa steht, wird Frankreich sich nicht in allen Einzelfragen durchsetzen, aber letztlich in der Welt mehr Gewicht haben als heute.

Wenn die EU-Staaten auf nationale Souveränität verzichten, um ihre Außenpolitik verstärkt zusammenzulegen, wird die Diplomatie jedes einzelnen Staates zwar an Glamour verlieren. Die Gewinner wären jedoch die Bürger, weil Europa seine Interessen in der Welt um vieles besser vertreten könnte.

Vision oder Alptraum – Die Vereinigten Staaten von Europa

Der 10. Dezember 2012 ist ein großer Tag für Europa. Präsidenten und Regierungschefs sind in das bitterkalte Oslo gekommen, um die europäische Einigung zu feiern. Die Europäische Union erhält den Friedensnobelpreis, eine der renommiertesten Auszeichnungen der Welt. Es ist eine große Überraschung in stürmischen Zeiten. Die Zeremonie findet im monumentalen Rathaus statt, dem Wahrzeichen der Stadt Oslo. Eine romantisierende Arbeiterstatue wacht vor dem Eingang. Fanfarenklänge begleiten den Einzug der Gäste aus allen Mitgliedsstaaten der EU.

Den Ton gibt Thorbjørn Jagland an, der sozialdemokratische Vorsitzende des Friedensnobelpreiskomitees. In seiner Laudatio spricht Jagland vom Bankrott des Nationalismus in den Weltkriegen und dem schwierigen Prozess der Versöhnung.

Er spricht über den Wohlstand in Europa, über die bei so vielen Bürgern wachsende Angst vor Armut und die Gefahren für die Demokratie nach der schwersten Finanzkrise des 21. Jahrhunderts und warnt die Staatspräsidenten, Premierminister und Kanzler vor einem Rückfall in egoistische Alleingänge alter Zeiten. »Wir wissen aus der Zwischenkriegszeit, was passieren kann, wenn normale Bürger die Rechnung für eine Finanzkrise zahlen, die andere verursacht haben.« Jagland hat die politische Radikalisierung im Kopf, die in den 1930ern in Faschismus und Krieg mündete. Kein Land dürfe der Versuchung nachgeben, sich auf Kosten anderer zu sanieren.

Als der Festredner die französisch-deutsche Versöhnung lobt, nehmen Angela Merkel und François Hollande einander an der Hand. Die Kanzlerin und der Präsident erheben sich. Tosender Applaus brandet auf. Es ist ein Moment der Rührung, Augen leuchten, plötzlich ist sie wieder da, diese lang vermisste Freude, Europäer zu sein. In einer Reihe sitzen sie nebeneinander, die früheren Feinde und heutigen Verbündeten: François Hollande, Angela Merkel, Donald Tusk. Polen ist das größte Land der neuen Mitgliedsstaaten, die seit den demokratischen Revolutionen von 1989 aufgeschlossen haben im Integrationsprozess. Die Botschaft der Veranstalter ist klar: Frankreich, Deutschland und Polen haben die Verantwortung, damit es weiter gutgeht mit der Versöhnung in Europa.

Der Nobelpreis ist nicht nur eine Anerkennung für die letzten Friedensjahre, er ist vor allem Ansporn, weiterzumachen. So, wie das Nobelkomitee ein paar Jahre zuvor den gerade ins Amt gekommenen US-Präsidenten Barack Obama mit dem Friedensnobelpreis ehrt – praktisch als Verpflichtung, seine Versprechen wahr zu machen.

Hollande, Merkel, Tusk und all die anderen Chefs, die gekommen sind, sitzen ergriffen da. Sie fühlen die Mahnung. Europa ist in der Krise mehr und mehr zu einem Konstrukt ökonomischer Basisdaten verkommen. Das größte Experiment des Zusammenlebens, das je von Europäern versucht wurde, ist bedroht. Europa zu fühlen als eine freie Gemeinschaft vieler verschiedener Bürger, die ohne Grenzen reisen, handeln oder lernen können, von Eltern, die ihre Kinder über die Grenzen schicken können mit der Gewissheit, dass sie dort gut aufgehoben sind, das fällt den Bürgern schwer. Die Wertschätzung für das Errungene geht zurück.

Auch Herman Van Rompuy, der sonst so emotionslos wirkende Ratspräsident, wird in seiner Rede persönlich. Er spricht über seinen Vater, der 1940 als 17-jähriger belgischer

Soldat gezwungen wurde, sein eigenes Grab zu schaufeln, und nur durch Flucht überlebte. Dass die Europäer ihre Rivalitäten nicht mehr auf dem Schlachtfeld austragen, sondern am Verhandlungstisch, sei die größte Wende der Geschichte. Die »Geheimwaffe der Europäischen Union« sei es gewesen, »unsere Interessen derart beispiellos miteinander zu verknüpfen, dass Krieg materiell unmöglich wird«. Rompuy endet in Anlehnung an den Amerikaner John F. Kennedy auf Deutsch mit den Worten: »Ich bin ein Europäer.«

Im Alltag der Europäischen Union geht es weitaus weniger pathetisch zu. Konkurrenz und Interessengegensätze zwischen den Völkern sind durch Jahrzehnte europäischen Zusammenrückens nicht verschwunden. Aber kein Staat kommt mehr auf die Idee, gegen andere zu rüsten oder gar zu den Waffen zu greifen. Aus den Feldherren vergangener Epochen sind die nationalen Strippenzieher am Brüsseler Verhandlungstisch geworden.

Etwas erschöpft, aber sichtlich stolz treten am späten Abend die drei Präsidenten der wichtigsten EU-Institutionen auf den Balkon des altehrwürdigen Osloer Grand Hotel. Tausende Norweger haben sich zu einem Fackelzug für Europa und gegen nationalistischen Extremismus versammelt. EU-Parlamentspräsident Martin Schulz, brav im Frack wie seine Kollegen Herman Van Rompuy und José Manuel Barroso, reißt begeistert die Arme in die Höhe. Die Menge beginnt die Europahymne zu summen.

Der Friedensnobelpreis für die Europäische Union löst nicht nur pure Freude aus. Der Preisverleihung demonstrativ ferngeblieben ist der als EU-Gegner bekannte tschechische Präsident Václav Klaus, der die Auszeichnung als »schlechten Scherz« ansieht. Großbritanniens Premier David Cameron hatte spöttisch kommentiert, der Saal werde auch ohne ihn voll. Es sind typische Anti-EU-Reflexe, mit denen Klaus und Cameron auf den Applaus von Unzufriedenen und Nationalisten setzen, um innenpolitisch zu gefallen.

Cameron ist auch emotional auf Distanz zur Gemeinschaft gegangen. Der Brite ist zu Hause bemüht, den Popularitätsverlust seiner konservativen Partei aufzuhalten. Dazu hat er eine riskante Strategie entwickelt – er gibt sich selbst als europaskeptisch, um die lautstarken rechtsnationalen und europaskeptischen Stimmen einzufangen. Seine Strategie bringt ihn in Brüssel in eine unangenehme Zwangslage. David Cameron kann sich nicht offen über den Preis freuen und mit den anderen Chefs nach Oslo fahren. Das würde ihn zu Hause weiter an Akzeptanz verlieren lassen. Die Zwangslage zeigt sich drei Wochen zuvor in Brüssel. Die 27 Staats- und Regierungschefs diskutieren, wer den Preis entgegennehmen soll. Merkel sagt, »es sollen möglichst viele Mitgliedsstaaten nach Oslo fahren«. So vermerkt es das Antici-Protokoll des EU-Gipfels vom 18. Oktober 2012. Ein Bekenntnis zur Einheit sei angebracht, argumentiert die deutsche Kanzlerin. Ratspräsident Van Rompuy, Kommissionspräsident Barroso und Parlamentspräsident Schulz sollen die Ehrung gemeinsam entgegennehmen.

Cameron windet sich: »Der Friedensnobelpreis ist Grund zum Stolz«, notieren die Protokollanten den Einwand des Briten. »Aber nicht drei Präsidenten und viele Staats- und Regierungschefs soll man nach Oslo schicken, sondern 27 Kinder, die für die Zukunft Europas stehen.«[1]

Der Brite bleibt allein in der Runde. Die Stimmung ist dennoch gedämpft. In Europa haben fünf Jahre Rettungsaktionen und Streit ums Geld alles andere verdrängt. Es wird gerechnet, gefordert, gedroht, gestritten. Der Antrieb, miteinander reden zu wollen, zusammen am Tisch zu sitzen, ist durch die körperliche und mentale Erschöpfung schwächer geworden.

Europa braucht eine Atempause, um Kraft zu schöpfen, sich zu besinnen auf die eigenen Werte und Vorstellungen – und der Friedensnobelpreis soll diese verschaffen.

Der Nobelpreis beendet endlich den Dauerpessimismus,

der Einzug gehalten hat in Europa. Vor einer »psychologischen Auflösung Europas« warnt im Sommer 2012 Italiens Ministerpräsident Mario Monti. Der Ökonomieprofessor glaubt, dass sich das Schicksal der Gemeinschaft an der Gemeinschaftswährung entscheidet. Sollte der Euro die Länder wirtschaftlich und in ihrem Wohlstand weiter auseinandertreiben, »dann sind die Grundlagen des Projekts Europa zerstört«, prophezeit der Italiener im *Spiegel*.[2] Die Kassandra gibt der französische Philosoph Bernard-Henri Lévy. In der nicht enden wollenden Euro-Krise sterbe Europa, dramatisiert der Franzose gemeinsam mit dem Italiener Claudio Magris und dem britisch-indischen Poeten Salman Rushdie in der Tageszeitung *Le Monde*.[3] Ohne kühnen Sprung in Richtung einer politischen Union werde der Euro nicht überleben und der Kontinent im Chaos versinken.

Der deutsche Philosoph Jürgen Habermas wird konkreter: Im April 2013 kritisiert er in der belgischen Universitätsstadt Leuven vor einem vollen Auditorium Merkels Europapolitik. Statt eines »Deutschland in Europa« sieht er bei ihr Machtphantasien eines »deutschen Europas«. Den Status quo in Europa zu erhalten reiche nicht aus: »Was stattdessen nötig ist, ist Solidarität, also eine gemeinsame Anstrengung aus einer gemeinsam geteilten politischen Perspektive heraus, um Wachstum und Wettbewerbsfähigkeit in der Euro-Zone als einem Ganzen zu erreichen«, fordert Habermas. Der linke Denker verlangt, dass aus der Wirtschafts- und Währungsunion der Euro-Länder eine Art politisches Kerneuropa wird, das auch für andere Staaten, vor allem für Polen, offen ist.[4] Die Intellektuellen führen die große Richtungsdebatte über die Zukunft Europas.

Europa hat ökonomisch und politisch ein schwaches Zentrum. Die Finanzmittel der EU machen gerade 1 Prozent der Wirtschaftsleistung aus. Es fehlt ein den Bürgern vertrautes europäisches Gesicht. Die politischen Entscheider sitzen in den nationalen Hauptstädten. In dem weit entfernten, unbekannten Brüssel sind die Institutionen angesiedelt, sitzen die Verwalter der europäischen Idee. Die Mitgliedsstaaten bleiben gegenüber den Gemeinschaftsorganen Europäische Kommission und Europaparlament übermächtig – obwohl die europäische Integration von ihren frühen Anfängen als Europäische Gemeinschaft für Kohle und Stahl (Montanunion) mittlerweile sogar zu einer gemeinsamen Währung geführt hat.

Die Europäische Union ist eine Dauerbaustelle und damit eine krisenanfällige Konstruktion.

Doch wer ist schuld, dass die Zufriedenheit mit Europa, das positive Gefühl sich rarmacht? Der Soziologe Ulrich Beck diagnostiziert eine Spaltung Europas aufgrund des Euro, konkret »zwischen den Kreditgebern und den Kreditnehmerländern«.[5] Formal fallen alle Entscheidungen demokratisch legitimiert. Auch die Parlamente Griechenlands, Irlands, Portugals und Spaniens haben den Bedingungen zugestimmt, die sie erfüllen müssen, um Notkredite zu beziehen. Das Sagen haben jedoch die Regierungen, deren Bürger die größten Garantieversprechen geben: Deutschland, Frankreich, Italien, Österreich und einige andere Euro-Staaten. Sie stellen ökonomische Bedingungen und lassen die Finanzexperten von Europäischer Kommission, IWF und EZB, der sogenannten Troika, die Details mit den nationalen Regierungen aushandeln und prüfen, ob die Staaten ihre Sparziele einhalten. Beck sieht das negativ. »Schuldknechtschaft« drohe das Integrationsprinzip zu ersetzen, warnt er.[6]

Ulrich Beck zufolge werden die Weichen in Berlin gestellt:

»Deutschland ist der große Gewinner der Krise. Wir sind innerhalb der Euro-Staaten der größte Kreditgeber, deswegen fällt uns eine besondere Macht zu. Alle blicken auf den Euro, und alles läuft auf Deutschland zu.«[7] Der italienische Premierminister Enrico Letta fordert am 23. November 2013 auf einem Empfang der *Süddeutschen Zeitung* in einer launigen Ansprache im Berliner Museum für Kommunikation indirekt ein Wahlrecht für alle Europäer in Deutschland ein: »Wenn die Macht Europas in Deutschland liegt, will ich auch in Deutschland wählen.«

Konkret heißt das: Viele Bürger in den europäischen Südstaaten sind überzeugt, dass Angela Merkel ein gehöriges Wort über ihr Schicksal mitredet, obwohl sie von keinem griechischen, zyprischen, portugiesischen oder italienischen Bürger gewählt wurde. Das Gefühl, fremdbestimmt zu sein, schafft fruchtbaren Boden für nationalistische Schuldzuweisungen. Die Währungsunion kann an dieser Dynamik zerbrechen, wenn Hass und Feindseligkeiten wieder die Oberhand gewinnen. Die Vorstellung, in aller Freundschaft zu nationalen Währungen zurückkehren zu können, ohne lebensgefährlichen Schaden für die europäische Integration als solche, ist illusorisch.[8]

Schlagartig würde bei einer Abwicklung des Euro zwischen den Partnern darum gefochten, welche Währung für welche Finanzpapiere gilt. Südliche Währungen würden fallen, die der nördlichen Länder steigen. Französische und italienische Staatspapiere, die von deutschen Banken in Euro gekauft wurden, wären in neuen Francs und neuen Lire plötzlich 20 oder 30 Prozent weniger wert. Deutschland würde mit der aufgewerteten neuen D-Mark riesige Verluste machen. Für Frankreich und Italien wäre es nicht akzeptabel, die eigenen Staatsanleihen in Euro zu belassen, denn dadurch würde die eigene Staatsschuld gegenüber den abgewerteten neuen Landeswährungen in die Höhe schnellen. Ein enormer Streit um Forderungen und Verbindlichkeiten zwischen den ehemaligen Euro-Staaten, ihren Pensionsfonds, Unternehmungen und privaten Sparern wäre die Folge. Der Wiener Ökonom Stephan Schulmeister warnt vor einem »Wirtschaftskrieg«, in dem jedes Land gezwungen wäre, den Partnern möglichst zu schaden, um seine eigenen Interessen durchzusetzen.[9]

Politisch wären die Konsequenzen verheerend. Die deutsch-französische Achse, die Europa nach dem Zweiten Weltkrieg Friede und Stabilität brachte, ginge in die Brüche. An die Stelle der langen Gipfelnächte in Brüssel würde rasch offene Feindschaft zwischen den Völkern treten. Der Euro sollte Europa stärker zusammenschließen und das vereinigte Deutschland für immer an die Nachbarn binden. Die Abwicklung des Euro wäre ein Rückschlag, den die Idee eines gemeinsamen Europas kaum überleben kann.

Politische Union oder Freihandelszone

Ein Jahr nach der Feier in Oslo hat sich die Stimmung verändert. Die Chefs sind wieder freundlicher zueinander. Lobende Worte für Griechenland gibt es plötzlich zuhauf auch aus Berlin, kein Wort mehr von den angeblich faulen Südländern. Die populistischen Töne werden leiser.

Ein Grund sind die bevorstehenden Europawahlen. Vom 22. bis 25. Mai 2014 werden die Bürger in den 28 europäischen Ländern zur Wahlurne gebeten. Es ist die erste Wahl, seitdem die Euro-Länder sich gegenseitig Notkredite geben und die EZB die Währung retten musste. Die Wahl wird darüber mitentscheiden, ob sich Europa eher wieder zurückentwickelt in Richtung einer riesigen Freihandelszone – oder ob es ein Mandat gibt für ein engeres politisches Miteinander.

David Cameron hat sich entschieden. Großbritannien, das als einziges Land kategorisch den Euro ablehnt, genügt der Binnenmarkt. Cameron will, dass europäische Kompetenzen

»wieder an die Mitgliedsstaaten zurückfließen (...), und nicht nur von ihnen weg«. Er hat seinen skeptischen Landsleuten versprochen, dass er, falls sie ihn 2015 wieder wählen, im Jahr 2017 eine Volksabstimmung über die EU-Mitgliedschaft des Vereinigten Königreiches durchführen wird. Der britische Konservative will ein Europa, in dem nicht das politische Bündnis rund um den Euro zentral ist, sondern freie Konkurrenz im Binnenmarkt.

Damit gerät Großbritannien immer mehr zum Außenseiter, Cameron wendet sich gegen die ursprüngliche Idee der Europäischen Union. Das Ziel »einer immer engeren Union der Völker Europas« ist seit den Römischen Verträgen, die 1957 die Europäische Wirtschaftsgemeinschaft begründet haben, die politische Grundlage aller Integrationsschritte. Im September 2013 sagt Cameron der BBC, dass die EU dieses Ziel aufgeben solle. Er stellt damit die gesamte Konstruktion in Frage.

Die Briten beflügeln die EU-Skepsis auch in anderen Ländern. In den Niederlanden, einer weiteren traditionellen Freihandels- und Seefahrernation, präsentiert die Regierung Mitte 2013 eine Liste von Bereichen, bei denen sie Europa keine zusätzliche Mitsprache zubilligt. Vor allem in der Sozialpolitik, beim Katastrophenschutz und in der Einwanderungspolitik will Den Haag einen Integrationsstopp. »Die Zeiten liegen hinter uns, in denen wir eine ›immer engere Union‹ in allen möglichen Politikfeldern« anstreben, heißt es in einer Regierungserklärung von Außenminister Frans Timmermans im Juni 2013.

Was bei der Europawahl auf dem Spiel steht

Demoskopen zeigen ein Auf und Ab in der Einstellung der Bürger zur Europäischen Union. Ende 2013 misst eine Eurobarometer-Umfrage einen leichten Rückgang des Europa-

Skeptizismus.[10] Am Abend des 3. Dezember 2013 sind die Karikaturisten Achim Greser und Heribert Lenz in der hessischen Landesvertretung in Brüssel zu Gast. Greser und Lenz sind mit ihren etwas anderen Blicken auf das politische Geschäft im Satiremagazin *Titanic* bekannt und später in der *F.A.Z.* berühmt geworden. In Brüssel stehen sie vor einem brechend vollen Auditorium und plaudern zu ihren Karikaturen über Europa und Brüssel. Es sind nicht viele. Warum?, will ein Gast wissen. »Europa ist nicht so lustig«, sagt Greser. Wieso? Greser kratzt sich am Ohr, schaut zu Lenz, die Sekunden verrinnen. »Ja, lustig? Wissen Sie, irgendwie haben wir da draußen das Gefühl, Brüssel wird von den nationalen Regierungen behandelt wie diese Bad Banks. Da kommt alles Giftige rein, und keiner will's gewesen sein, und keiner will's mehr haben.«

In der Chefetage der Europäischen Kommission, der Behörde also, die der Bürger mit Brüssel verbindet, sieht man die Lage ähnlich. Während in einem Nationalstaat die Bürger die Regierung wählen und je nach Ergebnis für oder gegen sie sind, steht die Europäische Kommission als eine Art europäischer Regierung immer alleine da. Keiner hat sie gewählt, keiner tritt für sie ein. Im Zweifel fühlt sich ihr niemand zugehörig, wird sie beschimpft und sich von ihr distanziert. »Auf Dauer wird das so nicht gehen«, sagt ein Spitzenbeamter. »Europa kann nur bestehen bleiben, wenn es auf Dauer eine Koalition gibt, die die Gemeinschaft trägt, sich verantwortlich fühlt.« Edmund Stoiber, einst lange Jahre Ministerpräsident Bayerns, danach zum Chef des Bürokratieabbaus in Europa avanciert, mahnt inzwischen eindringlich, die Staats- und Regierungschefs in die Verantwortung zu nehmen. »Die nationalen Regierungen müssen endlich hinter Brüssel stehen«, sagt er am Rande eines ORF-Besuchs Anfang Dezember 2013 in Brüssel.

Dieser Antrieb, für die Europäische Union einzustehen, kann durch die Europawahl 2014 ausgelöst werden. Erstmals wollen alle großen Parteien mit Spitzenkandidaten antreten. Sie werden durch die Länder touren, in verschiedenen Sprachen reden und in Elefantenrunden im Fernsehen auftreten, im ORF, im ZDF, in der italienischen RAI. Die Bürger werden hören, wie diese Spitzenkandidaten mühelos von Deutsch zu Französisch zu Englisch, Italienisch oder Polnisch wechseln, und sich dadurch verstanden fühlen. Die Bundesbürger werden sehen, dass es in Europa anders als in Deutschland durchaus Liberale gibt, die starke Programme und Politiker haben und Wahlen gewinnen können. Statt langer Zahlenreihen werden Gesichter für Europa stehen.

Dennoch kann es passieren, dass Europa Ende Mai 2014 vor einer völlig neuen Situation steht – falls sich eine starke rechtsnationale bis rechtsextremistische Fraktion bildet. Europaskeptische Protestparteien versuchen, enttäuschte, verarmte, nationalistisch und fremdenfeindlich gesinnte Bürger zu sammeln und von dieser Wahl zu profitieren.

In Frankreich setzt sich Marine Le Pen das Ziel, mit ihrer Nationalen Front zur »ersten Partei Frankreichs« zu werden. In den Niederlanden sehen Meinungsumfragen im Herbst 2013 die »Partei der Freiheit« (PVV) von Geert Wilders vor allen anderen Parteien. Die Freiheitliche Partei in Österreich sowie antieuropäische Parteien in Großbritannien, Finnland, Italien und Griechenland hoffen auf viele Stimmen. Ebenso die gegen den Euro kämpfende »Alternative für Deutschland« (AfD). Sie will die 3-Prozent-Hürde nehmen. Schafft sie das, wären in Straßburg erstmals euroskeptische Abgeordnete aus dem wirtschaftlich stärksten Land vertreten.

Das große Ziel der euroskeptischen Parteien ist es, erstmals eine schlagkräftige Fraktion im Europäischen Parlament zu bilden.

Bisher waren die Europaskeptiker immer eine kleine Minderheit und meist untereinander zerstritten. Der französische Front National, der belgische »Vlaams Belang« (»Flämische Interessen«), »Die Finnen«, die bulgarische Ataka-Partei,

Großrumänen, die nationalen Schweden, slowakische Nationalisten, die ungarischen Romahasser von Jobbik, österreichische Freiheitliche, die Dänische Volkspartei und die niederländische Freiheitspartei PVV: So gut wie alle Parteien am rechten Rand des politischen Spektrums sind durch prominente Abgeordnete in Straßburg vertreten.

Von 766 Europaabgeordneten (2014 wird die Zahl der Abgeordneten auf 751 reduziert) kommen 60 aus dem rechtsextremen und rechtspopulistischen Lager, das entspricht 7,8 Prozent. Aufgrund interner Meinungsverschiedenheiten sind viele fraktionslos.

Die einzige Rechtsaußenfraktion in dem 2009 gewählten Europaparlament heißt »Europa der Freiheit und Demokratie«. Sie wird geführt von der rechtsnationalistischen United Kingdom Independence Party (UKIP), die den Austritt Großbritanniens aus der EU betreibt. UKIP ist wie Le Pens Front National nicht im heimischen Parlament vertreten, sondern nur in der europäischen Volksvertretung. Von dort aus kämpfen sie gegen Europa. Der Rechtsaußenfraktion gehören 36 Abgeordnete aus insgesamt zwölf Staaten an. Fraktionsvorsitzender ist UKIP-Chef Nigel Farage.

Wichtigster Partner des antieuropäischen Briten ist die italienische Lega Nord, die einst mit Silvio Berlusconi eine Regierung in Rom bildete. UKIP ist auch mit Rechtsparteien aus Bulgarien, Polen und der Slowakei verbündet. Ihr Chef ist eine schillernde Figur. Er hat eine Krebserkrankung, einen Flugzeugabsturz mitten im britischen Wahlkampf 2010 und einen detaillierten Bericht einer lettischen Fernsehjournalistin über eine alkoholgetränkte Sexnacht überlebt. Er unterstellt den großen Parteienfamilien, dass sie »seit Jahrzehnten die Nationen zu Provinzen eines neuen europäischen Staates machen wollen«.[11]

Nigel Farage versteht es, Wutbürger zu sammeln. Im Plenarsaal des Europaparlaments in Straßburg stellt er gerne eine kleine britische Fahne auf sein Pult. Sein wirklicher Adressat sind nicht die Abgeordneten im Saal, sondern die britischen Boulevardmedien. Den belgischen Ratspräsidenten Herman Van Rompuy verunglimpft er als einen Mann mit dem »Charisma eines feuchten Fetzen«. Die Verbalinjurie bringt ihm viele Schlagzeilen, einen Ordnungsruf und eine Geldstrafe von 3000 Euro ein.

Nicht alle EU-Kritiker plädieren wie die britischen Ultranationalisten für eine Auflösung der Union. Die deutsche AfD will ähnlich wie der britische Premier Cameron den europäischen Binnenmarkt erhalten. Ihr Ziel ist es, die Währungsgemeinschaft zu beenden und den Euro abzuschaffen. Aber Europa soll erhalten bleiben. Im April 2013 verabschiedete die AfD ihr Programm für die Bundestagswahlen, darin heißt es: »Wir bejahen ein Europa souveräner Staaten mit einem gemeinsamen Binnenmarkt. Wir wollen in Freundschaft und guter Nachbarschaft zusammenleben.« Nach der Bundestagswahl, Ende 2013, allerdings präsentiert sich die AfD vor allem zerstritten. Es droht sogar der Zerfall. »Nichts ist gut in der AfD im Moment«, sagt der Vizechef Alexander Gauland am 5. Dezember in der *F.A.Z.* Eigentlich müsste man Angela Merkel, Martin Schulz und Wolfgang Schäuble kritisieren, »stattdessen jagen wir uns selbst«. »Die Finnen«, eine euroskeptische Partei, die 2011 unter dem Namen »Wahre Finnen« zur dritten Kraft im Parlament in Helsinki aufstieg, ist vom Austritt aus dem Euro abgerückt. Die Bildung einer gemeinsamen Fraktion, die wirklich alle Rechtsaußenparteien erfasst, haben die Abgeordneten bisher nicht geschafft.

2014 soll es anders laufen. Gemeinsam mit der österreichischen FPÖ und anderen Rechtsparteien streben Le Pen und Wilders eine gemeinsame Rechtsaußenfraktion im Europaparlament an. Größere Fraktionen haben mehr Redezeit im Plenum und Einfluss auf die Arbeit in den Ausschüssen, das Parlament finanziert Büros und Mitarbeiter. Mindestens 25 Abgeordnete aus mindestens sieben Ländern bilden eine

Fraktion. Die größte Hürde war für die Rechtsaußenparteien bisher, Vertreter aus mindestens sieben Ländern auf eine gemeinsame Linie zu bringen. Gelingt es ihnen, können sie durchaus ein Fünftel der 751 Mandate bekommen.

Marine Le Pen besucht Anfang November 2013 Geert Wilders im Parlament in Den Haag. Der Niederländer ist bekannt, weil er den Koran verbieten und Einwanderung stoppen will. Der großgewachsene und mediengewandte Mann schreitet leicht nervös vor dem Eingang des Parlaments auf und ab, als die schwarze Limousine mit der selbstbewussten Französin vorfährt. Ein Händedruck, kein Küsschen – und freundliche Gesichter für die wartenden Journalisten. »Wilders hat eine neue Freundin«, sagt ein Kameramann. Bodyguards halten sich im Hintergrund. Sie begleiten den umstrittenen Politiker rund um die Uhr, weil der Niederländer mit dem Tode bedroht wird, seit er den Propheten Mohammed als Terroristen beschimpfte.

Für Wilders ist die Verbindung mit Le Pen ein riskantes Manöver. Ursprünglich wollte Wilders mit der französischen Nationalen Front nichts zu tun haben, weil Parteigründer Jean-Marie Le Pen die Gaskammern der Nazis als »Detail der Geschichte« verharmloste. Wilders gibt sich als Freund Israels. Marine Le Pen versucht, die antisemitischen Tendenzen ihrer Bewegung in den Hintergrund zu stellen und die Partei in die Mitte zu bewegen. Die Feindschaft zur Europäischen Union und die Hetze gegen Einwanderung bringt sie zusammen.

Nach ihrem Treffen in Den Haag erzählen die beiden prominentesten Rechtspopulisten Europas den Journalisten, sie hätten einen »historischen Pakt« gegen »das Monster aus Brüssel« geschlossen. Le Pen sagt, sie wolle »unseren Völkern die Freiheit und die Eigenständigkeit« zurückgeben. Wilders erklärt den Auftritt der neuen Anti-Europa-Bewegung bei den Europawahlen 2014 zum »Erdrutsch in der europäischen Politik«.

Der Aufschwung rechtspopulistischer Parteien ist nicht überall in Europa zu beobachten. In acht von 28 Staaten gibt es keine starken Rechtsaußenparteien.[12] Besonders bemerkenswert: In Zypern, Irland, Portugal und Spanien, also in vier der fünf Länder, die mit Notkrediten der Partner wirtschaften, haben Extreme wenig Zulauf. Einzig Griechenland ist durch die Chrysi Avgi (»Goldene Morgenröte«) mit dem Aufstieg einer neofaschistischen Partei konfrontiert. Von den griechischen Rechtsradikalen distanziert sich das Duo Le Pen und Wilders.

Die Auseinandersetzung mit antieuropäischen Populisten wird den Wahlkampf für die Europawahlen 2014 prägen. Was passiert, wenn Marine Le Pens Front National in Frankreich stärkste Partei wird? Was, wenn Nigel Farage mit der Losung »Referendum JETZT« in den Wahlkampf zieht – und gewinnt? Oder die AfD zweistellig wird? Oder Heinz-Christian Straches FPÖ die Regierungsparteien SPÖ und ÖVP überholt? Es sind Fragen, die die etablierten Parteien umtreiben und die Kraft haben, die nationalen Egoisten in den Regierungen zu zwingen, ihren nachlässig bis fahrlässigen Umgang mit Brüssel ganz neu denken zu müssen.

Europäische Rechenspiele um Spitzenposten

In der Chefetage der Europäischen Kommission gilt die Wahl als »Stresstest für unser gesamtes System, europäisch und national«. Man ist überzeugt, dass das Europaparlament, das in der Euro-Krise wenig zu entscheiden gehabt hat, beim personellen Neuanfang, der der Europäischen Union Mitte bis Ende 2014 bevorsteht, gehörig mitreden wird.

2014 wird nicht nur europaweit gewählt, sondern auch ein umfangreiches Paket an Spitzenjobs in Europa geschnürt. Die Chefposten der EU-Kommission, des Auswärtigen Dienstes der EU, des Europäischen Rates, des Europäischen

Parlaments, der Euro-Gruppe und der NATO werden neu besetzt. Dazu zahlreiche hohe Ämter im Beamtenapparat wie der Posten der Generalsekretärin der Europäischen Kommission. Diplomaten denken noch weiter in die Zukunft. Ende 2016 läuft die Amtszeit des amtierenden UNO-Generalsekretärs Ban Ki-Moon aus. Auf den Südkoreaner soll nach einem informellen Rotationssystem ein Vertreter aus Osteuropa folgen.

Um die Posten einigermaßen ausgeglichen zu besetzen, sind diplomatische Rechenspiele auf höchstem Niveau erforderlich.

Der wichtigste Posten ist der des Kommissionspräsidenten. Er leitet die EU-Exekutive, er kann Gesetzesvorschläge machen und die Meinungsbildung durch Diskussionspapiere beeinflussen. Eine Jobbeschreibung für den Präsidenten der EU-Kommission sieht in etwa so aus: Erfahrung als Staats- oder Regierungschef. Angehöriger der Parteienfamilie, die am meisten Stimmen bei der Europawahl bekommt. Neben seiner Muttersprache fließend in Englisch und Französisch. Gerne weiblich. Vom EU-Parlament wählbar.

Der letzte Punkt der Stellenbeschreibung hört sich banal an, ist aber von entscheidender Bedeutung. Erstmals werden europäische Christdemokraten, Sozialdemokraten, Liberale, Grüne und Linke über nationale Grenzen hinweg jeweils einen Spitzenkandidaten aufstellen. Wer gewinnt, hat zumindest theoretisch gute Chancen, zum Präsidenten der Kommission gewählt zu werden. Denn die 28 Regierungschefs werden den neuen Kommissionspräsidenten im Lichte »des Ergebnisses der Europawahlen« mit qualifizierter Mehrheit vorschlagen und dem Europaparlament zur Wahl präsentieren.

Bei den Wahlen im Jahr 2009 war Barroso noch der einzige Spitzenkandidat. Er wurde von seiner Parteienfamilie, den Christdemokraten, vorgeschlagen und mangels Gegenkandidaten anderer Parteien vom EU-Parlament bestätigt.

2014 soll es mindestens fünf Spitzenkandidaten geben. Die Wählerinnen und Wähler können also zum ersten Mal in der Geschichte der Europäischen Union eine Vorentscheidung über den Chef der EU-Regierung treffen. Denn der Vertrag von Lissabon verpflichtet die Regierungschefs, das Ergebnis der Europawahlen »zu berücksichtigen«.*

Das Wort »berücksichtigen« lässt verschiedene Interpretationen zu. Die Staats- und Regierungschefs wollen eine so wichtige Personalentscheidung nicht gerne aus der Hand geben und möglicherweise auch andere Formen der »Berücksichtigung« aus dem Talon ziehen, als den bei den Europawahlen erfolgreichen Spitzenkandidaten in den Chefsessel der Kommission zu setzen. Sie könnten ihn mit einem anderen Posten aus dem Personalpaket abfinden.

Für die europäischen Sozialisten und Sozialdemokraten ist SPD-Mann und EU-Parlamentspräsident Martin Schulz vornominiert. Die endgültige Entscheidung fällt auf einem Kongress im März. Die Christdemokraten der Europäischen Volkspartei treffen ihre Entscheidung bei einem im März 2014 in Dublin geplanten Parteitreffen. Ebenfalls Anfang März entscheiden Liberale, Grüne und Linke.

Im auslaufenden Parlament stellen Europäische Volkspartei und Sozialdemokraten/Sozialisten 275 und 195 Abgeordnete. Sie geben damit den Ton an. Weil auch nach den Europawahlen 2014 keine Parteienfamilie eine absolute Mehrheit

* Artikel 17/7 des EU-Vertrags lautet: »Der Europäische Rat schlägt dem Europäischen Parlament nach entsprechenden Konsultationen mit qualifizierter Mehrheit einen Kandidaten für das Amt des Präsidenten der Kommission vor; dabei berücksichtigt er das Ergebnis der Wahlen zum Europäischen Parlament. Das Europäische Parlament wählt diesen Kandidaten mit der Mehrheit seiner Mitglieder. Erhält dieser Kandidat nicht die Mehrheit, so schlägt der Europäische Rat dem Europäischen Parlament innerhalb eines Monats mit qualifizierter Mehrheit einen neuen Kandidaten vor, für dessen Wahl das Europäische Parlament dasselbe Verfahren anwendet.«

haben wird, ist es wahrscheinlich, dass eine Art große Koalition zwischen Sozialdemokraten und Europäischer Volkspartei fortgesetzt wird. Als Juniorpartner könnten Liberale und Grüne mitspielen.

Schwarze und Rote müssten sich dann auch auf den neuen Kommissionspräsidenten einigen. Für die Behörde selbst wäre eine europäische große Koalition eine erfreuliche Nachricht, denn das würde bedeuten, dass die beiden größten Parteienfamilien die natürlichen Unterstützer der Institution blieben.

Theoretisch wäre es möglich, das Amt des Kommissionspräsidenten und des Ratspräsidenten zusammenzulegen und einen starken EU-Präsidenten zu schaffen, sogar ohne jede Vertragsveränderung. Europa hätte einen Präsidenten, der EU-Gipfeltreffen und Euro-Gipfel leitet und gleichzeitig die Europäische Kommission führt. Für die Bürger gäbe es eine »Frau« oder einen »Herrn Europa«. Europa würde transparenter und persönlicher, Bürger könnten sich an konkreten Personen orientieren.

Die Idee eines starken EU-Präsidenten zirkuliert seit Jahren im Kreis der europäischen Spitzenpolitiker. Für den Doppelhut wirbt der polnische Außenminister Radosław Sikorski 2012 bei Brainstorming-Sitzungen einiger Außenminister, zu denen Guido Westerwelle geladen hat. Auch Italiens Regierungschef Enrico Letta ist dafür: Wenn er »eine halbe Stunde Diktator der EU« wäre, würde er zuallererst das Amt des Kommissionspräsidenten mit dem des Ratspräsidenten vereinen, sagt er im Herbst 2013.[13]

Brüsseler Diplomaten lassen bei solchen Szenarien gerne ihre Phantasie spielen. Herman Van Rompuys Amtszeit als EU-Ratspräsident endet am 30. November 2014. Die Nachfolgerin oder der Nachfolger wird für jeweils zweieinhalb Jahre gewählt. Im März 2017 ist also eine neuerliche Entscheidung fällig. Das ist genau ein halbes Jahr vor der regulären nächsten Bundestagswahl in Deutschland. Und tatsächlich hoffen die bangen Bürger in vielen Ländern, dass Bundeskanzlerin Angela Merkel sich dann entschließen könnte, aus dem Kanzleramt nach Brüssel zu wechseln. Eine starke Frau für ein starkes Europa. Mit der sparsamen »schwäbischen Hausfrau« an der Spitze der Europäischen Union würde Deutschland vielleicht seinen Widerstand gegen Eurobonds aufgeben, also die Vergemeinschaftung eines Teils der Staatsschulden, die von Frankreich, Luxemburg und anderen Euro-Staaten langfristig als unverzichtbar angesehen wird. Mit einer Deutschen an der Spitze Europas würde Deutschland europäischer und die EU gestärkt.

Das Szenario »Merkel nach Brüssel« gehört zu den Gedankenspielen, die nach dem langen Büroalltag auf den abendlichen Empfängen von Botschaften und Denkfabriken besonders gerne fortgesponnen werden. Dahinter steckt nicht nur die Lust am Fabulieren, sondern auch das Gefühl, dass Europa sich ohne eine stärkere politische Führung, wie sie durch einen starken Präsidenten gegeben wäre, nicht weiterentwickeln kann und dass Deutschland dabei eine Schlüsselrolle zukommt. Wobei das Szenario nie ganz zu Ende gedacht wird. Kann Merkel in Brüssel wirklich so stark sein wie in Berlin? Muss sie sich dann nicht ihrem Nachfolger im Kanzleramt genauso unterordnen, wie sich Europas Präsidenten jetzt ihr unterordnen?

Österreichs Vizekanzler Michael Spindelegger von der konservativen ÖVP wirbt sogar für eine Direktwahl des Kommissionspräsidenten: »Am Tag der Europawahlen könnte es zwei Stimmzettel geben«, erklärt Spindelegger 2012 seinen Kollegen bei einem Außenministertreffen in der Wiener Albertina. »Die Bürger hätten eine Stimme für die Europaabgeordneten und eine zweite für die Person des Kommissionspräsidenten.« Das geht den meisten Politikern der Europäischen Volksparteien zu weit. Dafür müsste der EU-Vertrag geändert werden.

Die Bankenunion als Testfall für den Willen zur politischen Integration

Im Jahr 2014 werden erstmals seit der Einführung des Euro als Gemeinschaftswährung wieder Kompetenzen an eine europäische Institution übertragen. Es ist die 1998 gegründete Europäische Zentralbank, eine supranationale Institution, die schon die Geldpolitik der Euro-Länder steuert. Sie wird die Aufsicht über die Banken der Euro-Länder übernehmen und den Daumen über die Geldhäuser heben oder senken. Die nationalen Aufseher werden entmachtet, der politische Einfluss wird stark beschnitten.

An der Bankenunion wird sich zeigen, ob die Präsidenten, Premierminister und Kanzler den Willen haben, auf nationale Eingriffs- und Gestaltungsrechte zugunsten einer zentralen europäischen Institution zu verzichten. Die Bankenunion ist neben der Europawahl mit ihren unabsehbaren Folgen der Testlauf für die Zukunft der Europäischen Union.

Geboren werden die Idee und der Beschluss zum Aufbau einer Bankenunion angesichts des drohenden Untergangs. Im Frühsommer 2012 stehen Italien und Spanien am Rand der Pleite, die Händler in den Bankhäusern wetten auf den Zerfall der Währungsgemeinschaft. Am 29. Juni 2012 einigen sich die Staats- und Regierungschefs nach dramatischen Stunden, einen »einheitlichen Aufsichtsmechanismus« für die Banken des Euroraums zu schaffen. »Wir bekräftigen, dass es von ausschlaggebender Bedeutung ist«, so heißt es in der Absichtserklärung der Chefs, »den Teufelskreis zwischen Banken und Staatsanleihen zu durchbrechen.« Die EZB wird 2014 die Kontrolle über alle 6000 Banken in den Euro-Ländern übernehmen, davon die größten 130 direkt beaufsichtigen. Dass die Präsidenten, Premierminister und Kanzler Kompetenzen und Kontrollrechte abgeben, zeigt, wie groß die Todesangst am 29. Juni 2012 gewesen sein muss.

Die Bankenunion besteht aus drei Bausteinen: Einer zentralen Aufsicht über alle Banken, angesiedelt bei der EZB. Einem zentralen Mechanismus zur Abwicklung von Banken nebst einem europäischen Abwicklungsfonds. Und einem gemeinsamen System zur Sicherung der Einlagen.

Die Bankenunion soll helfen, Politik und Finanzsystem zu entflechten. Jene teuflische Spirale zu stoppen, die Staaten und Banken gleichermaßen voneinander abhängig macht. Und die funktioniert so: Eine Bank kauft der klammen Regierung des Heimatlandes Staatsanleihen ab. Das ist ein gutes Geschäft, weil die Bank die Anleihen voll buchen kann und dafür keine Sicherheiten hinterlegen muss. Und weil die Regierung schon mal um die fünf Prozent Zinsen zahlt. Damit wachsen die Schulden der Regierung, sie wird als finanziell schwach eingestuft und muss noch mehr Zinsen bieten, um Papiere zu verkaufen, womöglich um Notkredite aus dem Euro-Rettungsfonds nachfragen. Ihre Kreditwürdigkeit sinkt, die Staatsanleihen in den Büchern der Banken verlieren an Wert, das muss berichtigt werden, sie brauchen neues Eigenkapital, und weil die Regierung kein Geld mehr hat, um zu helfen, müssen auch sie den Euro-Rettungsfonds anzapfen. Die Spirale dreht sich nach unten.

Um diesen Mechanismus zu stoppen, sollen die Banken nun zentral, ohne politischen Einfluss, überwacht und notfalls auch direkt rekapitalisiert werden. Eine Bank soll nicht mehr die Regierung bitten, Notkredite aus dem Euro-Rettungsfonds zu beantragen und weiterzuleiten, sondern die Notkredite sollen unter bestimmten Bedingungen direkt gezahlt werden. Der Nebeneffekt: Die Garantiegeber des Rettungsfonds, also die Steuerzahler, werden zu Miteigentümern klammer Banken. Es ist eine Verstaatlichung von Banken auf europäischer Ebene.

Vorbild sind die USA. Der amerikanische Einlagensicherheitsfonds FDIC (Federal Deposit Insurance Corporation) sorgt seit den 1930er Jahren dafür, dass es trotz zahlreicher Bankenpleiten zu keiner Panik bei den Sparern gekommen ist. Die voll ausgebaute Europäische Bankenunion wäre ein neues Fundament für den Euro.

Eine solche Kompetenzverlagerung aus den Nationalstaaten in Richtung Europa hat es seit der Einführung des Euro nicht mehr gegeben. EZB-Direktor Yves Mersch aus Luxemburg erwartet, dass damit »der Verfolgung nationaler Interessen« bei der Bankenaufsicht zugunsten »supranationaler Interessen« ein Ende gesetzt ist.[14]

Der Plan klingt überzeugend. Die Wetten gegen den Euro werfen kaum noch Gewinne ab. Die Händler suchen andere Wettobjekte. Doch als die Kompetenzverlagerung ins Detail geht, blockieren viele Finanzminister. Allen voran Deutschland. Wolfgang Schäuble fürchtet einen Run auf den Euro-Rettungsfonds und damit auf die deutschen Steuergelder.

Die Sorge ist nicht ganz unbegründet, denn außer Deutschland haben nur Portugal und Irland begonnen, nationale Fonds für Bankenpleiten anzulegen. In Deutschland ist es der Sonderfonds Finanzmarktstabilisierung SoFFin.

Der designierte Oberaufseher, EZB-Chef Mario Draghi, weiß um die Nöte und fordert die Regierungen auf, nationale Fonds aufzubauen. Beim EU-Gipfel im Juni 2013 schreckt Draghi die Staats- und Regierungschefs mit einer Zahl: »In den letzten vier bis fünf Jahren wurden in den USA 400 Banken abgewickelt. In der Eurozone nur zwei.« Der Folgeschluss liegt auf der Hand: Zahlreiche kaputte Banken sind in der EU noch immer aktiv, weil die Europäer viel weniger streng sind als die USA. Fünf Jahre nach dem Ausbruch der Finanzkrise haben die Europäer die Giftschränke in den Tresoren ihrer Banken noch immer nicht geleert. Wegen ihrer unsicheren finanziellen Basis sind die Geldhäuser die Zeitbombe, die den zarten Wirtschaftsaufschwung gefährden kann.

Der EZB-Chef nennt die erforderlichen finanziellen Auffangnetze für die Banken *backstops*. Draghi fordert vor allem einen europäischen *backstop* – einen allerletzten Garantiegeber, der zahlt, wenn alle anderen nicht mehr können. Merkel wehrt sich dagegen. Sie glaubt, dass das bereits Vereinbarte reicht. Braucht ein Institut dringend neue Mittel, dann sind zuerst die Aktionäre und Gläubiger verantwortlich, das fehlende Kapital zuzuschießen. Dann hilft der geplante Abwicklungsfonds. Er soll binnen zehn Jahren mit 55 Milliarden Euro gefüllt werden.

Beim EU-Gipfel im Juni 2013 will Draghi die Antwort auf die zentrale Frage: Was passiert, solange der europäische Bankenrettungsfonds noch nicht gefüllt ist? Wenn sowohl Gläubiger als auch Staaten finanziell überfordert sind, wenn eine Großbank implodiert? Springt Europa ein, wenn die Kernschmelze des Finanzsystems droht? Wer also ist der letzte Garantiegeber? Die Erinnerung an den Kollaps von Lehman Brothers 2008 ist noch sehr präsent.

Draghi drängt auf den Persilschein der Regierungen. Sie sollen den Euro-Rettungsfonds für die direkte Kapitalisierung der Banken freigeben und zum *backstop* erklären. Draghi ist darauf bedacht, den Ruf der EZB vor Schaden zu bewahren. Er weiß, dass die EZB ohne *backstops* plötzlich gezwungen sein könnte, Rücksicht nehmen zu müssen auf Banken in finanziell schwachen Ländern. Das könnte zu Zweifeln an der Stärke der Notenbank führen. Aber genau das kann sich die einzige wirklich weltweit renommierte und anerkannte EU-Institution nicht leisten. Die EZB ist die Hüterin des Euro. Sie hat ihn mehrmals gerettet in den vergangenen Krisenjahren, sie hat die Wetteinsätze gegen den Euro sinken lassen mit einem Garantieversprechen. Ohne eine unantastbare EZB kann die Währungsgemeinschaft nicht überleben. Deshalb fordert ihr Präsident nun vehement politische Zusagen ein. Er will die Staats- und Regierungschefs in die Pflicht nehmen.

Die *backstops* stehen im Juni 2013 im Mittelpunkt der Gipfeldiskussion. Wie schon in den vergangenen Jahren der Euro-Rettung versucht Merkel, die Verantwortung der

Euro-Stabilität so weit, wie es geht, auf die EZB abzuwälzen. Der Euro-Rettungsfonds soll in der Abschlusserklärung des Gipfels nicht als Garantieversprechen erwähnt werden.

Draghi versucht Merkel zu überzeugen. »*Backstops* würden wohl ohnehin nicht gebraucht werden«, zitieren die Protokollanten den EZB-Chef, »sie seien eine *ultima ratio*, aber die Märkte müssten wissen, dass es sie für alle Fälle gibt.«[15] In den Gipfelschlussfolgerungen sollen die Euro-Staaten versprechen, dass sie »geeignete Letztsicherungen«, *»appropriate backstops«* vor den Stresstests einführen, es könne auch indirekt auf den Euro-Rettungsfonds ESM verwiesen werden.

Merkel widerspricht. »Eine indirekte Referenz auf ESM-Rekapitalisierung müsse verhindert werden. Daher könne man nur von ›nationalen‹ *backstops* sprechen.« Draghi verweist darauf, dass Spanien zur Rekapitalisierung seiner Banken bereits Geld aus dem Euro-Rettungsfonds ESM erhalten hat. »Man solle daher nicht nur von nationalen *backstops* sprechen, sondern auch das spanische Modell anführen.« Die spanischen Banken haben tatsächlich 41,33 Milliarden Euro aus dem ESM erhalten, allerdings nicht direkt, sondern über den Umweg des spanischen Staates, der für das Geld garantiert.

Der Disput zwischen dem EZB-Chef und der deutschen Kanzlerin, eine so ausführliche Konfrontation auf offener Bühne vor allen anderen Regierungschefs, ist selten. Merkel und Draghi sind üblicherweise bemüht, Meinungsverschiedenheiten hinter den Kulissen zu bereinigen. Im Wahlkampfjahr will die Kanzlerin jede Andeutung vermeiden, dass der ESM, in dem auch deutsche Steuergelder stecken, zur Hilfe für Banken verwendet werden könnte. Hinter den beiden Protagonisten sammeln sich Unterstützer. Der Niederländer Mark Rutte ist auf Merkels Seite und lehnt einen Hinweis auf *backstops* ab. Portugals Passos Coelho, Belgiens Elio Di Rupo, Italiens Enrico Letta, sie alle unterstützen den EZB-Präsidenten. Gleichzeitig bestätigen sie Merkels Vermutung.

Denn unisono verlangen sie, dass Banken auch schon vor der Aufsicht durch die EZB mit Mitteln aus dem ESM rekapitalisiert werden. Marode Banken könnten dann gestärkt in die schwierige Phase der neuen Stresstests treten. Der Belgier Elio Di Rupo droht sogar, die belgischen Zahlungen an den ESM zu verschieben, solange »die direkte ESM-Rekapitalisierung noch nicht funktioniert«. Im Kanzleramt kennt man die Wünsche, aber nachgeben will man nicht. Der Euro-Rettungsfonds ist für die Staaten da. Nicht für die Banken, heißt es in Berlin.

Frankreichs François Hollande lässt auf der Gipfeldiskussion Sympathien für die Südländer erkennen, legt sich aber inhaltlich nicht fest. »Es ist klar dargelegt, dass es die Mitgliedsstaaten sind, die die Maßnahmen treffen«, zitieren die Antici-Protokollanten den französischen Präsidenten. »Das müsste die Vorbehalte Merkels doch ansprechen.«

Noch einmal warnt Draghi: »Sollte es keine Referenz zu *backstops* im Text geben, würde die Öffentlichkeit glauben, dass es keine geben werde. Dies würde Unsicherheit schaffen.« Hollandes Hinweis ermöglicht den Ausweg. Merkel und Draghi akzeptieren »nationale *backstops*«. Etwas resigniert das Schlusswort von EZB-Präsident Draghi: »Okay, dann eben nationale *backstops*.«

In der Abschlusserklärung des Gipfels steht schließlich unverbindlich, dass die an der Bankenunion teilnehmenden Mitgliedsstaaten zur Absicherung ihrer Finanzinstitute »alle geeigneten Maßnahmen ergreifen, unter anderem nationale Letztsicherungen«.[16] Die Steuerzahler der Nationalstaaten haften nach wie vor für Unfälle bei den Banken.

Für die Zukunft der EU stehen seit 2012 zwei offizielle Fahrpläne zur Diskussion. Einer kommt von Ratspräsident Herman Van Rompuy – er ist so etwas wie das Kondensat der Visionen von 28 nationalen Regierungen. Van Rompuy hat sein Konzept mit EZB-Chef Mario Draghi, Euro-Gruppenchef Jean-Claude Juncker und Kommissionspräsident Barroso geschrieben. Der andere kommt von Kommissionspräsident José Manuel Barroso und stützt sich auf die Planungsabteilungen der Kommission. Der Plan bildet die Wünsche der Behörde und des Parlaments ab. Im EU-Jargon ist vom »Blueprint« die Rede, der für die Initiativen der kommenden Jahre als roter Faden dienen soll.

Zwischen den beiden Herren herrscht ein robustes Konkurrenzverhältnis. Bei einem wöchentlichen Frühstück stecken der zurückhaltende Belgier und der quirlige Portugiese ihre Claims ab. In den Fahrplänen zeigen sich die unterschiedlichen Interessen der Kommission als Gemeinschaftsinstitution bzw. der Mitgliedsstaaten als nationale Egoisten, sie weisen aber in die gleiche Richtung.

Beide Fahrpläne eint die Überzeugung, dass die Euro-Länder wirtschaftspolitisch zusammenrücken müssen, ohne dass sich die Nicht-Euro-Staaten ausgeschlossen fühlen. Die Bankenunion ist dafür die Grundlage. Die nächsten Integrationsschritte der Euro-Staaten sind auf mehr Haushaltsdisziplin und mehr Reformeifer ausgerichtet: Die Euro-Staaten sollen sich in bilateralen Verträgen mit der EU-Kommission verpflichten, die länderspezifischen Empfehlungen, die sie jedes Jahr erhalten, auch umzusetzen. Das soll zu größerer Wettbewerbsfähigkeit führen und die Budgetdisziplin erhöhen. Parallel dazu soll es einen Euro-Staaten-Haushalt geben. Die Finanzmittel sollen genutzt werden als Ausgleich für soziale Härten und als Anreiz, damit die Reformen in Gang kommen. Die Idee für die bilateralen Verträge kommt aus dem deutschen Kanzleramt. Nikolaus Meyer-Landrut, der Leiter der europapolitischen Abteilung im Bundeskanzleramt in Berlin, hat sie bei den Brüsseler Treffen der sogenannten »Sherpas«, wie die EU-Experten in den Kabinetten der Regierungschefs genannt werden, immer wieder vorgetragen.

Was in solchen Verträgen stehen könnte, die von den Regierungen in Rom und Madrid, aber auch in Wien und Den Haag mit der Kommission in Brüssel geschlossen würden? Ein flexiblerer Arbeitsmarkt zum Beispiel, was im Klartext heißt: In Ländern wie Italien und Spanien sollen Entlassungen leichter möglich gemacht werden, damit umgekehrt die Unternehmen rascher neue Leute anstellen. Auch die Anpassung des Rentenalters an die wachsende Lebenserwartung soll Gegenstand europäischer Verträge sein. Dänemark, das nicht im Euro ist, gilt als Vorbild. Das Rentenantrittsalter ist dort automatisch an die steigende Lebenserwartung gekoppelt. Die Dänen werden 2045 wahrscheinlich erst mit 71 in Rente gehen können, dafür ist die Finanzierung langfristig gesichert. Theoretisch könnten auch soziale Mindeststandards Gegenstand der geplanten neuen europäischen Verträge sein.

Wie groß der neue Finanztopf werden könnte, der die lahmende Reformtätigkeit beflügeln soll, ist unklar. Die Rede ist von anfangs zehn oder zwanzig Milliarden Euro, was für den gesamten Euroraum eine bescheidene Summe wäre. Der Reiz dieser Neuerung: Aus diesem Topf könnte einmal ein eigenes Euro-Budget entstehen, zusätzlich zum EU-Budget und zu den nationalen Haushalten.[17]

Von einer solchen Weiterentwicklung zu einem Euro-Budget will zwar Deutschland, das die ganze Diskussion in Gang gebracht hat, danach erst mal nichts mehr wissen – sehr wohl aber Frankreich. Es ist die übliche Aufteilung, wenn es ums Geld geht: Deutschland will Zug um Zug vorgehen, Frankreich prescht vor. Im Oktober 2013 spricht sich das französische Finanzministerium für ein Euro-Budget aus, das durch die Zusammenlegung bisher national verwalteter Budgetposten 2 Prozent des Bruttonationalprodukts umfasst.[18]

Barrosos »Blueprint« für eine vertiefte Wirtschafts- und Währungsunion enthält einen Zeitplan, der als grober Richtwert genommen werden kann.[19] Innerhalb von fünf Jahren setzt Barroso auf eine Vertragsveränderung, um den Euro-Finanztopf auszuweiten. Steuer- und Beschäftigungspolitik, die bisher den Nationalstaaten vorbehalten blieb, soll koordiniert werden. Die Euro-Staaten beginnen die Staatsschulden gemeinsam in einem Schuldentilgungsfonds abzubauen. Langfristig, in mehr als fünf Jahren, befürwortet die Kommission ein voll ausgebautes Euro-Budget, das einen Teil der Funktion der heutigen nationalen Budgets übernimmt. Im Euroraum sollen die nationalen Budgets stark aufeinander abgestimmt sein. Es soll Eurobonds geben, also gemeinsame Euro-Anleihen, über die ein Teil der Staatsschulden von den Euro-Staaten gemeinsam getragen werden.

Die langfristige Perspektive beginnt in dem 2012 verfassten »Blueprint« der Europäischen Kommission nach 2017. Dann soll es eine voll ausgebaute politische Union geben, in der die Europäer ihre Souveränität teilen und das Europäische Parlament für demokratische Legitimation sorgt. Die Europäische Union wäre in dieser letzten Ausbaustufe einem europäischen Bundesstaat sehr ähnlich, ohne dass die Mitgliedsstaaten ihre Souveränität völlig verlieren. Kommissionspräsident Barroso spricht von einer demokratischen »Föderation von Nationalstaaten« als Ziel.[20]

Eine ernsthafte Diskussion über diesen Fahrplan hat nicht stattgefunden. Die Chefs haben ihn, obwohl sie ihn selbst in Auftrag gegeben haben, in die Schubladen gelegt. Angesichts der abebbenden Euro-Krise haben sie das Interesse an Strategiediskussionen verloren. Die Pause bei der Diskussion um politische Reformen stoppt den schleichenden Vertrauensverlust in die EU allerdings nicht – im Gegenteil.

Nach der Bundestagswahl im Herbst 2013 startet die Kanzlerin einen neuen Versuch, ihre Kollegen davon zu überzeugen, sich in verbindlichen Verträgen zu Reformen zu verpflichten. Es ist die deutsche Antwort auf ein europäisches Problem: Wie können 18 Euro-Staaten, die eine Währung teilen, dazu gebracht werden, die Wirtschaftspolitik abzustimmen, wenn sie alle auf ihrer Souveränität bestehen und zugleich um nationale Wettbewerbsvorteile ringen?

Auf dem Dezember-Gipfel 2013 fällt der deutsche Vorschlag erneut durch. Niemand außer Van Rompuy unterstützt die Kanzlerin, aber niemand hat eine andere Idee. Die Chefs wollen keine verbindlichen wirtschaftspolitischen Verpflichtungen unterschreiben. Sie sperren sich gegen die dringend nötige Reparatur der Währungsunion. Lieber soll alles bleiben, wie es ist.

Die Sache wird erneut vertagt, auf Oktober 2014. »Millimeter um Millimeter« komme man voran, kommentiert Merkel ihren Rückschlag. Die Kanzlerin greift zu drastischen Vergleichen. Sie erzählt vom Bestseller des Cambridge-Professors Christopher Clark, der in seinem Buch »Die Schlafwandler« beschreibt, wie Europa in den Ersten Weltkrieg geglitten ist. Auch an den Untergang der DDR, die so viel versprochen und nichts gehalten hat, erinnert die Kanzlerin die Kollegen. »Früher oder später wird die Währung ohne den erforderlichen Zusammenhalt platzen.« Ende 2013 sind die Staats- und Regierungschefs sichtlich am Ende ihres Lateins.

Die Spinelli-Gruppe, eine lose fraktionsübergreifende Vereinigung rund um den ehemaligen belgischen Regierungschef Guy Verhofstadt und den deutsch-französischen Grünen Daniel Cohn-Bendit, hält eine Grundsatzdiskussion darüber, wie Europa in Zukunft aussieht, für politisch ehrlicher als komplizierte Deals mit einzelnen Regierungen. Die Gruppe, in der kein amtierender Staats- und Regierungschef sitzt, tritt für eine beschleunigte Integration ein und ist nach dem italienischen Europapolitiker Altiero Spinelli benannt. Sie umfasst rund 100 Europaabgeordnete. Einige »Spinellis« wollen aus der EU eine Europäische Föderation, also einen europäischen Bundesstaat, machen. Im Oktober 2013 präsentieren sie auf 308 Seiten einen voll ausgearbeiteten Entwurf für ein neues Grundgesetz der EU. Jedem Paragraphen der geltenden Verträge setzen die Autoren eine föderalistische Alternative gegenüber. »Mit ›föderal‹ meinen wir keinen zentralisierten Superstaat, sondern eine verfassungsmäßige Union, in der verschiedene Ebenen demokratischer Regierungen zusammenwirken.«[21]

Das Europaparlament und der Rat der Mitgliedsstaaten sind im Plan der »Spinellis« zwei Kammern eines neuen europäischen Parlamentarismus, in dem das Europaparlament als Bürgerkammer den Mitgliedsstaaten gleichgestellt wäre. Die Europäische Kommission als ausführendes Organ des Parlaments und der Mitgliedsstaaten könnte mit allen Kompetenzen einer Regierung agieren. Die EU hebt nach dem Plan der »Spinellis« Steuern ein und gibt Staatsanleihen aus, die mit einer strikten Budgetdisziplin verbunden sind. Die Idee ist nicht neu: Wie eine europäische Föderation mit europäischem Parlamentarismus mittels zweier Kammern und einer europäischen Regierung aussehen könnte, hat Joschka Fischer als deutscher Außenminister bereits am 12. Mai 2000 in einer Grundsatzrede in der Humboldt-Universität in Berlin skizziert. Bis auf ein paar freundliche Kommentare im Feuilleton blieb die Idee folgenlos. Auch die rot-grüne Regierung in Berlin griff den Vorstoß nicht auf.

Die Entscheidung, ob die europäische Integration vorangetrieben oder eine Renationalisierung betrieben wird, ist so schnell nicht zu erwarten. Alltagspolitik bestimmt das Handeln. Die Chefs wollen weitermachen wie bisher. Schlafwandlerisch gehen sie der nächsten Krise entgegen. Für sie sind schon die bilateralen Reformverträge, die Merkel vorschweben, zu viel der Verpflichtung. Nach all den Monaten, in denen der Euro fast implodiert wäre, und den ständigen Rettungsaktionen überwiegt in der Europapolitik die Erschöpfung. Auch die Bürger sind erschöpft von den ständigen Katastrophennachrichten. Es ist keine gute Zeit für Veränderungen. Von der Müdigkeit profitieren die Populisten, die zumindest Bewegung simulieren, wenn auch in die Richtung eines verstärkten nationalen Egoismus. Aber an einer Richtungsentscheidung, wie Europa wenigstens Schritt für Schritt seine Widersprüche überwinden soll, führt kein Weg vorbei.[22]

Der neue Charme einer alten Vision

Die Geschichte lehrt, dass Deutschland und Frankreich die Schrittmacher für Europa sind. Jedes Land hat seine Verbündeten, dabei ziehen sie den Rest des Kontinents mit. Polen könnte künftig dabei helfen, als Sprecher der Osteuropäer.

Vorerst bewegen sich die Kanzlerin und der Präsident im Schneckentempo voran. Aber die Richtung ist zu erkennen. Bei einem Besuch im Élysée-Palast im Mai 2013 fixiert Merkel mit Hollande die Eckpunkte des gemeinsamen Kurses. Sie einigen sich darauf, dass sich Europa auch um die sozialen Ungleichgewichte und Mindestlöhne kümmern soll.[23] Es sind Themen, die dem Sozialisten Hollande am Herzen liegen. Merkel setzt dafür einen flexibleren Arbeitsmarkt und eine koordinierte Rentenpolitik auf den europäischen Wunschzettel. Beide Staaten wollen die Steuersysteme angleichen.

Um das Zusammenrücken zu erleichtern, soll ein Vollzeit-Präsident der Gruppe der Euro-Finanzminister vorstehen. Es wäre eine neue Position, nachgebildet der EU-Außenpolitikchefin Catherine Ashton. Jeroen Dijsselbloem, der gegenwärtige Euro-Gruppenvorsitzende, ist im Hauptberuf niederländischer Finanzminister. Für die Zeit nach den Europawahlen wollen Merkel und Hollande »spezifische, der Eurozone gewidmete« parlamentarische Strukturen schaffen. Eine Art Euro-Ausschuss des Europaparlaments soll die Grundlage für bessere demokratische Kontrolle im Euroraum werden. Die Details wollen Merkel und Hollande erst diskutieren, wenn das neue Europaparlament seine Arbeit aufgenommen hat.

Bei der Meinungsbildung der Eliten werden die Europawahlen 2014 eine wichtige Rolle spielen. Es ist der erste europaweite Wahlgang, seit der Euro ins Strudeln kam. Welche Konsequenzen die Finanzkrise für das Kräfteverhältnis zwischen proeuropäischen und europaskeptischen Parteien hat, wird für die Politiker ein wichtiges Signal sein, wo sie die größten Widerstände zu erwarten haben und welche »strategische Option« für Europa sie wählen.

Die Schulden, die Europa spalten, können zu einer Triebkraft der Einigung werden, meint EU-Justizkommissarin Viviane Reding.[24] Sie denkt dabei an die Anfänge der USA. Als Folge des amerikanischen Unabhängigkeitskriegs hatten die zunächst 13 US-Bundesstaaten einen riesigen Schuldenberg angehäuft. Virginia, die Heimat des ersten Präsidenten George Washington, war durch seine Baumwollplantagen und die Sklaverei der reichste Staat. New York und andere ärmere Staaten standen vor dem Bankrott. Weil der reiche Süden die Schulden des armen Nordens nicht übernehmen wollte, drohte den jungen Vereinigten Staaten von Amerika der Zerfall. Finanzminister Alexander Hamilton, der heute noch auf der 10-Dollar-Note zu bewundern ist, fand die Lösung: Die gesamte Union übernahm den Schuldenberg. Dafür wurden Zölle und eine Luxussteuer auf Whiskey erhoben, die an die Union flossen. Das verarmte New York musste darauf verzichten, Hauptstadt zu werden. Die neue Zentralgewalt wurde in einem Sumpfgebiet im nördlichen Virginia errichtet. Daraus wurde Washington D. C. Die gemeinsamen Schulden, finanzielle Eigenmittel der Union und eine damals noch bescheidene Zentralmacht waren die Grundlage des wirtschaftlichen Aufstiegs der USA. Den von Selbstzweifeln geplagten Europäern könnte diese Geschichte Mut machen. »Europa sollte in den nächsten Jahren einen ähnlichen Weg gehen«, lautet das Plädoyer der Luxemburgerin Reding.[25]

Warum eine vergleichbare Kompetenzverschiebung an die Union sinnvoll sein könnte, obwohl die nationalen Regierungen dadurch Macht verlören? Weil die Europäer sonst durch die globalen Verschiebungen zu den neuen Wirtschaftsriesen China, Indien, Brasilien und die internationalen Finanzmärkte einfach plattgemacht würden, lautet die am häufigsten geäußerte Antwort in Brüssel. Es ist eine Mischung aus Sorge vor der Zukunft und der Einsicht, dass Europa nur gemeinsam etwas erreichen kann in der Welt.

Artikel 3 des EU-Vertrags beschreibt es als Ziel der Union, »den wirtschaftlichen, sozialen und territorialen Zusammenhalt und die Solidarität zwischen den Mitgliedsstaaten zu fördern«. Von Wirtschaftswachstum, sozialer Gerechtigkeit und sozialem Schutz für die Bürgerinnen und Bürger ist die Rede. Die Wirklichkeit sieht anders aus. Es ist nur wenig in Ordnung gebracht worden in den letzten Jahren in Europa. Trotz schwerer Krisen und jahrelanger Anspannung. Die Bürger erwarten mehr. Der nationale Lobbyismus hinter den Brüsseler Kulissen zahlt sich nicht für alle aus.

Die Gründungsväter aus den Anfangszeiten der europäischen Integration waren überzeugt, dass in einem vereinten Europa nationale Regierungen zwangsläufig in den Hintergrund treten müssen.

Die Utopie der Vereinigten Staaten von Europa geht auf das 19. Jahrhundert und den französischen Schriftsteller Victor Hugo zurück. Nach dem Ersten Weltkrieg sah der russische Revolutionär Leo Trotzki die »Parole der Vereinigten Staaten von Europa« als attraktive Antwort auf den balkanisierten Kontinent an: »Deutschland und Frankreich bilden zusammen den Grundkern Westeuropas. Hier stecken der Konflikt und die Lösung des europäischen Problems. Alles Übrige ist nur Beiwerk.«[26] 1946 propagierte auf der entgegengesetzten Seite des politischen Spektrums der britische Konservative Winston Churchill die Vereinigten Staaten von Europa, um die Zerstörungen des Zweiten Weltkriegs zu überwinden. »Es gibt kein Wiedererstehen Europas ohne ein geistig großes Frankreich und ein geistig großes Deutschland. Die Struktur der Vereinigten Staaten von Europa wird (...) so geartet sein müssen, dass die materielle Stärke einzelner Staaten an Bedeutung einbüßt. Kleine Nationen werden so viel wie große gelten und sich durch ihren Beitrag für die gemeinsame Sache Ruhm erringen können.«[27] In Deutschland ist Verteidigungsministerin Ursula von der Leyen (CDU) eine Befürworterin dieses Modells. »Mein Ziel sind die Vereinigten Staaten von Europa – nach dem Muster der föderalen Staaten Schweiz, Deutschland oder den USA«, sagt von der Leyen im August 2011 dem *Spiegel*.[28]

Der Begriff der Vereinigten Staaten selbst lässt breiten Raum für verschiedene Stufen der Integration zu. Auch die Vereinigten Staaten von Amerika näherten sich erst langsam einander an. Bis zum amerikanischen Bürgerkrieg gingen die US-Bundesstaaten in der moralischen und wirtschaftlichen Schlüsselfrage der Sklaverei getrennte Wege. Die Zentralregierung blieb schwach. Was die USA seit der Unabhängigkeitserklärung zusammenhielt, war der politische Wille, auf der Weltbühne gemeinsam zu agieren.

2013 vermittelten die Regierungschefs, die Gefahr eines Zerfalls der Europäischen Union sei gebannt. In Wirklichkeit steckt Europa mitten in einer Findungsphase. Im Kern dreht sich alles um den Euro. Bundeskanzlerin Angela Merkel hat 2010 das Schicksal der Gemeinschaftswährung mit dem Schicksal Europas verknüpft: Stirbt der Euro, stirbt auch Europa. Drei Jahre später hat sich die Behauptung ins Gegenteil verkehrt: Der Euro hat überlebt, aber statt die

Länder zu verbinden, dividiert er sie auseinander. Europa wackelt, weil die Grundlagenverträge für den Euro noch immer erst halb vollendet sind.

In der Krise ist klar geworden, dass der Euro als bloßes Instrument nationaler Interessenpolitik der wirtschaftlich starken Staaten nicht überleben kann. Zu hoch ist der Preis, den die jeweils schwächeren Volkswirtschaften zahlen müssen. Nur wenn die Staaten der Euro-Zone sich entschließen, einen Ausgleichsmechanismus zwischen armen und reichen oder zwischen gerade wohlhabenderen und schwächelnden Volkswirtschaften zu schaffen, wird der Euro als Projekt der politischen Vereinigung überleben.

Die Euro-Zone wäre der Kern eines vereinigten Europas. Achtzehn Länder haben den Euro eingeführt. Acht weitere Länder, alle außer Großbritannien und Dänemark, haben sich verpflichtet ihn einzuführen, sobald sie die wirtschaftlichen Bedingungen erfüllen. Dänemark hat seine Währung an den Euro gekoppelt. Die Außenseiterrolle Londons ist damit fast zwangsläufig. Großbritannien sucht seinen Platz neu in Europa, wenn ringsherum auf dem Festland die Staaten über den Euro zusammenrücken.[29]

Wenn sich die Euro-Staaten enger zusammenschlössen, aber Großbritannien auf Dauer draußen bliebe, könnten Nicht-Euro-Staaten in konzentrischen Kreisen mit einem Kerneuropa verbunden bleiben. Der Binnenmarkt wäre das Bindeglied auch für künftige Mitgliedsstaaten, wenn die EU-Erweiterung sich auf dem Balkan fortsetzt. In einem System der konzentrischen Kreise könnte sich auch ein Platz für die Türkei finden, die Europa wegen ihrer Größe, ihrer Dynamik und ihrer islamisch geprägten Kultur als Beitrittskandidat heute zu überfordern scheint. Die politische Union eines Kerneuropas mit dem Euro als Fundament könnte das Zentrum werden, um das sich die Vereinigten Staaten von Europa bilden.

In der globalisierten Welt des 21. Jahrhunderts wird kein

europäischer Staat, auf sich alleine gestellt, in der ersten Liga der Nationen übrig bleiben. Einer nach dem anderen kann in den nächsten Jahren aus der Gruppe der G8 herausfallen. 2060 wird auch Deutschland nicht mehr zu den größten Ökonomien der Welt zählen, prophezeit eine Studie der OECD.[30] Wenn die Europäer nicht von der Globalisierung überrollt werden wollen, haben sie nicht viele andere Optionen, als Souveränitäten zusammenzulegen.

Am Abend des 3. Dezember 2013 plaudern Achim Greser und Heribert Lenz, die beiden Karikaturisten der *Frankfurter Allgemeinen Zeitung,* noch eine Weile in der Brüsseler Landesvertretung des Bundeslandes Hessen. Es gibt hessischen Wein und Brezeln. Irgendwann fragt einer der Gäste, wie denn ihr Europa der Zukunft ausschaue. Es folgt ein Moment der Stille. Dann sagt einer der beiden: »Also ehrlich, wir verstehen nicht richtig, was ihr hier so macht. Aber wir mögen daran glauben, dass dieses Europa gut ist für uns alle. Egal, wie es ausschaut.«

Anhang

Wohin fließen die Rettungsgelder in der Krise?

Landauf, landab wird diskutiert, warum sich Euro-Länder untereinander Kredite geben und so viel Geld nach Griechenland und in andere Krisenstaaten fließen muss. Sind die Notkredite ein Zeichen der Solidarität mit wirtschaftlich schwachen Staaten und deren Bürgern? Oder werden damit nur Banken und Spekulanten gerettet? Oder der Euro? Oder trifft alles zu, weil neben der Stabilität des Finanzsystems auch die nationalen Haushalte und privaten Sparguthaben in der gesamten Euro-Zone auf dem Spiel stehen?

Es geht insgesamt um finanzielle Versprechen in Höhe von 340 Milliarden Euro. Diese Summe ist von Euro-Ländern und EU-Kommission seit 2010 den Krisenstaaten zugesagt. Tatsächlich ausgezahlt wurden weniger. Bis Ende 2013 erhielten Griechenland, Irland, Portugal, Spanien und Zypern zusammen 318,8 Milliarden Euro EU-Finanzhilfe.[1]

Zusätzlich hat der IWF Ko-Finanzierungszusagen in Höhe von 99,3 Milliarden Euro gemacht. Auch über diesen Weg zahlen die Europäer mit. Die EU-Staaten sind zu 32,1 Prozent Anteilseigner des IWF.

Wo genau die Milliarden Euro angekommen sind, lässt sich nicht so leicht nachvollziehen. Dokumentiert ist, welches Land wie viel Geld zugesagt und ausbezahlt bekommen hat.

Zusagen für internationale Finanzhilfe (2010–2014):

Land	Finanzhilfe der Euro-Länder in Milliarden Euro	Finanzhilfe des IWF in Milliarden Euro
Griechenland	197,5	49,8
Irland	40,2*	22,5
Portugal	52	26
Spanien	41,3	
Zypern	9	1
TOTAL	340	99,3

Diese Beträge werden den Regierungen der Krisenstaaten überwiesen.

Was hat der griechische Staat mit dem Geld getan? Der Sprecher des zuständigen EU-Währungskommissars Olli Rehn schreibt, die »Finanzbedürfnisse des griechischen Souveräns« seien abgedeckt worden. Konkret nennt er »Erfordernisse des Staatshaushaltes, Schuldenrückzahlung, Bankenrekapitalisierung und andere Verpflichtungen Griechenlands (wie der griechische Beitrag zum Barkapital des Europäischen Stabilitätsmechanismus ESM). Ein Teil der Zuwendungen unter dem zweiten Programm (48,2 Milliarden Euro) war für Bankenkapitalisierung bestimmt (zusätzlich zu 10 Milliarden Euro unter dem ersten Programm).«[2] In der Kurzfassung heißt das: Die griechischen Banken wurden vor dem Bankrott bewahrt, das Geld der (griechischen) Sparer wurde gerettet und eine Minimalfinanzierung von Unternehmen gesichert.

* Irland erhielt zusätzlich bilaterale Kredite von Großbritannien, Schweden und Dänemark in der Höhe von 4,8 Milliarden Euro.

Die globalisierungskritische Organisation ATTAC hat im Juni 2013 alle verfügbaren Informationen für Griechenland zusammengetragen und ist zum Ergebnis gekommen, dass zwischen 2010 und 2013 77 Prozent der internationalen Hilfsgelder direkt oder indirekt an den Finanzsektor gingen. Damit profitierten griechische und internationale Banken sowie Besitzer von griechischen Staatsanleihen.[3]

Hilfsgelder an griechische Empfänger laut Attac*

Summe in Milliarden Euro	Anteil in Prozent	Empfänger
101,331	48,98	unter verschiedenen Titeln an Gläubiger des griechischen Staates
58,2	28,13	Rekapitalisierung der griechischen Banken
43,6	22,46	in den griechischen Haushalt oder nicht eindeutig zuzuordnen

Die Regierung in Athen bezahlt aus dem griechischen Haushalt einen Teil der Zinsen für Staatsschulden. Zieht man diese von den internationalen Hilfskrediten ab, blieben Attac zufolge zwischen 2010 und 2013 höchstens 9 Milliarden Euro für laufende Staatsausgaben übrig. Rehns Sprecher widerspricht der Rechnung nicht. Er meint: »Die Finanzhilfe an Griechenland seit 2010 war beispiellos und hat dem Land eine verheerende Zahlungsunfähigkeit und den Austritt aus dem Euro erspart, der unabsehbare Auswirkungen für die Wirtschaft und die schwächsten Teile der Bevölkerung gehabt hätte. (...) Es geht nicht darum, die Banker zu retten, sondern die Bedingungen für Erholung und neue Jobs zu schaffen.«[4]

* Die Differenz zur offiziellen Aufstellung darüber ist durch unterschiedliche Berechnungszeiträume bedingt.

Griechische Lehrer, Polizisten und Rentner haben von den internationalen Hilfskrediten auf ihren Gehalts- oder Pensionszetteln nichts gesehen. Jedenfalls nicht unmittelbar. Denn andererseits konnte die griechische Regierung aufgrund der Hilfskredite die Zahlungsverpflichtungen ihrer Gläubiger decken. Somit war das im Staatshaushalt eingenommene Geld frei, um Staatsbedienstete, Renten, Gesundheitseinrichtungen und sonstige öffentliche Verpflichtungen zu zahlen.

Mit den Milliarden ist die griechische Wirtschaft letztendlich vor einem Totalabsturz bewahrt und das europäische Finanzsystem stabilisiert worden. Aber griechische Familien müssen mit beinahe 40 Prozent Einkommen weniger auskommen als vor der Krise. Die OECD rechnet vor, dass der Privatkonsum in Griechenland zwischen 2010 und 2014 real um 38,5 Prozent sinkt, als Folge gekürzter Löhne und Pensionen sowie aufgrund der explodierenden Arbeitslosigkeit. Das griechische Bruttosozialprodukt schrumpft laut OECD-Vorschau zwischen 2010 und 2014 um 24,4 Prozent. »Die Wirtschaft ist in Griechenland kollabiert wie sonst nur in Kriegszeiten«, kommentiert ein hoher EU-Vertreter. Die Arbeitslosigkeit, die 2010 bei 12,5 Prozent lag, wird laut OECD 2014 bei 28,4 Prozent liegen.[5]

Inzwischen steht fest, dass die Sparauflagen der Kreditgeber aus dem ersten Rettungsprogramm, statt den Staatshaushalt zu sanieren, den Wirtschaftsabschwung beschleunigt haben. »Die Kreditgeber hatten erwartet, dass es in Griechenland schon 2011 einen Wirtschaftsaufschwung geben wird, trotz der finanziellen Konsolidierungsbemühungen«, erinnert sich Sozialkommissar László Andor.[6] 2013 steckt das Land noch immer in der Rezession, die 2009 begonnen hat. Erst für 2014 wird erstmals wieder ein leichtes Wachstum erwartet.

Ein hoher EU-Politiker, der nicht genannt werden will, blättert in seinen Notizen und findet die Zahl 10 Milliarden Euro: Auf diese Summe hatte EU-Finanzkommissar Rehn bei einer Sitzung der EU-Kommission anfangs die griechische Finanzlücke geschätzt. Schließlich sind es 240 Milliarden Euro. Alle Beteiligten waren überfordert. Dem Plan der Kreditgeber zufolge soll der Schuldenstand der öffentlichen Hand 2022 »niedriger als 110 Prozent« des Bruttoinlandsprodukts sein. Aber die Schulden schrumpfen nicht wie geplant.[7] Seit Griechenland in der Krise steckt und den internationalen Spar- und Reformvorgaben folgt, steigt die Staatsverschuldung weiter. Schuld daran sind auch die mangelnden Einnahmen. Griechenland schafft es nicht, ein Steuersystem aufzubauen, Steuern bei allen einzutreiben, ein Landregister aufzubauen, um Landbesitz allgemein zu besteuern oder ineffiziente Staatsbetriebe zu privatisieren.

Der wichtigste Grund für die im Verhältnis zum Bruttoinlandsprodukt steigende Staatsverschuldung* sind nicht neue Schulden, sondern neben den mangelnden Einnahmen die schrumpfende Wirtschaft. Die griechischen Bürger tragen nicht nur die Folgen der Misswirtschaft im eigenen Land, sie zahlen auch für Haushaltskürzungen, die ihnen vom IWF und den Euro-Ländern als Bedingung für die Notkredite verordnet wurden. Die Geldgeber dachten, dass sie durch strenge Vorgaben für Reformen und Kürzungen ihre Kredite sicher zurückbekommen werden. Sie haben aber nicht das richtige Maß gefunden. Tatsächlich gefährdet es auch die Interessen der Gläubiger, wenn ein Schuldner durch zu strenge Auflagen an den Rand des Ruins gerät.

Das griechische Parlament hat die Spar- und Reformpläne abgestimmt, die die konservativ-sozialistische Koalition mit den bürokratischen Experten der Troika ausgehandelt hat. Die Experten prüfen Bücher, legen Einsparsummen fest, verhandeln mit der griechischen Regierung und schreiben Berichte. Entscheiden tun sie nichts. Sie liefern ihre Berichte ab,

* Griechische Staatsschulden im Verhältnis zum BIP (aufgerundet): 2010: 148 Prozent, 2011: 171 Prozent, 2012: 159 Prozent, 2013 (erwartet): 179 Prozent

auch unter der politischen Vorgabe, was zu erreichen ist. Die Weichen für Kredithilfen stellen die Staats- und Regierungschefs aller Euro-Länder. Das größte Gewicht hat Deutschland. Aber auch Frankreich, Finnland, die Niederlande, Österreich, Spanien, Italien und andere Euro-Staaten diktieren die Bedingungen der Griechenlandrettung.

Hier liegt ein demokratiepolitisches Problem bei der Eurorettung – egal, ob es um Griechenland, Irland, Portugal oder Zypern geht. Die Abgeordneten des Krisenlandes können die ausgehandelten Spar- und Reformpläne zwar ablehnen – aber nur unter Gefahr, dass ihr Land keine Notkredite bekommt und pleitegeht.

Dass es nicht anders zu machen war in den zurückliegenden Krisenjahren, liegt an der Struktur der Währungsunion und den EU-Verträgen. Danach wirtschaften die Länder eigenverantwortlich. Wenn die Euro-Länder sich entschließen, näher zusammenzurücken, Eingriffsrechte in nationale Haushaltshoheit zu akzeptieren und dazu die Verträge zu ändern, kann es eine Wirtschaftspolitik unter gemeinsamer Verantwortung geben. Rein theoretisch kann es dann einen Euro-Finanzminister geben, der über ein Budget und eigene finanzielle Mittel verfügt. Ein Euro-Finanzminister könnte Griechenland aus einem Finanztopf so helfen, wie der deutsche Finanzminister 2008 den deutschen Banken unter die Arme griff. Oder wie die österreichische Regierung Milliarden Euro Steuergelder einsetzt, um die Hypo Alpe Adria aus Kärnten abzuwickeln. Der Euro-Finanzminister könnte gegenüber den Europaabgeordneten der Euro-Länder verantwortlich sein. Oder er würde von einem parlamentarischen Sondergremium kontrolliert, das vom Europaparlament und den Parlamenten der Euro-Staaten gemeinsam beschickt wird.

Die Steuerzahler in den Nordstaaten hat die Euro-Rettung bisher keinen Cent gekostet. Die Gelder an Griechenland und die anderen Krisenstaaten sind Kredite, freilich mit erhöhtem Risiko. Die Laufzeit der Kredite für Griechenland beträgt mehrere Jahrzehnte (erst ab 2042 werden die meisten überhaupt fällig). Aber kein EU-Bürger hatte bisher wegen des Kreditrisikos weniger in seiner Geldbörse.

Deutschland, Österreich, Frankreich und die anderen wirtschaftlich starken Euro-Staaten haben von der Krise profitiert: Sie zahlen niedrigere Zinsen auf Staatsanleihen als ursprünglich eingeplant, vor allem weil Anleger in der Krise sichere Häfen für ihr Kapital suchen. Auf Anfrage des SPD-Bundestagsabgeordneten Joachim Poß herausgegebene Daten des Bundesfinanzministeriums zeigen, dass der Bund zwischen 2010 und 2014 mit einer Ersparnis von 40,9 Milliarden Euro rechnet.[8] Der Ökonom Jens Boysen-Hogrefe[9] vom Institut für Weltwirtschaft Kiel rechnet bis Mitte 2014 gar mit Einsparungen zwischen 100 und 200 Milliarden Euro, weil er auch die Entlastung für Länder und Kommunen mit einbezieht.[10] Ganz ähnlich profitiert Österreich von den Niedrigzinsen für Staatsanleihen. Die Regierung in Wien errechnet von 2010 bis 2012 Einsparungen für den Bundeshaushalt auf Grund der gegenüber dem Bundesvoranschlag geringeren Zinsen in der Höhe von 4,6 Milliarden Euro.[11] Auch Frankreich, Finnland und die Niederlande zahlen weniger als früher. Die aus der Euro-Krise resultierenden Ersparnisse für die wirtschaftlich starken Staaten Europas sind beträchtlich.

Zeittafel zu Europa seit Beginn der Krise

September 2008

- Lehman Brothers muss Konkurs anmelden. Zusammenbruch der Investmentbank löst die internationale Finanzkrise aus (15. 9.)

Oktober 2008

- Nationale Regierungen in der Europäischen Union bewahren Großbanken durch Finanzspritzen und Notverstaatlichungen vor dem Zusammenbruch
- US-Regierung beschließt 700-Milliarden-Dollar-Programm zur zwangsweisen Teilverstaatlichung der angeschlagenen Banken (3.10.)
- Angela Merkel und Peer Steinbrück garantieren Sicherheit deutscher Sparguthaben (5. 10.)
- EU-Finanzminister beschließen, systemrelevante Banken zu unterstützen und europaweit Spareinlagen von mindestens 50 000 Euro zu garantieren (7. 10.)
- Finanzminister und Notenbankchefs der G7 beschließen Aktionsplan gegen die Finanzkrise (10. 10.)
- Euro-Gipfel in Paris beschließt nationale Bankenrettungspakete (12. 10.)
- EU-Gipfel in Brüssel billigt nationale Bankenrettungsmaßnahmen (15./16. 10.)

November 2008

- Barack Obama gewinnt Präsidentschaftswahlen in den USA (4. 11.)
- EU-Finanzminister bewilligen im Rahmen internationaler Notkredite 6,5 Milliarden Euro für Ungarn (4. 11.)
- G20-Weltfinanzgipfel verspricht strengere Kontrolle der Finanzmärkte (15./16. 11.)

Januar 2009

- EU-Finanzminister verabschieden Hilfspaket für Lettland in Höhe von 3,1 Milliarden Euro (20. 1.)

März 2009

- EU-Gipfel erhöht EU-Zahlungsbilanzfazilität für Nicht-Euro-Länder auf 50 Milliarden Euro (19./20. 3.)

April 2009

- G20-Weltgipfel neuerlich für strengere Kontrollen der internationalen Finanzmärkte (2. 4.)

Mai 2009

- EU-Finanzminister bewilligen 5 Milliarden Euro Finanzhilfe für Rumänien (5. 5.)

Juni 2009

- EU-Gipfel berät über stärkere Finanzaufsicht in der EU und bewilligt zweites irisches Referendum über den Vertrag von Lissabon (18./19. 6.)

Juli 2009

- EU-Finanzminister lehnen es ab, die Eigenkapitalvorschriften für Banken zu lockern (7. 7.)

September 2009

- EU-Finanzminister sprechen sich für Aufstockung der Finanzmittel des IWF aus (2. 9.)
- Bundestagswahlen in Deutschland: SPD verliert, CDU und FDP bilden Regierung (27. 9.)

Oktober 2009

- Parlamentswahlen in Griechenland: Sozialistische PASOK siegt mit 43,9 % der Stimmen; Giorgos Papandreou wird neuer griechischer Premierminister (4. 10.)

November 2009

- EU-Sondergipfel: Herman Van Rompuy wird erster ständiger EU-Ratspräsident (19. 11.)

Dezember 2009

- Vertrag von Lissabon tritt in Kraft. Ratspräsident Herman Van Rompuy und Außenbeauftragte Catherine Ashton treten ihre Ämter an (1. 12.)
- EU-Finanzminister sprechen sich für EU-Aufsicht für Banken, Versicherungen und Börsen aus (2. 12.)
- EU-Gipfel: Ministerpräsident Papandreou informiert über explodierendes griechisches Budgetdefizit (10./11. 12.)
- Die marode Hypo Alpe Adria wird komplett vom österreichischen Staat übernommen (14. 12.)

Februar 2010

- EU-Gipfel erstmals von Griechenlandkrise überschattet (11. 2.), EU-Finanzminister beschließen strenge Kontrolle des griechischen Haushalts (16. 2.)

März 2010

- Deutscher Finanzminister Wolfgang Schäuble schlägt vor, einen Europäischen Währungsfonds zu gründen (8. 3.)

- Euro-Finanzminister beschließen, Griechenland im äußersten Notfall bilaterale Hilfskredite zu gewähren (16. 3.)
- Euro-Gipfel spricht sich für Beteiligung des IWF an möglicher Griechenlandhilfe aus (25./26. 3.)

April 2010

- Wahlen in Ungarn: Wahlerfolg der nationalkonservativen Fidesz, Viktor Orbán wird mit Zweidrittelmehrheit Regierungschef (11. 4.)
- Euro-Finanzminister verhandeln zusammen mit dem IWF in zwei Etappen ein dreijähriges Hilfspaket für Griechenland im Umfang von 110 Milliarden Euro (11. 4. und 16. 4.)
- Griechenland beantragt offiziell Finanzhilfe bei EU und IWF (23. 4.)

Mai 2010

- Euro-Finanzminister einigen sich auf Hilfspaket für Griechenland. Troika verhandelt ein Sparprogramm mit Griechenland (2. 5.)
- EZB beschließt Ankauf von Staatsanleihen. Zinsaufschläge für Portugal, Spanien, Italien und Irland steigen (6. 5.)
- Unterhauswahlen in Großbritannien: Labour Party verliert, neue konservativ-liberale Regierungskoalition unter David Cameron und Nick Clegg (6. 5.)
- Euro-Krisengipfel stellt Weichen für den Euro-Rettungsfonds (7. 5.)
- Euro-Finanzminister beschließen den Euro-Rettungsfonds EFSF (European Financial Stability Facility) in Höhe von 440 Milliarden Euro (9./10. 5.)

Juni 2010

- EU-Gipfel: Ergebnislose Debatte über Finanztransaktionssteuer und künftige Strafen für Defizitsünder. Einigung auf neue Wachstums- und Beschäftigungsstrategie »Europa 2020« (17. 6.)

September 2010

- EU-Gipfel: Diskussion über EU-Außenpolitik (16. 9.)

Oktober 2010

- Spaziergang Sarkozy/Merkel in Deauville: Einigung auf EU-Vertragsänderung für einen permanenten Euro-Stabilisierungsmechanismus (ESM) und Kostenbeteiligung des Privatsektors (Private Sector Involvement, PSI) bei Sanierungsprogrammen (18. 10.)
- Euro-Finanzminister in Luxemburg im Schatten des Treffens von Deauville. Einigung auf strengere Zulassungsverfahren für Hedgefonds (18./19. 10.)
- EU-Gipfel spricht sich für Einrichtung des permanenten Euro-Stabilisierungsmechanismus ESM aus; kein Stimmrechtsentzug für Defizitsünder (28./29. 10.)

November 2010

- Eurostat korrigiert Griechenlands Wirtschaftsdaten abermals nach unten; Defizit von 15,4 % (15. 11.)
- EU-Finanzminister beraten über Hilfspaket für Irland (16. 11.)
- Irland ersucht Hilfe aus dem Euro-Rettungsfonds (22. 11.)

Dezember 2010

- Euro-Finanzminister beraten über Eurobonds, entsprechend einem Vorschlag von Jean-Claude Juncker und Giulio Tremonti (6. 12.)
- EU-Finanzminister beschließen internationales Hilfspaket für Irland über insgesamt 85 Milliarden Euro (7. 12.)
- EU-Gipfel beschließt Änderung des EU-Vertrags zugunsten des ESM (16./17. 12.)

Januar 2011

- Estland tritt der Eurozone bei (1. 1.)

- Sieg der Revolution in Tunesien, Diktator Ben Ali muss fliehen (14. 1.)

Februar 2011

- EU-Gipfel zum »Pakt für mehr Wettbewerbsfähigkeit« (4. 2.)
- Sieg der Revolution in Ägypten, Präsident Husni Mubarak tritt zurück (11. 2.)
- Wahlen in Irland: Machtwechsel – Regierungschef wird Enda Kenny, an der Spitze einer Koalition der bürgerlich-liberalen Fine-Gael-Partei und der Sozialdemokraten (26. 2.)

März 2011

- Syrien: Aus der Protestbewegung wird ein Aufstand gegen das Assad-Regime
- Euro-Gipfel: Mitgliedsstaaten beschließen, ihre Haushalts-, Steuer- und Sozialpolitik besser zu koordinieren, und unterzeichnen »Euro-Plus-Pakt« (11. 3.)
- EU-Finanzminister einigen sich auf Details bei der Verschärfung des Stabilitäts- und Wachstumspakts (*Six-Pack*) (15. 3.)
- Libyen: Mit französischen und britischen Luftangriffen beginnt der Luftkrieg der NATO zur Unterstützung des Aufstands gegen Diktator Muammar al-Gaddafi (19. 3.)
- Euro-Finanzminister beschließen Details des ESM (21. 3.)
- EU-Gipfel bestätigt ESM mit einem Volumen von 500 Milliarden Euro (24./25. 3.)

April 2011

- Portugal stellt Hilfsantrag beim Euro-Rettungsfonds EFSF (6. 4.)

Mai 2011

- Euro-Finanzminister beraten über Sanierung Griechenlands (6./7. 5.), beschließen Hilfspaket für Portugal (16. 5.)

Juni 2011

- Wahlen in Portugal: Konservative Sozialdemokraten unter Pedro Passos Coelho gewinnen, Sozialisten unter José Sócrates verlieren (5. 6.)
- EU-Finanzminister befürworten freiwillige Beteiligung privater Investoren am griechischen Hilfspaket (Private Sector Involvement, PSI) (20. 6.)
- EU-Gipfel wählt italienischen Banker Mario Draghi zum Nachfolger von Jean-Claude Trichet als Präsident der EZB (23./24. 6.)

Juli 2011

- Euro-Sondergipfel beschließt zweites Griechenlandpaket in Höhe von 109 Milliarden Euro (21. 7.)

August 2011

- EZB beschließt, italienische und spanische Staatsanleihen aufzukaufen, nachdem deren Risikoaufschläge auf über 7 % gestiegen sind (8. 8.)
- Merkel und Sarkozy fordern eine Euro-Wirtschaftsregierung (16. 8.)

September 2011

- Deutsches Bundesverfassungsgericht weist Verfassungsbeschwerden hinsichtlich Griechenlandhilfe und Euro-Rettungsfonds zurück (7. 9.)

Oktober 2011

- Parlamentswahlen in Polen: Erfolg für liberale Bürgerplattform unter Regierungschef Donald Tusk (9. 10.)
- Euro-Sondergipfel: Weg für einen Schuldenschnitt für Griechenland sowie für ein zweites Hilfspaket wird geebnet. Druck auf Italien und Spanien zu rascheren Sanierungsmaßnahmen wächst (26. 10.)

- Standard and Poor's stuft die Kreditwürdigkeit Zyperns als Folge der Diskussion über den griechischen Schuldenschnitt auf BBB herab (28. 10.)
- Premierminister Giorgos Papandreou kündigt griechisches Referendum über Sanierungsprogramm an (31. 10.)

November 2011

- Mario Draghi tritt Amt des EZB-Präsidenten an (1. 11.)
- G20-Treffen in Cannes wird beherrscht von Problemen der Euro-Länder (3./4. 11.)
- Griechische Regierung sagt Referendum ab (3. 11.). Papandreou tritt als griechischer Premierminister zurück, Beamtenregierung unter Ex-Zentralbanker Lucas Papademos übernimmt (9. 11.)
- Italien: Silvio Berlusconi tritt nach massivem Druck aus Europa als Regierungschef zurück (12. 11.). EU-freundliches Expertenkabinett unter Wirtschaftsprofessor Mario Monti übernimmt das Ruder (16. 11.)
- Wahlen in Spanien: Sieg der konservativen Volkspartei unter Mariano Rajoy (20. 11.)

Dezember 2011

- EU-Gipfel: Großbritannien blockiert Vertragsänderung für Fiskalpakt mit Schuldenbremsen (9. 12.)
- EZB startet erstes Liquiditätsprogramm für Banken in der Höhe von 500 Milliarden Euro (21. 12.)

Januar 2012

- Frankreich und Österreich verlieren ihre Top-Bonität AAA bei der Ratingagentur Standard and Poor's, sieben weitere Euro-Länder werden herabgestuft (13. 1.)
- EU-Gipfel verhandelt Fiskalpakt zur Einführung von Schuldenbremsen in Form eines zwischenstaatlichen Vertrags (30. 1.)

Februar 2012

- Generalstreiks in Griechenland gegen Sparpolitik von Regierung und EU (7. und 10. 2.)
- EU-Finanzminister stellen Ultimatum an Griechenland: Zustimmung des griechischen Parlaments zum Sparprogramm Voraussetzung für das zweite Hilfspaket (9. 2.)
- Griechisches Parlament stimmt den Sparmaßnahmen zu, schwere Ausschreitungen (12. 2.)
- Euro-Finanzminister beschließen endgültig zweites Rettungspaket für Griechenland in der Höhe von 130 Milliarden Euro und einen Schuldenschnitt von 53,5 % (21. 2.)
- Standard and Poor's beurteilt die Kreditwürdigkeit Griechenlands als »teilweise zahlungsunfähig« (28. 2.)

März 2012

- EU-Gipfel: 25 EU-Staaten unterzeichnen den Fiskalpakt für nationale Schuldenbremsen und bessere Haushaltsdisziplin (1./2. 3.)
- Wahlen in der Slowakei: Erfolg für Sozialdemokraten von Vladimír Mečiar (10. 3.)

Mai 2012

- Präsidentschaftswahlen in Frankreich: Sozialist François Hollande besiegt den Konservativen Nicolas Sarkozy (6. 5.)
- Griechische Parlamentswahlen: Konservative Nea Dimokratia knapp vor Linkspartei Syriza, keine Regierungskoalition möglich (6. 5.)

Juni 2012

- Erneut Wahlen in Griechenland: Konservative unter Andonis Samaras werden stärkste Kraft, Koalitionsregierung mit Sozialisten und gemäßigten Linken (17. 6.)
- G20-Gipfel in Mexiko: Monti, Hollande und Rajoy verbünden sich mit Obama gegen Merkels Austeritätspolitik (18./19. 6.)

- Vierergipfel zwischen Monti, Merkel, Hollande und Rajoy: Wachstumspaket in Höhe von 130 Milliarden Euro wird verabschiedet (22. 6.)
- Spanien beantragt Milliardenhilfe. Auch Zypern kündigt an, Hilfe beantragen zu wollen (25. 6.)
- Euro-Gipfel beschließt zentrale Aufsicht für Banken der Euro-Staaten durch die EZB (28./29. 6.)

Juli 2012

- Euro-Finanzminister stellen Spaniens Banken bis zu 100 Milliarden Euro zur Verfügung (10. 7.)
- EZB-Präsident Mario Draghi kündigt in London unbegrenzte Mittel der EZB an, um den Euro zu stabilisieren (26. 7.)

September 2012

- Bundesverfassungsgericht in Karlsruhe bestätigt ESM-Vertrag (12. 9.)
- Vorgezogene Neuwahlen in den Niederlanden: Geert Wilders rechtspopulistische Partij voor de Vrijheid verliert stark, liberal-sozialdemokratische Koalition bildet Kabinett Rutte II (12. 9.)

Oktober 2012

- Europäischer Stabilitätsmechanismus ESM tritt in Kraft (8. 10.)

November 2012

- Leerverkäufe von Credit Default Swaps werden in der EU verboten (1. 11.)
- Wiederwahl Barack Obamas zum Präsidenten der USA (6. 11.)
- Generalstreik in Portugal und Spanien (14. 11.), Streiks auch in Italien, Griechenland, Zypern und anderen EU-Staaten
- Euro-Finanzminister einigen sich, Griechenland mehr Zeit zu geben (27. 11.)

Dezember 2012

- Parlamentswahlen in Rumänien: Sozialdemokraten unter Victor Ponta erfolgreich, Konservative von Staatspräsident Băsescu verlieren (9. 12.)
- Friedensnobelpreis für EU in Oslo (10. 12.)
- EU-Finanzminister einigen sich über zentrale Bankenaufsicht im Euroraum (13. 12.)

Januar 2013

- Niederländischer Finanzminister Jeroen Dijsselbloem löst Jean-Claude Juncker als Chef der Euro-Gruppe ab (21. 1.)
- EU-Finanzminister billigen, dass einige Euro-Staaten eine Finanztransaktionssteuer einführen wollen (22. 1.)
- Britischer Premierminister David Cameron kündigt für 2017 Referendum über den Verbleib Großbritanniens in der EU an (22. 1.)

Februar 2013

- EU-Budgetgipfel: Kompromiss für den Haushalt bis 2020 (7./8. 2.)
- Vorgezogene Wahlen in Italien: Linke Partito Democratico (PD) gewinnt hauchdünn vor Berlusconis Partito della Libertà (PdL), Bildung einer großen Koalition unter Enrico Letta (24./25. 2.)

März 2013

- Euro-Finanzminister beschließen Zypern-Hilfspaket. Parlament in Nikosia lehnt ab (16. 3.)
- Kleiner Euro-Gipfel und Euro-Finanzminister beschließen verändertes Zypern-Paket. Kontoinhaber mit über 100 000 Euro Guthaben und private Gläubiger werden an der Pleite beteiligt (24. 3.)

April 2013

- ❑ Portugiesischer Verfassungsgerichtshof lehnt Teile des Sparhaushalts ab (5. 4.)
- ❑ Euro-Finanzminister geben Irland und Portugal mehr Zeit, ihre Schulden zu begleichen, und verabschieden das Rettungspaket für Zypern (12. 4.)
- ❑ Zyprisches Parlament stimmt Rettungspaket zu (30. 4.)

Mai 2013

- ❑ Ratingagentur Moody's stuft Slowenien auf »Ramschniveau« herab (Bewertung Ba1) (1. 5.)
- ❑ Parlamentswahlen in Bulgarien: Sozialdemokraten können Koalition bilden, die konservative Regierung ablöst (12. 5.)
- ❑ EU-Außenminister sprechen sich gegen Verlängerung des Waffenembargos für Syrien aus (27. 5.)

Juni 2013

- ❑ US-Geheimdienst-Whistleblower Edward Snowden tritt in Hongkong erstmals an die Öffentlichkeit; auch EU-Einrichtungen wurden von den USA ausspioniert (9. 6.)
- ❑ EU-Handelsminister stimmen Verhandlungen zu einem Freihandelsabkommen mit den USA zu (15. 6.)
- ❑ EU-Finanzminister geben Spanien, Frankreich und fünf weiteren Staaten mehr Zeit, um ihren Haushalt zu sanieren (21. 6.)
- ❑ EU-Gipfel beschließt ein europäisches Programm gegen Jugendarbeitslosigkeit (27./28. 6.)

Juli 2013

- ❑ Kroatien wird 28. EU-Mitglied (1. 7.)

August 2013

- ❑ In Griechenland steigt die Arbeitslosigkeit auf 27,6 % (8. 8.)
- ❑ Das deutsche Finanzministerium gibt bekannt, dass Deutsch-

land seit Ausbruch der Krise rund 41 Milliarden Euro durch niedrigere Zinsen auf Staatsanleihen gespart hat (18. 8.)

September 2013

- EU-Finanzminister diskutieren zentralen Abwicklungsmechanismus für Euro-Banken (13. 9.)
- Deutsche Bundestagswahlen: Angela Merkels CDU/CSU gewinnt ein drittes Mal; FDP nicht mehr im Bundestag (22. 9.)
- Österreichische Nationalratswahlen: SPÖ und ÖVP verlieren Stimmen, Zugewinne für FPÖ und Grüne; Liberale Neos und Team Stronach neu im Parlament (29. 9.)

Oktober 2013

- Luxemburgische Parlamentswahlen: Gewinne der Liberalen ermöglichen Dreierkoalition mit Sozialdemokraten und Grünen unter Xavier Bettel als neuem Regierungschef. Der christdemokratische Langzeitpremier Jean-Claude Juncker tritt ab (22. 10.)
- Parlamentswahlen in Tschechien ebnen einer sozialdemokratisch geführten Koalitionsregierung den Weg. (25./26.10.)

Dezember 2013

- Merkel scheitert beim EU-Gipfel erneut mit bilateralen Reformverträgen (19./20. 12.)

Januar 2014

- Lettland tritt der Eurozone bei (1. 1.)

Mai 2014

- Erste Europawahlen nach Ausbruch der Euro-Krise (22.–25. 5.)

Dank

Ein Wort zu den Quellen und Zitaten: Für dieses Buch haben wir 75 Interviews und Hintergrundgespräche mit Regierungschefs und Kommissaren, Abgeordneten und Bankern, Beamten und Experten geführt. Die Grundregel lautete, dass wir frei sind, alle Informationen zu verwenden, aber die Vertraulichkeit des Gesprächs gesichert ist. Manche Interviewausschnitte haben unsere Gesprächspartner als direkte Zitate freigegeben.

Für die Zusammenarbeit, Anregungen, Korrekturen und Informationen und geduldiges Manuskriptlesen bedanken wir uns sehr herzlich bei:

László Andor, Jörg Asmussen, Markus Beyrer, Thomas Bickl, Robin Blackburn, Lael Brainard, Franziska Brantner, Bernard Bulcke, Javier Cáceres, Nikos Chilas, Nikos Christodoulides, René Clausen, Frans Van Daele, Koen Doens, Dimitrij Droutsas, Janis Emmanouilidis, Márton Hajdú, Peter Ehrlich, Günther Eisl, Jonathan Faull, Werner Faymann, Georg Fischer, Christian Gammelin, Judith Gebetsroithner, Alfred Gusenbauer, Inge Grässle, Walter Grahammer, Jean-Claude Juncker, Bernard ter Haar, Isabell Hoffmann, Gernot Haas, Jürgen Habermas, Johannes Hahn, Othmar Karas, Reinhold Knapp, Johannes Laitenberger, Stefan Lehne, Gerhard Lerchbaumer, Ulrike Lunacek, Alexander Marschik, Armin Machmer, Jean-Jacques Mével, Jens Mester, Nikolaus Meyer-Landrut, Arno Olaf Ewald Nowotny, Leopold

Radauer, Philippe Ricard, Oliver Roepke, Ole Vigant Ryborg, Felix Roth, Alexander Schallenberg, Karl Schramek, Michael Stabenow, Hannes Swoboda, Hans Dietmar Schweisgut, Bernadette Ségol, Stephan Schulmeister, Martin Schulz, Thomas Steg, Steve Susi, Jonathan Todd, Ian Traynor, Claude Turmes, Udo van Kampen, Maarten Verwey, Harald Waiglain, Thomas Wieser, Ulrich Wilhelm, Kerstin Witt-Löw, Gregor Woschnagg, Wolfgang Wosolsobe.

Für Irrtümer sind selbstverständlich wir alleine zuständig.

Wir bedanken uns bei unseren Arbeitgebern, der *Süddeutschen Zeitung* in München und dem *Österreichischen Rundfunk* in Wien, die uns in einer aufregenden Zeit zur Berichterstattung nach Brüssel geschickt haben. Ohne das Verständnis unserer Chefs und die Solidarität der Kolleginnen und Kollegen der *Süddeutschen Zeitung* und des *ORF* hätten wir dieses Buch nicht schreiben können. Johanna Oberhollenzer hat Dutzende Interviews transkribiert, Doris Pundy war für Zusatzrecherchen im Großeinsatz. Silvie Horch war eine hochprofessionelle und verständnisvolle Lektorin.

Ehepartner, Lebenspartner, Kinder, Eltern, Großeltern, Freundinnen und Freunde haben uns in den vergangenen Monaten viel zu häufig als asoziale Wesen vor dem Laptop erlebt. Wir bedanken uns ganz herzlich für euer Verständnis und versprechen Besserung!

Cerstin Gammelin und Raimund Löw im Januar 2014

Personenregister

Quellenangaben

Prolog

1 Antici-Protokoll Europäischer Rat, 26.10.2011

Allianzen – Europas Chefs sind untereinander nicht zimperlich

1 Antici-Protokoll Europäischer Rat, 24.10.2011
2 Antici-Protokoll Europäischer Rat, 23.10.2011
3 Antici-Protokoll Europäischer Rat, 18./19.10.2012
4 Antici-Protokoll Europäischer Rat, 14./15.3.2013
5 Informationsgespräch Brüssel, Mai 2013
6 Interview Werner Faymann, Wien, 2.5.2013
7 E-Mail Regierungssprecher Steffen Seibert, 4.5.2011
8 Antici-Protokoll Europäischer Rat, 19./20.6.2009
9 Antici-Protokoll Europäischer Rat, 26.10.2011
10 www.faz.net/aktuell/wirtschaft/eurokrise/spanien/schuldenkrise-merkel-bot-zapatero-50-milliarden-euro-an-12685474.html
11 Antici-Protokoll Europäischer Rat, 28./29.6.2012
12 Ebd.
13 www.consilium.europa.eu/uedocs/cms_data/docs/pressdata/de/ec/131398.pdf
14 Peter Ludlow, A View on Brussels, The Euro, Energy Policy and the Arab Revolutions. The European Councils of February and March 2011, Eurocomment, Briefing Note Vol. 8, No. 5 and 6, August 2011, S. 29

15 Gesprächsnotiz Brüssel, Mai 2013
16 Gesprächsprotokoll Washington, 7.5.2013
17 Gesprächsnotiz Berlin, April 2013
18 http://blogs.lse.ac.uk/eurocrisispress/2013/07/29/italy-on-the-brink-the-hidden-story-of-the-2011-near-collapse-and-analogies-with-today/
19 Ebd.
20 www.grovelands.co.uk/italian-debt-larger-threat-than-greece-to-uk
21 Silvio Berlusconi, Rom, 5.11.2011
22 CNBC-Nachrichten, 16.11.2013
23 Vertrag von Lissabon (EUV), Artikel 15
24 www.sueddeutsche.de/wirtschaft/euro-gruppen-chef-dijsselbloem-im-sz-interview-zypern-hat-uns-einen-schock-versetzt-1.1718789
25 Gesprächsnotiz Berlin, Januar 2013
26 Pressegespräch Brüssel, 23.5.2013
27 Antici-Protokoll Europäischer Rat, 28./29.6.2012

Krise – Zoff im Hause Europa

1 Gespräch mit Jörg Asmussen, 30.4.2013
2 Nach: Carlos Bastasin, Saving Europe, How National Politics Nearly Destroyed the Euro, Brookings Institution Press, Washington D. C. 2012, S. 15
3 Peter Ludlow, The EU and the Financial Crisis. The European Councils of October and November 2008, Eurocomment, Briefing Note Vol. 6, No. 4 and 5, November 2008
4 Interview Alfred Gusenbauer, Wien, 24.4.2013
5 Interview Thomas Wieser, Brüssel, 16.5.2013
6 Interview Alfred Gusenbauer, Wien, 23.4.2013
7 Günter Verheugen, *Süddeutsche Zeitung*, 17.5.2010
8 Antici-Protokoll Europäischer Rat, 10./11.12.2009
9 Informationsgespräch Brüssel, Mai 2013
10 Antici-Protokoll Europäischer Rat, 10./11.12.2009
11 Informationsgespräch Brüssel, Mai 2013
12 Informationsgespräch Lael Brainard, 7.5.2013
13 Antici-Protokoll Europäischer Rat, 10./11.12.2009
14 Informationsgespräch Brüssel, Juni 2013

15 Informationsgespräch Washington, 7.5.2013
16 Informationsgespräch Washington, Mai 2013
17 Ablauf nach: Carlo Bastasin, Saving Europe, S. 201 ff., sowie: Neil Irwin, Die Alchemisten. Die geheime Welt der Zentralbanker, Econ Verlag, Berlin 2013
18 Eigene Recherche UBS/Bundesbank 20.8.2013
19 Informationsgespräch Berlin, April 2013
20 Peter Ludlow, A View on Brussels. In the Last Resort. The European Council and the Euro Crisis, Spring 2010, Eurocomment, Vol. 7, No. 7/8, Juni 2010, S. 32
21 Informationsgespräch Treasury Washington, Mai 2013
22 Informationsgespräch Berlin, Mai 2013
23 *Wall Street Journal*, http://online.wsj.com/news/articles/SB10001424052748703904304575497871279626904
24 Informationsgespräch Berlin, April 2013
25 Informationsgespräch Brüssel, Mai 2013
26 http://placeduluxembourg.wordpress.com/reforms-induced-by-the-sovereign-debt-crisis/
27 Informationsgespräch Berlin, April 2013
28 Informationsgespräch Berlin, Mai 2013
29 www.ft.com/cms/s/0/c1236fbc-f41e-11df-886b-00144feab49a.html axzz2bGF4iJZY
30 Informationsgespräch Washington, 7.5.2013
31 Informationsgespräch Washington, Mai 2013
32 Informationsgespräch Brüssel, Mai 2013
33 Informationsgespräch Berlin, April 2013
34 Informationsgespräch Berlin, April 2013
35 www.bundesregierung.de/Content/DE/Artikel/2012/08/2012-08-24-merkel-samaras.html
36 www.faz.net/aktuell/politik/merkel-in-china-peking-will-euro-krise-bekaempfen-11872991.html
37 Informationsgespräche Berlin, Mai 2013 / Brüssel, Mai und Juni 2013
38 Interview 11.5.2012
39 Informationsgespräch Berlin, Mai 2013
40 Informationsgespräch Berlin, September 2013
41 Informationsgespräch Berlin, April 2013
42 Antici-Protokoll Europäischer Rat, 28./29.6.2012
43 www.consilium.europa.eu/uedocs/cms_data/docs/pressdata/de/ec/131365.pdf

44 Informationsgespräche Washington, Mai 2013 / Brüssel, Juni 2013 / Berlin, August 2013
45 www.sueddeutsche.de/wirtschaft/euro-gruppen-chef-dijsselbloem-im-sz-interview-zypern-hat-uns-einen-schock-versetzt-1.1718789-3
46 http://europa.eu/legislation_summaries/internal_market/single_market_services/financial_services_banking/l24012b_de.htm
47 www.spiegel.de/wirtschaft/soziales/peter-bofinger-zur-krise-in-zypern-a-889448.html
48 Interview www.welt.de/politik/deutschland/article 119104708/Deutschland-kann-die-Euro-Zone-nicht-retten.html

Reparaturbedarf – Ein soziales Europa bleibt vorerst Utopie

1 Pressekonferenz Jacek Rostowski, Breslau, 16.9.2011
2 Antici-Protokoll Europäischer Rat, 19.6.2009
3 Antici-Protokoll Europäischer Rat, 16./17.6. 2010
4 Ebd.
5 ORF-Interview Heinz Zourek, Brüssel, 6.9.2013
6 Überblick über die aktuellen Sozialgesetze der EU in: Industrial Relations in Europe 2012, European Commission 2012
7 Berechnet von Felix Roth, Centre for European Policy Studies, CEPS, Brüssel
8 Eurobarometer-Umfrage, Two years to go to the 2014 European elections, European Parliament Eurobarometer (EB/EP 77.4), Brüssel, 20. August 2012
9 http://ec.europa.eu/europe2020/europe-2020-in-a-nutshell/targets/index_de.htm
10 Antici-Protokoll Europäischer Rat, 25./26.3.2010
11 Schlussfolgerungen, Europäischer Rat, Brüssel, 17.6.2010
12 Armutsgefährdung und soziale Ausgrenzung in der EU 28, Eurostat-Pressemitteilung STAT/13/184 vom 5.12.2013
13 Employment and Social Developments in Europe 2012, Directorate-General for Employment, Social Affairs and Inclusion, Brüssel 2012, S.146
14 Testing European legislation for subsidiarity and proportionality – Dutch list of points for action, Den Haag, Juni 2013

15 Viviane Reding, EU-Rat der Justiz- und Innenminister, Luxemburg, 8.10.2013
16 The distributive and cross country effects of a Child Basic Income for the European Union, Research note 2/2012, Horacio Levy, Manos Matsaganis, Holly Sutherland, November 2012, Employment, Social Affairs & Inclusion, Brussels
17 Interview Pierre Moscovici, Brüssel, 6.3.2013
18 László Andor, Referat Expertenkonferenz »Let's think out of the box. Pros and cons of a European Unemployment Benefit Scheme«, Bertelsmann Stiftung Brüssel, 11.10.2013
19 Ebd.
20 Sebastian Dullien, A European unemployment insurance as a stabilization device – Selected issues, Paper prepared for brainstorming workshop on July 2, 2012 at the DG EMPL
21 Interview Sebastian Dullien, Brüssel, 11.10.2013
22 Ebd.
23 Interview László Andor, Brüssel, 17.6.2013
24 Employment and Social Developments in Europe 2012, Brüssel 2013
25 László Andor, Nothing to fear but fear itself: from depression to recovery in the 1930s and in today's European Union, 7.3.2013, Ref.: Speech/13/200
26 Ebd.
27 Conference on the Green Paper on Pensions, Brüssel, 29.10. 2010
28 Robin Blackburn, The Need for a Pan-EU Pension Supplement, Paper, Oktober 2010; vgl. Ders., Capital and Social Europe, New Left Review 34, July-August 2005; Ders.: Age Shock, How Finance is Failing us, London 2006
29 Two years to go to the 2014 European elections, European Parliament Eurobarometer (EB/EP 77.4.), Brüssel, 20.8.2012, S. 28; www.europarl.europa.eu/pdf/eurobarometre/2012/election_2012/eb77_4_ee2014_synthese_analytique_en.pdf
30 Line Eldring und Kristin Alsos, Gesetzlicher Mindestlohn, die nordischen Länder und Europa, 2012, S. 17
31 Thorsten Schulten, WSI-Mindestlohnbericht 2013, WSI Mitteilungen 2/2013
32 Thierry Repentin, Interview *euractiv*, 18.11.2013
33 Interview Bernadette Ségol, Brüssel, 3.6.2013

34 Ein Marshallplan für Europa. Vorschlag des DGB für ein Konjunktur-, Investitions- und Aufbauprogramm für Europa, Dezember 2012
35 A new path for Europe: ETUC plan for investment, sustainable growth and quality jobs, adopted at the meeting of the ETUC Executive Committee on 7 November 2013
36 Interview Hannes Swoboda, Brüssel, 3.4.2013
37 Ebd.
38 Interview Felix Roth, Centre for European Policy Studies CEPS, Brüssel, 6.6.2013

Monarchin – Angela Merkel regiert Europa

1 Informationsgespräch Brüssel, 29.6.2013
2 Hintergrundgespräch Brüssel, 29.6.2013
3 Regierungserklärung Berlin, 19.5.2010
4 Antici-Protokolle Europäischer Rat, 28./29.10.2010, nach Christophe Deloire und Christophe Dubois, Circus Politicus, Editions Albin Michel, Paris 2012
5 Antici-Protokoll Europäischer Rat, 28./29.10.2010
6 Informationsgespräch Brüssel, 29.6.2013
7 29.11.2011 in Berlin, »Rede zur Zukunft Europas«
8 ZDF, 18.8.2012
9 *Spiegel*-Interview (32/2013) mit Martin Hellwig, Direktor des Max-Planck-Instituts zur Erforschung von Gemeinschaftsgütern
10 Interview Leo Groenendal, Chef der Wirtschaftsdelegation der Niederlande in der EU, 19.8.2013
11 *The Wall Street Journal*, Inside Merkel's Bet on the Euro's Future, 23.4.2013
12 *Süddeutsche Zeitung*, 20.7.2013

Vernetzt – Wie in Brüssel Gesetze geschrieben werden

1 Erhebung der EU-Kommission, 18.1.2013
2 www.sueddeutsche.de/geld/eu-gipfel-wenig-laerm-um-nicht-viel-1.1017469

3 www.BankenhinterSchranken.eu
4 de.reuters.com/article/companiesNews/idDEBEE62J01D20100320, 20.3.2010
5 www.worstlobby.eu
6 www.financialfuture.eu/who-we-are/about-ff/
7 E-Mail vom 6.10.2013
8 E-Mail Martin vom 4.10.2013
9 Persönliches Gespräch, November 2012
10 Daniel Guéguen, Komitologie – Europas Macht in unbekannten Händen, Christian Wenning (Hrsg.), Berlin/Brüssel, 2013
11 www.bundestag.de/dokumente/lobbyliste/lobbylisteaktuell.pdf
12 www.vienna.at/wasser-wiener-gemeinderat-draengt-auf-schutz-durch-verfassung/3474780
13 www.wien.gv.at/advbefergeb/internet/Ergebnis.aspx
14 www.faz.net/aktuell/politik/ausland/eu-gesundheitskommissar-dalli-ich-fuehlte-mich-von-barroso-laecherlich-gemacht-11931707.html
15 Informationsgespräch Haushaltsausschuss des EU-Parlaments, Brüssel, 2.10.2013
16 The PMI Agreement, The JTI Agreement, The BAT Agreement, The ITL Agreement
17 Interview Michael Theurer, Straßburg, 12.12.2013
18 http://ec.europa.eu/anti_fraud/documents/cigarette-smugg-2004/agreement_2004.pdf
19 http://ec.europa.eu/anti_fraud/documents/cigarette_smug/2007/cooperation_agreement.pdf, Presseerklärung von OLAF: http://ec.europa.eu/anti_fraud/investigations/eu-revenue/japan_tobacco_2007_en.htm
20 Interview Othmar Karas, Brüssel, 26.3.2013
21 www.romanialibera.ro/actualitate/justitie/nerusinarea-retelei-severin-continua-la-bruxelles-si-la-bucuresti-309426.html
22 ec.europa.eu/commission_2010-2014/pdf/cadeaux_recus_par_le_college3_fr.pdf
23 Bericht vom 20.6.2013
24 ec.europa.eu/transparencyregister/public/consultation/displaylobbyist.do?id=588327811384-96
25 ec.europa.eu/transparencyregister/public/consultation/displaylobbyist.do?id=639117311617-01

26 E-Mail von Antonio Gravili, Sprecher der EU-Kommission, vom 25.9.2013

27 EU-Transparenzregister, Stand 25.9.2013

Medien – Der Trend zum Nationalismus

1 Die Mediennutzung in der Europäischen Union, Standard Eurobarometer 87/2012

2 Krumme Gurke-EU, *Kronen Zeitung*, 7.10.2013

3 Wildwuchs-EU, *Kronen Zeitung*, 11.10.2013

4 www.bundespraesident.de/SharedDocs/Reden/DE/Joachim-Gauck/Reden/2013/02/130222-Europa.html

5 A free and pluralistic media to sustain European democracy, The Report of the High Level Group on Media Freedom and Pluralism, Brüssel, Januar 2013, S. 39

6 www.bundespraesident.de/SharedDocs/Reden/DE/Joachim-Gauck/Reden/2013/02/130222-Europa.html

7 Michael Brüggermann, Die Illusion vom Dialog mit den Bürgern, prmagazin 8/2008

8 Eurobarometer Standard 78, Herbst 2012, Die Mediennutzung, S. 35

9 Vgl. Peter Ludlow, The Euro, Energy Policy and the Arab Revolution. The European Councils of Februar and March 2011, Eurocomment Vol. 8, Nr. 5 and 6, August 2011

10 Trends in the Brussels Press Corps, February 2013, DGFIA-Press Office

11 Interview Michael Stabenow, Brüssel, 9.10.2013

12 Vgl. Christophe Deloire, Christophe Dubois, Circus Politicus, Paris 2012

13 http://tvnewsroom.consilium.europa.eu/

14 Antici-Protokoll Europäischer Rat, 16.12.2010

15 Antici-Protokoll Europäischer Rat, 10.12.2009

16 Antici-Protokoll Europäischer Rat, 19.6.2009

17 www.reporter-ohne-grenzen.de/ranglisten/rangliste-2013/

18 www.freedomhouse.org/report/freedom-press/freedom-press-2013

19 www.reporter-ohne-grenzen.de/fileadmin/rte/docs/2013/130130_Nahaufnahme_Europa-GUS.pdf

1 Eurobarometer Standard 76, Herbst 2011, S. 82
2 Zum aktuellen Stand der Missionen der gemeinsamen Außen- und Sicherheitspolitik der EU siehe: www.eeas.europa.eu/csdp/missions-and-operations/
3 Barack Obama, Rede vor dem Brandenburger Tor in Berlin, 19.6.2013
4 Brief von William Hague vom 21.7.2012 an die 27 EU-Außenminister
5 Interview Stefan Lehne, Brüssel, 11.4.2013
6 Antici-Protokoll Europäischer Rat, 17.9.2010
7 Europäischer Rat, Schlussfolgerungen, 16.9.2010
8 Antici-Protokoll Europäischer Rat, 24./25.3.2011
9 Till Hoppe, Thomas Ludwig, Europas teure Kleinstaaterei, *Handelsblatt,* 26.6.2013
10 Arnaud Danjean, Michael Gahler, Krzysztof Lisek, Towards a Stronger Union Defense Policy, Brüssel, 3.9.2013
11 Cost of Non-Europe Report (Blanca Ballester), CoNE 4/2013, European Common Security and Defence Policy, European Parliament 4/2013
12 Antici-Protokoll Europäischer Rat, 10.12.2009/16.12.2010
13 Interview Lee Willett, 29.8.2013
14 Europäischer Rat, Schlussfolgerungen, Tagung vom 19./20.12.2013, Brüssel, 20.12.2013, Abs. 11
15 ORF-Interview Pieter De Crem, 11.1.2013
16 Statement by Commission spokeswomen on the newspaper allegations of surveillance for Vice-President Almunia, 20.12.2013
17 *Le Figaro*, 23.10.2013
18 ORF-Interview Hanna Sommersacher mit Alex Legein, Brüssel, 15.2.2013
19 Europäischer Rat, Schlussfolgerungen, Erklärung der Staats- und Regierungschefs, 24./25.10.2013
20 Interview Ilkka Salmi, Brüssel, 13.3.2013
21 ORF-Interview Cornelia Primosch mit Elmar Brok, Brüssel, 21.3.2013
22 Interview Ilkka Salmi, Brüssel, 13.3.2013
23 ORF-Interview Cornelia Primosch mit Martin Ehrenhauser, Brüssel, 23.3.2013

24 ORF-Interview Günther Eisl, Brüssel, 13.3.2013
25 Interview Stefan Lehne, Brüssel, 11.4.2013
26 Ebd.
27 Stefan Lehne, Promoting a Comprehensive Approach to EU Foreign Policy, Carnegie Europe, 21.2.2013

Vision oder Alptraum – Die Vereinigten Staaten von Europa

1 Antici-Protokoll Europäischer Rat, 18.10.2012
2 *Spiegel*, 6.8.2012
3 Pour l'europe, l'avenir, c'est l'union politique ou la barbarie, Vassilis Alexakis, Antonio Lobo Antunes, Claudio Magris, Salman Rushdie, Fernando Savater, Bernard-Henri Lévy, *Le Monde*, 26.1.2013
4 »Politischen Einfluss teilen«, *Süddeutsche Zeitung*, 29.4. 2013
5 Ulrich Beck, Über den Merkiavellismus, *F.A.Z.*, 16.1.2013
6 Ulrich Beck, Das Deutsche Europa, Berlin 2012
7 Ulrich Beck, Über den Merkiavellismus, *F.A.Z.*, 16.1.2013
8 Diese Illusion vertritt der französische Politikwissenschaftler François Heisbourg in: La Fin du Rêve Européen, Editions Stock, Paris 2013
9 Siehe auch Berechnungen: Stephan Schulmeister, Euroabwicklung: der finale Schritt in den Wirtschaftskrieg, *Blätter für deutsche und internationale Politik* 10/2013
10 http://ec.europa.eu/public_opinion/archives/eb/eb80/eb80_first_de.pdf
11 ORF-Interview Ernst Kernmayer, Straßburg, 3.7.2013
12 Cas Mudde, The Myth of Weimar Europe, Policy Network, www.policy-network.net/pno_detail.aspx?ID=4443&-title=The-myth-of-Weimar-Europe
13 »Ich will Alarm schlagen in Europa«, *Süddeutsche Zeitung*, 2./3. 11.2013
14 Yves Mersch, Die Bankenunion – eine europäische Perspektive: Gründe, Chancen und Herausforderungen, Berlin, 5.4. 2013
15 Antici-Protokoll Europäischer Rat, 27./28.6.2013
16 Europäischer Rat, 27./28.Juni 2013, Schlussfolgerungen, EUCO 104/2/13

17 Herman Van Rompuy, Auf dem Weg zu einer echten Wirtschafts- und Währungsunion, 5.12.2012
18 Budget de la zone Euro, mode emploi, Coulisses de Bruxelles, Blog des *Libération*-Korrespondenten Jean Quatremer, 20.11.2013
19 Ein Konzept für eine vertiefte Wirtschafts- und Währungsunion. Auftakt für eine europäische Diskussion, Brüssel, 28.11.2012
20 Barroso, State of the Union, 2012
21 The Spinelli Group, Bertelsmann Stiftung, A Fundamental Law of the European Union, 2013
22 Mit der Frage, welche Zukunftsszenarien bei den gegenwärtigen Machtverhältnissen für Europa realistisch sind, beschäftigen sich Denkfabriken in mehreren Staaten Europas.
Vgl. »New Pact for Europe«, ein Großprojekt, das 2014 elf führende Denkfabriken auf Initiative der belgischen King Baudouin Foundation und der deutschen Bertelsmann Stiftung durchführen. www.newpactforeurope.eu. Parallel haben Wissenschaftler im Auftrag der SPD-nahen Friedrich-Ebert-Stiftung in 15 Ländern Europas »Zukunftsszenarien für die Eurozone« erarbeitet: Uta Dirksen, Björn Hacker, Maria João Rodrigues, Winfried Veit, Zukunftsszenarien für die Eurozone, 15 Perspektiven zur Eurokrise, Friedrich-Ebert-Stiftung, 2013
23 Frankreich und Deutschland – Gemeinsam für ein gestärktes Europa der Stabilität und des Wachstums, 30.5.2013
24 Viviane Reding, The Time has come for a European Federation, Malta Independent, 2.12.2012; vgl. http://ec.europa.eu/commission_2010-2014/reding/multimedia/articles/european-federation_en.htm
25 Ebd.
26 Leo Trotzki, Über die Aktualität der Parole »Vereinigte Staaten von Europa«, 30.6.1923
27 Winston Churchill, Rede an der Universität Zürich vom 19.9.1946: »Wir müssen eine Art Vereinigte Staaten von Europa errichten. (...) Der erste Schritt bei der Neubildung der europäischen Familie muss ein Zusammengehen zwischen Frankreich und Deutschland sein.«
28 *Der Spiegel*, 27.8.2011

29 http://diepresse.com/home/wirtschaft/international/693275/Polens-Finanzminister-warnt-EU-vor-Krieg
30 www.oecd.org/economy/lookingto2060.htm; www.faz.net/aktuell/wirtschaft/oecd-studie-deutschland-wird-zum-globalisierungsverlierer-11955695.html

Wohin fließen die Rettungsgelder in der Krise?

1 ESM-Pressestelle, 20.12.2013
2 E-Mail des Sprechers Simon O'Connor, 19.9.2013
3 www.attac.at/news/detailansicht/datum/2013/06/17/greek-bail-out-77-went-into-the-financial-sector.html
4 E-Mail des Sprechers Simon O'Connor, 19.9.2013
5 www.keepeek.com/Digital-Asset-Management/oecd/economics/oecd-economic-outlook-volume-2013-issue-1/greece_eco_outlook-v2013-1-19-en page1
6 Interview László Andor, Brüssel, 17.6.2013
7 www.esm.europa.eu/pdf/FAQ%20Greece%2020122012.pdf
8 Anfragebeantwortung Parlamentarischer Staatssekretär Steffen Kampeter, Berlin, 8.7.2013
9 Bund spart 100 Milliarden Euro durch Niedrigzinsen, *Die Welt*, 11.6.2013
10 Vgl. Jens Boysen-Hogrefe, Die Zinslast des Bundes in der Schuldenkrise: wie lukrativ ist der »sichere Hafen«? Kiel Working Paper 1780/Juli 2012
11 Anfragebeantwortung Bundeskanzler Werner Faymann, österreichischer Nationalrat, Wien, 3.12.2013